In seinen ›Aufzeichnungen aus dem Gefängnis‹ schildert der nigerianische Autor Wole Soyinka die Zeit seiner Inhaftierung in nigerianischen Gefängnissen, wo er 28 Monate (1968/69) während des Biafra-Krieges in Isolationshaft gehalten wurde (wegen öffentlichen Auftretens gegen den Krieg) – ein unbequemer politischer Gefangener »ohne Anklage und Prozeß«, den man gerne durch ›Unfall‹ oder ›natürlichen Tod‹ losgeworden wäre.
Soyinka geht es in seinem Bericht, der ein Leidensbericht ist, nicht nur um sein eigenes Schicksal bzw. das eines einzelnen Gefangenen, sondern darum, ein terroristisches System zu entlarven. Das Buch ist eine kämpferische Schrift für die Humanität. »Der erste Schritt zur Abschaffung des Terrors besteht in der Enthüllung seiner heuchlerischen Selbstgerechtigkeit«, schreibt Soyinka im ersten Kapitel, das er einen ›Brief an meine Landsleute‹ nennt.

Wole Soyinka wurde 1934 in Westnigeria geboren; er besuchte das College in Ibadan und studierte in Leeds Theater- und Literaturwissenschaft. Dramaturg am Royal Court Theatre in London. 1960 Rückkehr nach Nigeria; Gründer und Leiter von Theatergruppen in Lagos. 1965 aus politischen Gründen 28 Monate in Isolationshaft. Universitätsdozent in Oxford, Sheffield, dann in Ghana. Seit 1975 Leiter der Dramatik-Abteilung an der Universität Ife.
1986 wurde Soyinka, als erster Afrikaner, mit dem Nobelpreis für Literatur ausgezeichnet.
Im *Fischer Taschenbuch Verlag* sind von Soyinka außerdem das Erinnerungsbuch ›Aké. Jahre der Kindheit‹ (Bd. 9217) und das Theaterstück ›Die Straße‹ (Bd. 7115) erschienen.

Wole Soyinka

Der Mann ist tot

Aufzeichnungen aus dem Gefängnis

Fischer Taschenbuch Verlag

Aus dem Englischen übertragen
von Ulrich Enzensberger (bis Kapitel 12)
und Melanie Walz (ab Kapitel 13),
revidiert von Inge Uffelmann

Ungekürzte Ausgabe
Veröffentlicht im Fischer Taschenbuch Verlag GmbH,
Frankfurt am Main, Oktober 1991

Umschlaggestaltung: Buchholz/Hinsch/Hensinger
Druck und Bindung: Clausen & Bosse, Leck
Printed in Germany
ISBN 3-596-29572-6

Inhalt

Dieses Buch ist zu Recht
'LAIDE
gewidmet, die den Kompromiß verwarf
und Gerechtigkeit forderte

Zehn Jahre danach

Seinde Arigbede ist nicht tot. Doch während er seinen beruflichen Verpflichtungen als Arzt nachkam, geriet er in den Sog der Gewalttätigkeiten, die der nigerianische Staat über den Bürgern von Ondo nach den umstrittenen Wahlen von 1983 entfesselt hatte, und er wäre fast darin umgekommen. Am 24. September 1983 erschien in der nigerianischen Zeitung *The Guardian* der Augenzeugenbericht dieses Bürgers, dem es gelungen war, einer »Aktion zum Schutz der öffentlichen Sicherheit« einer Spezialeinheit der nigerianischen Polizei lebend zu entkommen. *The Guardian* ist eine unabhängige Zeitung, die sich den Ruf erworben hat, nur nach sorgfältiger Recherche und ohne Hysterie zu berichten.

Die Umstände hätten sogar Franz Kafka in Erstaunen versetzt; selbst noch ohne die physischen Erniedrigungen. Kaum glaubend, daß wirklich er es war, dem dies geschah, fand sich Dr. Arigbede in eine leere Zelle geschleppt und dort an den Handgelenken aufgehängt. So ließ man ihn, ohne daß seine Füße den Boden berühren konnten, an extra in der Decke eingelassenen Haken hängen. Unter Schlägen und anderen Arten der Folter stellte man ihm unablässig eine einzige Frage: Wo ist das Ausbildungslager?

Im Verlauf der Tortur konnte er die Schreie derer hören, die in anderen Zellen – wie er später erfuhr – einer noch schlimmeren Behandlung unterworfen wurden. Wie er zugibt, blieb ihm die Qual erspart, die die anderen erlitten, denen man Besenreisig in den Penis trieb!

Doch Dr. Arigbede ebenso wie andere meines Standes können wenigstens wirkungsvoll ihre Stimmen erheben und die Obrigkeiten im Ernstfall wachrütteln – manchmal. Seine Frau Aduni setzte voll Verzweiflung alle Hebel in Bewegung; durch Intervention von höherer polizeilicher Stelle gelang es, Seindes Ordal nach einer Woche zu beenden. Eine

Zeitlang konnte er beide Hände nicht gebrauchen. Die eine ist inzwischen mehr oder weniger wiederhergestellt, das Schicksal der anderen ist noch immer ungewiß – trotz täglicher Physiotherapie.

Während ich dies schreibe, versucht Dr. Arigbede noch immer, seine Folterer zu identifizieren, die, wie er inzwischen herausfand, Studenten der Politologie der Universität Ibadan waren. Sowohl die Armee als auch die Polizei (einschließlich der Staatlichen Sicherheitsbehörde) schicken ihre Leute zu Spezialkursen (Psychologie, Internationale Beziehungen, Jura, Soziologie, Politologie etc., etc.) auf die Universitäten des Landes – das ist weder geheim, noch ist irgend etwas dagegen einzuwenden. Es ist allerdings das erste bekanntgewordene Beispiel dafür, daß an unseren Universitäten Folterknechte ausgebildet werden. Das ganze Ausmaß dieser abscheulichen Obszönität zeigt sich erst, wenn man sich vorstellt, daß dieses System der Machtkontrolle es möglich, ja wahrscheinlich macht, daß ein Student aus dem Seminar eines Professors eines Tages dessen Folterknecht sein wird oder daß ein kranker Student in der Universitätsklinik von einem Arzt behandelt wird, dem er eines Tages unter Strom gesetzte Nadeln unter die Nägel oder Besenreisig in das Geschlechtsteil treiben wird!

Immer öfter muß man sich die Frage stellen: Was ist das für eine Gesellschaft, der man angehört? Was ist das für eine Intellektuellengemeinde, die ohne einen Mucks hinnimmt, daß ein Gewerkschaftsführer spurlos verschwindet? Was für eine Arbeitersolidarität offenbart sich, wenn es möglich ist, daß der Generalsekretär des riesigen Heeres der Angestellten und Arbeiter im Post- und Telegraphenwesen in den Verliesen der Dodan-Kaserne verreckt wie ein Hund, ohne daß sich eine einzige Stimme im Protest erhebt oder eine Erklärung verlangt? Ich spreche jetzt von Ereignissen, die vor mehr als zehn Jahren stattfanden, Ereignisse, die dem Buch *Der Mann ist tot* vorausgingen und zum Auslöser dafür wurden. Gogo Chu Nzeribe wurde wegen eines nicht bekanntgegebenen Vergehens unter dem Gowon-Regime inhaftiert, in der Dodan-Kaserne gefangengehalten und starb dort. Unter den verschiedenen Berichten über seinen Tod scheint am glaubwürdigsten, daß man Gogo Nzeribe verhungern ließ. Aus völlig undurchsichtigen Gründen hatte man ihn arrestiert und täglich im Hof verprügelt. Eines Tages schlug er zurück, woraufhin der Befehl gegeben wurde, er sei in eine Einzelzelle zu stecken, wo man ihn »vergessen« solle. Ich neige dazu, dieser Version Glauben zu schenken, weil sie mir von einem hohen Polizeioffizier kurz nach meiner eigenen Entlassung berichtet wurde, nachdem ich angefangen hatte, Erkundigungen einzuziehen. Die Einzelheiten des Todes von Gogo Nzeribe sind allerdings irrelevant; von Bedeutung ist die kriminelle Komplizenschaft seiner Genossen, die im Stillschweigen besteht, im Versagen der Intellektuellen, ständig ihre Stimmen zu erheben und die Anerkennung von Rechten zu fordern, in der mangelnden Einsicht, daß solche Ereignisse unter dem Einfluß der Machtpsychologie zur schlichten Gewohnheit werden, daß schließlich die Grenzen des Areals, aus dem die Opfer stammen, sich immer mehr weiten, bis sie auch jenen Bereich umfassen, in dem sich die aufhalten, die sich durch ihr Schweigen geschützt wähnten.

Sollen wir die lästige »Linke« schlicht außer acht lassen, deren »Extremismus« so gern ins Feld geführt wird als Grund für ihre selbstverschuldeten Leiden? Gut, wenden wir uns der respektablen Bastion des Establishments zu – der Zivilverwaltung. Wo sollten wir im Regierungsgebäude nach einer weniger »subversiven« Abteilung suchen als im Gesundheitsamt? Und das Opfer ist der Vorsitzende des Bundesgesundheitsdienstes – der verstorbene Dr. Adeyemi Ademola. Dieser Staatsbeamte wurde auf mysteriöse Weise in seinem Haus in Ikoyi von drei bewaffneten Eindringlingen niedergeschossen – nur zwei Autominuten vom Sitz des damaligen Staatsoberhauptes entfernt. Die Mörder machten nicht einmal Anstalten, sich als Einbrecher zu tarnen. Es waren bestens informierte, gedungene Meuchelmörder, die ihren Auftrag mit militärischer Präzision ausführten und dann verschwanden, ohne daß man eine Spur von ihnen gefunden hätte – man hat auch nicht danach gesucht! Die Verwaltung unter General Yakubu Gowon machte keinerlei Anstrengung, die Flut der Spekulationen einzudämmen, die durch die Tatsache gespeist wurde, daß der politisch harmlose, aber sehr gewissenhafte Arzt zum Zeitpunkt seines Todes gerade mit der sorgfältigen Autopsie eines hohen Tieres der Luftwaffe beschäftigt war. Plötzlich verstummten die Zeitungen. Keine Untersuchungskommission kümmerte sich um den sensationellen Mord des höchsten medizinischen Angestellten im Staatsdienst, keine öffentlichen Anfragen, keine Anhaltspunkte. Diejenigen, mit denen ich nach meiner eigenen Haftentlassung sprach, baten mich ängstlich zu schweigen – nicht einmal die Tatsache, daß der ermordete Arzt der Bruder des damaligen Obersten Richters von Nigeria, Richter Adetokunbo Ademola war, genügte, um die Polizei aus ihrer unglaublichen Lethargie aufzurütteln, sie zu bewegen, irgendwelche Aktivitäten zu entwickeln, um den Tätern des allbekannten Verbrechens auf die Spur zu kommen. Was den Verband des Opfers selbst anlangt, die angesehene Medical Association of Nigeria, so verhielt sie sich, als wäre Dr. Ademola mit Schimpf und Schande aus dem Ärzteregister gestrichen worden – weil er das unaussprechliche Verbrechen begangen hatte, sich in Ausübung seiner Pflicht ermorden zu lassen.

Ich verstehe daher die überempfindlichen Reaktionen gegenüber der Sprache, die ich gegen diejenigen einsetze, die letztlich an diesen und tausend ähnlichen Verbrechen die Schuld tragen und kann diese Reaktionen auch nachempfinden. Sie sind lediglich eine Tarnung für das Unvermögen jener Kritiker, eine eigene angemessene Sprache zu finden – in Handlung oder symbolischer Geste –, um auf diese Angriffe auf ihre Menschlichkeit und ihre Rechte als Bürger zu antworten. Ihr Mut, glauben sie, wird in Frage gestellt, was selbstverständlich völlig außerhalb meiner Absicht liegt; ihr Gefühl ist aber ein Eingeständnis ihrer inneren Unruhe.

Wenn solche und ähnliche Verbrechen in sich geschlossen wären, wenn sie Vorkommnisse ohne Begleiterscheinungen wären, ohne andere Folgen für die Zukunft als die unangenehme Erinnerung, dann wären wir bereit, unsere Toten zu begraben, die Verstümmelten zu trösten und mit Wohlwollen gelassen und besänftigt voranzuschreiten. Doch mit dem sicheren Wissen, daß die genannten Fälle ungelöst sind und daß die fehlende Aufklärung der Selbstreproduktion hunderttausendfach Vorschub leistet, wobei die Maschinerie der Greuel und der Tarnung immer ausgeklügelter wird, die Dreistigkeit und der Zynismus wachsen und erst dann innehalten werden, wenn der Wille des gesamten Volkes vollkommen gebrochen ist, zeigt sich, welch scheinheiliges Opiat in dem beliebten Slogan schlummert: Laßt das Vergangene ruhen.

Wer nicht alles Gefühl für die Sprache verloren hat, weiß, daß dieses Sprichwort zur gleichen Kategorie frommer Platitüden gehört wie die vielgerühmte »Großherzigkeit«, die nach dem Ende des Biafra-Krieges in den Worten »Keine Sieger, keine Besiegten« Ausdruck finden sollte, in jenem Sedativum für den politischen Geist, das listig von jenen fabriziert worden war, die verdammt gut wußten, wer die Besiegten waren – nein, nicht die Biafraner, sondern das betrogene Gemeinwesen, das Volk, das verführt worden war, Opfer für den wahren Sieger zu bringen, die zivilen und militärischen Kollaborateure nämlich, die mithalfen, die Gräben der ausbeuterischen Sozialwirtschaft auf Gegenseitigkeit auszuheben. Selbst in totalitären Staaten kommt die Zeit, in der »Fehler« der Vergangenheit zugegeben, angebetete Kriminelle demaskiert und die Opfer rehabilitiert werden – freilich meist erst posthum! In Nigeria gelang es bisher nicht, ein Klima zu schaffen, das Untersuchungen möglich macht, die, selbst wenn sie keine unmittelbaren

Konsequenzen auslösen, doch wenigstens durch den Nachdruck, mit dem sie durchgeführt und mit dem Fälschungen zurückgewiesen werden, sicherstellen könnten, daß solche unaufgeklärten Unregelmäßigkeiten im GRIFF bleiben, bis sie schließlich ins Arsenal öffentlichen Unrechtsbewußtseins einsinken und dort die Bahnen für mögliche Veränderungen untermauern. Die Ausweichstrategie unserer Intelligenzija – besonders der Linken –, die fast all ihre Kampfesenergie darauf verwendet, die Rolle der *Denunziation* zu schelten, aber die gleichermaßen impotente und monotone des *Dialogs* hochzustufen, die unbedeutende Aufmerksamkeit, die sie der Notwendigkeit schenkt, den schrumpfenden politischen Willen der Massen durch Identifizierung mit greifbaren, sie unmittelbar betreffenden Problemen zu stützen, wäre schlicht rührend, müßte man sich nicht ständig das warnende Beispiel des in Europa gewachsenen Faschismus vor Augen halten und den nackten, undialektischen Terror, der sich in anderen Staaten Afrikas, vor allem in Uganda, Zaïre, Malawi und Äquatorialguinea ausgebreitet hat. In der gegenwärtigen Situation sind solche Ausweichmanöver wahrhaft tragisch. Jedes nur denkbare Wirtschaftssystem kann durch Machtspruch oder Gewohnheit aufgezwungen werden, sobald sich die politische Maschinerie fest verschanzt hat, ohne die Ideologiepuristen auch nur zu fragen. Späte Einsicht steht außer Frage. Die Lektion der Iberischen Halbinsel – Portugals sowohl als auch Spaniens – genügt, uns daran zu erinnern, daß 40 oder 50 Jahre eine lange Zeit der politischen Unterdrükkung sind, wenn sie als Preis gezahlt werden für die Ungewißheit des »wahren« ideologischen Sieges.

Als ich vor etwa 12 Jahren daran ging, mir die Realität bestimmter Ereignisse aus der Zeit meiner Sicherheitsverwahrung wieder ins Gedächtnis zu rufen, lag mir nichts ferner, als ein politisches Traktat zu verfassen. Ich hatte mir nicht vorgenommen, die Geschichte Nigerias bis zum und einschließlich des Bürgerkrieges zu schreiben, noch wollte ich Rezepte für die politische oder wirtschaftliche Rettung des Landes liefern. Daß Hintergrundmaterial in den Bericht einfloß, war unvermeidlich – und versteht sich von selbst. Was ich allerdings nicht voraussah, war die scheinheilige Reaktion »aufgeklärter« Kreise, die mir vorwarfen, ich hätte versäumt, ein ideologisches Konzept für Möchtegernrevolutionäre vorzulegen oder den Lauf der nigerianischen Geschichte für Lehrer und Studenten aufzubereiten. Diese Kritiker konnten freilich auch keine passende Sprache vorschlagen, in der die Obszönität wahrheitsgemäß dargestellt werden kann, die durch bestimmte Erfahrungen provoziert wird. Vielleicht ist hier eine kleine Abschweifung hilfreich.

Der durchschnittliche amerikanische Fernsehzuschauer war entsetzt, als zum ersten Mal das Blut der in Vietnam kämpfenden Soldaten auf seinen Bildschirm spritzte – gerade als er es sich so schön mit Popcorn und Coca-Cola in seinem kuscheligen Wohnzimmer bequem gemacht hatte. Plötzlich war er mit der Wirklichkeit konfrontiert. Die distanzierten Berichte über einen Krieg gegen fremde, kaum menschliche Wesen – *gooks* nannte man die Vietnamesen – verwandelten sich in eine grausige Realität, die in Farbe die Eingeweide eines Sohnes, eines Ehemannes zur Schau stellte, der Tausende von Kilometern entfernt in Stücke gerissen wurde. Zum ersten Mal sah und begriff der durchschnittliche Amerikaner den Krieg als eine menschliche Obszönität; und was noch wichtiger ist, er erkannte, daß gerade dieser Krieg eine nicht zu rechtfertigende, unentschuldbare Abart der allgemeinen Obszönität war, die die menschliche Kriegsführung darstellt.

Ein Kriegsberichterstatter, der Photograph David McCallum, stellte seine schockierenden Bilder vom Vietnam-Krieg auf einer Konferenz in Aspen, Colorado, aus und erklärte dazu, daß er das drängende Bedürfnis habe, mit seiner Kamera das ganze Ausmaß der Selbstzerstörung des Menschen festzuhalten, das sich so selbstverständlich in jedem Krieg ausdrückt! In einem anderen Idiom – verbal und bildlich – wurden theatralische Grotesken um L. B. Johnson und Richard Nixon aufgeführt, um jene beiden Präsidenten, die im Weißen Haus residierten, als Amerika langsam die moralischen und ideologischen Implikationen dieses Krieges zu begreifen begann; sie waren Teil jener Gesamtheit der Maschinerie gesellschaftlicher Ausdrucksmittel, deren Häufung schließlich dazu führte, daß Verhandlungen aufgenommen und endlich der Krieg beendet wurde. Von bleibenderem Wert ist allerdings die Veränderung in der Sensibilität des durchschnittlichen Amerikaners und die Tatsache, daß der obszönen Ausschöpfung der präsidialen Macht, wie sie sich in der flächendeckenden Bombardierung Nordvietnams offenbarte, Zügel angelegt wurden (wie kurzfristig auch immer).

Wenn die Macht im Dienst einer schädlichen, reaktionären Bewegung steht, muß eine Sprache geschaffen werden, die geeignet ist, solchen Perversionen der Macht ihre Exzesse ins Gesicht zurückzuschleudern, Kritik einer solchen Sprache ist schlechtweg zimperlich oder christlich – insofern sie von der Sprache erwartet, daß sie auch die andere Wange hinhält, statt die Zunge herauszustrecken; man bietet einen Handschlag zur Versöhnung, doch man reckt nicht den Mittelfinger hoch in obszöner, herausfordernder Geste. Solche Kritik müßte mit dem Angriff auf jenen gärenden Kompost unmenschlicher Mißbräuche beginnen, aus dem diese Sprache ja erst erwuchs, dann wären ihre Schlußfolgerungen der Aufmerksamkeit wert. Solange aber die Kritik dies nicht leistet, haben wir wieder nichts anderes als die Kollaboration von Intellektualismus und Macht – das heißt, die Machtergreifung und ihre Exzesse werden als natürlicher Zustand begriffen, dem letztlich dann auch noch die Sprache Rechenschaft schuldig ist. Doch nehmen wir einmal an, wir würden anfangen, alle willkürliche Macht – und das heißt alle Formen der Diktatur – als von Natur aus und von ihren Möglichkeiten her als obszön anzusehen. Dann müßte selbstverständlich die Sprache ihre Illegitimität in eindringlicher Weise mitteilen und ihren Anspruch kompromißlos zurückzuweisen, indem sie sich bemüht, die Macht lächerlich und verächtlich zu machen, ihre Anmaßung bis in den Kern bloßzulegen. Eine solche Sprache gibt nicht vor, die Machtstrukturen zerstören zu können – das kann ohnehin nur eine gemeinsame Anstrengung leisten; sie trägt aber zur psychologischen Stärkung der öffentlichen Einstellung gegenüber allen Formen der Unterdrückung bei. Die Sprache muß ein Teil der Widerstandstherapie sein. Wenn sie diese Rolle erfolgreich im Vorfeld der richtigen Umstände für eine Veränderung spielen kann, entgeht der politische Wille der Lähmung durch die Aura der Heiligkeit, mit der sich alle Macht, je länger sie sich hält, umgibt und die hypnotischen Einfluß auf alles und jeden ausübt, vor allem aber auf die vernunftgläubige, mit sich selbst immer nachsichtige Intelligenzija.

Die kalte Wahrheit der Macht ist natürlich, daß man sie ertragen, ihre Zeit durchstehen muß. Selbst wenn sie schuldig ist und als solche erkannt wird, liegt die Auswirkung ihrer Realität gerade darin, daß man ihr nicht auf Zeit entkommen kann, weder durch gesetzliche Übereinkunft noch dadurch, daß ein widerstreitendes Interesse ihr ein plötzliches Ende setzt. Alles, was einer Bevölkerung übrigbleibt, über der sich die Macht manifestiert hat, ist also, ihr gegenüber eine Haltung, eine Einstellung zu entwickeln, die zur Schau gestellt oder verinnerlicht wird. Dies, und dies allein, bildet eine verfügbare Arena für eine öffentliche Wirkkraft – denn Wirkkraft ist anerkanntermaßen eine Sache des privaten Geistes wie der öffentlichen Äußerung – wie etwa Medienkritik, Straßendemonstrationen, ziviler Ungehorsam, etc., etc. Keine dieser Formen offenkundiger Aktivität kann ohne eine Vorbereitung auskommen, die darauf zielt, das Mysterium der Unverletzlichkeit und vor allem der Unbezwinglichkeit der Macht zu zerstören. Wir wollen das auf scheinbar lächerlichster Ebene konkretisieren.

Ich glaube, daß von dem Augenblick an, in dem die

Macht in irgendeiner Weise für schuldig gehalten wird, jedes Familienmitglied es sich zur festen Gewohnheit machen sollte, nach oder statt dem Morgengebet einem an die Wand gepinnten Bild des Machtvertreters den letzten Schlag von seinem Frühstücksporridge ins Gesicht zu klatschen, ehe es das Haus verläßt, um unter dem unerträglichen System seinen Lebensunterhalt zu verdienen. Jeden Morgen, mit religiöser Andacht. Vielleicht noch einmal als letzte Handlung am Abend, doch auf jeden Fall morgens, als ständige Ermahnung daran, daß die bloße Tatsache, unter diesem System sein Geld zu verdienen, unter diesem System seiner Ausbildung nachzugehen, schon Kollaboration ist, eine Art der Legitimisierung, deren einzige Entschuldigung darin liegen kann, daß es an einer unmittelbaren Möglichkeit zur freien Entscheidung fehlt. Ihr politisches Dasein wird so zur politischen Maske, die sie über der sich ständig festigenden Wahrheit ihrer Gefühle tragen, wobei die Geheimhaltung des gemeinsamen Widerstands ein zusätzliches Band knüpft. Solch ritualisierte Formen des Ausdrucks des Ekels vor der Macht müssen zweifellos der ekstatischen Billigung, ja Teilnahme an der Enthauptung jener Könige und Despoten »von Gottes Gnaden« vorausgegangen sein, deren sorgfältig gehegte Mythen in der Weltgeschichte immer wieder den Geist von Männern und Frauen durch abergläubische Ehrfurcht versklavten. Wenn die Hinrichtung Karls I. von England, Ludwigs XVI. von Frankreich, des letzten Zars von Rußland von der jeweiligen Bevölkerung bejubelt wurde, nur Monate, nachdem die bloße Vorstellung undenkbar gewesen wäre, so muß auch der gewaltsame Sturz der modernen Despoten Afrikas als unvermeidlicher Schritt in der politischen Weiterentwicklung des Kontinents gesehen werden; alle Formen der vorbereitenden Maßnahmen, in denen die öffentliche Meinung ihren Willen kundtut, das bis dato Undenkbare zu erreichen, müssen als Beitrag zur Befreiung der versklavten Psyche der Bevölkerung gewertet werden. Die Sprache, mit der wir die schuldig gewordene Macht ansprechen, ist ebenfalls Teil der nötigen Vorbereitungen zur Befreiung des politischen Gemeinwillens; es ist, zugegeben, sicherlich eine produktivere Maßnahme, als allmorgendlich das Symbol der Macht mit Frühstücksbrei zu bekleckern. Denn eine Sache können auch die Kritiker der Sprache von *Der Mann ist tot* nicht leugnen: eine ganze Reihe von Formulierungen – einschließlich des Titels – wurden von den nigerianischen Medien aufgegriffen, man bezog sich darauf in öffentlichen Vorlesungen, selbst in Kirchenpredigten. Ja, sogar in tagespolitische Debatten wurde so mancher unangebrachte Schlenker nur deshalb eingebaut, weil eine Entlehnung aus dem Text untergebracht werden sollte. Neben dem Titel, der in hundert Verkleidungen immer wieder auftauchte, erwies sich – bezeichnenderweise – »Auswurf der Geschichte« als Favorit, ein Ausdruck, den ich benutzte, um die Hochburg des Staates oder das Symbol der Macht zu umschreiben. Ganz offensichtlich war diese Sprache also nicht einfach die Sprache eines »entrechteten und gequälten« Schriftstellers; es ist die verborgene Sprache einer unterdrückten Bevölkerung – der Schriftsteller legt sie nur bloß, macht sie wiederverwendbar für den Beginn der Befreiungstherapie.

Der Kreis hat sich geschlossen, und bald wird wiederum mehr als nur diese Sprache zur Vorbereitung benötigt werden. Die Ereignisse des Jahres 1983 haben uns schon weit über dieses Stadium hinausgetragen. Der Vorfall, den ich eingangs beschrieb, die unbeachtet gebliebenen Aufschreie der Academic Staff Union of the Universities of Nigeria (ASUU), der National Association of Nigerian Students, der Gewerkschaften, der Kirchen und Moscheen, der traditionellen Würdenträger und der Marktfrauen, die Androhung von Gesetzen zur Sicherungsverwahrung und die vielen anderen Totalitarismus signalisierenden Gesten der Rechten machen jetzt alle persönlichen Zeugnisse überflüssig. Der ungezügelte Wahnsinn der Macht produziert sich ganz offen für alle Welt sichtbar. Und doch ist diese Ausführung von Optimismus getragen. Warum? Schlicht weil der ethnische Opportunismus von 1965 und 1966 nicht wiederholt werden kann. Ich glaube, daß das Stadium des ethnischen Opportunismus und damit der ethnischen Schlachtlinien überwunden ist. Das ganze Land hat begriffen, wer die Beraubten und wer ihre Ausbeuter, wer die Unterdrückten und wer ihre Unterdrücker, wer die Zyniker und wer die Verhöhnten sind.

Der durchschnittliche Nigerianer ist sich dieser Dinge bewußt. Selbst ein so kriecherisches Organ wie die *Daily Times* fühlte sich gedrängt, nach den Wahlen in einem Leitartikel, der auf der Titelseite mit großer Schlagzeile erschien, folgendes einzuräumen:

In der politischen Landschaft zeichnen sich bereits außerordentliche Veränderungen ab, und wenn sich die Dinge mit der gegenwärtigen Geschwindigkeit weiterentwickeln, so müssen sie zwangsläufig einen heilsamen Effekt auf den gesamten Staatskörper haben. Eine der bemerkenswertesten Veränderungen ist die schrittweise Demontage der einst allgegenwärtigen Mythe von der Ethnizität.

Doch die *Daily Times* zu zitieren heißt im Grunde dem Spiel des Teufels Vorschub leisten. Das eigentliche Interesse der *Daily Times* war es nämlich, dem betrügerischen, reaktionären Sieg, der gerade von der NPN (National Party of Nigeria) verkündet worden war, das Mäntelchen des politischen Fortschritts umzuhängen, den gemeinen, mörderischen »Sieg« in das Gewand politischer Tugenden zu kleiden. Worte reichen nicht aus, um der Erbitterung über diese Verdrehung der Tatsachen Ausdruck zu geben, denn hier wurde nicht nur eine Bevölkerung um das Ergebnis ihrer Wahl betrogen, hier wurde auch von einer sich durchsetzenden Gegebenheit Besitz ergriffen, von der allgemein anerkannt ist, daß auf sie hinzuweisen nur der Opposition geziemt.

Die Erklärung der ASUU stimmt dagegen sehr viel

nachdenklicher und ist sehr viel bedeutsamer, benennt sie doch ganz ausdrücklich die »zerstückelnde Kraft«, die in der Nation wirkt und gibt damit jener Realität politischer Entwicklung Ausdruck, die für diese zerstückelnden Kräfte die immer drohende Gefahr darstellen. Nach den Wahlen nämlich erklärte die ASUU bei einer Konferenz in Jos, Plateau State (Bericht in der *National Concord* vom 12. September 1983):

»Daß die Bundesregierung gezielt und systematisch ein Klima geschaffen hat, in dem sie Terror und Gewalt in bestimmten Teilen der Bevölkerung hätte entfesseln können; daß die Bundesregierung gewaltsam jede Meinungsabweichung unterdrückt und dadurch eine Atmosphäre erzwungener, beklemmender Ruhe in bestimmten Teilen des Landes geschaffen hat; daß die Bundesregierung – wie auch einige Landesregierungen – für Gewaltakte verantwortlich ist; daß die Bundesregierung Menschen, die durch den Ausgang dessen, was als die ›verpfuschten Wahlen‹ bezeichnet wird, schon hinreichend leiden, zusätzlich provoziert hat; daß die Bundesregierung einen Teil des Landes bewußt abtrennt und isoliert, bewußt unterdrückt und die durch nichts gestützte Behauptung aufstellt, daß dieser Teil des Landes die Destabilisierung des gesamten Staates plane.«

Die ASUU beschuldigte die Bundesregierung auch, Polizei, Militär, Panzer, Barrikaden und anderes einzusetzen, um einen Teil des Landes der Zermürbung durch Terror preiszugeben.

Dieses Zitat sollte die Aufmerksamkeit darauf lenken, daß sich Organisationen wie die ASUU heute mit der gesamten Nation – ohne Diskriminierung – identifizieren. Das ist eine deutliche Abkehr vom bisher Üblichen, von der rhetorischen Seligpreisung der Tugend der »Einheit«. Mit so unzweideutigen Worten die Feinde der Einheit zu benennen, ist eine mutige Tat; sie kann aber nur dann etwas bewirken, wenn sie die Stimmung der Nation genau zu interpretieren versteht, gegen die von einer Minderheit Front gemacht wird, eine Minderheit freilich, die rücksichtslos die Macht auf sich konzentriert. Diese Minorität setzt lediglich das Erbe des Gowon-Regimes fort, das ja auch die in der ASUU-Erklärung erwähnte Region zu isolieren suchte; jenes Staatsoberhaupt pflegte die Region beim geringsten Anzeichen von Aufmüpfigkeit gegenüber Ungerechtigkeiten abschätzig als den »Wilden, Wilden Westen« zu bezeichnen. Die grausigen Massaker von 1966 fanden in allen Teilen des Landes statt, überall, nur nicht im »Wilden, Wilden Westen«, dennoch ernteten sie von unserem Spaßvogel nur die Reaktionen, die in Kapitel 15 dieses Buches beschrieben sind. Wer also sind die wahren Nationalisten? Wer sind die sich verpflichtenden Patrioten? Es können nicht zur gleichen Zeit die ASUU von 1983 und die Bundesregierung Nigerias von 1983 sein; genausowenig wie es zur gleichen Zeit die Gewerkschaften und Studentenvereinigungen der 60er Jahre und das Militärregime der 60er Jahre sein konnten.

Auf Dauer kann man sich einer Loyalitätsentscheidung nicht entziehen, und diese Entscheidung muß die ungeschminkte Bloßlegung des Opportunismus der entzweienden und ablenkenden Taktiken unserer unverfrorenen und sich selbst glorifizierenden Reaktionäre mit sich bringen.

Zehn Jahre nach *Der Mann ist tot* ist es also möglich zu behaupten, daß es zu einer positiven, nationalistischen Verschiebung im politischen Gruppenverständnis des nigerianischen Volkes gekommen ist. Das heißt nicht, daß man die mächtigen und einflußreichen Stimmen derer überhören darf, die da verkünden: Es ist am besten, jeder geht seinen eigenen Weg. Selbst progressive Stimmen waren jüngst in diesem Sinne zu hören; desillusioniert sehen sie keinen anderen Ausweg aus der Sackgasse, in die das Land durch die letzten Wahlen (1983) gedrängt wurde. Doch man sehe die Ironie ihrer Reaktion auf ihre traditionellen Feinde, jene reuelose Gruppe von »Zerstücklern«, die, während sie das Konzept der nigerianischen Einheit laut beklatschen, doch durch Worte und Taten deutlich machen, daß Nigeria nur unter einer Voraussetzung eine Einheit bleiben kann, nämlich der, daß die Macht auf Ewigkeit in den Händen derer bleibt, die einer ganz bestimmten Gruppe im Lande zugehören. Es sei hier beispielsweise an die arroganten Ausführungen jenes Mitglieds der gesetzgebenden Versammlung, Malam Muazu Babangida Aliyu, erinnert, über die im *Nigerianischen Tribune* vom 29. September 1983 berichtet wurde. Bei aller Gefahr, die von dieser Gruppe ausgeht, ist sie doch nur eine Minderheit, die sich fast ausschließlich in der Regierungspartei Nigerias, der Nigerian People's Party konzentriert. Ihr augenblicklich bestimmender Einfluß ist zum Scheitern verurteilt – und zwar von innen heraus. Dies scheint – leider – der stille Trost der meisten Nigerianer zu sein, dem sie sich in gespannter, aber untätiger Erwartung in ihrer augenblicklichen Schützengrabenneurose hingeben. Was nämlich vielfach nicht bedacht wird ist, was die NPN dem Lande noch alles einbrocken kann, bis sich der harte Kern absondert und die Partei sich auflöst.

Trotz des offensichtlichen Erfolges der reaktionären Kräfte bleibe ich optimistisch. Wie läßt sich diese Irrationalität erklären? Schließlich hält sich die NPN, allem gelegentlichem spürbarem heftigem Widerstand zum Trotz, prahlend, arrogant und rachsüchtig an der Macht: bereit, die Ausuferungen der Mißregierung der letzten vier Jahre in der nächsten Legislaturperiode als harmlose Spielereien erscheinen zu lassen. Die Ausgaben für die kürzlich erfolgte Machtergreifung belaufen sich auf Milliarden von Naira; sie müssen wieder eingebracht werden. Verläßliche Staatsdiener müssen mit Positionen belohnt werden, wie mittelmäßig ihre Leistungen und Vorstellungen auch immer sein mögen. Dies und anderes mehr muß aus einem gründlich geplünderten Staatsschatz und von einer bankrotten Wirtschaft finanziert werden – worin also kann sich der erklärte Optimismus in der Zukunft manifestieren?

Ironischerweise findet sich die Antwort in der Gewalt. Doch nicht in der Gewalt an sich, sondern in der ganz besonderen Natur der Gewalt, mit der man den Unterdrükkern entgegentrat. Denn 1983 war die deprimierende Neuauflage der Ereignisse von 1965, als gleichermaßen Wahlschiebung betrieben worden war. Diesmal aber identifizierte die Bevölkerung den Feind *nicht mit einem bestimmten geographischen Sektor des Landes!* Der deprimierende Zug der Gewalttätigkeiten von 1965 war die Gleichsetzung des Feindes mit geographischen Sektoren, was zur Folge hatte, daß ein tiefes ethnisches Mißtrauen entstand, das sich bis in den stümperhaft ausgeführten Militärputsch von 1966 hineinschlich und ihn beeinflußte.

Natürlich müssen wir, wenn wir von dieser positiven Entwicklung des politischen Bewußtseins sprechen, das nun bei der Identifizierung des Staatsfeindes deutlich zu unterscheiden versteht, weiterhin vor den immer verzweifelter werdenden Anstrengungen jener Handvoll politischer Führer warnen, die wild entschlossen sind, den rückschrittlichen Status beizubehalten. Ihre Taktiken schwanken zwischen grober Demagogie auf der Ebene der Stammeszugehörigkeit und wirtschaftlichen Ablenkungsmanövern. Beispielsweise zögern sie nicht, die landesweite Armut der Gesamtbevölkerung als eine selektive Entbehrung darzustellen, die auf ihre eigene Region des Landes beschränkt ist, wodurch sie sie als direkte Folge der Monopolisierung der Staatsressourcen durch eine andere Region des Landes erscheinen lassen. 1982 erkauften sie sich eine kurze Erleichterung durch die Externalisierung der Regionalisierungspolitik durch die unmenschliche Ausweisung von Millionen von Ausländern; die Ghanaer hatten am schlimmsten unter diesem beispiellosen Exodus zu leiden. Nachdem der letzte Sündenbock das Land verlassen hatte, mußte wieder auf die internen Schurkereien zurückgegriffen werden, um die geographischen Basen, die diese Politiker repräsentieren, zu festigen. Daß diese Politik bisher fehlgeschlagen ist, zeigte sich deutlich, als das Volk seiner Hoffnung auf einen Regierungswechsel in der zynischsten Nicht-Wahl der kurzen Geschichte der Nation beraubt wurde und sich gegen die Repräsentanten der Regierungspartei erhob, wer auch immer sie waren. Anders als 1965 aber kam es in keiner Gemeinde auch nur zu einem einzigen Angriff auf sogenannte Fremdenviertel.

Gewalttätigkeit in der Politik kann viele Formen annehmen. Alle ausweglosen Annäherungen an politische Ziele, das heißt, politische Akte, die für alle Beteiligten an diesem Prozeß eine Sackgasse darstellen, einschließlich derer, die den Prozeß einleiten, begründen eine Gewalttätigkeit, die zwangsläufig Gegengewalt hervorbringen muß.

Die Natur der Gewalt kann reinigend oder sie kann obszön sein. Die Gewalttätigkeiten, die den Wahlen von 1983 vorausgingen, die sie begleiteten und ihre voraussagbare Nachwirkung bildeten, waren eine ungeheuerliche Obszönität. Zunächst muß man daran erinnern, daß sie von der Partei entfesselt wurden, die schon an der Macht war. Ihr Ziel war die Einschüchterung der Bevölkerung, die man zwingen wollte, den *status quo* aufrechtzuerhalten; durch Terror sollten die Wähler davon abgehalten werden, ihrer politischen Loyalität Ausdruck zu geben. Ein Beispiel: Im Bundesstaat Ondo – eine der unerschütterlichsten, wenn nicht die erbittertste Hochburg der Opposition gegen die Regierungspartei – wurden drei führende Mitglieder der wichtigsten Oppositionspartei, der UPN (United Party of Nigeria), umgebracht, in Mafiamanier, in ihren eigenen Häusern. Die Killer gingen kaltblütig nach einer vorgegebenen Liste von Haus zu Haus und schossen die Opfer vor den Augen ihrer Familien nieder. Sieben standen auf der Liste; drei waren nicht zu Hause, als die Mörder kamen, einem gelang es, mit schweren Schußwunden zu fliehen. Dies ereignete sich Monate vor den Wahlen. Die dahinterstehende Kalkulation war entweder die, daß (1.) dadurch eine gewaltsame Reaktion ausgelöst würde, die dem amtierenden Präsidenten Gelegenheit gegeben hätte, Notstandskräfte einzusetzen, die Wahlen zu streichen und seine eigene Verwaltung aufzuzwingen, oder daß (2.) der Opposition eine unmißverständliche Warnung zugehen sollte. Wenn beliebte und bekannte Führer ungestraft einfach so über den Haufen geschossen werden können, welche Chancen haben dann ihre unbekannten Anhänger? Auf solche und in den Details ähnliche Art wurde das nigerianische Volk durch Gewaltakte terrorisiert. Die »glücklicheren« Oppositionsparteimitglieder wurden nur nach Lust und Laune verhaftet und in abgelegene Zellen geschleppt, wo sie gequält und vergessen verhungerten.

Vielleicht können die elsalvadorianischen Todesschwadronen des rechten Flügels unsere neu geschaffenen paramilitärischen Polizeieinheiten noch das eine oder andere lehren – viel allerdings kann es nicht sein. Diese Kreaturen wurden im Fernsehen zur Schau gestellt, und Polizeiinspektor Sunday Adewusi erläuterte dazu, daß diese psychopathischen Killer beim ersten Anzeichen von öffentlicher Unruhe auf das Volk losgelassen würden. Es zeigte sich, daß sie schließlich nichts zu wünschen übrigließen; lediglich die »Dialektik von Fäusten und Gewehren« der spanischen Phalangisten war zum »Dialekt von Lederpeitsche, Tränengas und Maschinengewehr« modernisiert worden. Hatte nicht der amtierende Präsident, Alhaji Shehu Shagari, höchstpersönlich der Nation verkündet, daß diese Ausgeburten seines eigenen Hirns Befehl hatten, ohne Vorwarnung, sozusagen »auf den ersten Blick« zu schießen? Sie machten es besser! Sie schossen blindlings, jagten Salven scharfer Munition in dicht besiedelte Wohnviertel, löschten mit einer eigentümlichen Mischung aus Verachtung und Genuß Leben aus, das sie nicht einmal sahen. Nichts, das Eisenstein hätte inszenieren können, kam dem Grauen der Bilder nah, die man von Orten wie Odo-ona (Ibadan, Bundesstaat Oyo) oder Oke-Igbo (Bundesstaat Ondo) sehen konnte und die Unschuldige zeigten, die tot aus dem mißachteten Sanktuarium ihrer Häuser getragen wurden.

Ein Faktum muß uns zur Warnung dienen vor dem, was

noch kommen wird: Die Greueltaten, die von Sunday Adewusis para-militärischen Einheiten verübt wurden, wobei ihnen die Schlägertrupps der Regierungspartei, oft in Polizeiuniform gekleidet, bereitwillig zur Hand gingen – eine Tatsache, die im nachhinein vom Obersten Polizeioffizier des Bundesstaates Ondo, Alhaji Omolowo, zugegeben wurde –, stellen alles in den Schatten, was die Armee in den dreizehn Jahren ihrer Herrschaft an Verbrechen beging, ausgenommen die Zeit des Bürgerkriegs selbst und der an Völkermord grenzenden Akte, von denen in *Der Mann ist tot* die Rede ist. Heute sind in den Stadtvierteln und Dörfern mehr bewaffnete Patrouillen unterwegs als zur Zeit des Bürgerkrieges. Der Grad der Verachtung des zivilen Lebens hat seinen absoluten Tiefpunkt erreicht; die Folter ist so selbstverständlich geworden, daß selbst der kleinste Polizeiposten im entlegendsten Dorf seine eigene Folterzelle hat. Aus diesem Grund habe ich aus dieser Neuauflage des Buches einige Details und Bemerkungen zu den Greueltaten gestrichen, die von der Armee an der unschuldigen Bevölkerung verübt wurden – jene düstere Bestandsaufnahme wurde von dieser Zivilregierung schon längst weit übertroffen, und Schlimmeres wird kommen.

Ich bin allerdings der festen Überzeugung, daß der Wille des Volkes nicht zu brechen sein wird. Daß augenblicklich eine Phase der Verzweiflung und Mutlosigkeit herrscht, ist verständlich: man kann nicht zusehen, wie die versuchsweise errichteten Fundamente des Staates wieder und wieder von einem nicht zu kontrollierenden Moloch zerschlagen und zerstört werden, ohne ein verzehrendes Gefühl der Sinnlosigkeit zu empfinden. Dennoch bedeutet die sich bietende Alternative, angesichts all dessen seine Ziele aufzugeben, eine solche Verneinung des Lebens, daß sie nur als noch schlimmer angesehen werden kann als die physische Vernichtung. Das nigerianische Volk war jüngst einer Verrohung ausgesetzt, die ihm voll zynischer Verachtung aus keinem anderen Grund zugefügt wurde als dem, daß es durch

friedliche Mittel einen Regierungswechsel herbeizuführen wünschte. Es ist deshalb durchaus angemessen, daß ich als Epilog eine Warnung aufgreife, die seit den Wahlen als Schlagzeile in regelmäßigen Abständen in einer der nigerianischen Tageszeitungen erscheint:
WER DEN FRIEDLICHEN WANDEL UNMÖGLICH MACHT, MACHT DEN GEWALTSAMEN WANDEL UNVERMEIDLICH.

Oktober 1983 Wole Soyinka

Jene, denen nicht gedankt wird

Zwischen den Zeilen von Paul Radins *Primitive Religion* und meinem eigenen *Idanre* befinden sich hingekritzelte Bruchstücke von Theaterstücken, Gedichten, einem Roman und Teilen der Notizen aus dem Gefängnis, aus denen dieses Buch besteht. Sechs weitere Bände wurden auf ähnliche Weise durch meine Handschrift verunstaltet. Um keinen Schlüssel zu liefern, der zu einer Rekonstruktion der Umstände und mit Sicherheit zu der Verfolgung wahrscheinlich unschuldiger Beamter führen würde, kann ich nicht einmal die Titel dieser Bücher nennen, geschweige denn angeben, zu welchen Zeitpunkten während meiner Inhaftierung sie nacheinander zu mir hereingeschmuggelt wurden. Nach dem unbeschreiblich köstlichen Genuß des Lesens machte ich mich daran, den Raum zwischen den Zeilen mit meiner eigenen Schrift auszufüllen.

Die Bücher waren mir zusammen mit anderen von verschiedenen Seiten ins Gefängnis geschickt worden. Anfangs wurden solche Sendungen brüsk zurückgeschickt (siehe beigefügten Brief); danach ließ man sie einfach in den Gefängnisbüros von Lagos und Kaduna Staub und Spinnweben ansammeln. Bücher und jede Art von Schriftlichem sind immer Gegenstände des Entsetzens für jene gewesen, welche die Wahrheit zu unterdrücken suchen. Trotz der schärfsten Sicherheitsmaßnahmen, die je in der Geschichte der nigerianischen Gefängnisse gegen einen Häftling angewandt wurden – Maßnahmen, die meinen Verstand im Gefängnis sowohl unterdrücken als auch zerstören sollten –, wurden dennoch Kontakte hergestellt. Aber wie schlau, wie erfinderisch ein Gefangener auch immer sein mag – und die Definition des Naturells eines Gefangenen ist animalische Schläue –, der humanitäre, couragierte Akt, den eine Ausnahme unter seinen Wärtern vollbringt, spielt eine Schlüsselrolle bei seinem Überleben. Diese Schuld kann ich noch nicht durch eine öffentliche Danksagung ausgleichen. Selbst in den zwei Jahren, seit ich auf freiem Fuß lebe, habe ich nicht gewagt, Verbindung zu solchen Personen aufzunehmen, in dem Wissen, daß das größte Sicherheitskräftesystem des Kontinents noch immer an meinen persönlichen Beziehungen äußerst interessiert ist. Sie alle mögen sich gedulden. Während die Bemühungen, all diese Übel zu besiegen und zu vernichten, fortgesetzt werden, wird diese Schuld am Ende abgetragen.

Wole Soyinka

Tel. 24871/20

P. H. Q. No. 17034/53/80.
HEADQUARTERS OFFICE,
PRISONS DEPARTMENT,
PRIVATE MAIL BAG 12522,
LAGOS, NIGERIA.
28th February, 1968.

Sir,

Concerning Wole Soyinka:
Civil Detainee.

I am directed to refer to your letter of 24th January, 1968, and to inform you with regret that correspondence with the above-named detainee is not allowed.

I am therefore returning herewith your letter and the Penguin Book "Four Greek Poets".

Yours faithfully,

Akinola Ajoni
(E. A. AJONI)
for DIRECTOR OF PRISONS.

/JJA.

Betrifft: Wole Soyinka, ziviler Häftling

Ich bin beauftragt, auf Ihren Brief vom 24. Januar 1968 Bezug zu nehmen und Ihnen mit Bedauern mitzuteilen, daß der Briefwechsel mit dem oben erwähnten Häftling nicht gestattet ist.

Daher sende ich Ihnen hiermit Ihren Brief und das Penguin-Buch »Vier griechische Dichter« zurück.

1

Ein Brief an meine Landsleute
zu dem mich zwei Dinge veranlassen, die gerade vor mir liegen. Eines ist die neuste Ausgabe der Zeitschrift *Transition*, welche seit kurzem wieder in Accra erscheint, das andere ein Telegramm von zu Hause. Der Inhalt von letzterem ist einfach: Der Mann ist tot.

Doch ersteres, der Brief eines Opfers des gegenwärtigen griechischen Faschismus, versetzte den tieferen Schock. Der Duplizität eigener und der von anderen Menschen gemachten Erfahrungen zu begegnen ist immer ein Schock, vor allem, wenn diese Erfahrungen beim anderen nahezu identische Gefühle, Gedanken und Reaktionen, bis hin zur Ausdrucksweise, hervorgerufen haben. Bei Erlebnissen, die einem sehr nahegegangen sind, ist es fast ein wenig beängstigend. Man *weiß* es natürlich. Tatsächlich ist es gerade die Gewißheit eines unzerstörbaren Kontinuums von Qual – Überleben – und Sich-Durchsetzen, beständig verstärkt durch das Wissen um die Vorgänger in diesem Zyklus, die den Gefangenen in seinen dunkelsten Momenten aufrechterhält und welche ihm, wenn er die Freiheit wiedererlangt hat, eine Verpflichtung gegenüber allen Opfern sadistischer Systeme, im eigenen Land oder in anderen Ländern, aufzwingt.

Der Verfasser dieses Briefes ist ein griechischer Professor, George Mangakis, im Augenblick Gefangener der faschistischen Diktatoren.* Ich zitiere einige Passagen aus seinem Brief, die geeignet sind, ein paar sehr einfache Tatsachen zu verdeutlichen, welche die schwierige Situation eines Gefangenen in Isolation ausmachen. Derartige Zeugnisse sollten meiner Meinung nach eine Art Kettenbrief werden,

* George Mangakis befindet sich inzwischen in Freiheit.

der dem bleiernen Gewissen der Welt ständig zum Vorwurf dient. Um in Zukunft einer Verharmlosung dieser Angriffe auf den menschlichen Geist ein für allemal jede Grundlage zu entziehen, ist es unabdingbar, daß das Ausmaß dieses widernatürlichen Vorgangs voll erfaßt wird. Danach kann es keine Einwände, keine Argumente mehr geben. Jeder einzelne wird nur noch zu wählen haben: sage ich *ja* oder *nein* dazu.

Der griechische Gefangene schreibt:

Neben vielen anderen Dingen besteht die Qual des Gefangenendaseins in dem tief empfundenen Verlangen des Häftlings nach Kommunikation mit seinen Mitmenschen. Ein Verlangen, welches ihn manchmal fast erstickt.

Selbstverteidigung. Deshalb schreibe ich. Auf diese Weise halte ich meine Gedanken unter Kontrolle. Laß ich sie frei, entziehe ich ihnen den Halt des geschriebenen Wortes, laufen sie Amok. Sie geraten auf seltsame, düstere Abwege und enden mit der Erschaffung von Monstren. ... wir brauchen das Denken unserer Mitmenschen, um unser eigenes am Funktionieren zu halten. Genauso, wie wir Augenblicke brauchen, die frei sind von Denken.

Die Existenz der seltsamen, düsteren Abwege des Denkens in Einzelhaft kann ich bestätigen, ebenso die der seltsamen Monstren, die erschaffen werden. Mit Sicherheit kennen alle Häscher und Büttel dieses Phänomen; und es ist sicher, daß sie sich diese Bedingungen hauptsächlich für jene ausgedacht haben, vor deren Gedanken sie sich fürchten. Dann warten sie vertrauensvoll den Zusammenbruch des Gefangenen ab. Dabei dürfen wir nicht vergessen, daß wir nur von jenen wissen, die diese unmenschliche Phase überlebt haben.

Dieses Buch hat vielerlei Formen und Gestalten angenommen. Die Frage, was es enthalten, was vorläufig weggelassen, was gestrichen werden sollte, immer bezogen auf den Aspekt des politisch Vorteilhaften, auf mein Vermögen, die Vorgänge in meinem Land weiterhin zu beeinflussen, auf die Möglichkeit, revolutionäre Veränderungen herbeizuführen, wozu ich mich mehr denn je verpflichtet fühle, dazu die Erwägung meiner eigenen Sicherheit, das Zögern, vorbehaltlos gegen ein Regime aufzutreten, das infolge seines eigenen Schuldbewußtseins gezwungen ist, mit Gewalt seine anfechtbare Macht aufrechtzuerhalten – all dies hat die Aufmachung, den Titel und die Konzeption des Buches wohl ein dutzendmal verändert. Noch letzte Woche hatte ich es in zwei Teile geteilt. Einen wollte ich zurückbehalten als eine Art Damoklesschwert bis zum Augenblick der politischen Vergeltung. Noch heute morgen war der Titel: *Ein langsamer Lynchmord.*

Irgendwann heute morgen jedoch traf das Telegramm ein. Es enthielt nur die Worte: *Der Mann ist tot.*

Zuerst war ich durch die Ausdrucksweise betroffen. Es klang seltsam und doch vertraut. Es war so vertraut wie der Schluß einer Moritat, eines Schüttelreims: »Es war der Hund, der starb«; ein Verschen aus einem Kinderbuch. Ich dachte an die Augen des Chirurgen über der Maske oder an die Verwunderung eines Folterknechts, der die Kräfte seines Opfers falsch eingeschätzt hat. Ich hörte den Reim in tausend verschiedenen zukünftigen und vergangenen Stimmen. Mir war, als hätte ich das gesellschaftliche Wesen jeder Tyrannei erfaßt: Der Mann ist tot, ein Hund starb, die Sache ist gestorben.

Der Mensch stirbt in all jenen, die schweigen angesichts der Tyrannei.

Der Mann, um den es hier ging, war ein Journalist namens Segun Sowemimo. Er und einige Kollegen wurden auf Befehl eines Militärgouverneurs des Westens von Soldaten brutal geschlagen. Der Grund? Eine Bagatelle. Aber immerhin hatte er Glück – zumindest am Anfang. Er bekam Hilfe von seiner Gewerkschaft, und als sich sein Zustand verschlechterte, wurde der Gouverneur gezwungen – auf Staatskosten, auf Ihre und meine Kosten, nicht auf seine eigenen oder die seiner Leute –, ihn nach England zur Behandlung auszufliegen. Aber sein Bein war brandig geworden und mußte amputiert werden.

Ich verfolgte den Fall mit Interesse. Ich versuchte Mr. Sowemimo in London aufzuspüren, mußte aber erfahren, daß er nach Nigeria zurückgeflogen worden war. Ich bat einen Kollegen, ihn ausfindig zu machen und mir Nachricht zu geben. Seine Antwort ist der Inhalt des Telegramms, das jetzt vor mir liegt: Der Mann ist tot.

Heute abend wurde mir klar, daß dies der einzig richtige Titel für das Buch ist. Mir wurde außerdem klar, daß ich die Zeit der Kompromisse weit hinter mir gelassen hatte, daß dieses Buch das Hier und Jetzt widerspiegelt und daß nur die Dinge weggelassen werden durften, die jene gefährden konnten, von denen die wahre Revolution innerhalb des Landes abhängt. Dabei mußte ich mich allein auf mein Urteil und meine Erfahrung verlassen; was letztere angeht, so kommt mir mehr und mehr zu Bewußtsein, daß sie unter den fünfzig Millionen Menschen meines Landes einzigartig ist.

Ich muß nochmals George Mangakis zitieren. Ich gestehe, daß in seinen Worten nicht nur unser beider gegenwärtiges Schicksal zum Ausdruck kommt, sondern sie sind für mich gleichzeitig auch eine Therapie. Ich stelle mir damit meine Sprache wieder her, die unter dem beständigen Druck meiner Peiniger verzerrt wurde. Eine Verzerrung, die, wie der Hauptteil des Buches zeigen wird, nach den Lügenmärchen von meinem angeblichen Fluchtversuch, das meine potentiellen Mörder ausheckten, die größte Bedrohung für die Aufrechterhaltung meiner Identität darstellte. Als ich im Gefängnis heimlich zu schreiben begann, bemerkte ich zum Beispiel, welche Akrobatik meine Gedanken bei dem Versuch vollführten, jedes quälende Wort zu vermeiden, ich verfiel auf die ausgefallendsten Schliche; ganze Passagen und Teile der Handlung veränderte ich, nur um einen Begriff wie »Demütigung« zu vermeiden. Dieses

Wort »Demütigung«, die Realität des Gefühls und seine jetzige Aktualität, ist endlich in seinem richtigen Kontext wiederhergestellt und von mir anerkannt worden. Es ist das einzig zutreffende Wort für das gerechtfertigte Gefühl, das all diejenigen empfinden, die nicht schon im Mutterleib den Keim der Unterwürfigkeit und Servilität in sich trugen. George Mangakis schreibt:

Wenn einem Land eine Diktatur aufgezwungen wird, so ist das erste, was man empfindet, gleich am ersten Tag, ein Gefühl der Demütigung – und zwar ist dieses Gefühl absolut spontan, frei von jeder vorhergehenden Überlegung. Dir wird das Recht genommen, dich selbst der Verantwortung für dein Leben und Schicksal würdig zu betrachten. Das Gefühl der Demütigung nimmt von Tag zu Tag zu. Es ist das Ergebnis der ununterbrochenen Anstrengung der Unterdrücker, den Verstand der Unterdrückten zu zwingen, all jene Vulgarität zu akzeptieren, die die kranke Gedankenwelt der Diktatoren ausmacht. Es ist, als würden dein Denken und dein Menschsein jeden Tag zutiefst beleidigt. Und dann kommt der Versuch, die Bevölkerung so weit einzuschüchtern, daß sie verschiedene barbarische Vergehen an ihren Mitmenschen akzeptiert. Man hört davon, wird deren Augenzeuge. *Man beginnt mit der täglichen Demütigung durch die Furcht zu leben, und man fängt an sich selbst zu verabscheuen. Und schließlich, zutiefst verwundet in seinem Gewissen als Bürger,* entwickelt man ein Gefühl der Solidarität mit dem Volk, zu dem man *gehört.*

Ich empfinde diese Solidarität allerdings nur für jene meines Volkes, welche diese Demütigung durch die Tyrannei mit mir teilen. Alle andern schließe ich aus. Was auch immer die Gründe gewesen sein mögen, die anfänglich die Diktatur unvermeidbar machten, diese Gründe gibt es nicht mehr. Die augenblickliche Diktatur ist ein entwürdigender Zwang. Sie ist zusätzlich demütigend, weil sie, wie wir alle wissen, an dummer Arroganz, Unterdrückung, Korruption und systematischer Aufgabe aller ursprünglichen revolutionären Ziele die schlimmsten Exzesse der Zivilregierung von vor 1966 bei weitem übertrifft. Dies ist ein beschämendes Eingeständnis, aber es ist die Wahrheit. Ich wende mich mit diesem Buch an die Menschen, zu denen ich gehöre; nicht an die neue Elite, nicht an die breite Schicht privilegierter Sklaven, welche die Marmorpaläste der heutigen Tyrannen stützen. Ich berufe mich auf meine eigene Erfahrung und klage sie an, Kriegsgewinnler zu sein. Ich meine dies nicht in materieller Hinsicht; materielles Kriegsgewinnlertum ist ein allzu bekanntes Faktum, das von einer an Korruption gewöhnten materialistischen Gesellschaft leicht verdaut wird. Es gibt aber eine andere Art der Profitmacherei, eine tiefere Demütigung, welche zu unbedeutend zu sein scheint, als daß sie die Willenskraft eines kriegsmüden Volkes herausfordern könnte: Es ist der Zuwachs an Macht auf Kosten des allgemeinen Leids und der gemeinsamen Opfer des Krieges. Der Intelligenz eines Volkes wird dann die größte Schmach angetan, wenn diese Machtgewinnler höchst ironischerweise einen Teil der Schuld an den wesentlichen Ursachen des Krieges tragen. Daß sie schuldig sind, liegt auf der Hand und wird von ihnen heute selbst eingestanden. Meine Zeugenaussage kann lediglich den Grad ihrer Schuld strittig machen. Ihre gegenwärtigen Exzesse und ihre gegenseitigen Entschuldigungen für die Verbrechen haben den kompromißlosen Inhalt des Buches notwendig gemacht. Denn der erste Schritt zur Abschaffung des Terrors besteht in der Enthüllung seiner heuchlerischen Selbstgerechtigkeit.

Dies ist nur der erste Schritt. In jedem Volk, das sich freiwillig der »täglichen Demütigung durch die Furcht« unterwirft, stirbt der Mensch.

14. Dezember 1971

Ibadan – Lagos

2

Meine Verhaftung und der Versuch, mich unschädlich zu machen, waren zwei ganz verschiedene Vorgänge. Erstere wurde durch folgende Faktoren ausgelöst: mein öffentliches Auftreten gegen den Krieg in den nigerianischen Zeitungen, meinen Besuch im Osten, meinen Versuch, die inner- und außerhalb des Landes lebenden Intellektuellen Nigerias zu einer Interessengruppe zusammenzuschließen, die ein totales Waffenembargo für alle Teile Nigerias durchsetzen sollte. Damit sollte eine dritte Machtgruppe im Lande, die Dritte Kraft, geschaffen werden, die sich das darauffolgende militärische Patt zunutze machen und dadurch sowohl den Sezessionsbestrebungen Biafras als auch der auf Völkermord basierenden Diktatur der Armee ein Ende setzen sollte. Denn diese Militärdiktatur machte sowohl Sezession als auch Krieg unvermeidlich.

Man versuchte, mich unschädlich zu machen wegen meiner Aktivitäten im Gefängnis. Wegen meiner Aktivitäten während der Haft wurde ich planmäßig verleumdet und wäre deshalb beinahe liquidiert worden. Aus Kiri-kiri schmuggelte ich einen Brief heraus, der den neuesten Beweis für die Politik des Völkermordes der Regierung Gowon* lieferte. Er wurde an die Schuldigen verraten. Durch ein mörderisches Komplott versuchten sie sich reinzuwaschen.

Ich sagte am Anfang, daß meine Verhaftung und der Versuch, mich auszuschalten, zwei verschiedene Vorgänge gewesen seien. Dies ist nicht völlig richtig. Es ist nur insoweit richtig, als meine politischen Gegner zum Zeitpunkt meiner Verhaftung mich nur für einige Zeit aus dem Verkehr ziehen

* Gowon, Yakubu, 1934, ab 1966 Staatspräsident, 1975 gestürzt durch Armeeputsch. (Anm. d. Übers.)

wollten; das änderte sich erst, als mein Brief jenen in die Hände gespielt wurde, die darin angeklagt wurden. Letztlich aber hatten die beiden Gewaltakte, die Verhaftung und die völlige Ausschaltung, die gleiche Wurzel. Mehr noch, der Vorfall mit dem Brief bestätigte meine Einschätzung der politischen Lage, welche zu meiner Verhaftung geführt hatte. Heute weiß ich, daß es diese direkte, unmittelbare und fortwirkende Bestätigung der vollständigen Verrohung der politischen Macht in ihrem Kern war, welche mich herausforderte und mir die Pflicht auferlegte, meinen in Freiheit lebenden Kollegen den jüngsten Beweis für die moralische Berechtigung unseres politischen Standpunktes mitzuteilen. Wir waren gezwungen, alles zu tun, um zu beweisen, daß auch inmitten eines Krieges absolute ethische Maßstäbe existieren müssen. (Denn inzwischen waren wir durch den Einmarsch in den mittleren Westen mit der Tatsache konfrontiert worden, daß dies ein weiterer Bürgerkrieg geworden war, der bis zum Ende ausgefochten werden würde.)

Mir scheint es deshalb angemessen, den Brief an den Anfang dieses Buches zu stellen, denn in diesem Brief wird die Ursache der Sezession und des Krieges thematisiert, die die jetzt gängige Norm der verrohten Instinkte im Volk hervorbrachte, das sich nun zu Hunderttausenden bei öffentlichen Hinrichtungen versammelt; Frauen und Kinder, Bettler und geistlose Elite finden gleichermaßen ihr Vergnügen an der Aburteilung überführter, teilweise überführter und nicht überführter Verräter. Eigentlich beschäftigt sich der Brief erneut mit der Frage nach Recht und Unrecht und reißt damit kaum verheilte Wunden wieder auf, Wunden, die unter den täglichen Stiefeltritten der Unterdrücker nicht verheilen können. Dieser Brief bringt das ungeheure moralische Defizit der Nation auf einen Nenner, ein Defizit, das zur Sezession und zum Krieg führte. Die Wahrheit ist einfach diese, daß sowohl früher wie heute die Nation durch Verrat gedemütigt wurde; dieser wurde von Kräften gefördert, aufrechterhalten und verstärkt, denen es sowohl an

Zielen wie an geistigen Grundlagen mangelte und die sich nur durch organisierten Terror am Leben erhalten konnten. Ich meine das Unvermögen

einen sehr hohen Grad an historischem Scharfblick und äußerster Klarheit zu entwickeln und zu erkennen, daß gedemütigte Nationen unvermeidlich entweder in tödliche Dekadenz, dem moralischen und geistigen Siechtum, verfallen, oder sich der Leidenschaft der Rachsucht ergeben, welche in Blutvergießen und Umsturz endet.

Ich habe Mangakis zum letztenmal zitiert. Es folgt der Inhalt jenes Briefes, welcher noch immer in den Tresoren der heutigen Retter der Nation verborgen gehalten wird.

Durance Vile (September 1967)

Als vor einigen Jahren die Leichen von drei Bürgerrechtlern, unter ihnen ein Schwarzer, im tiefen Süden des barbarischen Amerika gefunden wurden, da teilten wir mit Millionen schwarzer Menschen in der ganzen Welt die grausame Gewißheit, daß nur die Tatsache, daß die anderen beiden weiß (und reich) waren, die massiven Anstrengungen erklärte, die unternommen wurden, um den Fall aufzuklären und die Mörder vor Gericht zu stellen. Es blieb ein fruchtloser Versuch.

Dieses Schicksal ist mit aller Härte über uns gekommen. Ich möchte nur an die Geschichte des Ibo-Photographen Emmanuel Ogbona erinnern, der irgendwann letztes Jahr aus seinem Studio in Odo Ona, Ibadan, entführt, ermordet und einige Meilen entfernt ins Gebüsch geworfen worden war. Zwei Soldaten des dritten Bataillons, Ambrose Okpe und Gani Biban, wurden später des Mordes angeklagt und in Ibadan vor Gericht gestellt. Erinnern Sie sich an die mysteriösen Verschleppungen der Verhandlung, die nur spärlich verhüllten Behinderungen und Manöver, die jedem vom Ku Klux Klan durchsetzten Gericht südlich Alabamas zur Ehre gereicht hätten? Mit Verwunderung hörten wir schließlich die Ankündigung des Staatsanwaltes, daß er, »auf Weisung« handelnd, keine andere Wahl habe, als die Verfolgung des Falls einzustellen. Er gab an, die Armee wolle sich der Sache selbst annehmen. Jetzt war der Fall eingetreten, in dem wir hätten sprechen oder handeln sollen. Wir aber beruhigten unser ängstliches Gewissen in bewährter Manier: Wir entschieden uns fürs Abwarten. Aufgrund dieses Ereignisses wurde nicht nur die Autorität von Recht und Gerechtigkeit in der ganzen Föderation aufgehoben, zugunsten der Doktrin vom gerechtfertigten Völkermord.

Doch hören Sie, was dann geschah. Nahezu sechs Wochen lang lebte ich in engem Kontakt mit zwei Personen, die ein Produkt dessen waren, was Hannah Arendt (in Eichmann in Jerusalem*) mit dem ungewöhnlichen Ausdruck »die Banalität des Bösen« beschrieb. Es gibt so viele Zellen in nigerianischen Gefängnissen, und ausgerechnet (soll man es Schicksal nennen?) in die der angeklagten Soldaten hatte man mich gebracht. So konnte ich sie aus unmittelbarer Nähe kennenlernen. Es ging nicht anders, ich mußte ihnen zuhören, mußte sie beobachten. Ich hatte richtig vorhergesehen, was mit Menschen und mit einer Nation geschieht, wenn eine Gruppe innerhalb der Nation stillschweigend als außerhalb der Gesetze stehend erklärt wird; wenn diese Gruppe für jeden, der seinen Fanatismus nur schlecht zu zügeln vermag, zum Freiwild wird. Ich will hier nicht näher auf das stolze und prahlerische Schuldgeständnis eines dieser beiden Männer eingehen. Es genügt zu sagen, daß diese beiden – wir müssen sie weiterhin als Verdächtige bezeichnen – vor drei Tagen triumphierend das Gefängnis verließen, in das man sie nur gesteckt hatte, um den Schein zu wahren.*

Später einmal, wenn wieder Ruhe herrscht (falls dies je wieder der Fall sein sollte), wird genügend Zeit sein, um sich dieses Vorfalls und vieler anderer anzunehmen, deren Zeuge wir im Laufe des vergangenen Jahres wurden. Einiges jedoch darf keinen Augenblick länger aufgeschoben werden. Selbst inmitten dieses unseligen Krieges ist es notwendig, daß es noch einen Punkt gibt, von dem aus einer verderblichen Doktrin offen der Kampf angesagt wird, welche durch die Eigenart des gegenwärtigen Kampfes zu einem regelrecht epidemischen Völkermord führen kann. Wenn wir uns weder kurzsichtig noch desinteressiert der Frage nach der Entwicklung dieser Gesellschaft, die aus den Trümmern der heutigen errichtet werden muß, stellen wollen, ist es offensichtlich, daß jetzt gewisse Grundlagen geschaffen werden müssen, deren Ideale uns zumindest davor bewahren, unseren Kampf in bloße Schlächterei und Bestialität ausarten zu lassen. Irgendwo muß ein Anfang gemacht werden, also laßt ihn uns hier im Westen machen. Man muß natürlich darauf gefaßt sein, daß im westlichen Teil des Landes die Aussagen dieser Mörder, deren Tat stillschweigend gebilligt wird, bewußt mißverstanden werden. Das gilt auch für ihre blutbefleckten Verbündeten in den anderen Teilen des Landes. Denn früher oder später wird man sie dazu bringen, solch augenfälligem Beispiel zu folgen. Ich schlage deshalb vor, als erstes und Vordringlichstes, daß die Rechtsprechung im Westen für unabhängig erklärt wird. Ich weiß nicht, was dies für unsere Beziehung zu den Bundesgerichtshöfen bedeutet, noch kümmert es mich sonderlich. Ich verlange nur, daß die Justizbehörden des Westens auf die eine oder andere Weise ihre Unabhängigkeit zurückgewinnen, damit in Zukunft keine Macht, käme sie von inner- oder außerhalb der Region, jemals wieder in ihre Rechtsprechung eingreifen und sie dadurch, so wie dies heute geschieht, zur indirekten Beihilfe zum Völkermord zwingen kann.

Zweitens, daß in der Region ein Gesetz verabschiedet wird, das die Verfolgung, jegliche Form der Diskriminierung oder jede sonstige Behinderung, die aus Gründen der Stammeszugehörigkeit geschieht, verbietet (dazu gehört auch Religion usw., man kann das weiter ausbauen).

Lassen Sie mich es noch einmal wiederholen: Was im Falle Emmanuel Ogbonas geschah, ist nur ein Beispiel für die unzähligen Greuel des Völkermordes. Er wurde durch die Justiz im Westen ermöglicht und wird von vielen anderen Kräften und Teilen der Regierung unterstützt. Diese müssen benannt, angeklagt und*

* Nach meiner Freilassung stellte ich fest, daß die Justizbehörden der westlichen Region massiv gegen die Entscheidung Gowons protestierten, die Angeklagten auf freien Fuß zu setzen. Für mich ist dieses Vorgehen mit dem Richard Nixons vergleichbar (nur noch hundertmal schlimmer), der

eines Tages zur Verantwortung herangezogen werden, denn ihre Philosophie vernichtet die Hoffnung vieler Menschen auf eine Zukunft dieses Landes und verurteilt große Teile der Bevölkerung, zu Mördern und Totschlägern im Namen der Einheit zu werden.

Seid ehrlich und fragt euch selbst: Was nützt ein Verhaltenskodex, wenn die Armee selbst von Mördern durchsetzt ist, die mit ihren Verbrechen offen prahlen und deshalb, weil ihr Opfer ein Ibo war, selbst während ihrer kurzen Haftdauer als Very Important Prisoners *behandelt werden? Man holt sie zu regelmäßigen Hofgängen, die als Untersuchungen getarnt sind, und selbst die höchsten Gefängnisbeamten begegnen ihnen mit Achtung und Respekt. Was nützt ein Verhaltenskodex gegen Tausende, Zehntausende prahlerischer Verbrecher? Ohnehin sind die meisten Soldaten Analphabeten. Ich nenne das Heuchelei!*

Als Kontrast dazu habe ich eine Nachricht aus dem *New Nigerian* vom 30. Januar 1967 ausgewählt:

New Nigerian, Nr. 330 — Montag, den 30. Januar 1967
Seite 5

EINE TODESSTRAFE UND FÜNF HAFTSTRAFEN
FÜR MORD AN EINEM JUNGEN

Der oberste Gerichtshof von Sokoto verurteilte einen Mann zum Tode. Acht andere, darunter ein Polizist, erhielten Haftstrafen zwischen drei und zehn Jahren. Gegenstand der Verhandlung war die Ermordung eines Jungen und eine nicht zugelassene Versammlung während der Unruhen in Sokoto im letzten Jahr. Die Männer sind: Mailayi (Todesstrafe), Liba Mamman und Usman Sokoto (jeder zehn Jahre), Alkali Tanganza, Duniya Mamman Wurno, Altine und Zagi (jeder fünf Jahre) und Balarabe Dogon Daje (drei Jahre).

Calley, dem Massenmörder von My Lai, Haftverschonung gewährte, obwohl dessen Berufungsverhandlung noch ausstand.

Usman war Wachtmeister bei der Polizeibehörde Sokotos. Die Untersuchungen ergaben, daß zwischen dem 29. September und dem 1. Oktober letzten Jahres Mailayi zusammen mit einigen anderen ein Haus im Gayu-Viertel überfiel, in dem ein Wärter des Gefängnisses, Joseph Uche, ein Igala, wohnte.

Mailayi und seine Bande hielten, der Anklage zufolge, Uche für einen Ibo. Sie trafen jedoch nicht ihn an, sondern seinen jüngeren Bruder Ojibo Uche, der gerade schlief. Mailayi versetzte ihm einen Schlag auf den Kopf, und Maikawa, ein Gefängniswärter, durchschnitt mit einem Messer die Kehle des Jungen.

Das Gericht vertrat die Meinung, daß Wachtmeister Usman wohl nicht persönlich an der Tat beteiligt, aber während des Tathergangs zugegen gewesen sei.

Der Richter, Justice Holden, klärte die Verurteilten über ihre Berufungsmöglichkeit auf. Der Oberste Gerichtshof vertagte sich auf unbestimmte Zeit.

Die Gegenüberstellung dieser beiden exemplarischen Fälle macht die heuchlerischen Dementi des Regimes zunichte; dazu bedarf es nicht einmal des Verweises auf das große Ausmaß der Greuel, auf die schlimmste Verrohung von Menschen, die es seit Menschengedenken auf dem schwarzen Kontinent gegeben hat. Es bestätigt eine einfache Wahrheit: daß zumindest der *Justizapparat* während und nach den Massakern im Norden weiterexistierte und daß es daher eine bewußte, überlegte Entscheidung von Yakubu Gowons Regierung war, die Gerichte außer Kraft zu setzen. Entweder drückte diese Entscheidung den Willen des nigerianischen Volkes aus, oder aber die Regierung Gowon machte sich der Verschwörung gegen den Willen des nigerianischen Volkes schuldig. Ich lehne die erste Möglichkeit ab. Mir bleibt also keine andere Wahl, als Yakubu Gowon und seiner Regierung vorzuwerfen, den Willen des nigerianischen Volkes verfälscht und verraten zu haben.

Aber vielleicht ist das Thema überholt. Besser noch, vielleicht ist das alles nie passiert. Vielleicht wurden die fünfzigtausend Nigerianer gar nicht abgeschlachtet und mißhandelt, und vielleicht fand auch die Massenflucht von eineinhalb Millionen Menschen nicht statt. Wenn das Abschlachten doch stattfand, dann war es vielleicht nicht *geplant*, und vielleicht gab es keinen Apparat, der diesen Dingen hätte Einhalt gebieten können. Und vielleicht war auch der Ausbruch des Bürgerkrieges nicht zum Teil dadurch bedingt, daß dieser Auswurf der Geschichte den Justizapparat bewußt ausschaltete. Vielleicht hatte dieser Akt des Völkermords überhaupt nichts mit der Trennung der Ibo vom Mutterland zu tun.

Abschließend könnte man sagen, daß so etwas nie mehr passieren *kann*, daß es ganz *undenkbar* ist, daß so etwas jemals wieder geschieht.

Ich folge jedoch lieber meiner eigenen Sehweise von menschlichem Handeln und verschließe nicht die Augen vor dem tatsächlichen historischen Geschehen, in dem Greueltaten furchtbarsten Ausmaßes keine Einmaligkeit darstellen. Die Worte von David Astor zum Jahrestag des Warschauer Getto-Aufstands sind in diesem Punkt sehr präzise:

»Die massenhafte Vernichtung von Menschen hat mit der Ermordung einzelner zu tun . . . versteht man die Prozesse, die zum Lynchmord an einem einzelnen führen, dann ist man wahrscheinlich eher in der Lage, die Prozesse auszuloten, die den großen moralischen Perversionen zugrunde liegen . . . Diese tiefgreifendere Betrachtungsweise wird uns und unsere Kinder eher in die Lage versetzen, zukünftige Symptome dieser Krankheit zu bekämpfen, in welcher Form auch immer sie auftreten mag . . .

Wir müssen mehr über die unseligen, beängstigenden Gedankengänge lernen, die Menschen das Gefühl geben, nicht nur dazu berechtigt, sondern sogar dazu verpflichtet zu sein, andere zu vernichten. Man kann nicht voraussagen, wodurch diese Massenpsychose ausgelöst wird. Ihre nächste Ausformung muß nicht rassistisch, religiös, sondern kann politisch sein (so wie das in Revolutionszeiten oder während Bürgerkriegen geschah . . .).«

Indonesien . . . Asaba. My Lai . . . Pakistan . . .ASABA!*

Aber dieses Buch beschäftigt sich nicht mit Völkermord, sondern vielmehr mit dem Lynchen einzelner. Eigentlich ist alles, was man zu diesem Thema sagen könnte, in diesem Abschnitt enthalten, ausgenommen insofern, als er das Schuldgeständnis der Lynchbande darstellt. Was übrigbleibt, ist in erster Linie eine persönliche Unterhaltung mit einer Handvoll von Individuen, jener Gemeinschaft von Leidensgenossen, die aus sich heraus bereits zusammengefunden hat oder sich noch zusammenfinden wird. Ihr Kampf gilt nicht nur der Behauptung ihrer Ideen, sie kämpfen für das nackte Überleben aller. Dieses Buch ist kein Handbuch der Überlebensstrategie, es sind die Aufzeichnungen von einem, der überlebte. Vielleicht wird es zumindest dazu dienen, die Welt erneut daran zu erinnern, daß Tausende von Menschen unter grausamen Machthabern existieren müssen, die sich nur durch immer neue Untaten am Leben erhalten können.

* Und nun auch Burundi.

3

Nach meiner Rückkehr aus Enugu* begann eine erbarmungslose Menschenjagd, die vom militärischen Geheimdienst und von der Gestapo von Lagos organisiert wurde. Ich wollte sichergehen, keinem von beiden in die Hände zu fallen, und wurde schließlich von einem Polizisten vor den Toren der Universität von Ife verhaftet. Nach meiner Verhaftung richtete sich mein Hauptinteresse darauf, meine Überführung nach Lagos so lange hinauszuzögern, bis ich eine Reihe von elementaren Vorkehrungen getroffen hatte. Das Gerangel, das daraufhin um meine Person entstand, war so trickreich, daß Lagos ebenso verblüfft wie verärgert war. Der Militärgouverneur des Westens wurde eingeschaltet, und ich erreichte einen kostbaren Aufschub von vierundzwanzig Stunden. Aber schließlich, nach vielen telefonischen Verhandlungen, nach vielen Winkelzügen und Garantien wurde mir ein sehr hoher Polizeibeamter als Eskorte nach Lagos, für das Verhör bei Gowon, zugesichert. Die Vereinbarung war zwischen dem Gouverneur des Westens und zwischen Gowon ausgehandelt worden. Wir sollten direkt in die Dodan-Kaserne fahren, Gowon würde mir ein paar Fragen bezüglich meiner Tätigkeit stellen, und ich sollte am gleichen Tag nach Ibadan zurückgebracht werden.

Ich kannte die Abteilung E bereits von früher, immer auf der Jagd nach meinem Paß, für den die Sicherheitspolizei, seit meinen harmlosen Reibereien mit der Regierung von 1962, eine außerordentlich possessive Anhänglichkeit entwickelt hatte. In periodischen Abständen entwickelten wir so etwas wie einen friedlichen *ménage à trois.* Wenn ich meine Reisepläne früh genug ankündigte, wurde mir als Gegenleistung für diese Erklärung und nach genauester

* Siehe Abschnitt 23.

Durchsuchung auf dem Flughafen bei Abflug und Rückkehr – vom Kopf bis zu den Eiern – die Benutzung dieses abgegrapschten Zankapfels erlaubt. Ich wurde nicht müde, darauf zu bestehen, daß dessen Besitz zu meinen unveräußerlichen Rechten zählte. Der *modus vivendi* funktionierte nicht immer. Die nur schlecht verhüllte Selbstgefälligkeit der Macht, die sich in den durchtriebenen Gesichtszügen der Beamten der Abteilung E spiegelte, hatte etwas an sich, das Aggressivität erzeugte, selbst wenn ich entschlossen war, phlegmatisch Ruhe zu bewahren. Die psychologische Trickkiste war nur allzu offensichtlich, selbst in den vermeintlich neutralen Wartezimmern, wo ich auf den Offizier, der für mich zuständig war, wartete. Oft hatten diese Offiziere keine Namen. Sie hießen S 7 oder E 5, und doch erschienen diese Nummern gekleidet wie Menschen, legten es darauf an, zu bezaubern, den Unwissenden zu spielen, einen mit einer lächerlichen Information zu überraschen, von der immer erwartet wurde, daß man sie abstritt. Dabei wußte kein Mensch, wozu dieses Theater nütze sein sollte, da kein Untergrundkämpfer belastendes Material mit zum Flughafen bringt oder Ein- und Ausreisestempel von tabuisierten – das heißt kommunistischen – Ländern in seinen Paß machen läßt. Er weiß nur zu gut, daß das beste Reiseziel, das er der Abteilung E bieten kann, eine Adresse im guten alten England ist. Aber das waren alles nur nützliche Vorbereitungen: Ein lähmendes, wirres Gefühl der Hilflosigkeit blieb von diesen Begegnungen zurück. Das Bewußtsein, daß ein Mensch die Macht besitzt, dich in deinen Bewegungen einzuschränken, worüber er ganz allein befindet, ohne die geringste Verpflichtung, sein Tun vor dir oder der Gesellschaft, der beide angehören, zu verantworten; das Bewußtsein, daß es eine Macht gibt, die praktisch dein Privatleben aufhebt, indem sie deine Bewegungsfreiheit eingrenzt und dadurch deinen Broterwerb zu einem Hazardspiel macht.

Die Pforten der Abteilung E schlossen sich hinter mir.

Ich wurde in ein Büro geführt, wo ich warten sollte. Etwas kam in Gang. Ich fühlte, daß unsere Ankunft in der Abteilung sofort etwas ausgelöst hatte. Dann hörte ich Stimmen. Eine Kreatur, die ich später noch kennenlernen sollte, hielt anscheinend dem Kommissar aus Ibadan gerade eine Standpauke. Der Kommissar wiederholte seinen Auftrag, aber der andere, der Mann aus Lagos, entgegnete ihm, daß er von niemandem in Ibadan, und sei er noch so hochgestellt, Befehle entgegennähme. Die Stimme klang gewalttätig, von ihrer Macht überzeugt. Dann hörte man nichts mehr, weil eine Tür zugeschlagen wurde.

Sekunden später blickte ein Gorilla von einem Kerl in das Büro, in dem ich saß. Er betrachtete mich von oben bis unten, als sei ich ein Insekt, das aufgespießt und konserviert werden sollte. Er war immer noch ganz überwältigt von seinem erregenden Triumph der Macht über den Mann aus Ibadan. Ich hatte nicht den geringsten Zweifel, daß die dröhnende Stimme ihm gehörte. Er sagte kein Wort. Vielleicht sickerte noch Gift von der Begegnung mit Ibadan nach, und er suchte jemanden, bei dem er den Überschuß loswerden konnte, vielleicht wollte er mich in den verglühenden Funken seines Zorns rösten, vielleicht wollte er mich – so überraschend und heftig riß er die Tür auf, daß ihm kaum die Hand, mit der er am Türknauf hing, bei seinem ungestümen Auftritt hinreichend Halt gab –, ja, vielleicht wollte er mich wirklich mit diesem altbekannten Trick des Auftritts als gewaltiger Orkan weichmachen: alle Möglichkeiten waren in diesem jähen Einbruch enthalten. Die Erscheinung, erschreckend durch ihre Plötzlichkeit – er glich tatsächlich einem entlaufenen, verstörten Gorilla –, diese Erscheinung nahm Gestalt an, hing in der Tür und starrte mich an. Nachdem ich meine Fassung wiedergewonnen hatte, blieb mir keine Wahl als zurückzustarren, anfangs fragend – man muß einen wilden Affen ja nicht noch reizen –, dann, als ich in seinem Blick nichts als Gift und Galle bemerkte, wechselte ich abrupt meinen Ausdruck und setzte eine Miene auf, von der ich hoffte, daß sie meine Bereitschaft signalisierte, jede Herausforderung zu akzeptieren, was immer er auch von mir wollte. So abrupt, wie er hereingekommen war, verschwand er; wahrscheinlich schwang er sich an seinen haarigen Armen wieder in den Deckenventilator. Irgendeine geheimnisvolle Kraft mußte ihn aus meinem Blickfeld ins Nichts gewirbelt haben, denn es war kaum vorstellbar, daß diese Geschwindigkeit von ihm ausging. Später erfuhr ich seinen Namen. Yisa Adejo, ein Unterkommissar.

Als nächstes kam der Kommissar aus Ibadan herein. Er wollte sich rechtfertigen. Wir würden nicht in die Dodan-Kaserne gehen, die Sache sei ihm aus den Händen genommen worden . . . so redete er immer weiter, erschöpft von der Aufregung und daher ziemlich zusammenhanglos. Ich versicherte ihm, daß ich bereits alles mitgehört hätte. In diesem Augenblick kam ein junger Mann herein. Aufgeblasen und sehr von sich selbst überzeugt. Auf den ersten Blick erkannte ich in ihm einen jener unerfahrenen Ersatzkräfte, mit denen nach dem Exodus der Ibo die öffentlichen Ämter besetzt worden waren. Kein Zweifel, er war darauf aus, seine Fähigkeiten unter Beweis zu stellen. Sein Verhalten gegenüber dem Kommissar, der rangmäßig weit über ihm stand, war bewußt überheblich. Ich wollte von dieser neuen Kreatur wissen, warum ich in der Sicherheitsabteilung und nicht in der Dodan-Kaserne war. Er zog die Augenbrauen hoch, als hätte er noch nie vorher diesen Namen gehört. Ich wiederholte meinen formalen Protest, was ihn zu der schnippischen Antwort brachte:

»Und was haben Sie dem Staatsoberhaupt mitzuteilen? Glauben Sie, Sie können so ohne weiteres verlangen, das Staatsoberhaupt zu sprechen?«

»Ich habe einen Termin mit ihm. Er erwartet mich jetzt.«

»Davon weiß ich nichts. Ich wurde aufgefordert, Ihnen ein paar Fragen zu stellen. Da könnte ja jeder kommen und behaupten, er hätte einen Termin beim Staatsoberhaupt.«

Ich wandte mich an den Kommissar. Er schreckte hoch

aus seiner Betäubung, in der er sich noch immer befand, und murmelte ein paar Worte, die meine Behauptung bekräftigten.

Der junge Beamte wiederholte nur:

»Mir ist davon nichts bekannt. Jeder kann schließlich behaupten, einen Termin beim Staatsoberhaupt zu haben.«

Durch die Hemdsärmeligkeit des Menschen ziemlich wütend geworden, sagte ich:

»Sie wollen doch nicht etwa sagen, daß der Ihnen vorgesetzte Beamte lügt. Er hat Ihnen doch gerade gesagt, daß ich einen Termin habe.«

D. schaute fragend auf und täuschte – es war ganz offenkundig – Unwissenheit vor. Erst jetzt stellte sich der Kommissar vor und erzählte die ganze Geschichte in so entstellter Form, daß mir ganz übel wurde. Der junge Großkotz murmelte nachlässig eine Art Entschuldigung . . . es sei nichts Außergewöhnliches für die Abteilung E, daß man die Regionalkommissare nicht persönlich kenne. Er sei auch einige Zeit außer Landes gewesen – all dies brachte er mit beiläufiger Herablassung hervor. Reichlich angeödet betrachtete ich den Kommissar . . . ach, hau ab, Mann, geh zu deiner Frau und deiner Familie. Schließlich ging er, voller Schuldgefühl und unter beständigen Entschuldigungen, daß alles anders verlaufen sei als geplant.

»Verlieren Sie nicht die Nerven. Zeigen Sie sich kooperativ. Ich bin überzeugt, Sie sind in sicheren Händen.« Er tat mir leid.

Der junge Mann schien den Rat auf sich bezogen zu haben. Er behielt die Nerven. Er entschuldigte sich sogar für die ganze Szene und erklärte mir, daß sich behördliche Anordnungen eben überschnitten. Die Sicherheitspolizei habe schon vorher bei der Polizeibehörde in Ibadan veranlaßt, daß ich abgeholt und zum Verhör gebracht werden sollte, man könne also nicht erwarten, daß sie von der späteren Abmachung mit der Dodan-Kaserne etwas wüßten. Nachdem er sich vorgestellt hatte – »Ich bin übrigens D.« –, versprach er mir, mit

Gowons Adjutanten in Verbindung zu treten, um herauszufinden, was los sei. Ich beobachtete die kleine Komödie, die er am Telephon abzog. Selbstverständlich war der Adjutant nicht erreichbar, aber es werde ihm natürlich eine Nachricht hinterlassen, daß er D. sofort zurückrufen solle.

»Glücklicherweise«, bemerkte er, »kenne ich ihn persönlich. Ich erwarte ihn sogar heute nachmittag hier im Hause.«

Die Entschuldigungen sind keineswegs beendet. D. entschuldigt sich, daß er meine Bücher noch nicht gelesen hat, obwohl er schon so viel von mir gehört hat.

»Das ist ein schrecklicher Job. Er läßt einem kaum Erholung oder Zeit für Dinge, die Freude machen.«

So ging es über eine halbe Stunde weiter, bevor er endlich zur Sache kam. Zigarette? Ich rauchte lieber eine von meinen einheimischen *Murada*. D. zündete sich seine Zigarette an und gab mir Feuer. Dann sagte er ganz beiläufig: »Während wir auf den Anruf des Adjutanten warten, können wir doch die eine oder andere Sache besprechen? Wann haben Sie Ojukwu* zum letztenmal gesehen?«

»Vor ungefähr acht Tagen.«

Die Frage war ganz im glatten Stil der Überrumpelungstechnik gestellt worden. Die Stille und das darauffolgende Stammeln waren nur durch sein Erstaunen zu erklären. Natürlich hatte er erwartet, ich würde es abstreiten oder zumindest Ausflüchte suchen. Er ließ sich Zeit und überlegte den nächsten Schritt, inzwischen verlief das Verhör ziemlich ziellos. Dann kam er wieder zum Thema zurück.

»Zu welchem Zweck haben Sie ihn aufgesucht?«

»Das ist doch ziemlich offensichtlich. Sie haben doch sicher meinen Artikel in den Zeitungen gelesen.«

»O ja.« Er öffnete eine Schublade und holte eine Akte heraus. Sie war voller Zeitungsausschnitte. »Ja, ich habe ihn

* Ojukwu, Emeka Odumegwu, 1933; ab 1966 Militärgouverneur der Ostregion Biafra, die er 1967 zur Republik proklamierte; Jan. 1970 Flucht an die Elfenbeinküste, lebt heute wieder in Nigeria. (Anm. d. Übers.)

gelesen und auch die Antworten darauf. Was halten Sie von den Reaktionen auf Ihren Artikel?«

Sein Tonfall war genüßlich. Offensichtlich erwartete er von mir einen Aufschrei der Bewunderung. Ein paar Augenblicke später wurde mir klar warum.

»Sie schienen mir das Produkt einer amoklaufenden Propagandamaschinerie zu sein«, erwiderte ich. »Die meisten Namen unter den Leserbriefen sind falsch. Fünfundsiebzig Prozent der Briefe sind von den gleichen Lohnschreibern verfaßt.«

»Was macht Sie dessen so sicher?«

»Ich war überrascht von der Ähnlichkeit des Stils. Ich habe ihn sogar erkannt.«

»Ja natürlich, Sie sind ja Schriftsteller.«

»Genau. Für mich ist der Stil ungefähr das gleiche wie für Sie Fingerabdrücke oder Einbruchsmethoden. Es ist ganz offensichtlich, daß es sich um die gleichen Leute handelt, die auch die Briefe gegen Tai Solarin* geschrieben haben. Soll ich Ihnen sagen, wer es war?«

»Wer?«

Ich nannte den Namen der Gruppe. Er lächelte und legte die Akte beiseite.

»Nun, ich kann dazu nichts sagen. Es ist jetzt ohnehin gleichgültig ...«

Aber es war nicht gleichgültig. Mallam D. hatte zu wenig Selbstbeherrschung – zumindest in diesem Stadium –, und selbst kleine Lücken in der Geheimhaltung schienen ihn zu schockieren. Es stand ihm ins Gesicht geschrieben – woher wußte ich das? Was wußte ich sonst noch über die Aktivitäten dieser Gruppe für das Militärregime? Ich fühlte, daß er aus dem Gleichgewicht geraten war und daß ich diesen Zustand verlängern mußte – es war nur ein kurzer, winziger

* Einer der wenigen aufrichtigen Kolumnisten der nigerianischen Presse und Direktor der ungewöhnlichen höheren Schule, *Mayflower*, in Ikenne. Ein »Stammkunde« der Polizei.

Vorteil in unserem Wortgeplänkel. Aber es ging im Moment darum, den Gegner auf wirkliche oder nur in meiner Vorstellung existierende Schwächen, auf sein Schuldbewußtsein oder seinen Ehrgeiz hin abzuklopfen. Wie gut war Mallam D. informiert, welche Einzelheiten des Gesamtplans der Männer, die meine Arrestierung und Schlimmeres befohlen hatten, waren ihm bekannt?

»Sagen Sie, warum war man denn in Lagos so darauf aus, mich zu liquidieren?«

»Was meinen Sie damit?«

»Es wurden Soldaten nach Ibadan geschickt, um mich zu entführen und aus dem Weg zu räumen. Sie hatten den Befehl, mich unbedingt zur Strecke zu bringen.«

»Wie kommen Sie zu der Annahme, daß die Armee Sie umbringen will?«

Ich log. »Ich traf mit einem Freund von einem der Offiziere aus Lagos zusammen. Er warnte mich.«

D. geriet völlig außer sich: »Er hat Unsinn erzählt. Die Armee sollte Sie verhaften. Weiter nichts.«

»Mußten Sie dazu eine Sondereinheit aus Lagos schikken?«

»Ich habe keine Ahnung, ob eine Sondereinheit aus Lagos geschickt wurde oder nicht. Sie sollten verhaftet werden. Vielleicht haben Sie davon etwas gehört. Warum sollte irgend jemand ein Interesse haben, Sie umzubringen?« Er unterstrich die Absurdität des Gedankens mit einer heftigen, wegwischenden Geste. »Auf jeden Fall, hier bei uns sind Sie sicher.«

»Hoffentlich«, sagte ich und beobachtete, wie er sich wieder in den Griff bekam, fest entschlossen, keine weiteren gefährlichen Unterbrechungen zuzulassen.

Aber es gelang mir, dieses Spiel der vertauschten Rollen noch eine Weile fortzuführen. »Das Komplott war nicht schlecht ausgedacht. Zuerst diese ›spontanen‹ Antworten auf meinen Artikel. Zwei dieser Briefe beschuldigten mich, übrigens unter Verwendung des gleichen Wortlauts, die Armee in der Westregion eine Besatzungsarmee genannt zu haben. Ich weiß, daß Ihre Abteilung eine umfangreiche Akte besitzt, in der alles steht, was ich je geschrieben habe oder gesagt haben soll. Sagen Sie mir, ob ich jemals so etwas behauptet habe?«

»Die Leute schreiben alles mögliche. Ich meine, Sie müssen zugeben, daß Sie viele Leute mit Ihrem Artikel verärgert haben.«

»Diese Lüge ist ganz bewußt aufgebracht worden. Sie diente dazu, die Soldaten und Offiziere des Nordens aufzuhetzen. Und die Frechheit, meine Verurteilung des Völkermordes im Norden aufzugreifen! Ich hätte gedacht, das würden sie gern vergessen, abgesehen davon natürlich, daß es zur Verfolgung augenblicklicher Zwecke gerade recht war.«

Ganz unvermutet machte D. ein Eingeständnis: »Es gab kein Komplott. Sie hätten erst die *andern* Briefe sehen sollen, die erscheinen sollten. Einige waren noch viel schlimmer. Ich bin selbst zur *Morning Post* gegangen und habe gesagt, daß es genug sei. Es war sogar schon gesetzt, aber wir haben das Erscheinen verhindert.«

Von dieser Entwicklung hatte ich noch gar nichts gehört. Die Gestapo kontrollierte also auch die Leserbriefe. Ich fragte mich, ob ihm bewußt war, daß sein Eingeständnis auch das Eingeständnis der anderen Lügen nahelegte. D.s Blick irrte zuweilen ab, er betrachtete mich unter halbgeschlossenen Lidern. Offenbar beunruhigte ihn der Gedanke an etwas anderes. Ich wußte nicht, was er vorhatte, bis er, als wollte er sich mit Gewalt von der Richtigkeit seiner Taktik überzeugen, plötzlich ausbrach:

»Was gibt eigentlich Leuten wie Ihnen und Tai Solarin das Recht zu glauben, ihr wüßtet alles? Wie kommt ihr in euren Elfenbeintürmen eigentlich darauf, daß ihr für alle Probleme des Landes eine Lösung habt? Wenn die Regierung eine bestimmte Politik verfolgt, wieso wißt ihr dann alles besser? Ihr Intellektuellen lebt in einer Traumwelt, und doch glaubt ihr, alles besser zu wissen als Leute, die die Probleme reiflich erwogen haben und dann zu einer Entscheidung gekommen sind.«

»Nein, ihr in dieser sechsstöckigen Festung habt keine Ahnung von der Wirklichkeit. Tai, mich und noch ein paar andere klagt ihr an. Aber wir sind näher an den wirklichen Problemen als irgendein Regime oder dessen Funktionäre, die sich die meiste Zeit vor Subversion und Anschlägen fürchten.«

»Aber Sie sind auch gegen andere Intellektuelle. Gegen solche, die hinter der Regierung stehen.«

»Wie zum Beispiel?«

Er zögerte. »Nun, das Komitee der Zehn. Das sind Intellektuelle genau wie Sie.«

»Wirklich?«

»Warum denn nicht?«

»Das sind keine Intellektuellen. Und sie haben keinen Funken eigener Überzeugung. Oder Einsatzbereitschaft. Außer natürlich, daß sie in den Vorhöfen der Macht ihr Spielchen treiben. Wie können Sie solche Subjekte ernst nehmen?«

»Was haben sie verbrochen?«

»Ihr bißchen Verstand völlig aufgegeben, das ist alles. Schon in den Tagen von Akintola*. Sie haben wohl vergessen, welche Rolle sie damals spielten?«

»Das ist vorbei. Jetzt stehen alle zusammen, um ihre Fähigkeit in die Dienste des Landes zu stellen. Einer von ihnen ist Kabinettsmitglied.«

»Ja, ihr habt euch den Schleimigsten aus der ganzen Bande herausgefischt.«

»Femi Okunnu? Was haben Sie gegen ihn?«

»Fragen Sie das im Ernst?«

Aber ihm entging die Verachtung in meiner Stimme völ-

* Akintola, Chief Samuel Ladoke, 1910–1966; Führer der United Peoples Party, 1959 Premier, wurde 1966 bei Putsch getötet. (Anm. d. Übers.)

lig. »Natürlich. Wir möchten nicht nur wissen, was Sie von der offiziellen Politik halten, sondern auch, was Sie von den Leuten denken, die sie entwerfen und ausführen.«

»Gehört das zum Verhör?«

Er protestierte energisch. »Nein, nein, es ist falsch, wenn Sie dies hier für ein Verhör halten. Wir möchten Leute wie Sie verstehen können. Ich möchte wirklich mit Ihnen diskutieren. Das würde mir helfen. Warum schreiben Sie solche Sachen? Wie kommen Sie zu Ihren Standpunkten? Was denken Sie über die Zukunft des Landes usw.? Ich möchte wissen, was Sie von unseren führenden Persönlichkeiten halten, dem Justizminister zum Beispiel. Awolowo*, Enahoro**, Tarka***. Auch Gowon.«

»Ich bin Gowon niemals begegnet.«

»Gut, vielleicht werden Sie das bald. Ich bin eigentlich ganz sicher, daß er Sie sehen will. Das hängt sicherlich auch davon ab, wie unsere Unterhaltung verläuft.«

Das fügte er ganz beiläufig ein. Zwar unüberhörbar, aber nicht so plump, daß es nach einem Handel aussah.

»Jedenfalls haben Sie mir nicht erzählt, was Sie gegen das Komitee der Zehn haben.«

Ich schüttelte den Kopf. »Schlicht gesagt, ich schätze Leute nicht, die sich um der Macht willen prostituieren.«

»Ich verstehe. Welche Intellektuellen schätzen denn Sie? Leute wie Tai Solarin vermutlich?«

»Tai beansprucht nicht, ein Intellektueller zu sein. Er ist ein engagierter und selbstloser Sozialreformer. Er denkt originell, wenn auch manchmal etwas konfus. Unser

* Awolowo, Obafemi, 1909–1987; Gründer der Action Group (1950), von 1963–1966 inhaftiert, 1967–1971 Finanzminister (Anm. d. Übers.)

** Enahoro, Chief Tony (Anthony), 1923; Außenminister der Action Group, 1963 Flucht nach England, Ausweisung und Gefängnis wegen Verrats, 1966 Freilassung. (Anm. d. Übers.)

*** Tarka, Joseph, 1932; zeitweilig Vizepräsident der Action Group, 1962 wegen Umsturzplänen inhaftiert. (Anm. d. Übers.)

Land könnte eine ganze Menge Leute vom Schlage Tais vertragen.«

»Aber keine Okunnus. Sie meinen, statt Okunnu sollte lieber Tai Solarin Kabinettsmitglied sein?«

Ich seufzte. »Sagen Sie, wissen Sie irgend etwas über Femi Okunnu? Wissen Sie irgend etwas über die Okunnu-Typen in der jungen opportunistischen Bourgeoisie?«

»Nein, erzählen Sie mir etwas davon.«

Ich schüttelte den Kopf. »Sie werden es rechtzeitig selbst herausfinden.«

»Nein, ich möchte es von Ihnen wissen. Wir möchten Ihre Ansichten kennenlernen.«

»Ich bedaure, aber ich kann nicht über ihn sprechen. Es hinterläßt einen üblen Geschmack im Mund.«

Ein Clown! Ein Witz schon zu Zeiten Akintolas, als die öffentliche Posse das besondere Vorrecht der Politiker war. Ein rührender Abklatsch von Fani-Kayode, dem selbsternannten Faschisten und Scharfmacher der NNDP*. Er kleidete sich genau wie Fani-Kayode, von der bestickten Buba und den Wickelhosen bis hin zur Mütze, die er sich aufs gleiche Ohr setzte wie Fani-Kayode. Er trug die gleiche schwere Sonnenbrille und stutzte seinen Bart exakt so wie der Faschist. Ahmte dessen Gangart nach, posierte auf Parties und in Nachtklubs, ein wandelndes Abziehbild, eine äffische Marionette der Nummer zwei der NNDP. Er tanzte sogar wie Fani oder versuchte es zumindest. Dann stürzte die NNDP. Fani-Kayode bekam von den Soldaten eins übergezogen und wurde in ein Internierungslager gesteckt. Im selben Moment wechselte dieser Speichellecker seinen Schneider und entwickelte eine Vorliebe für unauffällige Hemden und Hosen. Keine dunklen Brillen mehr, Kinn- und Schnurrbart

* NNDP: Nigerian National Democratic Party, Regierungspartei des Westens unter Akintola, ersetzt Akintolas United Peoples Party. (Anm. d. Übers.)

verschwanden. Der aufgeblasene Affe von NNDPs Gnaden war verschwunden.

»Nein«, sagte ich, »ich möchte lieber nicht von ihm reden. Lassen Sie mich nur eines sagen: wenn Sie solche Typen hernehmen und im Kabinett nationale Politik machen lassen, dann ist es kein Wunder, daß Sie von seiten der Intelligenz auf Zustimmung warten.«

D. fragte plötzlich: »Was wissen Sie von der ›Dritten Kraft‹?«

Es war klar, an diesem Nachmittag würde es keine weiteren Abschweifungen mehr geben.

4

Ich sitze in einem sonst nicht benutzten Büro, ein Stockwerk über dem Vernehmungsraum. Mallam D., der mich verhörende Beamte, ist ziemlich nervös und aufgeregt: »Was ich von Ihnen möchte, Mr. Soyinka, ist ganz einfach, daß Sie all das, was Sie mir gesagt haben, aufschreiben; alles über Ihre Aktivitäten, um den Krieg zu verhindern, wie alles anfing, was Sie alles getan haben, die Leute, mit denen Sie in Kontakt kamen oder noch kommen wollen ... na ja, eben alle Einzelheiten und alles, was Sie vielleicht vergessen haben. Ich bin sicher, daß sich Ihr Fall in kürzester Zeit aufklären wird, wenn Sie mir dabei helfen und alles aufschreiben. Wir könnten dann vielleicht den einen oder anderen Punkt aufgreifen ...«

»Kann ich eine Schreibmaschine haben? Meine Handschrift ist so schlecht ...«

Mein erster Gedanke war, nichts Handschriftliches und keine Unterschriften unter irgend etwas zu setzen. Auch wenn mir die Gefahrenmomente noch nicht klar waren, würde sich auf jeden Fall das Risiko durch die Benutzung einer Schreibmaschine verringern.

Nach einer hastigen Suche durch alle Büros kehrte Mallam D. zurück – nein, es gebe keine freie Schreibmaschine. Macht nichts, sagte ich und dachte, es macht verdammt sehr wohl etwas. Eine solche Menge handschriftlicher Aufzeichnungen würde genügend Übungsmaterial für einen versierten Fälscher hergeben. Ich dachte nicht im Traum an eine Fälschung, die zur Veröffentlichung gedacht war, sondern vielmehr an den billigen Polizeitrick: Zeig irgendeinem armen Schwein ein »Geständnis« und brich seine Widerstandskraft ... Hier, lesen Sie selbst, er hat Sie in seiner Aussage erwähnt. Warum erzählen Sie uns nicht Ihre Version?

Vorsicht. Selbst der Atem wird vorsichtig und bewußt eingesogen. Ab jetzt muß alles Berechnung sein. Ein rascher Blick durch den Raum. Gab es verborgene Mikrophone und Gucklöcher? Mikrophone! Aber du bist allein, Mann! Ach ja? Später schickt man dir den »mitfühlenden« Zellengenossen. Dann hast du Zeit genug, Mikrophone zu suchen. In der Zwischenzeit kümmre dich um die Abfassung deiner Aussage. Konzentrier dich, überleg dir, was du sagen willst, und schreib es nieder. Einmal hingeschrieben, darf nichts ausgestrichen werden. Das ließe sie bloß Verdacht schöpfen. Was haben Sie ausgestrichen? Warum?

Die erste Sitzung mit Mallam D. war reines Vorgeplänkel. So etwas wie einen »aufgeklärten« Vernehmungsbeamten gibt es nicht. Die Methoden sind verschieden, das ist alles. Jedes System, das sich verborgener Maschinerien gegen ein Individuum bedient, handelt nach Art der Gestapo. Der Geist der Gestapo ist auf Festhalten nicht auf Freilassen, auf Schuld nicht auf Gerechtigkeit aus. Dieses Gebäude ist das Gestapo-Hauptquartier; will ich überleben, dann gibt es keine andere Bezeichnungs- oder Betrachtungsweise dafür. Ich beginne zu schreiben.

Meine Überlegungen waren vollkommen zutreffend. Drei Männer hatten gerade den Raum betreten. Zuerst dachte ich, sie hätten sich verlaufen, denn sie brachten schwere Ketten und Fesseln mit, von der Art, wie ich sie nur aus Museen kannte, die Werkzeuge von Sklavenhändlern ausstellen. Sie sahen so ängstlich und verlegen drein, daß ich schon glaubte, sie würden kehrtmachen und mit einer Entschuldigung für ihr Eindringen wieder verschwinden. Aber sie machten halt und sahen mich an. Einer von ihnen hustete und brachte stammelnd die Nachricht hervor. Sie waren angewiesen worden, meine Füße zusammenzuketten.

»Sind Sie sicher? Ich sollte hier meine Aussage aufschreiben.«

Es war kein Mißverständnis. Und doch war keine Viertelstunde vergangen, seit Mallam D. gegangen war. Von Ketten war natürlich keine Rede gewesen. Ich streckte meine Beine aus, die Fesseln wurden befestigt, und meine Füße sanken hinunter unter der Last der Ketten.

Sich wieder zu konzentrieren war nicht ganz einfach. Das Gefühl, Ketten zu tragen, war so neu, daß ich mich nicht gleich daran gewöhnen konnte. Ich betrachtete diese merkwürdigen Dinger mit ganz objektiver Neugierde, hob die Beine an, um ihr Gewicht zu prüfen, versuchte damit zu gehen und vollführte hundert andere Experimente. Gehen war möglich oder, genauer gesagt, Schlurfen. Wieder das Gefühl der Unwirklichkeit. Ich glaube, ich lachte in diesem Moment laut auf. Ich bückte mich und hob das lose Ende der Kette auf. Es war mindestens einen halben Meter lang.

Ich spürte einen lebhaften Widerspruch in dem Ganzen, einen Widerspruch in meiner Existenz, in meinem Selbstverständnis als Mensch und meiner Selbstdefinition. Man könnte tatsächlich sagen, daß niemals vorher bis zu dem Augenblick, als ich die Ketten an meinen Gelenken sah, mir die Definition meiner Person so klargeworden war. Es war eine negative Definition. Ich begriff mich als ein Wesen, für das Ketten *nicht* geschaffen sind, und damit schließlich als Mensch. Insofern als man sagen kann, daß das Wesen des Menschen zuweilen eine greifbare Qualität besitzt, darf ich sagen, daß ich dieses Wesen im Augenblick des Widerspruchs verspürt und empfunden habe. Es war nichts Neues. Dieser Widerspruch wird stellvertretend in Ideologien oder im Gedächtnis unserer Rasse so stark nachempfunden, daß selbst der trägste Mensch zum leidenschaftlichsten Kämpfer wird. Gegen unsichtbare, geistige Fesseln wehrt man sich genauso leidenschaftlich. Aber wenn es um die Erfahrung geht, reale Ketten zu tragen, steht das Individuum nicht allein, insbesondere dann nicht, wenn es sich um einen Schwarzen handelt. Mir schien, ich hätte das schon vor Hunderten von Jahren erlebt. Es war wie damals in der Schule, als ich zum erstenmal Bilder von Sklavenmärschen in Geschichtsbüchern sah und glaubte, ich wäre einer der Sklaven. Genauso ging es mir, als ich zum erstenmal Wahnsinnige sah, die man nach traditioneller Art wegen ihrer Gewalttätigkeit an den Füßen gefesselt hatte. Ich dachte oft, daß das Maß der Ablehnung von solchen Therapien ganz eng mit der Erinnerung unserer Rasse zusammenhängt. Sie ist sicher nicht auf persönliches Erleben beschränkt.

An den Augenblick, als man die Tür zusperrte, erinnere ich mich oft. Ich sitze auf einem Stuhl mit gerader Lehne, die zwei Männer vor mir sind niedergebeugt, schließen die Ketten, der dritte Mann beobachtet das wilde Tier, für den Fall, daß es angreift, und mir kommt zu Bewußtsein, nicht damals, erst jetzt, wenn die Fesselszene wieder vor mir erscheint, daß wir alle Schwarze waren. Daß Mallam D., auch er ein Schwarzer, den Befehl gegeben und sich aus dem Staube gemacht hatte, daß ich kein Kettensträfling in Süd-Alabama oder in Johannesburg war, sondern daß dieser widersinnige Vorgang in einem modernen Büro eines modernen Wolkenkratzers stattfand, inmitten des weltstädtischen Lagos im Jahre 1967.

Für den Fall, daß die Ketten *Wirklichkeit* waren, für den Fall, daß andere Wirklichkeiten wie der Gang zur Toilette, das Strecken der Beine im Schlaf, ihr Zusammenzucken bei einem nächtlichen Moskitobiß, all diese alltäglichen Zufälligkeiten des Daseins sich als tatsächlich gegeben erwiesen und dadurch das Gefühl der Ketten an meinen Füßen verstärkte entschloß ich mich ohne weitere Überlegung zum Hungerstreik. Es war *das* auf der Hand liegende Mittel, das gegen diese halb spöttische, halb ernste Empfindung half, die in mir wütete: Ogun, Kamerad, sei Zeuge, wie dein Metall mißbraucht wird.* Nun gut, früher ließ der Dorfbader den Choleriker zur Ader; ich habe gelernt, meine Wut auszuhungern.

Es funktionierte. Der bloße Entschluß, nichts zu essen, brachte nahezu sofort den fruchtlosen Wutanfall und das

* Ogun: bei den Yoruba Gott der Schmiede, des Eisens und des Krieges. (Anm. d. Übers.)

Zittern unter Kontrolle. Mein Verstand arbeitete wieder leidenschaftslos. Nahziel. Fernziel. Zusammenhang. Welcher Effekt mußte in den Köpfen der Gestapo erzielt werden? Ich begann, an meiner Aussage zu arbeiten, doch jetzt unter einer anderen Prämisse – der Erwartung der Verhandlung und des klassischen Rollentausches. Visionen von Castros »Historia me absolvera«! Meine Aussage mußte eine klare Bestätigung meiner Rolle als Organisator einer Lobby enthalten, welche die Waffenlieferung an beide kriegführenden Parteien stoppen wollte. Der Stil, in dem ich die Aussage verfaßte, sollte sie verleiten, mich wegen regierungsfeindlicher Umtriebe vor Gericht zu stellen. Ich war nach zwei oder drei Stunden fertig, ging zu einem Stuhl hinüber, warf einen Blick auf die Ketten und versuchte zu schlafen.

Es klopfte. Der Koch, von der Gestapo angestellt, Hunderte von Insassen zu versorgen, die zu Verhören hier waren, machte seine Runde. Danke, nein. Die Wache vor der Tür meinte, ich würde vielleicht »europäisches« Essen vorziehen. Darin schien die höchste Anerkennung der Wichtigkeit eines Gefangenen zu bestehen. Nein? Vielleicht eine Dose Sardinen? Brot? Milch? Ich fragte, ob sie nicht wüßten, wie gefährlich es sei, gefesselte Tiere zu füttern? Ich könnte doch groß und stark werden und die Fesseln sprengen.

Abend. Die Abteilung E war überfüllt. Jedes Büro, die Bibliothek, sogar manche Treppenabsätze dienten als Vernehmungsräume. Den ganzen Tag über wurden Hunderte von Ibo und verdächtige Sympathisanten eingeliefert. Denunziation war einfach, und alte Rechnungen wurden durch einen Wink an die Polizei beglichen. Einige, meistens Nicht-Ibo, waren bereits bei ihrer Ankunft völlig außer sich vor Angst; sie demütigten sich, baten um eine Chance, sich verteidigen zu dürfen. Den ganzen Abend hörte ich die Stimmen der Neuankömmlinge, Männer und Frauen. Die Worte, die Proteste und Gegenanklagen waren monoton: »Hab ich nie gesagt. Lüge. Hab ich nie gesagt.« Es genügte, von einem Mann zu behaupten, er habe Mitleid mit einem Ibo gezeigt oder die Armee verflucht. Oder die Wahrheit über eine Folterung oder einen Mord zu erzählen, dessen Augenzeuge man geworden war. Es genügte, die Terrormethoden mißbilligend zu betrachten.

Nacht. Ein unheimliches, kurzes Zusammentreffen. Ich war eingenickt. Plötzlich wurde die Tür aufgerissen und eine Frau hereingestoßen. »Bleib hier und halt's Maul.« Der Offizier gab Anordnungen, sie betrafen einige andere Leute, die in verschiedenen Büros eingesperrt werden sollten. An ihrem Akzent erkannte ich, daß die Frau eine Ibo war. Niemals hatte ich solch nacktes Entsetzen bei einer Frau gesehen. Es dauerte einige Zeit, bis sie überhaupt bemerkte, daß noch jemand im Raum war. Der Schock – sie war anfangs überzeugt, daß es sich um einen Offizier, vielleicht um ihren Peiniger handelte – trieb sie in die äußerste Ecke des Raumes, von wo aus sie mich aus riesigen Augen panisch anstarrte; ihre Kehle zitterte, sie war nahe dabei, einen Schrei auszustoßen. Dann glitten ihre Augen an mir herab, und sie sah die Ketten. Ich sah, wie ihr Körper sich lockerte, verständnisvoll. Sie kam auf mich zu. Ihre Hand berührte den Tisch, als wollte sie aus den konkreten Gegenständen eine gewisse Sicherheit beziehen. Ich beobachtete sie schweigend. Sie bedurfte keiner weiteren Beruhigung meinerseits. Der Anblick meiner Ketten hatte mehr bewirkt, als mit Worten jemals möglich gewesen wäre; sie hatten sie beruhigt. Doch dann sah ich noch eine Veränderung in ihrem Gesicht. Sie stand plötzlich still, ungläubig; Erkennen. Ich sah es, noch bevor sie sprach. Sind Sie nicht . . . sind Sie nicht Wole Soyinka? Ich nickte. Sie sah von meinem Gesicht auf die Füße, dann wieder auf mein Gesicht. Es dauerte eine Weile, bis sie mein Bild in sich aufnahm. Dann brach sie in Tränen aus.

Die Wache, die wohl nur einen Moment weggegangen war, um bei der Aufnahme der Neuankömmlinge behilflich zu sein, schaute in unser Büro und rang nach Luft: Was macht denn die hier? Er brüllte durch den Gang nach dem diensthabenden Offizier. Keiner betritt das Zimmer dieses Verdächtigen! Als sie alle auf einmal hereingestürzt kamen, hatte sie zu weinen aufgehört. Der diensthabende Offizier entschuldigte sich. Er hätte nicht gewußt, daß bereits jemand im Zimmer sei. Sie führten die Frau weg. Sie war ruhiger, gestärkt. An der Tür drehte sie sich nach mir um; ich sollte wissen, daß sie sich nicht mehr ängstigte, daß sie durch nichts mehr eingeschüchtert werden könnte. Ich war ihr dankbar für die Geste. Ich fragte mich, ob sie wußte, welche Kraft mir die Begegnung mit ihr gegeben hatte.

D. kam spät am folgenden Morgen zurück. »Warum sind Sie im Hungerstreik?«

»Ich bin nicht im Hungerstreik.«

»Nein?« Er wirkte ganz verwirrt. »Mir wurde gesagt, Sie hätten gestern abend und heute morgen nichts gegessen.«

»Ach, *das* meinen Sie. Das ist ein Mißverständnis. Ich bin keineswegs im Hungerstreik.«

Seine plötzliche Betroffenheit war rührend. »Was ist los? Sind Sie krank?«

»Nein, mir geht es sehr gut. Nur eine kleine Vorsichtsmaßnahme, das ist alles.«

Nun geriet er außer sich. »Sie haben Angst, vergiftet zu werden!«

»Wenn Sie mich nur erklären ließen. Es sind diese Ketten. Nicht, daß sie mich stören würden, im Sitzen sind sie ja ganz bequem. Aber unglücklicherweise läßt sich der Gang auf die Toilette nicht völlig vermeiden. Wenn ich nichts esse, kann ich mir den Weg ersparen, oder ich muß zumindest weniger oft gehen.«

»Ganz ohne Essen werden Sie es nicht schaffen.«

Ich zeigte auf ein Glas Wasser auf dem Tisch. »Eines davon jeden Tag, das reicht. Ab morgen werde ich nur noch einmal pro Tag pissen. Später muß ich vielleicht überhaupt nicht mehr. Die Aussage liegt auf dem Tisch.«

Er nahm meine Aufzeichnungen und ging hinaus. »Ich will sehen, was sich machen läßt.«

An diesem Tag geschah nichts. Die Ketten blieben auch die zweite Nacht dran. Am dritten Morgen kam D. herein, um mir ein paar Fragen zu stellen – wie er sagte. Er betrat lächelnd das Zimmer.

»Ich hoffe, Sie essen wieder?«

»Nein, es hat sich nichts geändert.«

Er blickte an mir herab, sah die Ketten zum erstenmal, oder gab es wenigstens vor. Entweder war er ärgerlich oder er tat nur so. Er rief nach der Wache und wollte wissen, warum die Ketten nicht abgenommen worden waren. Die Wache erklärte, keinen Befehl hierzu erhalten zu haben.

»Hol die Schlüssel und nimm ihm augenblicklich die Ketten ab!«

Die Wache verschwand.

»Es tut mir leid, Wole« – seit diesem Morgen nannte er mich Wole –, »gestern habe ich den Befehl gegeben, sie abzunehmen. Sobald die Ketten ab sind und Sie etwas gegessen haben, möchte ich mich ein bißchen mit Ihnen unterhalten. Ich schicke Ihnen jemand.«

Die Ketten wurden abgenommen, aber ich hatte den kritischen Punkt bereits überwunden. Die Schlacht gegen das Kribbeln im Bauch war bereits geschlagen. Wenn einmal das stechende Gefühl vorbei ist, erzeugt Fasten einen Schwebezustand. Es versetzte mich in eine gleichmütige, phlegmatische Stimmung – ich entschloß mich, die Diät in weniger strenger Form fortzuführen und pro Tag ein Glas verdünnter Milch zu trinken. Die Wache schickte jemand, der es holen sollte.

Ich bekam die Milch nie. Eine Stunde später stürmte D. wütend in das Zimmer.

»Wieso steht in den ausländischen Zeitungen bereits etwas von Ihrer Verhaftung?«

Ich starrte ihn ausdruckslos an. Was ging das mich an?

»Woher wissen die das und warum die Publicity? Es wird bereits angedeutet, Sie würden schlecht behandelt. Ich hoffe nur, Ihnen ist klar, daß die Publicity Ihrer Sache nicht dient; dadurch verschlechtert sich bloß Ihre Position.«

»Welche Sache und Position denn? Wenn ich unschuldig bin, wenn ich die Dinge, deretwegen man mich verdächtigt, nicht getan habe, was macht es dann aus, daß es ausländische oder hiesige Publicity gibt? Oder sind Sie jetzt bereit zuzugeben, daß Sie mich bereits für schuldig halten?«

»Bis jetzt ist noch gar nichts entschieden.«

»Hören Sie, ich bin nicht unbekannt. Die Zeitungen schreiben über die Verhaftung auch noch des letzten Bettlers. Beanspruchen Sie Sonderrechte für die nigerianische Gestapo?«

»Niemand beansprucht etwas.«

Entweder hatte er die Bezeichnung Gestapo nicht gehört, oder er ging darüber hinweg. Reiß dich zusammen. Reiß dich zusammen . . . Er schien sich das gleiche zu sagen.

»Sehen Sie, Wole, wir wissen, daß Sie eine Persönlichkeit sind, die in der ganzen Welt bekannt ist. Sie ergreifen jede Gelegenheit, die Regierung zu verleumden . . .«

Jung, angespannt, unsicher, ein Opfer seiner verzwickten Lage, versuchte er sich herauszureden. Schließlich war er mit dem Ausdruck tiefster Entrüstung und Anklage in den Raum gestürzt, und das mit einem erpresserischen Unterton.

»Ich weiß wirklich nicht, was Sie von mir wollen«, sagte ich.

»Ich kann ja nicht hinausgehen und mit ihnen reden. Natürlich könnten Sie jederzeit eine Pressekonferenz einberufen und mich vorzeigen . . .«

Eine Stunde später gab er Befehl, daß ich ins Kiri-kiri-Gefängnis zu überführen sei.

5

Neugierde, Erstaunen. Erkennen. Die Augen der Gefangenen richten sich gierig auf den Neuankömmling. Ich hatte früher bereits in Polizeigewahrsam gesessen, in provisorischen Arrestzellen, aber niemals in einem richtigen Gefängnis. Die Anpassung verlief unbewußt; mein Körperrhythmus war bereits verlangsamt, ich dämpfte ihn noch weiter.

»Ich möchte Geld an meine Familie schicken. Ist es möglich, daß mir die Gefängnisverwaltung einen Scheck besorgt?«

»Nein, Sie sind Häftling. Wir dürfen ohne Erlaubnis der Polizei nichts tun. Da gibt es keine Ausnahme.«

»Bücher?«

»Sie können die Bücher behalten, die Sie mitgebracht haben. Es gibt auch eine Art Bibliothek im Büro des Direktors.«

Nichts verläuft glatter als der Übergang zur Gefängnisroutine. Dadurch, daß das Gefängnisleben wie ein Abklatsch des Alltagslebens erscheint, wird die Anpassung erleichtert, zumindest für die ersten beiden Wochen. Danach stellt sich das Gefühl von Abgeschiedenheit ein, so als wäre man ins Kloster gegangen. Das hält nochmals ein bis zwei Wochen an. Man trifft eine ganze Menge verschiedener Leute. Ihre Gesellschaft war mir keineswegs willkommen. Ich mußte mit meinen Gedanken allein sein, dringend. Bis auf eine Ausnahme wurde diese Notwendigkeit verstanden und respektiert.

Ein kleiner Block, zehn oder zwölf Zellen mit nicht mehr als dreißig Häftlingen. Er wurde »Rückgebäude« genannt und war eigentlich der Trakt für die Strafgefangenen. Aber seitdem es an der Tagesordnung war, Leute ohne Gerichtsverfahren festzusetzen, schwoll die Masse der Häftlinge derart an, daß im ganzen Land die Strafabteilungen der Gefängnisse zur Aufbewahrung von politischen Untersuchungshäftlingen dienten. So befand sich eine frühere »Kämpferorganisation«, die in Ghana ausgebildet worden war, unter uns. Mit der politischen Naivität, die jenen Bazillen des Schwachsinns eigen ist, die überall auf dem Kontinent den Leichnam der rechtmäßigen Macht plagen, hatte das neue Regime in Ghana nach dem Sturz von Nkrumah* die Photos dieser Leute und ihre Personenbeschreibung dem nigerianischen Geheimdienst geschickt. In Nigeria waren sie dann festgesetzt worden und hatten nun schon über ein Jahr in Haft verbracht. Einer von ihnen war verrückt geworden. Er sprach die ganze Zeit mit sich selbst und stieß schreckliche Verwünschungen gegen unsichtbare Feinde aus. Eines Tages bekam er einen Tobsuchtsanfall . . .

Es gab auch einen Strafgefangenen, ein früheres NNDP-Mitglied, der wegen Unterschlagung in seinem Amt für Günstlingswesen verurteilt worden war. Er hatte eine Sonderstellung inne. Außerdem war er Polizeispitzel. Ich entdeckte es, noch bevor die andern es für nötig hielten, mich zu warnen.

Dann gab es Tiger Pedro, einen Sexualverbrecher, der sich selbst gestellt hatte und darauf bestand, seine Lebensgeschichte zu erzählen. Ich habe ein besonders sensibles Organ, pflegte er zu sagen. Es ist nicht meine Schuld. So hat Gott mich geschaffen. Ich kenne meine Schwächen . . .

Abgesehen von dem NNDP-Unterschläger gab es noch zwei Häftlinge mit Sonderstatus. Beide waren Soldaten. Der eine Feldwebel, der andere einfacher Unteroffizier. Die Behandlung, die sie genossen, erweckte sofort Interesse; sie hatten eine bevorzugte Stellung inne und wurden als *Very Important Prisoners* von den Beamten zuvorkommend behandelt. Die andern Untersuchungshäftlinge und Gefangenen

* Nkrumah, Kwame, 1909–1972; 1952 Ministerpräsident der Goldküste; 1957 Premierminister, 1960 erster Staatspräsident von Ghana, 1966 durch Armeeputsch gestürzt. (Anm. d. Übers.)

beäugten sie voller Zorn und waren doch neidisch, wenn sie sahen, wie die Soldaten unzensierte Briefe öffneten und von »Verhören« wiederkamen, die den ganzen Tag gedauert hatten. Sie rochen dann nach Alkohol, stocherten sich in den Zähnen herum, hatten die Taschen voller Zigaretten, Kolanüsse und hundert anderer verbotener Sachen; sie schikanierten das Wachpersonal und beschwerten sich über die unbefriedigende Erfüllung ihrer tausend Vorrechte . . .

Ich fragte einen Wärter, ob Armeeangehörige in U-Haft immer so behandelt würden. Er verneinte. Es gab andere Armee-U-Häftlinge in Kiri-kiri, doch abgesehen von den Offizieren erfreute sich keiner solcher Privilegien. Aber diese waren die beiden, die das oberste Militärgericht aus einem Mordprozeß in Ibadan herausgeholt hatte . . .

Drei Tage später war die Gestapo wieder für mich bereit.

6

Mallam D. hatte inzwischen Appetit auf Namen bekommen. Namen, Namen, welche Köstlichkeit; Namen. Es war abzusehen, daß er danach die größte Gier entwickeln würde.

»Ja, ja, die Aufzeichnungen, die Sie für uns gemacht haben, sind sehr interessant, aber was Namen betrifft, sind Sie nicht gerade großzügig, Mr. Soyinka.«

Ich korrigierte ihn vorsichtig, indem ich darauf hinwies, daß meine Aussage ein halbes Dutzend Namen enthielt.

»Ja, aber die Leute sind alle im Ausland.«

»Nicht alle. Sie sagten doch, daß Aminu* zurückgekehrt sei.«

»Ja, aber das ist eine andere Sache. Alle die Personen, die Sie angeben, sind Leute, die tatsächlich nichts getan haben. Wenigstens Ihrer Meinung nach. Es sind alles Leute, die Sie für Ihre Bewegung gewonnen haben oder gewinnen wollten; aber gemäß Ihrer Aussage ist aus allem nichts geworden. Wollen Sie damit sagen, daß sich in Ihrem Komitee keine hier ansässigen Nigerianer befinden?«

»Wenn ich etwas mehr Zeit gehabt hätte, wäre es sicher anders gekommen. Aber Sie haben mich verhaftet, bevor ich aktiv werden konnte. Der Krieg brach aus, als ich im Ausland war.«

»Aber Sie haben doch auch hier mit Leuten gesprochen.«

»Natürlich, ich diskutiere mit allen möglichen Leuten.«

* Aminu Abdullahi, ein Nordnigerianer, war einer jener Landsleute, die ich in London für die Antikriegskampagne zu gewinnen versucht hatte. Er wurde von einer Organisation nach Nigeria geschickt, um, wenn möglich, meine Freilassung zu erwirken. Während unserer Londoner Gespräche erbot er sich, zu Ojukwu zu gehen, aber wir entschieden, daß es zu gefährlich sei, da er Nordnigerianer war und der Krieg schon begonnen hatte. Ich ging an seiner Statt.

»Deren Namen erwähnen Sie aber in Ihrer Aussage nicht.«

»Ich halte das nicht für notwendig. Es handelte sich um zufällige Gespräche.«

»Also gut, dann nennen Sie mir ein paar Namen.«

»Ich wüßte nicht, wie ich das könnte. Ich spreche mit jedermann über jedes beliebige Thema. Ich äußere mich gegenüber jedermann vollkommen frei – manche betrachten das als einen meiner Fehler.«

»Uns gegenüber sind Sie nicht so offen.«

»Viel zu offen, wie ich allmählich glaube. Weil es damit endet, daß Sie darauf bestehen, daß ich unschuldige Menschen belasten soll.«

»Darum habe ich Sie nicht gebeten.«

»Aber darauf läuft es doch hinaus, oder? Ich nenne Ihnen einen Namen, und Sie verhaften die Person: Worüber haben Sie damals mit W. S. gesprochen? Warum?«

»Mr. Soyinka« – wir waren wieder beim »Mister« –, »ich fürchte, Sie sind nicht kooperativ.«

Ich bin weit mehr als das.«

»Nein, das stimmt nicht. Ich will Ihnen ein Beispiel dafür geben. Sie sagen hier, daß Sie ein Komitee gegründet haben, das sich für ein internationales Waffenembargo gegenüber Nigeria einsetzen sollte; es ist Ihnen doch klar, daß das eine recht illoyale Sache war?«

»Das finde ich nicht.«

»Sie glauben also nicht, daß damit allein den Aufständischen geholfen wird? Wie soll ein Krieg ohne Waffen ausgetragen werden?«

»Genauso und mit der gleichen Berechtigung würden die Aufständischen argumentieren.«

»Die Ansichten der Aufständischen interessieren uns wenig.«

»Mich schon. Ich habe schon einmal erklärt, daß dieser Krieg moralisch nicht zu vertreten ist.«

»Sind Sie Pazifist?«

»Bestimmt nicht.«

»Sie würden also andere Kriege akzeptieren?«

»Das kommt darauf an. Und immer nur als letzte Möglichkeit.«

»Welche Art von Krieg würden Sie beispielsweise unterstützen?«

»Alle Freiheitskriege.«

»Und wie steht es mit den Rivers-Leuten, die mit Gewalt in das sogenannte Biafra geschafft wurden? Glauben Sie nicht, daß es unsere Aufgabe ist, ihnen ihre Freiheit wiederzugeben?«

»Ich bin nicht für die Sezession Biafras, aber ich bin ganz entschieden für die bundesstaatliche Souveränität der Minderheiten.«

»Wie wollen Sie dann die Sezession aufheben?«

»Nicht durch einen Krieg wie diesen.«

»Wie denn? Haben Sie irgendwelche Vorstellungen, die mehr aussagen, als daß Sie weder das eine noch das andere unterstützen?«

»Wenn ich keine konkreten und praktischen Vorschläge hätte, würde ich mich weder um ein Treffen mit Gowon bemühen, noch hätte ich mit Ojukwu gesprochen.«

»Also lassen Sie hören. Was sind das für Vorschläge?«

»Ich werde sie Gowon unterbreiten, wenn ich ihn treffe.«

»Ich glaube nicht, daß Sie damit rechnen können. Wenn Sie jetzt darüber sprechen, kann ich Ihre Botschaft weiterleiten, und ich bin ganz sicher, daß er Sie dann sehen möchte.«

»Ich sagte Ihnen schon, daß ich eine unabhängige Gruppe repräsentiere. Meine Botschaft war für Gowon und Ojukwu bestimmt. Ich habe keinen Auftrag, das Thema mit der Polizei zu diskutieren.«

»Gut, Mr. Soyinka, wollen wir auf Ihre Kampagne zurückkommen, die die rechtmäßige Regierung ihrer Mittel berauben sollte, eine Sezession zu beenden, die Sie, wie Sie sagen, nicht billigen. Glauben Sie wirklich, ein Recht zu haben, sich in diesem Ausmaß in die internationale Diplomatie einmischen zu dürfen?«

»Meinem Denken lag immer ein internationaler Maßstab zugrunde.«

»Ich verstehe. Der Mann, den Sie da erwähnen, der, der Sie zuerst auf die Idee brachte – er hat einen komischen Namen.«

»Es ist ein brasilianischer Name.«

»Sie sagen doch, er sei Nigerianer.«

»Er ist in Lagos geboren und aufgewachsen.«

»Sagen Sie, der existiert doch überhaupt nicht.«

»Doch.«

»Also dieser Mann hört, Sie seien in New York, er ruft Sie an, dieser völlig unbekannte Mensch . . .«

»Ich kannte ihn schon vorher.«

»Ah ja, das sagen Sie hier. Ein Geschäftsmann. Ich dachte, Sie seien Künstler. Haben Sie viel mit Geschäftsleuten zu tun, besonders mit so undurchsichtigen wie diesem?«

»Undurchsichtig? Ich dachte, Sie seien ihm und mir dankbar. Er hätte auch für die Biafraner tätig werden können, was er nicht tat.«

»Vorausgesetzt, seine Geschichte ist wahr.«

»Ich habe ihm vertraut. Warum sollte er sich um einen Kontakt mit mir bemühen, wenn er es nicht ehrlich gemeint hätte?«

»Vielleicht weiß er, daß Sie für die Aufständischen sind?«

»Bin ich das?«

»Das wird sich herausstellen. Dieser Mensch kommt zu Ihnen, erzählt Ihnen ein Lügenmärchen von Biafranern, die ihn um Kriegsausrüstung gebeten hätten, und anstatt die Gelegenheit zu nutzen und ordentlich Profit zu machen, lehnt er ab. Sie wollen mir doch nicht allen Ernstes einreden, ein amerikanischer Geschäftsmann würde sich die Gelegenheit entgehen lassen, Geld zu machen?«

»Er ist kein Amerikaner.«

»Dann eben dort ausgebildet. Er macht doch Geschäfte in den Staaten?«

»Ich kenne eine ganze Menge Nigerianer, die nach außen patriotisch tun, aber sofort Waffen an Biafra verkaufen würden, wenn sie die Gelegenheit dazu hätten.«

»Vielleicht ist Ihr Freund auch einer von denen. Er ist doch auch Nigerianer, nicht wahr?«

»Eben war er noch Amerikaner.«

»Oder Brasilianer, wer weiß. Sagen Sie, Mr. Soyinka, ist er auf Sie zugekommen, oder ging die Initiative von Ihnen aus?«

»Das habe ich Ihnen schon gesagt. Anläßlich einer Pressekonferenz erschien mein Photo in der *New York Times*. Ich hatte dort wegen eines Films zu tun. Er fand mein Hotel heraus und rief mich an.«

»Warum?«

»Das sagte ich schon. Um einen alten Freund zu treffen und hinterher Beauftragten Biafras über diese Begegnung Bericht zu erstatten.«

»Er wollte Ihre Meinung hören?«

»Ja, ich sagte ihm meine Meinung. Er war meiner Ansicht. Wir stimmten beide in dem Punkt überein, daß dieser Bürgerkrieg, wenn es nach uns ginge, mit Pfeil und Bogen ausgetragen werden sollte. Ich telephonierte mit einigen Freunden in der UNO, und sie beteiligten sich an der Diskussion. Wir bildeten eine *pressure group*, die Waffenlieferungen an beide Seiten verhindern wollte. Es steht alles in meiner Aussage.«

»Ach ja, diese beiden Namen, oder? Sie verstehen doch, was ich meine, Mr. Soyinka. Sie sind nicht kooperativ. Jedesmal, wenn die Sprache auf Namen kommt, bieten Sie mir nur die Namen von Leuten an, die nicht in unserer Reichweite sind. Es sind entweder keine Nigerianer, oder sie leben im Ausland.«

»Warum wollen Sie sie denn erreichen?«

»Warum? Sind Sie denn nicht auch an Leuten interessiert, die helfen könnten, Ihren Rechtsfall zu klären?«

»Das ist ein Rechtsfall? Sie haben mich aber keines Vergehens angeklagt. Wenn es ein Verbrechen ist, Maßnahmen gegen den Krieg zu treffen, habe ich es zugegeben. Was gibt es hier zu bestätigen?«

»Sie wollen doch nicht im Ernst sagen, daß Sie keine nigerianischen Komplicen haben?«

»Komplicen, Mallam D.?«

»Na ja, Sie wissen, ich meine – Ihre Bekannten, Ihre Anhänger . . .«

»Ich fürchte, ich habe hier keine.«

»Sie selbst verschlimmern Ihre Lage. Sie sind überhaupt nicht kooperativ.«

Genau aufs Stichwort trat mein alter Widersacher Ugowe auf, der 1965 in dem Prozeß Staatsanwalt gewesen war, als der Überfall auf die Radiostation verhandelt wurde.

Ugowe hatte von Natur aus eine weinerliche Stimme. Seine Freundlichkeit hatte ihren Ursprung in einem echten christlichen Glauben, obwohl er natürlich unbarmherzig und hart sein konnte, wie sein Beruf es von ihm erforderte. Ich hatte ihn vor und während seiner Polizeilaufbahn beobachtet; er hatte niemals seine fromme Menschlichkeit verloren. Vielleicht war er einer von der Sorte, die noch nie einen Angeklagten hereingelegt haben. (Was D. in einem Augenblick hilfloser Verwirrung wörtlich von sich selber zugab.) Ugowe lehnte sich eine Weile gegen die Tür und hörte dem dahinplätschernden Verhör ein paar Minuten zu. Es war ganz klar, daß sein Auftritt geplant war und er nur das richtige Stichwort abwartete, um seinen Auftrag auszuführen. Am Anfang gab er sich ganz ungezwungen. Ziemlich sentimental und salbadernd sprach er aus einer angeborenen Liebe für seine Mitmenschen heraus. Dann hielt er ein langes Plädoyer, in dem er die »Kooperation« pries, und erinnerte mich an meine Familie und meine Kinder. Schließlich kam er zum wahren Grund seines Besuches. Vorsichtig berührte er das Thema einer möglichen »Belohnung«, wie z. B. einen Ministerialposten im Kabinett.*

Es war eine lange, weinerliche Predigt, frömmelnd, salbungsvoll und gut gemeint. Er verwies immer wieder auf die neuesten Untaten der Biafraner, die in seine mittelwestliche Region eingedrungen waren und das Land verwüsteten. Nach dieser hochgemuten Rede überließ er mich meinen Gedanken. Mallam D. war wohl auch der Meinung, daß ich darüber eine Weile nachsinnen sollte, und ließ mich zu meiner Zelle zurückbringen.

Um sicherzustellen, daß meine Gedanken nicht von der vorgeschriebenen Bahn abwichen, betraten drei vertraute Gestalten den Raum. Ketten.

»Was soll denn das schon wieder? Ich dachte, die Kettenfrage wäre erledigt.«

»Wir haben Befehl, Sie in Ketten zu legen.«

»Mallam D. hat mir zugesagt, daß man mich nicht wieder fesseln werde.«

»Es tut uns leid, es ist ein Befehl.«

»Wessen Befehl?«

»Des diensthabenden Offiziers. Er sagte, es geschehe auf Mallam D.s Anordnung hin. Wir sind angewiesen, Ihnen am Abend die Ketten anzulegen.«

* Dieses Angebot wurde in direkter und offener Form während eines seltsamen nächtlichen Besuches von einem ranghohen Offizier wiederholt, der behauptete, von oberster Stelle geschickt und mit allen Vollmachten für die Verhandlungen ausgestattet zu sein. Ich sollte eine Erklärung unterschreiben, daß ich von einem bestimmten Politiker, einem Mitglied der zivilen Regierung, nach Enugu geschickt worden war. Diese Begegnung – einschließlich der gegen mich eingesetzten Gewalt, die seiner tierischen Frustration entsprang – kann nur insgesamt oder gar nicht wiedergegeben werden. Ersteres ist im Augenblick aus politischen Gründen unmöglich. Die Grundidee war, daß man dann den Rücktritt dieses Politikers hätte erzwingen können, das Kabinett wäre neu gebildet und für mich ein Kultusministeramt geschaffen worden.

»Als die Ketten abgenommen wurden, blieben sie den ganzen Tag über weg.«

»Es ist ein Befehl.«

Die Schlösser schnappten um meine Gelenke. Die Kette wurde vor D.s Ankunft am folgenden Morgen abgenommen. Ich fragte ihn, was hinter dem Ganzen stehe. Er tat überrascht.

»Hat man versucht, Sie anzuketten?«

»Ja, am Abend.«

»Ach so, ich dachte, Sie würden das verstehen. Die Ketten müssen am Abend angelegt werden. Um wieviel Uhr wurden Sie angekettet?«

»Um halb sechs.«

»Das ist natürlich Böldsinn. Ich werde mich darum kümmern, daß es später geschieht. Um halb sechs ist es ja noch hell.«

»Sagen Sie, warum halten Sie es eigentlich für notwendig, mich anzuketten?«

»Wir sind informiert worden, daß Sie einen Fluchtversuch unternehmen könnten.«

»Fliehen, aus dem 5. Stock dieser Festung? Wie denn? Woher haben Sie denn diese Information?«

»Nun, wir haben eben unsere Informationen.«

»In diesem Fall werde ich wieder fasten.«

»Wie Sie wünschen. Ich rate Ihnen ab. Es wird Ihnen nichts nützen.«

Flucht. Bereits in diesem Stadium hatten sie mit den Vorarbeiten begonnen.

Die Verhöre dauerten noch zwei Tage, und sie wurden von Mal zu Mal schärfer. Namen! Namen!! NAMEN!!! Der vorgefertigte Katalog der Namen passierte in rascher Folge. Wann haben Sie X zum letzten Mal gesehen? Worüber haben Sie gesprochen? Vorhin sagten Sie, Sie hätten ihn in London gesehen. Nein, das stimmt nicht. D. überprüft die Aussage oder tut wenigstens so, sagt ein kurzes »Entschuldigung« und gibt sogar ein- oder zweimal zu, daß er anfängt, selbst alles durcheinanderzuwerfen. Das war nur die halbe Wahrheit. Die Hälfte der Zeit bringt er damit zu, dem Verdächtigen eine Falle zu stellen. Ganz bewußt verdreht er die Dinge, besteht sogar auf seinen Versionen, dann gibt er auf.

Die Verwirrungstaktik, in der er geschult war, offenbarte in jedem Schritt eine mechanische Technik, die sich trotzdem als effektiv erweisen konnte, wenn auch das Opfer nach den Regeln des Ausweichens und der Irreführung vorging. Ich arbeite nicht nach diesem Muster. Im Gegenteil. D. verfing sich immer öfter in seinen eigenen Schlingen. Er hatte so viele falsche Fährten gelegt, daß er nicht mehr wußte, welcher Spur ich nach meinen eigenen Angaben gefolgt war. Ich betrachtete seine wachsende Verwirrung und schützte mich gegen eine Gefahr, die ich nur aus der Theorie kannte: Sympathie.

Um dieser Gefahr, der gegenseitigen Entwicklung von Sympathie zwischen Opfer und Verfolger, zu entgehen, unterwarf ich meine Beziehung zu D. einer genauen Überprüfung. Ich bemerkte, daß ich für ihn eine gewisse Solidarität empfand, weil wir der gleichen Generation angehörten. Er war jung und suchte seinen Mangel an Selbstvertrauen durch einen übertriebenen Hang zu Ordnung und Autorität wettzumachen. Zu jeder tiefer greifenden Analyse unfähig, hielt er sich an eine solide, zweifach abgesicherte Heilslehre, an die Lehre von der Macht der Geheimpolizei und an die von der Macht der Regierung. Ich konnte nie ganz genau sagen, welche der beiden stärker in ihm wirkte, die Cosa-Nostra-Ideologie des Geheimdienstes oder die immer noch nachwirkende Machtausstrahlung, die mit der Tatsache verknüpft war, daß immer wieder vom Norden gelenkte Regierungen an der Macht waren, was unglücklicherweise immer noch auf so viele junge Leute eine große Auswirkung hatte. (Von allen Nord-Nigerianern meiner Generation, die ich kannte, war Aminu vielleicht der einzige, der der Faszination von der Idee der gottgewollten Macht nicht erlegen war.)

Ich fragte mich, ob D. aufgrund seiner politischen Verwirrung überhaupt in der Lage war, eine geschickte und vorsichtige Methode in einem späteren Stadium des Verhörs zu entwickeln, und erinnerte mich, wie er einmal plötzlich den Kopf in die Hände gestützt und gesagt hatte:

»Wole, manchmal müssen wir Dinge tun, von denen ... von denen wir wissen, daß sie falsch sind. Wirklich schlimme Sachen. Aber das liegt an der Organisation. Schauen Sie, ich zum Beispiel, ich fing in der Verwaltung an. Man schickte mich nach England, wo ich Verwaltungsrecht studierte, aber hier wurde ich dann zur Polizei versetzt. Vielleicht kehre ich nach Kriegsende in die Verwaltung zurück. Ich habe hier Dinge gesehen, die ... meinen Glauben an die Gerechtigkeit zerstört haben.«

Der Kampf gegen die Tyrannei in den frühen sechziger Jahren wurde zu großen Teilen von Polizisten und Offizieren unterstützt, die Gefühle wie diese äußerten – oder empfanden. Einige, die dank ihrer Positionen in dieser Auseinandersetzung von zentraler Bedeutung waren, spürten nicht mehr als ein leichtes Unbehagen. Gewissenhaft unterzog man sich der Aufgabe, solche Leute zu überzeugen (oder zu korrumpieren, wie der Staat es sah), bis ein neuer Bundesgenosse gewonnen, ein weiteres Leck in das verrottete alte Staatsschiff geschlagen war. Manchmal wurde ein solcher Einsatz letztlich von Eigeninteresse diktiert; die Aussicht, daß der Kampf erfolgreich ausgehen könnte, erzeugte das Bedürfnis, auf Nummer Sicher zu gehen, indem man gelegentlich oppositionellen Gruppen eine Gefälligkeit erwies. Aber ein Kern von altruistischen Gerechtigkeitsfanatikern blieb damals und heute nicht nur in den Reihen der Polizei, der Armee und im öffentlichen Dienst erhalten, und dieser bildet das feste, unabhängige Eingeweide im verkommenen Körper von aufeinanderfolgenden Regierungen. Wenn sie nicht gerade das Leben einzelner Menschen retten, indem sie Details über kaltblütig geplante Ausrottungen weitergeben, so sammeln sie Dossiers über Verbrechen, Brutalitäten und die ungeheure Korruption innerhalb einer protzigen, selbstbewußten Regierungshierarchie. Die Mehrzahl von ihnen leistet einen eigenständigen, anonymen Beitrag. Nur der Abscheu vor dem, was sie erfahren haben, treibt sie und der Glaube, daß ihr Beruf eine andere Funktion erfüllen müsse als die, ein verlängerter Arm der nigerianischen Mafia zu sein. Sie bewahren Menschen, die sie nur dem Namen nach kennen, vor jeder noch so kleinen Gefahr, vor teuflischen Verschwörungen, die auf höchster Ebene ausgeheckt werden und theoretisch absolut geheim bleiben sollten, und sogar vor geplantem Mord. Wenn ihnen etwas mißlingt, zeichnen sie alles auf und warten auf den Tag, an dem man diese Dossiers der Öffentlichkeit vorführen kann.

Ich begann mir vorzustellen, welch süße Rache es wäre, diesen Mann der Regierung zum Umlenken zu bringen, wenn nach Beendigung des Krieges die Frage der innerstattlichen Erneuerung auf der Tagesordnung stünde. Dabei richtete sich meine ganze Aufmerksamkeit auf D.s verschiedene Charakterzüge, seine halbausgegorenen Ideen und widersprüchlichen Ideale. Ich faßte die Einblicke, die er mir in sein innerstes Wesen gewährt hatte, zusammen und war mir auch bewußt, daß das größte Hindernis sein persönlicher Ehrgeiz sein würde. Es war ein fruchtbarer Gedanke. Die Vorstellung eines Umerziehungsprozesses und einer völligen Veränderung seiner Persönlichkeit beschäftigte mich ein oder zwei Nächte, während mich meine Ketten zum Stillsitzen verdammten. Spätere Ereignisse bewiesen mir, daß es für Mallam D. keine Rettung mehr gab. Mallam D. wird ewig so weitermachen als ein Bollwerk der *cosa nostra* der Cosa Nostra.

7

Am Morgen brachte ein Offizier einen neuen Verdächtigen; das männliche Gegenstück zu der Frau, die man während meines ersten Verhörs in meinen Vernehmungsraum gestoßen hatte. Er war krank, niedergedrückt, rauchte Kette, und seine Finger zitterten. Er bestäubte sich über und über mit Asche. Von Zeit zu Zeit beäugte er mich vorsichtig, aber er sagte nichts. Die Korridore draußen dröhnten von den Schritten der Vorübergehenden.

Der Anblick einer anderen leidenden Kreatur ist eine Herausforderung für die eigene Stärke und läßt zumindest für einen Moment die eigenen Ängste vergessen. Ich entschloß mich, mit ihm zu reden und ihm seine hilflose Angst zu nehmen.

»Warum hat man Sie festgenommen?«

Er war Arzt an der Universitätsklinik in Lagos, ein Mann aus dem Mittelwesten. Vor noch nicht ganz drei Wochen war er aus Moskau als fertiger Arzt zurückgekommen. Als erstes bereitete ihm die Tatsache, daß er in Moskau studiert hatte, enorme Schwierigkeiten. Neben vielen anderen Schikanen unterstellte ihn die Universitätsklinik dann der Aufsicht der Oberin, anstatt ihn dem Lehrkörper einzugliedern. Er hielt es nicht aus. Die Beziehungen zwischen ihm und der Oberin verschlechterten sich. Er hatte einen Doppelnamen, an den ich mich nicht erinnern kann, aber da er nach einem Ibo-Namen klang, erinnerte ihn die Oberin während einer Auseinandersetzung daran, daß seine Position sehr gefährdet war. Schließlich kam es zu einem heftigen Wortwechsel *coram publico;* nach seiner Darstellung hatte sie sich seinen medizinischen Anweisungen widersetzt. In der folgenden Nacht holte ihn die Polizei ab. Man warf ihm vor, daß er behauptet habe, er behandle keine Soldaten, da sie alle Mörder seien.

Dr. X schwor, daß die Oberin ihn verleumdet habe. Die Polizei weigerte sich natürlich, ihm mitzuteilen, auf wessen Veranlassung hin er festgenommen worden war, oder ihn seinen Anklägern gegenüberzustellen. Er wurde in das Ikoyi-Gefängnis geworfen, wo er krank und mutlos wurde. Nach einigen Tagen wurde dem Direktor seiner Abteilung eine Besuchsgenehmigung erteilt. Entweder durch diesen oder durch jemand anderen gab er seiner Familie die Anweisung, eine Anzeige in die Zeitungen zu setzen, in der sein Name so geändert wurde, daß er nicht mehr wie der eines Ibo klang.

»Ja, man riet mir, daß dies das einzige sei, was ich tun könne. Heute oder morgen müßte es in den Zeitungen erscheinen.«

Ich konnte meine Verachtung nicht verbergen.

»Wegen dieser Schweine haben Sie Ihren Namen geändert? Sie sind Arzt, ein intelligenter Mann!«

Seine Augen richteten sich starr auf die Tür.

»Entschuldigen Sie«, sagte er, »ich möchte dieses Gespräch nicht weiterführen. Sie scheinen anzunehmen, daß ich gegen die Regierung bin.«

»Das interessiert mich nicht. Ich bin gegen jede Regierung, die unter dem Vorwand des Notstands unschuldige Menschen verfolgt.«

»Nun, das ist Ihre Meinung. Ich habe nichts gesagt, und ich möchte diese Unterhaltung wirklich nicht fortsetzen.«

Plötzlich verstand ich sein Problem und lachte.

»Oh, ich verstehe. Sie denken, die hätten mich hierhergesetzt, um Sie auszuhorchen. Ich bin kein Polizeispitzel.«

Er sagte nichts und rauchte nervös weiter.

»Vielleicht sind Sie in den letzten Tagen über meinen Namen gestolpert?« Ich stellte mich vor.

Seine Reaktion war vorhersehbar.

»Oh ... entschuldigen Sie bitte. Ich kenne mich in der Politik nicht aus. Sie interessiert mich nicht. Aber Ihren Namen kenne ich.«

»Bleiben Sie ganz ruhig und lassen Sie sich von meinen

Reden nicht irritieren. Meinen Anklägern habe ich viel schlimmere Dinge gesagt. Sie würden mir nicht mehr glauben, wenn ich anders redete oder handelte.«

Wieder herrschte nervöses Schweigen, dann brach es aus ihm heraus.

»Ich war sehr krank. Zuerst haben sie mir eine medizinische Behandlung verweigert. Ich konnte keine Nahrung mehr zu mir nehmen. Ich glaube, ich litt an einer Viruserkrankung. Ich übergab mich und hatte hohes Fieber. Heute haben sie mich zum Verhör hierhergebracht. Es war ein neuer Vernehmungsbeamter. Er sah, wie krank ich war, und ordnete an, mich in ein Krankenhaus zu überführen.«

»Sie dürfen Ihren Namen nicht ändern.«

»Aber in meiner Familie bestand schon immer der Wunsch, ihn zu ändern. Wissen Sie, wir sind gar keine richtigen Ibo. Wir gehören zur Familie . . ., aber unsere Familie ging fort und tat sich mit dem . . . Klan zusammen.«

Ich hörte mir die ganze Geschichte dieses Klans an, seine Wanderung, seine Landstreitigkeiten, seine Heiratspolitik. Mir taten die Ohren weh.

»Sie dürfen Ihren Namen nicht ändern«, wiederholte ich. »Warten Sie einen günstigeren Moment ab. Diese Leute verachten Intellektuelle. Wenn Sie Ihren Namen ändern, schmeicheln Sie ihrem bestialischen Selbstgefühl . . .«

Ein Aufsichtsbeamter kam herein.

»Bitte machen Sie sich fertig. Sie werden ins Gefängnis zurückgebracht.«

Dann wandte er sich an meinen Leidensgenossen.

»Das Auto wartet hier. Wir bringen Sie ins Krankenhaus, nachdem wir Herrn Soyinka in Kiri-kiri abgeliefert haben.«

Das klang zu schön, um wahr zu sein, aber es war immer noch nicht gut genug. Wenn auch ich ins Krankenhaus käme, hätte ich die Möglichkeit, mit der Außenwelt in Verbindung zu treten. Ich könnte vielleicht sogar mit meiner Familie telephonieren.

Ich sagte: »Aber ich bin auch für das Krankenhaus vorgemerkt.«

»Nein, nur dieser Arzt hier. Sie bringen wir nach Kirikiri.«

»Da kann irgend etwas nicht stimmen. Fragen Sie lieber Mallam D. Ich soll erst in das Krankenhaus und dann nach Kiri-kiri.«

»Mallam D. ist heute früh nicht im Dienst«, sagte Akpan.

»Gestern sagte er mir, daß ich heute einen Arzt zu Gesicht bekäme. Sie bringen doch diesen Mann hier in die Universitätsklinik, oder? Wenn Sie zuerst zum Krankenhaus fahren, kann ich doch auch zum Arzt gehen.«

Der Aufsichtsbeamte zuckte mit den Schultern.

»Gehen wir.«

Ich betete, daß Mallam D. nicht gerade in diesem Moment auftauchen würde. Wir kletterten gerade in das Auto, als ich den Gorilla aus seinem Wagen aussteigen und auf den Eingang zugehen sah. Ich stürzte in das Fahrzeug und duckte mich in den Sitz, während der Aufsichtsbeamte und sein Kollege Haltung annahmen. Als wir losfuhren und die Gefahr der Entdeckung überstanden war, fragte ich:

»Was war denn das für ein hohes Tier?«

Der jüngere Offizier antwortete:

»Wer? Sie meinen King Kong?«

»So nennen Sie ihn?«

»Ja.«

»Er muß ja wohl zu den oberen Rängen gehören. Wer ist er?«

»Der Vize-Polizeipräsident Yisa Adejo.« Dann fügte er hinzu, »hoffentlich ist er nicht für Sie zuständig«.

»Nein, warum?«

»Wir nennen ihn den Folterknecht oder King Kong. Ehrlich, der hat mehr Titel als Gowon selbst. Ihren Fall würde man aber so einem ohnehin nicht übertragen. Er ist Analphabet.«

»Halt die Klappe«, zischte der Aufsichtsbeamte. »Du und

dein loses Mundwerk. Eines Tages wirst du deshalb Schwierigkeiten bekommen.«

»Ach komm, du weißt doch, daß es stimmt. Er und dieser Ceulmann sind die gleiche Sorte.«

In der Klinik traf ich meinen Arzt, Koku Adadevoh. Der Aufsichtsbeamte wich keinen Schritt von unserer Seite. Ich beklagte mich bei Koku, daß ich Symptome eines alten Leidens bei mir festgestellt hätte. Der weitere Ablauf war bekannt. Er würde Blutproben machen und mich wieder zu sich bestellen. Das war die Hauptsache – eine Verbindung zur Außenwelt herstellen.

Wie erwartet, bestellte er mich drei Tage später wieder in seine Klinik. Dieses Mal organisierte die Gefängnisleitung den Besuch. Zehn Minuten nach unserer Ankunft war schon die Sicherheitsabteilung in der Klinik. Die zeitliche Absprache funktionierte perfekt. Als ich aufsah, standen Mallam D., ein weiterer Offizier und der Aufsichtsbeamte auf dem Gang. Ich blickte nach draußen, und auf dem Parkplatz stand ein Mannschaftswagen mit Sicherheitsbeamten. Es war mir furchtbar, zu erleben, wie die Beamten darauf bestanden, daß Koku ihnen folgen solle. Ich sah ihn schon in Gesellschaft des verängstigten Arztes aus Moskau. Ich hatte unendliche Schuld auf mich geladen.

Zuerst sprachen sie mit Koku in dessen Büro, während ich hilflos draußen wartete. Dann kamen sie zusammen heraus. Sie gingen in den Waschraum, der sich gegenüber von den Behandlungsräumen befand, und durchsuchten ihn. Sie kontrollierten jedes Fenster des Gebäudes. Als sie zurückkamen, bekam der Gefängnisaufseher einen Rüffel, weil er nicht mit mir in Kokus Büro geblieben war. Er antwortete herausfordernd, daß er seine Arbeit kenne, daß es sie nichts angehe, wie er sie mache. (Es gibt merkwürdige Zufälle: Der Gefängnisaufseher war der Bruder einer Schauspielerin meiner Truppe. Er kam aus dem Mittelwesten und war kein Ibo.) Ich warf Mallam D. die unangemessene Belästigung des Arztes vor. Ich bat sie, ihn in Ruhe zu lassen. Es war reine Zeitverschwendung. Er durfte sein eigenes Auto benutzen, aber man teilte ihm einen Fahrer zu. Die Autokolonne setzte sich in Richtung Abteilung E in Bewegung.

Meine Schuldgefühle verwandelten sich in Zorn. Es brachte gar nichts, die Tatsache zu beklagen, daß ich Koku mithineingezogen hatte. Jetzt verdichtete sich alles in der unerträglichen Belästigung eines unschuldigen Menschen. Bevor wir die Klinik verließen, wurde Dr. Adadevoh in seinen Behandlungsraum geführt, und man beschlagnahmte alle meine Krankenblätter und Untersuchungsergebnisse. Die Laborergebnisse waren noch nicht da, aber sie gingen mit ihm ins Labor, holten sie dort ab und nahmen alles mit in die Abteilung E.

Als sich die Fahrstuhltüren öffneten und wir gerade im vierten Stock aussteigen wollten, bereitete uns der Gorilla einen wüsten Empfang. Mit sich überschlagender Stimme brüllte er Befehle. Der Mann schäumte über im Gefühl seiner Macht. Die unteren Chargen stoben in tausend Richtungen davon, um seine Befehle auszuführen, die keiner von ihnen richtig verstanden hatte, weil sie von Flüchen und Schreien begleitet waren.

»Ihr Blödhammel, doch nicht da hinein«, war noch das Mildeste. Sie purzelten übereinander, rissen Türen auf und schlossen sie wieder. Mallam D. und sein Kollege machten diesen Wahnsinn mit. Auch sie liefen in verschiedene Richtungen und erwarteten von uns, daß wir diesen gedankenlosen, wirren Aktionen folgten. Hätte ich den wutschäumenden Yisa Adejo und den feigen Ausdruck in den Gesichtern seiner Männer nicht gesehen, so hätte ich geglaubt, es handele sich um eine bewußte Inszenierung, um Neuankömmlinge verrückt zu machen. Ein Tollhaus unter der Fuchtel eines schwachsinnigen Fleischkloßes. Irgendwann stieß man den Gefängnisaufseher Okotie und mich in ein Büro, Sekunden später wurde die Tür wieder aufgestoßen, man schnappte sich den armen Okotie und schleppte ihn regelrecht an Armen und Beinen hinaus. Es verging kein Augenblick, da wurde die Tür schon wieder aufgerissen, und ein Offizier sagte: »Kommen Sie mit.«

Ich erhob mich gemächlich, folgte ihm und ließ mich nicht von ihm antreiben. Er führte mich nach nebenan in die Bibliothek. Kaum hatte er die Tür hinter sich zugeschlagen, flog sie wieder auf, und ein Offizier wurde in den Raum geschleudert. Er setzte sich auf einen Stuhl gegenüber vom Fenster und murmelte undeutlich vor sich hin. Bevor die Tür ganz geschlossen wurde, hörte ich die unnachahmliche Stimme von King Kong, die sich wieder hysterisch überschlug, wie damals beim Polizeikommissar aus Ibadan:

»Du hast dich bestechen lassen. Ich bin ganz sicher. Wenn ich jetzt eine Waffe bei mir hätte, würde ich dich ohne Konsequenz über den Haufen schießen.«

Ich war mir sicher, daß das Opfer dieses Trommelfeuers der Aufsichtsbeamte war, der mich das erste Mal mit in die Klinik genommen hatte. Der Offizier in meinem Raum murmelte: »Armer –«. Er stand auf, ging zur Tür und horchte.

Fast fünfzehn Minuten später öffnete sich die Tür und, o Schrecken, die Bestie in Person! Wieder starrte er mich an, als wolle er mich auffressen, ganz wie bei unserer ersten Begegnung. Dieses Mal schaute ich ihn nur kurz an und drehte ihm dann den Rücken zu. Er schlug die Tür so zu, daß das ganze Haus erbebte. Fünf Minuten später betrat Mallam D. den Raum.

»Kommen Sie bitte.« Ich seufzte und folgte ihm. Wir fuhren mit dem Aufzug hinunter, verließen das Gebäude und gingen zu meinem Erstaunen durch das Tor nach draußen. Er wartete, bis die Straße frei war, und führte mich dann zu dem Gebäude, das sich gegenüber vom Polizeihauptquartier befand. Es handelte sich um die Privatklinik von Dr. –, jenem Arzt, der seit seiner Aussage gegen Tarka, Enahoro und Awolowo in dem Hochverratsprozeß von 1963 berüchtigt war. Was um Himmels willen hatten sie jetzt mit mir vor?

Der gute Mann erwartete uns schon. Er kam uns mit ausgestreckten Händen entgegen, entschuldigte sich, daß er uns noch einen Moment warten lassen müsse; er müsse erst noch einen Patienten versorgen. Ich traf hier zum ersten Mal mit ihm zusammen und war erstaunt, wie vertraulich er mich anredete. Ich blickte in das Gesicht dieses Mannes. Es war das Gesicht einer schleimigen Kröte. Er war mir sofort zuwider. Als wir draußen warteten, mußte ich wieder darüber nachdenken, wie doch immer wieder die Menschen, mit denen ich zusammentraf, miteinander verflochten waren. Kurz vor Ausbruch des Krieges saß ich mit seinem Bruder, einem Geschäftsmann, in demselben Flugzeug. Er war ein alter Bekannter von mir und bot mir während des Fluges Logis in seiner Wohnung am Dolphin Square an.

Unter dem Balewa-Regime* hatten mehrere seltsame Zwischenfälle den Verdacht in uns aufkommen lassen, daß er für die Regierung arbeitete, entweder als Spion im Ausland oder als Beauftragter des Geheimdiensts. Ich war einmal sogar davon überzeugt, daß seine Anwesenheit in einem bestimmten Land, zu einem Zeitpunkt, als mich die Polizei ständig überwachte, kein Zufall war. Im Flugzeug fragte ich ihn offen nach seiner wahren Tätigkeit. Er versicherte mir, er sei kein Spion, sondern Geschäftsmann. Ich nahm seine Einladung an und blieb ein paar Tage in seiner Wohnung, hauptsächlich aus Neugier. Alle seine Besucher waren Geschäftsleute, die Niederlassungen in Nigeria gründen wollten. Das konnte sowohl das eine wie das andere bedeuten. Ob er als Spion arbeitete oder nicht – auf jeden Fall war er Geschäftsmann, und dazu ein sehr gastfreundlicher. Ich genoß meinen kurzen Aufenthalt am Dolphin Square.

* Balewa, Alhaji Sir Akubakar Tafwa, 1912–1966; Gründer des NPC, 1957–1966 Ministerpräsident, 1966 durch Putsch gestürzt und getötet. (Anm. d. Übers.)

Und jetzt befand ich mich in der Klinik seines Bruders und wußte nicht, was mit mir geschehen würde. Ich stellte Mallam D. keine Fragen, sondern wartete. Dr. – bat mich herein.

»Nun, Wole, worum geht's denn?«

Ich starrte ihn an. Wie kam er dazu, mich beim Vornamen zu nennen? Welche Impertinenz!

Sein Lächeln wurde immer breiter, schleimiger, sein Gesicht legte sich in Fettfalten. Er gestikulierte mit seinen dikken Patschhänden, die scheinbar ohne Sehnen und Knochen waren.

»Was hat das alles zu bedeuten? Was will die Polizei dieses Mal von Ihnen?«

»Fragen Sie doch die Polizei.«

»Nun, was haben Sie denn getan?«

»Hat man Ihnen das nicht gesagt? Vielleicht können Sie mir sagen, was ich in Ihrer Klinik soll?«

»Ich habe keine Ahnung. Man bat mich, Sie zu untersuchen, das ist alles.«

»Mich untersuchen, wozu? Ich habe meinen eigenen Arzt.«

»Na ja, wissen Sie, manchmal mache ich Untersuchungen für die . . .«

»Die? Wer sind ›die‹?«

»Die Polizei.«

»Ach so. Einen Moment bitte.«

Ich stand auf und ging hinaus. D. wartete noch immer an der Tür.

»Ich möchte mit Ihnen sprechen«, sagte ich.

»Ist er fertig?«

»Er hat gar nicht angefangen. Können wir ein paar Schritte zusammen gehen?«

Er begleitete mich verwirrt.

»Ich möchte von diesem Menschen nicht untersucht werden.«

»Wieso nicht? Kennen Sie ihn?«

»Ich will von ihm nicht einmal angefaßt werden. Ich will nicht, daß er mich betatscht, verstehen Sie?«

Sein Verhalten änderte sich schlagartig. »Tut mir leid, aber er ist unser Arzt. Sie sagen, Sie sind krank, also wird er Sie untersuchen.«

»Es muß doch noch andere Ärzte geben, die für die Regierung arbeiten. Wenn Sie sich aus irgendwelchen Gründen vor meinem Arzt fürchten, dann schicken Sie mich eben zur Untersuchung in ein staatliches Krankenhaus.«

»Nein, das . . . das geht nicht. Dr. – muß es machen.«

»Dann mache ich nicht mit. Hören Sie, D., bis jetzt habe ich mitgespielt. Ich habe mir Ihre Ketten anlegen lassen, aber von diesem Mann lasse ich mich nicht untersuchen.«

Mallam D. wurde ausgesprochen unangenehm. »Tja, das ist zu dumm. Wenn Sie sich nicht untersuchen lassen wollen, wird die Lage sehr prekär werden.«

Ich lachte. »Für mich? Wie wollen Sie das anstellen?«

»Ich war lange genug freundlich zu Ihnen. Ich habe Sie wirklich sehr gut behandelt. Aber wenn Sie jetzt die Zusammenarbeit verweigern, verschlimmern Sie Ihre Situation beträchtlich.«

Ich wiederholte: »Das ist mir ganz gleich, was Sie mit mir anstellen, dieser Mensch wird mich nicht untersuchen.«

»Es geht nicht nur um Sie. Dadurch werden Sie die Lage aller Beteiligten verschlimmern.«

Unsere Blicke trafen sich kurz, dann schaute er zur Seite und wiederholte: »Sie werden die Lage *aller* Beteiligten verschlimmern.«

Die Bedeutung seiner Worte war ziemlich unmißverständlich, aber er sollte es mir offen sagen.

»Bezieht sich das auf meinen Arzt?«

»Ich kann nur wiederholen, was ich gesagt habe. Im Krankenhaus sagten Sie, daß Sie Ihrem Arzt keine Schwierigkeiten bereiten wollten. In dem Fall sollten Sie lieber kooperativ sein.«

Wie auf ein verabredetes Zeichen erschien gerade in dem Moment ein Offizier und übergab Mallam D. mein Krankenblatt und die Laborergebnisse. Mallam D. nahm beides an sich und wartete auf meine Entscheidung. Ich drehte mich um und ging in das Sprechzimmer des Arztes, wo mich der gute Mann bereits voller Ungeduld erwartete.

»Machen Sie sich bitte frei.«

Ich zog mich aus, aber ich ließ ihn nicht aus den Augen, ließ seine Hände und die Instrumente, die er aufnahm, nicht aus den Augen. Während er meine Brust mit dem Stethoskop abhorchte, beobachtete ich weiterhin, was er mit seiner anderen Hand vorhatte. Er entschloß sich, eine Blutprobe zu nehmen, und ich beobachtete, woher er die Nadel dazu holte. Nach dem Einstich wartete ich auf ein Anzeichen von Schwindel, dabei ruhten meine Augen auf einem Skalpell.

Beim geringsten Zeichen eines Anschlags auf mich hätte ich ihm damit ohne zu zögern die Kehle durchgeschnitten. Die Tatsache, daß man mich zu diesem Menschen gebracht und meinen eigenen Arzt verleumdet hatte, erzeugte in mir wachsende Paranoia. Aber die Untersuchung verlief ohne Zwischenfälle.

»Bitte ziehen Sie sich wieder an.« Er fügte hinzu: »Haben Sie irgendeinen Wunsch? Sie wissen ja, daß ich deren Arzt bin, und wenn ein Befehl von mir kommt, müssen sie ihn ausführen. Möchten Sie, daß ich eine spezielle Diät für Sie anordne? Was auch immer Sie wünschen, ich kann es Ihnen verschaffen.«

Ich blickte ihn an und hätte ihm am liebsten ins Gesicht gespuckt. Aber schließlich lächelte ich.

»Ich brauche kein Essen. Ich esse fast nichts. Aber ich brauche Kleidung. Ich habe nur diese Sachen hier, und an manchen Abenden wird es sehr kalt.«

Gerade so, als hätte ich ihm einen Gefallen getan,

murmelte er »gut, gut« und begann wie wild zu schreiben.

»Noch etwas? Sind Sie ganz sicher, daß Sie kein spezielles Essen wollen?«

Ich stand auf. Draußen auf der Straße blieb ich stehen und schaute D. an.

»Ich möchte Ihnen mitteilen, daß ich mich dieser Prozedur nur unter Protest unterzogen habe. Für mich war das eine äußerst demütigende Erfahrung. Es war widerlich und ekelhaft, von so einem Menschen untersucht zu werden, und ich protestiere gegen diese Demütigung.«

»Demütigung? Wieso? Er ist doch ein qualifizierter Arzt, oder?«

»Im Moment interessiere ich mich mehr für meinen Arzt. Lassen Sie ihn jetzt frei oder nicht?«

»Machen Sie sich darum keine Sorgen. Das kommt schon in Ordnung.«

»Werden Sie ihn sofort freilassen? Sofort!«

»Ja.«

In gewissen Situationen bekommt eine Berührung einen persönlichen, intimen, bis ins Innerste gehenden politischen und intellektuellen Charakter, mehr als das gewöhnlich der Fall ist. Von einem Spitzel berührt zu werden, den sein Berufsstand schützte, und noch dazu von einem besonders widerwärtigen Exemplar dieser Gattung, von solch einem Subjekt berührt, betastet, untersucht zu werden, war eine Erniedrigung. Meine starke Abwehr gegen eine solche Berührung muß sich entweder Mallam D. oder seinem Vorgesetzten, dem er Bericht zu erstatten hatte, eingeprägt haben. Und so war es auch kein Zufall, daß eine sehr ähnliche Formulierung später in der berühmten Fluchtgeschichte benutzt wurde.

Wie vorauszusehen war, waren Polizei (und Regierung) nach diesem öffentlichen Zwischenfall im Krankenhaus völlig außer sich. Hastig ließen sie am folgenden Tag eine Presseerklärung abdrucken, die lautete: »Er schläft gut, ißt gut und darf seinen eigenen Arzt konsultieren . . .«*

* Siehe jedoch Anhang A.

8

Ich gewöhnte mich an den monotonen Rhythmus in Kirikiri: Lesen – Hofgang – Lesen – Essen – Lesen – Schlafen. Es würde keine weiteren Verhöre mehr geben, das war mir klargeworden. Bücher? Hauptsächlich Unterhaltungsromane aus dem Regal im Büro des Direktors. Es gab keine richtige Bibliothek. Ich fragte, ob man mir Bücher aus der städtischen Bibliothek beschaffen könne, aber der Zwischenfall im Krankenhaus hatte die Haftbedingungen der Gefangenen in unserem Gefängnis noch verschärft. Im Namen der Sicherheit erließ die Gestapo brutale, unmenschliche Verfügungen, die die Gefangenen in noch strengerer Abgeschiedenheit hielten. Der Kontakt mit der Außenwelt wurde auf Null reduziert. Dies betraf sogar jene Gefangenen, die wie die »alten Kämpfer« seit dem Ironsi-Regime* hier festsaßen.

Nach seiner mutigen Stellungnahme zu meiner Entführung aus dem Krankenhaus hatte der Gefängnisdirektor wieder klein beigegeben; man hatte ihm sicherlich ins Gedächtnis gerufen, daß er einem verdächtigen Stamm angehörte. Die einzige Ausnahme waren die beiden Soldaten, die des Mordes an dem Ibo-Photographen angeklagt waren. Sie allein erhielten weiterhin Briefe, Zeitungen und Besucher. Immer wenn ihre Vorgesetzten Zeit erübrigen konnten und ein Auto zur Verfügung stand, wurden sie zu »Verhören« gebracht. Sie durften das Gefängnis am Morgen verlassen und kehrten erst abends zurück. Es war immer das gleiche: Sie sprangen auf, griffen sich ein paar Kleidungsstücke und stürzten halbangezogen hinaus. Die Bitten der anderen Ge-

* Ironsi, Aguyi-I., Generalmajor Johnson Thomas Umurakwe, 1934; 1966 Chef der Militärregierung, im Juni 1966 von Aufständischen erschossen. (Anm. d. Übers.)

fangenen um Zigaretten und andere verbotene Dinge beantworteten sie immer mit einem gebrüllten: »Na klar doch!«

Wie zu erwarten war, kam eines Tages der Befehl für ihre Freilassung. Ein Teil der Häftlinge sprang auf, klopfte ihnen auf die Schulter und beglückwünschte sie. Andere blieben stumm und zeigten keine Bewegung. Ein Gefangener fragte den Feldwebel:

»Ich wette, Sie sind befördert worden«, und fügte emphatisch hinzu:

»Sie müssen Sie ganz einfach befördern, denken Sie doch nur an die lange Zeit, die Sie hier verbracht haben.«

Inmitten all des Jubels blieb ich wie betäubt in meiner Zelle. Ich konnte es nicht fassen. Ich hatte wohl nicht recht gehört. Die Gefangenen, die wegen verschiedener Delikte in der hinteren Zelle saßen, starrten vor sich hin. Als der Lärm sich gelegt hatte und die Tore hinter den beiden Soldaten zugefallen waren, ging ich nach draußen, um mir die Gesichter dieser Hurra-Schreier anzusehen. Ich wollte wissen, wie ernst sie es gemeint hatten. War es möglich, daß die Freilassung eines Menschen in ihnen Hoffnung auf Freiheit erweckte? Ich sah sie mit leeren Gesichtern im Hof sitzen. Ihre Gefühlsaufwallung war genauso schnell erloschen, wie sie aufgeflackert war. Einer zischte »Mörderschwein« und ging in seine Zelle zurück. Andere schüttelten den Kopf, als könnten sie es nicht glauben. Warum dann also das Ganze? Warum diese Verstellung? Es konnte nur eines bedeuten: Diese beiden Mörder hatten während ihrer Haftzeit eine solch dreiste Sicherheit ausgestrahlt, ihre widerrechtliche, vollkommen ungesetzliche Freilassung verlieh ihnen eine solche Autorität, daß jeder Gefangene in diesem Block instinktiv spürte, daß sie draußen ein gutes Wort für ihn einlegen könnten. Indem sie die Freilassung freudig begrüßten, zeigten sie diesen Folterknechten der Regierung, daß sie gute, loyale Bürger dieser Regierung waren.

Drei Tage später begann ich den bewußten Brief an meine politischen Kollegen zu schreiben – unfähig, mich den Reglementierungen länger zu beugen. Ich ziehe den Ausdruck »politische Kollegen« der Anrede »Genossen« vor und unterscheide damit bestimmte Haltungen in Konfliktsituationen. Um den Unterschied an diesem konkreten Beispiel zu demonstrieren: auf der einen Seite gibt es die, die davon überzeugt sind, daß das Gefängnis eine Insel darstellt, wo ein Insasse nicht nur den Gesetzen der Gefängnisverwaltung Folge leisten, sondern sich auch von jeder politischen Betätigung fernhalten muß, obwohl er gerade aus politischen Gründen ins Gefängnis kam. Nach Meinung dieser Leute soll sich ein Gefangener immer so benehmen, daß er möglichst schnell freigelassen wird. Auf der anderen Seite gibt es die Genossen. Sie wissen, daß das Gefängnis nur eine andere Front ist, an welcher der Kampf fortgeführt wird. Sie wissen, daß Gefängnisse und besonders die Haft für politische Gefangene gar nicht so furchterregend sein müssen. Man muß nur diesen Bluff benennen und die Ohnmacht dieser künstlichen Einrichtung aufzeigen. Nicht nur die Ungerechtigkeit innerhalb des Gefängnisses muß bekämpft werden, sondern auch die faschistische Gewalt, die Übertragung des faschistischen Systems auf das Gefängnis muß zerstört werden. Darin besteht die Hauptaufgabe der Gefangenen. Dort, wo es notwendig ist, wo an das soziale Gewissen des Gefangenen appelliert wird, kann eine Hingabe an absolute Ideale nicht als Entschuldigung für politische Passivität, für die Abkehr vom Kampf für eine gerechte Gesellschaft gelten.

Während meine Kollegen wegen dieses erneuten Rufes nach Gerechtigkeit zitterten, erfuhr einer der vielen Handlanger der Regierung im akademischen Lehrkörper in Ibadan von der Existenz des Briefes. Es gelang ihm, den Brief in die Hände zu bekommen, er photokopierte ihn und leitete ihn pflichtbewußt an seine militärischen Vorgesetzten weiter.

Bevor dieser Brief weitergereicht wurde, war eine Entscheidung über meine Freilassung gefallen. Laut Berichten von

Mallam D. und einem gewissen Chinkafe hatte man nicht nur den Befehl für meine Freilassung gegeben – meine Festsetzung entbehrte ohnehin jeder gesetzlichen Grundlage –, sondern die Information war auch vorzeitig über die Pressestelle der Polizei durchgesickert. Die Nachricht war sogar schon in einer Zeitung veröffentlicht worden.

Das Tragische dieser jungen, ehrgeizigen Funktionäre wie Mallam D. zeigt sich darin, daß sie sich einbilden, die Mechanismen der politischen Machtausübung zu durchschauen, denn sie begreifen sich selbst als Teil dieser politischen Macht. Wenn sie sich für schmutzige Geschäfte benutzen lassen, so glauben sie aus Notwehr zu handeln, weil das Opfer seine Aktionen gegen ihre eigene Existenz innerhalb des Machtbereichs richtet. Kurzum, sie sind davon überzeugt, daß sie sich in den geheimsten Schaltzentralen der Macht befänden, daß sie *alles* wüßten. Meine Entscheidung, Mallam D. nur mit seiner Initiale zu nennen, obwohl ich jetzt weiß, welche Rolle er in der Intrige spielte, verdankt sich nur der Tatsache, daß er jung und naiv ist und daß immer noch die Möglichkeit besteht, Menschen wie ihn zu retten. Der Rest, wie Yisa Adejo, Kem Salem, Femi Okunnu, Remi Ilori, der Arzt usw., ist unverbesserlich und sie unterscheiden sich nur durch das Ausmaß ihrer Brutalität und ihres Opportunismus.

Weil mein Brief an ein Mitglied der obersten Militärbehörde verraten wurde, trat mein Fall in eine völlig neue Phase. Mehr als das, es ging jetzt um Leben und Tod. Normalerweise wurden mir alle Gerüchte über meine Aktivitäten, die der Polizei gemeldet wurden, auch ins Gefängnis übermittelt. Das war nicht schwierig. Sie mußten erst ausgeheckt, dann erörtert und schließlich formell bei der Propaganda-Abteilung und beim Sicherheitsdienst zur Prüfung und Auswertung eingereicht werden. Das Gefühl der Macht, das Gefühl, an historischen Vorgängen beteiligt zu sein, öffnete viele Münder in einem kaum zu glaubenden

Ausmaß. Dieses todbringende Dokument wanderte jedoch direkt in die Hände der allerhöchsten Stellen. Plötzlich bemerkte die Polizei und sogar der Geheimdienst, daß andere Kräfte als sie am Werk waren. Nur ein Mann von der Gestapo durfte an einem internen Treffen des Komitees teilnehmen, das über mein weiteres Schicksal beriet. Es war die Bestie von Belsen, Yisa Adejo. Nur ein Mitglied ziviler Einrichtungen wurde hinzugezogen, und dies war Femi Okunnu, der Vertreter der Regierung im Komitee der Zehn.

Die übrigen, wie Mallam D. und Tony Enahoro, waren arme, ahnungslose Werkzeuge in den Händen einer gewissenlosen politischen Macht. Sie sind es jetzt und werden es immer sein.

Eines Morgens tauchten Sicherheitsbeamte im Gefängnis auf. Man brachte mich in ein Büro und nahm mir zu meinem Erstaunen Fingerabdrücke ab. Törichterweise hoffte ich tatsächlich einen Augenblick lang, daß man im Begriff sei, mich offiziell unter Anklage zu stellen und mir den Haftbefehl für die zu erwartende Verhandlung auszuhändigen. Aber sie packten ihre Stempelkissen ein und verschwanden mit meinen Fingerabdrücken. Als nächstes bekam ich Besuch von meiner Frau. Wir sprachen etwa eine Stunde miteinander, aber wir waren dabei nicht allein. Mallam D. und drei Gefängnisbeamte waren anwesend. Das Treffen fand im Büro des Gefängnisdirektors statt.

Am nächsten Tag machte Tony Enahoro eine Pressemitteilung. Die *Sunday Post* vom 29. Oktober 1967 berichtete:

»Ein berühmter nigerianischer Dramatiker, Leiter der Abteilung für Theaterwissenschaft und Englisch-Dozent an der Universität Lagos, Mr. Wole Soyinka, wurde im Zuge der Notstandsgesetze verhaftet. Mr. Soyinka ist auf bedenkliche Weise in die Spionagetätigkeiten für den Rebellenführer Odumegwu-Ojukwu gegen die Militärregierung verstrickt.

Chief Enahoro betont nachdrücklich, daß er die Befugnis erhalten habe, die folgende Veröffentlichung in Namen der Militärregierung vorzunehmen.

Der Polizeipräsident sagte, die Untersuchungen der Polizei hätten ergeben, daß Soyinka am 6. August mit dem Erzrebellen Odumegwu-Ojukwu in Enugu zusammengetroffen sei. Er berichtete, daß Soyinka in einer Erklärung zugegeben habe, mit Mr. Ojukwu die Absprache getroffen zu haben, diesem beim Erwerb von Flugzeugen für die Luftwaffe der Rebellen behilflich zu sein. In der Erklärung hieß es weiter, daß Mr. Soyinka angeblich seine Meinung über diese Sache geändert habe.

Am 9. August war Mr. Soyinka dann bei Oberst Victor Banjo in Benin und sagte seine Hilfe beim Sturz der Regierung Westnigerias zu. Wie der Polizeipräsident der Presse mitteilte, sprach sich Soyinka außerdem für den Sturz der Militärregierung aus.«

Das war saubere Arbeit. Die unerwartete Gnade einer familiären Vereinigung erzeugte beim Leser folgendes Bild: Als Gegenleistung für sein »Geständnis« gewährte man dem reuigen Verräter einen Besuch von seiner Frau. Er ist glücklich, zufrieden und entspannt, froh, sich die ganze Sache von der Seele geredet zu haben. Die Militärmaschinerie hatte einige hochqualifizierte Experten für Öffentlichkeitsarbeit für meinen Fall bemüht.

9

Hinter den Gefängnismauern herrschte Verschwiegenheit. Vor Enahoros Pressekonferenz hatte die Gestapo eine totale Kontaktsperre zur Außenwelt gegen mich und alle Insassen der hinteren Zelle verfügt. Eine Richtigstellung von meiner Seite wäre nicht nur peinlich, sondern auch gefährlich gewesen. Dadurch hätten Zweifel an jeder offiziellen Verlautbarung entstehen können. Am Tag der Pressekonferenz kursierte demgemäß keine einzige Zeitung in unserem Block. Nicht einmal die in diesen Fällen übliche Mitteilung des Haftbefehls wurde überbracht. Normalerweise wird dem Gefangenen der Haftbefehl von einem der dienstälteren Beamten in Begleitung des Direktors geliefert. Der Gefangene unterzeichnet eine Quittung und behält eine Kopie davon. Vielleicht bin ich nie eingekerkert gewesen, denn meine Unterschrift auf einem solchen Dokument fehlt noch immer! Doch das fadenscheinige Leichentuch, in das sie mich zu hüllen trachteten, mit dem sie mich mundtot machen und abschirmen wollten, konnte in keinem Fall ausreichen. Abgesehen von meinem persönlichen Nachrichtensystem existierten im Gefängnis weitreichende, geheime Kanäle. Bis zum Mittag hatte ich nicht nur die Nachricht erhalten, sondern hielt sogar den Zeitungsausschnitt in Händen. Ich begann über die Ungeheuerlichkeit und die Gefahr nachzudenken.

Mein privates Nachrichtensystem bestand aus zwei Vertrauten, die ihren Standort bei den Armeeposten vor dem Gefängnis aufgeschlagen hatten. Sie nannten sich »Dan« und »Sojo«. Tagsüber hielten sie sich die meiste Zeit in einer Palmweinbude auf, wo sie mit Soldaten zechten und mit Gefängniswärtern zusammentrafen. Sie bekamen leicht Kontakt zu Gefangenen, die außerhalb des Gefängnisses Rasen mähten oder die Häuser der höheren Gefängnisbeamten strichen.

Täglich trafen sie einen gemeinsamen Freund, einen Offizier mit merkwürdigen, undurchsichtigen Aufgaben. Wir nannten ihn G. Der Wachsamkeit dieses Trios verdanke ich mein Leben.

Am Nachmittag, nachdem mein »Geständnis« der Presse mitgeteilt worden war, erhielt ich von Dan folgende Nachricht:

Heute nacht wirst du verlegt. Flugzeug wird kurz vor Dämmerung erwartet. Offizielles Ziel ist Jos, aber es gibt, im Vertrauen, gar kein Ziel. Verstehst Du? G. sagt, er kann etwas machen, aber er braucht Zeit. Es ist im Moment noch zu gefährlich. Kannst Du irgend etwas anzetteln? Irgend etwas? Am besten eine totale Revolte. Versuch alles, um Zeit zu gewinnen. Übrigens, wer ist Peter? Er ist ihr Mann im Gefängnis – laß ihn nicht an Dich ran.

Peter? Wenn das stimmte, hatten sie eine gute Wahl getroffen. Peter und ich begegneten uns täglich mit äußerster Freundlichkeit, aber ich kannte ihn ganz genau. Die Wärter und die Gefangenen sprachen oft über ihn. Besonders die Wärter fühlten sich durch seine überhebliche Art, seinen kometenhaften Aufstieg und seine »Beziehungen« gekränkt. Er hatte gerade sechs Jahre Volksschule gemacht. Zuerst arbeitete er als Zimmermann in verschiedenen Gefängnissen, dann wurde er, ohne sich besondere Verdienste erworben zu haben, für einen verwaltungstechnischen Lehrgang nach England ausgewählt. Nach seiner Rückkehr wurde er sofort befördert, und ehe man sich's versah, bekleidete er den Rang des stellvertretenden Direktors. Die Wärter waren verbittert über den Stammesnepotismus und Peters daraus resultierenden Aufstieg. Zwei Dinge waren mir bei dem Mann aufgefallen: In ihm verband sich Verschlagenheit mit einem unglaublichen Sadismus. Einmal hatte ich ihn beim Verhör mit Gefangenen in der angrenzenden Zelle beobachtet. Die Gefangenen nannten ihn Fettgesicht. Sowohl die Strafgefangenen als auch die Untersuchungshäftlinge behaupteten, daß er während der Zeit der Invasion des Mittleren Westens mit Hilfe von Soldaten und in Agbomalu ansässigen Yoruba und Leuten aus dem Norden eine inoffizielle Jagd auf seinen Chef organisiert habe, auf dessen Posten er scharf war. Als der Direktor sich drei Tage im Busch versteckte, leitete Peter das Gefängnis. Dieser kurze Vorgeschmack auf sein Regime verband Wärter und Gefangene. Sie waren sich einig, daß dieser Mann niemals Nachfolger des Direktors werden dürfe, und begrüßten die Rückkehr des Asaba-Flüchtlings.

Mein erster Gedanke war, um ein Treffen mit dem Direktor zu bitten. Ich ersuchte den Wärter, ihn zu holen und die Dringlichkeit der Angelegenheit zu betonen. Ich überlegte, was ich ihm sagen wollte, damit er meiner Forderung nach einer sofortigen Verlegung aus diesem Block nachgeben würde. Der Wärter blieb zehn Minuten weg und kehrte mit einem Vorgesetzten zurück. Nein, ich bestand darauf, die Angelegenheit nur mit dem Direktor zu besprechen. Ob mir der stellvertretende Direktor nicht recht wäre? Nein und nochmals nein. Ich wollte Peter nicht sehen. Der Wärter versprach mir, den Direktor zu Hause aufzusuchen. In der Zwischenzeit schrieb ich eine kurze Gegendarstellung zu der Zeitungsfälschung und steckte sie einem Mitgefangenen für den nächsten »Postdienst« zu.

Halb sieben, und der Direktor war immer noch nicht da. Nur noch eine halbe Stunde bis zum Einschluß in die Zellen. Ich begann, über den Charakter des Direktors nachzudenken. War er ein Mensch, der die Tatsache, daß mein Leben in Gefahr war, begreifen würde? Sein Hintergrund: Er war Ibo aus dem Mittleren Westen. Ich überlegte, ob ihn das auf meine Seite brachte. Die Antwort war nein. Die gefährdetsten Nigerianer zu jener Zeit waren die Ibo aus dem Mittleren Westen, besonders seit der Invasion. Seither hatte man sie gejagt, gehetzt, getötet und als größeres Sicherheitsrisiko eingestuft als selbst die echten Ibo. Einen Tag nach der Invasion verbrachten der Oberaufseher und der Direktor drei Tage in den Wäldern, die das Gefängnis umgaben, und warteten, bis das Gemetzel vorbei war. Von einem Asaba-Ibo verlangte man ein Zehnfaches an Loyalität, damit er überhaupt als Mensch angesehen wurde. Um überleben zu können, mußten sie den Weg zum Arbeitsplatz ruhig und unauffällig zurücklegen, Befehle blind und ohne Widerrede ausführen. Nur so konnten sie sich ihren Lebensunterhalt verdienen, in Freiheit und am Leben bleiben.

Um Viertel vor sieben wußte ich, daß der Direktor nicht mehr kommen würde. Ich war jetzt ganz sicher, daß er, falls man angeordnet hatte, daß er die Schlüssel abliefern und dann zu Hause bleiben solle, keine andere Wahl hatte. Und abgesehen von allem anderen gab es immer noch Peter. Wie schützt man sich gegen einen solchen Mann, wenn man keine Zeit zur Vorbereitung hat?

In meinem Kopf überstürzten sich die Gedanken. Dann holte ich zwei Mithäftlinge, mit denen ich in den letzten Wochen gelegentlich zusammengearbeitet hatte.

»Ich brauche Randale«, sagte ich. »Ich muß das ganze Gefängnis wachhalten, bis ich außer Gefahr bin.«

Ich las ihnen Dans Nachricht vor und erklärte ihnen meine verzweifelte Lage. Sie wollten mir helfen, und wir brauchten nur zehn Minuten, um eine Kettenreaktion von Ereignissen auszulösen. Die beiden hatten ihre eigenen Leute im Gefängnis – ich hatte ihre geheimen Operationen beobachtet, die auch nach dem Verschließen der Zellen noch lange weitergingen.

Der Direktor erschien mit fast zwei Dutzend Wärtern. Schließlich hatte ich ihn doch noch aus dem Bett gezwungen, nachdem er meine Aufforderungen den ganzen Nachmittag ignoriert hatte. Ich griff ihn sofort an und gewann Zeit mit einer langen Rede, in der ich die Gefängnisleitung beschuldigte, an dem Komplott der Regierung, mich zu liquidieren, beteiligt zu sein. Ich sah Peter direkt ins Gesicht und verlor jeden Zweifel: Die Frustration über den Mißerfolg seiner Pläne verzerrte seine Züge. Der Direktor hatte nach meinem Dafürhalten von dem Komplott nichts gewußt. Ich kündigte einen Hungerstreik an, den ich bis zum Tode durchführen wollte, es sei denn, die Regierung widerriefe mein »Geständnis«.

Ich redete und redete, erfand Geschichten und wartete auf die zweite Phase meines Plans, die beim Eintritt des Gefängnispersonals hätte beginnen sollen. Meinem zweiten Mitarbeiter fiel die Aufgabe zu, sie auszulösen. Der lag jedoch gelähmt vor Angst auf seiner Pritsche. Er hatte plötzlich eine Vision gehabt – wie er mir am nächsten Morgen gestand, als er kam, um mich um »Vergebung zu bitten« –, in der er sich vor einer Wand der Dodan-Kaserne stehen und einem Hinrichtungskommando ins Auge blicken sah. Und das alles wegen seiner Beteiligung an der Ausführung unseres nächtlichen Plans. Sein Körper hatte ihm dann einfach nicht mehr gehorcht.

Die seltsame Erregung, die ich spürte, als ich Peter in dieser Nacht gegenüberstand, rührte von meiner Befriedigung her, ein Gesicht in dieser ganzen Armee von anonymen Schlächtern zu kennen und einen ersten offensiven Schritt gegen das System zu unternehmen. Vorbei war die lange Zeit der Passivität, des bloßen Wartens, in der ich der anderen Seite die Initiative hatte überlassen müssen, vorbei die zeitweise Lähmung wegen eines gemeinen und bösen Komplottes gegen mich. Aber dieser ganze Vorrat an Euphorie schrumpfte zusammen, während ich sprach und auf diese anderen Geräusche wartete, die einfach nicht kamen. Langsam vernebelte sich mein Hirn. Ich war wie betäubt.

Außerhalb des Gefängnisses hatten Dan und Sojo jedoch Hilfe gebracht. Das Flugzeug, das schon warmgelaufen war, wartete mit abgestellten Motoren im Dunkeln auf der Rollbahn. Über die Ereignisse, die sich zu diesem Zeitpunkt auf der Rollbahn abspielten und die in den höchsten Kreisen der Meuchelmörder eine Krise auslösten, kann im Augenblick nichts berichtet werden. G. enthüllte mir später den Plan zu meiner Liquidierung, der im Komitee der Zehn ausgeheckt worden war. Der Ausgangspunkt ihrer Überlegungen war die Tatsache, daß ich einmal wegen eines Überfalls auf eine Radiostation vor Gericht gestanden hatte. So, glaubten sie, würde die Öffentlichkeit ihre Lügen schlukken. Sie wollten es so hindrehen: Während des Fluges nach Jos hätte ich plötzlich eine Waffe gezogen und versucht, das Flugzeug in meine Gewalt zu bringen. Dabei wäre ich erschossen worden. Ein gewalttätiger Mann findet ein gewalttätiges Ende. Der Dramatiker hatte dieses eine Mal sein Drama überzogen.

Innerhalb des Gefängnisses löste das Versagen meines Mitarbeiters eine unabsehbare Katastrophe aus. Mein Hilferuf hatte große Verwirrung gestiftet, da sich die Mörder nicht darüber im klaren waren, bis zu welcher Ebene mein Appell gedrungen war. Jetzt schreckten sie in ihrer Wut und Angst nicht mehr davor zurück, die gemeinsten und widerwärtigsten Tricks anzuwenden. Als Helfershelfer waren ihnen die verkommensten Subjekte gerade gut genug.* Der erste Schritt waren die Lügengeschichten, die sich um die Ereignisse dieser Nacht rankten. Mich brachte man in den Hochsicherheitstrakt und hielt mich rund um die Uhr eingesperrt. Aber all dies hatte ich erwartet, und es machte mir nichts aus. Was ich jedoch nicht für möglich hielt: Es wurde eine weitere gefälschte Nachricht veröffentlicht. Wie die Pressemitteilung lautete, sei ich »an der Mauer entlangschleichend« gefaßt worden. In meinem Bett habe man eine Kleiderpuppe gefunden. Und weiter hieß es – und dies war letztlich der erfolgreichste unter den demoralisierenden Schlägen – ich hätte lediglich gegen die *»Demütigungen durch*

* So war es ein typischer Schachzug, einen bekannten bezahlten Sudelschreiber, einen gewissen Remi Ilori, als Kolumnisten beim *Daily Express,* dem Organ des Komitees der Zehn, einzusetzen; in dieser Zeitung fütterte er die Öffentlichkeit mit »Insider-Nachrichten« über die Vorfälle im Gefängnis. Dieser Unflat von einem Knirps mit gargantuesken Komplexen stieg später zu einem richtigen Polizeispitzel auf, der Genuß daran fand, Unschuldige ins Verderben zu stürzen.

die Regierung« protestieren wollen und stritte ab, einen Fluchtversuch unternommen zu haben.

Man hatte einen Anschlag auf meine Selbstachtung unternommen, die man so hoch nicht eingeschätzt hatte, und ihm folgte eine Phase der geistigen Verheerung, in der ich nicht einmal erkannte, daß die Formulierung aus meiner Protesterklärung an Mallam D. stammte, als ich meinem Abscheu, von besagtem Arzt untersucht zu werden, Ausdruck verliehen hatte.

10

Erst ein *Geständnis* – dann eine *vereitelte Flucht* – und zuletzt hilfloses Gejammer über *Demütigungen*. Drei Schlagworte, die sich nur an die größten Zyniker oder an die blinden Loyalisten richten konnten. Welch wunderbare Logik! Ein Meisterwerk der Fälschung, das darauf abzielte, selbst den geringsten Widerstand gegen die Allmacht des Regimes zu brechen. Wenn Wole Soyinka so schmählich aufgibt, wer kann dann stark bleiben? Diese Armee kann jeden kaputtmachen – und wird dies auch tun. Die Folge davon würden geheime Anschuldigungen, Verrat und Säuberungsaktionen sein.

Ich zwang mich zur Ruhe. Ich vergaß das Echo der Stimmen in den Straßen und Märkten, das Geflüster im Flur, die verstohlenen Blicke bei Zusammenkünften, die Welle der Gehässigkeit und Verachtung, die Menschen, die mit Fingern auf mich zeigten, das Gekicher im Dunkeln, das Kopfnicken seniler Ja-Sager, den Spott, den beschwichtigten Neid und den Triumph jener, die sich selbst etwas vormachten. Langsam und voller Qual begann ich, die Gedankenwelt meiner Feinde auszukundschaften und versuchte, die künftigen Gefahren abzuschätzen. Was machen sie jetzt? Prosten sie sich mit Champagner zu? Ja. Was noch? Sie klopfen sich gegenseitig auf die Schulter und beglückwünschen sich voller Erleichterung zu ihrem Meisterstück. Ja, ja, aber was noch? Versetz dich in ihre Lage. Was würdest du jetzt tun? In diesem Moment! Was müßte der nächste Schritt sein?

Jeden Vorteil nutzen. Sich keine Ruhe gönnen. Keinen Widerspruch mehr dulden. Die geringste Opposition ausrotten. Verhaften. Säuberungsaktionen! Eine kleine, geheimnisvolle Ankündigung, ein kleiner Hinweis ermöglichen es, die ganze Nation ein für allemal von sämtlichen

Elementen zu säubern, die der Fünften Kolonne angehören, dank neuer Enthüllungen, die jene frisch konvertierte Stütze der Gesellschaft geliefert hatte. All die alten Rechnungen begleichen! Und was dich angeht . . .

Denk nach. Schließlich bist du der Schriftsteller, Erforscher der menschlichen Natur. Versetz dich einmal in ihre Lage. Was ist das Schlimmste, das du der einzigen Person antätest, die noch gefährlich werden könnte, was würdest du mit dem einzigen Zeugen dieses ganzen Lügengespinstes, das die Grundlage für die gewaltsame Unterdrückung liefert, anstellen?Denn diese Gefahr bleibt bestehen, selbst wenn ich die Gefängnisse bis zum Bersten füllte und neue Konzentrationslager für die »geständigen« Saboteure baute. Die Gefahr der Entdeckung dieses Komplotts bleibt bestehen, solange du am Leben bist. Wenn die geheimen Gräber gefüllt sind und die allgemeine Rachsucht durch die Todesqualen der Gefolterten befriedigt ist – was dann? Wie könnte ich den Gegner mit Stumpf und Stiel ausrotten?

Die Antwort kam mit lähmender Klarheit: Ich ließe ihn frei. Ja. Dies ist die einzig mögliche Reaktion, die als krönender Abschluß des schmutzigen Handels in Frage kommt. Die Raubzähne sind ihm gezogen, die Krallen gestutzt, die Stimme gebrochen – also, öffne die Tore und laß ihn frei. Er wäre ein für allemal erledigt. Man müßte ihn nur herauslassen und zur Schau stellen.

Was könnte er noch vorbringen? Einen Widerruf? Mein lieber Freund, deine Genossen sind tot, eingesperrt, mutlos und verzweifelt. Selbst wenn es nicht deine Genossen waren, selbst wenn du sie nie gesehen oder von ihrer Existenz gewußt hast, so bleibt die Wahrheit doch bestehen, daß sie aufgrund deines ausführlichen Geständnisses verhaftet wurden. Das ist die Wahrheit, ja, die Wahrheit – siehst du die Dehnbarkeit des Wortes? – Wahrheit! Wir haben die Wahrheit neu erschaffen, und Wahrheit wird nun nach unserem Vorbild definiert. Verliert ein Mensch Freiheit oder Leben, so hast du ihn verraten. Was könnte er dem entgegenhalten?

Wie würde er es vorbringen? Wer würde ihm glauben? Vor allem, wer würde es wagen, ihm zu glauben? Wer würde ihm glauben *wollen*? Wer würde daran *denken*, ihm zu glauben? Die Wahrheit, mein lieber Freund, sind die Tausende, die verschollen sind, seit wir dein vorwitziges Köpfchen zur Räson gebracht haben!

In dem engen Käfig, in der völligen Isolation der ersten Tage, gewann dieses Gedankenspiel an grauenvoller Realität. Es hatte als eine Übung, die mich vor dem Schlimmsten bewahren sollte, begonnen und verselbständigte sich dann zu den furchtbarsten Schreckensvisionen. Ich konnte zwischen Vorstellung und Wirklichkeit nicht mehr unterscheiden. Lange nachdem der Kontakt mit der Außenwelt wiederhergestellt war und ich wußte, daß jeder, auf den es besonders ankam, die Wahrheit kannte, genügte ein einziger Gedanke an diese Zeit, um mich in den Strudel zurückzureißen. Rasender Puls, nervöse Anfälle. Und doch bleibt die erstaunliche, allen Erwartungen widersprechende Tatsache festzuhalten: Mein Verstand litt nicht. Wenn ich in dieser Zeit etwas ausgebildet habe, dann ist es eine kalte, rücksichtslose Schläue. Nachdem man mich in den Hochsicherheitstrakt gebracht und jeden Kontakt zur Außenwelt abrupt abgeschnitten hatte, geriet ich bei der Vorstellung, daß ich mehr denn je der staatlichen Propagandamaschinerie ausgeliefert war, beinahe in Panik. Ich war besessen von dem Gedanken, den Kontakt zur Außenwelt wiederherzustellen. Ich dachte unablässig an eine ähnliche Nachricht wie den hastig gekritzelten Widerruf des gefälschten Geständnisses, den ich jenem Mitgefangenen übergeben hatte, der im entscheidenden Moment versagte. Jetzt wurde mir klar, daß er ihn vermutlich vor der zu erwartenden Durchsuchung der Zellen verschluckt hatte.

Mich beherrschte nur noch ein Gedanke: um jeden Preis eine Erklärung nach außen zu schmuggeln und die Pläne für weitere Verleumdungen zu durchkreuzen, die neuen Fälschungen als Grundlage dienen konnten. Der Gespaltenheit meines Geistes in jener Zeit, des Gegensatzes zwischen erstarrter Verzweiflung und unheimlicher Listigkeit, die ich unwillkürlich einsetzte, wurde ich mir erst lange hinterher bewußt.

Ich beobachtete, wartete ab und machte Pläne, Hunderte von Plänen. Ich betrachtete jeden Wärter, prüfte jede Hilfskraft, die kam, das wilde Tier zu füttern, versetzte mich in Leib und Seele jeden Mithäftlings unter dem Aspekt, eine mögliche Bereitschaft zur Zusammenarbeit zu entdecken. Ein Gefangener weiß sofort, wer ihm helfen wird und wer nicht. Und ich war bereit, etwas zu riskieren, da ich nichts zu verlieren hatte. Als sich die Möglichkeit bot, arbeitete mein Verstand auf Hochtouren. Ein quälend winziger Hoffnungsschimmer. Ich handelte richtig.

Meine Chancen standen eins zu tausend. Ein Zufall, der einen fast wieder an die Vorsehung glauben machen möchte, eine Verkettung von Umständen, die ironischerweise aus meiner totalen Isolation resultierten. Zu viele ähnliche Vorsichtsmaßnahmen heben sich gegenseitig auf. Meine Nachricht mußte nur abgeschickt werden.

Selbst im Zustand höchster Erregung wußte ich, daß ich meiner Erklärung den Anschein geben mußte, sie käme aus meiner früheren Zelle. Diese Vorstellung setzte mich unter einen unerträglichen Druck, aber es war immer noch besser, den Anschein zu erwecken, ich würde in totaler Isolation leben – die ich jetzt durchbrochen hatte –, als abtransportiert zu werden. Im Gefängnis bedeutet ein Kontakt zur Außenwelt alles. Wie durch ein Wunder geriet meine Nachricht in die Hände von Menschen, die nach einem Schimmer von Hoffnung lechzten. Ein oder zwei Zeitungen des Landes fanden den Mut, meine Worte abzudrucken; eine grausame Hexenjagd begann in der falschen Abteilung des Gefängnisses.

Dieser kleine Sieg war mein einziger Trost während der Qualen in den nächsten Tagen. Das Schreckensbild, das ich entworfen hatte, war grausame Realität geworden. Während ich auf die Bestätigung von draußen wartete, zerrüttete mich die Angst. Sie durchdrang mich unaufhaltsam und setzte sich in Bereichen fest, die ich nicht mehr kontrollieren konnte.

Es waren leere Tage, Tage unerträglicher Düsternis voller Herzklopfen und Pulsjagen. Es gab Beruhigungspillen, Schlaftabletten und Besuche des Anstaltsarztes. Mit letzter Willenskraft wehrte ich mich gegen die Medikamente und lehnte jede künstliche Beruhigung ab. Nach zwei Tagen zwang ich mich, sie in den Klokübel zu werfen. Wieder zwei Tage später bat ich den Arzt um eine neue Ration und gestand ihm, was ich mit der ersten gemacht hatte. Ich stellte sie auf eine Kiste, die mir als Tisch diente, und erfand ein Ritual, während dessen ich sie in die Hand nahm, wenn mich Anfälle überkamen. Ich zählte sie sorgfältig, dachte mir Muster aus und legte sie wieder zurück. Ich lag flach, saß im Schneidersitz, machte Kopfstand, unterzog mich einer Folge von herkömmlichen und improvisierten Übungen, um meinen Puls und meine Gedanken unter Kontrolle zu halten. Ich flehte mich selbst an, mir doch eine Pille zu gestatten, nur dieses eine Mal und dann nie mehr, nahm rasch mehrere Tabletten in die Hand, zählte sie und legte Muster auf der Kiste. Ich verlor das Geschmacksgefühl für Nahrungsmittel und Wasser vollkommen. Zigaretten erzeugten nur Schwindelgefühl.

Das Gefühl für meine Umwelt kehrte nur langsam zurück. Ich sah vorübergehende Mithäftlinge wieder als menschliche Wesen, als Individuen mit unverwechselbaren Zügen. Die Krise war überstanden. Sollte sie sich wiederholen, so hätte ich die Stärke, sie zu bezwingen, wußte ich doch, daß meine Gegendarstellung die Eisengitter überwunden hatte und sogar gedruckt worden war. Noch mehr freute mich die Bestätigung meiner Prognose, daß nämlich Säuberungsaktionen geplant gewesen, dann aber aufgegeben oder zumindest aufgeschoben worden waren. Dies erfuhr ich schließlich von Dan und Sojo. Die Machthaber hätten liebend gern Rache an denen genommen, die sich in ihrer Gewalt befanden, aber dieses Vergnügen blieb ihnen versagt. Auch ihre Lügengespinste von meinem Verrat konnten ihnen dazu nicht verhelfen.

11

Träume. Genauer gesagt, verschiedene Träume zu einem Thema. Ich stehe hoch oben auf dem Gerüst einer Baustelle. Kälte. Nebel. Der Nebel gibt kaum den Blick auf meine Arbeitskollegen in anderen Teilen des Gebäudes frei. Sie sind nur Schattenumrisse mit verwischten Konturen. Eine Maurerkette wirft mir die Steine von unten hoch. Wenn ein Stein an seinem Platz ist, gebe ich ein Signal, und der nächste fliegt durch den Nebel. Der Stein wird immer erst ein paar Meter vor mir sichtbar. Aber es klappt jedesmal. Ich fange ihn, fast ohne hinzusehen, strecke buchstäblich nur die Hand aus, um ihn zu fassen. Ich lege ihn an die richtige Stelle, fülle die Lücken mit Mörtel und schlage die überstehenden Kanten ab. Ich muß mich nicht anstrengen, jede Bewegung vollzieht sich in vollkommener Ruhe, alles geht im Zeitlupentempo, wirkt wie ein Ritual. Der Nebel umwallt uns, von Zeit zu Zeit kommt ein Gesicht ganz nahe vorbei, jemand balanciert auf den schmalen Gerüstplanken und schiebt einen Karren zu einem anderen Teil des Gebäudes.

Eine lange Zeit vergeht, bevor ich merke, daß alle anderen gegangen sind. Ich habe den Mittagsgong nicht gehört. Ich konnte auch nicht annehmen, daß es bereits gegongt hatte, da weiterhin Steine in meine ausgestreckten Hände fielen. Als erstes bemerke ich die Stille, und langsam begreife ich, daß man die Arbeit eingestellt hat. Bis zu diesem Zeitpunkt ging die Arbeit in totalem Schweigen vonstatten, aber jetzt ist es noch stiller geworden. Ich beuge mich vor, um die Maurer meiner Kolonne zu fragen, ob sie aufhören oder weiterarbeiten wollen, bis dieser Teil der Mauer fertiggestellt ist. Nur noch sieben Steine fehlen, sage ich; immer die Zahl sieben. Niemand antwortet, und ich bemerke, daß sie gegangen sind. Langsam kommt ein Stein durch den Nebel geflogen, obwohl niemand unten ist. Ich strecke die Hand danach aus. Er rutscht mir aus den Fingern, ich bücke mich und falle vornüber. Eine lange Zeit falle ich durchs Leere.

Später erkenne ich die reale Landschaft wieder. Einer der Fäden des metaphysischen Gewebes, das den Menschen unbeweglich in seinen Lebensspuren mit der erschreckenden Gewißheit vor Augen hält, sein Leben habe sich im Kreise gedreht. Die Landschaft von Shaki beschwor langvergessene Bilder von den Niederlanden herauf, wo ich vor Jahren als Student im freiwilligen Einsatz Häuser für die Opfer einer Flutkatastrophe wieder aufbaute. Ich erinnere mich an die Hilfsbereitschaft, die Kameradschaft, und weiß, wie meine sentimentale Traurigkeit entstanden ist. Der Rest ist blankes Entsetzen, der lange Fall in den Abgrund, Nacht für Nacht, das furchtbare Schweigen . . .

12

Durch die Gitterstäbe konnte ich über die Dächer anderer Gebäude auf den Hof sehen. Öde zwischen den Gebäuden, endlose Räume innerhalb der Mauern. Diese Bienenkörbe, von Menschenhand gemacht, kamen mir wie schwache Pockennarben in einem sonst leeren Gesicht vor. Die Farnkrautbüschel, die Schlaglöcher und der Morast zeugten davon, daß das Gebiet vor nicht allzu langer Zeit dem Meer entrissen worden war, und es schien, als habe das Meer seine Besitzansprüche noch nicht aufgegeben. Ich konnte hören, jedenfalls bildete ich mir das ein, wie sein sanftes, nahes, träges Rauschen über die dichten Palmwipfel glitt, die gerade noch über der Gefängnismauer zu sehen waren. Die Stimmen von unbeschäftigten, schwatzenden, hoffenden Gefangenen drangen wie das Echo aus einer anderen Welt an mein Ohr. Aus verschwommenen Erinnerungen stieg zuweilen eine Stimme auf, ich spürte eine Berührung, den Faden einer Spinnwebe aus dem Dunkel. In solchen qualvollen Augenblicken streckte ich die Hand nach etwas aus, berührte es, verfehlte es, versuchte erneut danach zu greifen, und doch entglitt es mir vollständig. Ich konnte nicht einmal mehr so viele Kräfte mobilisieren, all das verstandesmäßig zu erfassen. Eine weiche Wolke trug mich fort in den Äther, und dieser Tautropfen aus einer längst vergangenen Zeit setzte sich sanft an den Randzonen meines Bewußtseins fest und löste sich mit einem beginnenden Fieber in Dampf auf.

Die Zeit hörte auf zu existieren. Ich erstarrte zu Stein. Die Welt verschwand in morastigen Schwaden.

Ich kenne das. Diese Sache habe ich wieder und wieder erlebt. Mein Kopf ist voller Gerüche und Empfindungen aus jener anderen Zeit, und indem ich die mich umgebende Realität wahrnehme, unterziehe ich mich zugleich diesem schmerzvollen, immer wiederkehrenden Abschiednehmen. Ich gebe mir große Mühe, den Augenblick festzuhalten, seine Bedingungen zu erkennen und, wenn möglich, ihn einer bestimmten Zeit, einem bestimmten Ort zuzuordnen. Mit der absoluten Sicherheit, daß die Empfindung tiefer geht, als das äußere Geschehen dies vermittelt, wächst meine Verzweiflung. Eine solche Empfindung hat mehr mit einem bestimmen Sein zu tun. Es geht um eine Identität, bei der Humanität, Glaube, Ehre, Gerechtigkeit, Ideale für gegeben gelten. Sie löst sich – soweit sich irgend etwas nun gelöst hat – am Rande des Bewußtseins auf. Ich weiß, wo ich bis zu diesem Moment gestanden habe, und weiß auch, daß ich in diesen Zustand nicht mehr zurückfallen will. Und doch ist mir bewußt, daß dieses Ritual des Übergangs sich ständig wiederholt und daß die Erfahrung des Überschreitens dieser Grenzen von unendlicher Traurigkeit begleitet ist.

Immer wieder komme ich auf diesen Bereich der menschlichen Existenz zurück. Ich weiß, daß ich mehr als einmal an diesen Punkt des Kreises gelangt bin. Meine Erinnerungen sind jetzt so deutlich, daß ich mich frage, ob ich nicht in Wirklichkeit all dies nur in prophetischer Voraussicht erwartet, wie gebannt darauf hingelebt habe, wobei nur noch der Zeitpunkt fraglich war. Welche Bedeutung soll ich diesem Augenblick dann beimessen, welchen Namen soll ich ihm geben, welche Definition für diese ungeheuerliche Geburt finden? Ich versuche, meinen schwammigen Gefühlen etwas Halt zu geben.

Ist es eine private Suche? Stoff für eine Tragödie und das Spiel der Leidenschaften? Ein kühnes Abenteuer, bei dem niemals ein Blick zurück auf die Geschichte, die Trampelpfade der Gemeinschaft, geworfen wird? Ist dies der langgefürchtete Zeitpunkt, wo man vielleicht alles über Bord werfen muß, zum Beispiel die Ansichten über die Verantwortung des einzelnen und den Kampf, der daraus folgt? Muß ich jetzt Kant ablehnen? Karl Jaspers? »Eine wie kleine

Quantität auch immer das Individuum sein mag innerhalb der Faktoren, welche die Geschichte bestimmen, es ist dennoch ein Faktor.« Muß ich jetzt zu ihm sagen: Ja, ein toter Faktor. Genauso aktiv wie ein treibendes Wrack im Strudel des Ozeans. Soll ich mich stattdessen an die Zweideutigkeit der anderen Seite der Erfüllung klammern? – »Der Mensch kann sein eigenes Ich nur durch die Konfrontation mit den Wechselfällen des Lebens greifen.« Ich habe zu oft mit den egozentrischen Interpretationen gestritten, die das existentialistische Selbst aufkommen läßt. Jeder Glaube, der die *bewußte* Suche nach dem inneren Ich als Ziel setzt, für den das Zusammenspiel verschiedener Kräfte reines Hilfsmittel bleibt, zerstört letztlich das soziale Potential dieses Ichs. Außer als Quelle für Kraft und Visionen halte das innere Ich fern von allen Erwartungen, laß es den unbewußten Nutznießer von Erfahrung sein. Mißtraue jeder bewußten Suche nach dem wahren Ich, sie ist das bevorzugte Futter der entnervenden, tragischen Muse. *Ich suche nicht, ich finde.* Laß allein deine Handlungen die Offenbarung deines wahren Ichs sein, damit verteidigst du deine wahren Visionen. Zu oft gab es in der Geschichte den gescheiterten Prometheus, der seinen verwundeten Geist im tragischen Strom badete.

Zerstöre die Verlockung, die im Tragischen liegt! Nur aus der Begrenztheit des menschlichen Geistes entwickelt sich das Tragische. Es gibt ein Ausmaß an Verzweiflung, von dem sich der menschliche Geist eigentlich nie mehr erholen sollte. Wenn man in diese Tiefen hinabgestiegen ist, wird man unter dem Schutt all jener Schranken begraben, die eifersüchtige Götter gegen die Menschen errichten. Die Anstrengung, sich von diesem Zustand zu erholen, erfordert nahezu übermenschliche Kräfte. Die zur Stagnation neigende Gesellschaft muß aus Selbsterhaltungstrieb diese kolossalen Energien in relativ ruhige Kanäle leiten, denn sie stellen eine Kraft dar, der man mit gewöhnlichen menschlichen Waffen keinen Widerstand entgegensetzen könnte, wenn sie zum Instrumentarium eines jeden Menschen im gewöhnlichen menschlichen Daseinskampf gehörte. Das ist der Grund der historischen Verschwörung, der Gehirnwäsche im wahrsten Sinn des Wortes; des Vorgangs, der dem Tragischen Vorrang verleiht über eine Perpetuierung des prometheischen Kampfes hinaus.

Zu überleben, wenn auch um den Preis einer Mutation; als Wesen voller schaler Halbweisheiten, verdorben und verführt durch die Anbetung der Weisheit, sorgfältig abgeschirmt von jeder allzu vertrauten Kenntnis der Dinge, die das Leben der Menschen betreffen; mit der Bestechung zu leben, zu der einst Ödipus so begierig griff, als er sich das Augenlicht nahm, um sich gänzlich den Weg zu einem sozial sinnvollen Handeln zu versperren – das ist es, was jede etablierte Macht von uns erwartet. Gegen Kritik und Veränderung, gegen eine wirkliche Bereinigung jener Zustände, die die Ursachen von Krisen sind, weiß die Gesellschaft sich zu schützen durch eben diese Umwandlung lebensbejahender Kräfte in vergeistigten, Ich-bezogenen Dünkel. Um ganz sicherzugehen, daß sich kein Wille mehr manifestiert, breitet man die Fallstricke tragischer Erhabenheit vor dem Opfer aus – denn was kommt an Größe dem blinden Seher gleich, wie kann man die Suche nach der eigenen Seele erhabener beenden als in würdigem Erdulden, Schweigen und Altern!

Erkenne ich denn wirklich die mir gestellte Falle? Ich rufe die Geschichte zu Hilfe – mehr noch als die Geschichte, verwandtes Wissen, verwandte Erkenntnis, verwandten Kampf gegen die lauernde Gefahr eines tragischen Existentialismus; denn Wut allein vermag mich nicht mehr davon abzuhalten, mich einfach unproduktiven, lähmenden Philosophierereien hinzugeben. Nur die Stimmen des Widerstandes suche ich – und ich finde sie ebenso in der entferntesten Vergangenheit wie bei erst kürzlich erlebten, zufälligen Begegnungen. »Das Tragische ist nur ein Mittel, menschliches Leid zu legitimieren, einzuordnen und damit zu rechtfertigen – sei es als schicksalshafte Notwendigkeit, Weg zur Erkenntnis oder Mittel der Läuterung. Sich diesem Denken zu verwehren und nach Handhaben zu suchen, die erlauben, den von ihm ausgehenden Betörungen auszuweichen, ist gerade jetzt von größter Wichtigkeit.« Wann und wo war das? Ich weiß es nicht mehr; es ist auch belanglos. Ich weiß nur noch, daß ich mir diesen Satz aufgeschrieben hatte, um ihn in einem der von einem Studenten als meine »speziellen Anti-Literatur-Seminare« bezeichneten Kurse zu zitieren. Aber die Worte wecken leidenschaftlichen Widerstand gegen den Strudel der Negation, in dem ich zu versinken drohe, gegen den geballten Haß, den ich selbst hier, in dieser gitterbewehrten Wildnis, genau spüren kann. Es drängt mich, es auszusprechen: Ihr hirnlosen, leichtgläubigen Dummköpfe, ihr vielköpfige Masse, warum sollten eure in Unwissenheit erhobenen Stimmen meine Ruhe stören?

Und doch tun sie es. Ich kann es nicht leugnen.

Aus diesem Loch der Todesangst, von Menschenhänden gegraben, aus diesem Hexenkessel, von Menschenhänden geheizt, aus diesem ohrenbetäubenden Lärm eines Hasses, von Menschen geäußert, geht ein Geschöpf hervor, das wahrhaftig ein »Ingénu« ist. Wenn es unter die Menschen zurückkehrt, wird sein Maßstab für Verständnis und Toleranz ein anderer sein als zuvor. Es wird nicht mehr mit oberflächlichen Begriffen abwägen oder urteilen. Die Wirklichkeit ist ihm für immer mit dem Beigeschmack des Grauens versehen; seine Gedanken decken sich nicht mehr mit seinen Erfahrungen. Natürlich weiß ich, daß man außerhalb dieser Mauern – und eure Hysterie vermag durchaus meine stolze Abwehr zu durchdringen – diese Drohung einer zukünftigen Rache ahnt und daher zur Verteidigung die Anstrengungen verdoppeln wird, die zu meiner Vernichtung führen sollen: zu meiner geistigen, psychischen, physischen und symbolischen Auflösung. Und deshalb muß ich in meinem Inneren nachforschen, um zu verstehen, weshalb es euch jetzt möglich ist, mich zu verletzen; um herauszufinden, weshalb ich in meiner individualistischen

Verkapselung noch immer den giftigen Dämpfen der Depressionen zugänglich bin, obwohl ich mit meinem Verstand die Verlockungen des Tragischen abgewehrt habe.

Mit zerschmetterten Gliedern und ersterbendem Atem sagte Hermias von Aternias*: »Sagt meinen Freunden und Gefährten, daß ich nichts getan habe, was der Philosophie unwürdig gewesen wäre.« Dieses jedem Menschen eigentümliche Verlangen, das macht, daß man lieber den letzten Atem für Worte der Bestätigung verbraucht als ihn aufzusparen, um weiterzuleben, getragen von der Überzeugung, daß das Leben einen Sinn erfüllt hat, wenn auch erst in dem Augenblick, da man es verlassen muß – dieser letzte Speichel einer verdorrten Zunge wird dem Gegner in einer herausfordernden Geste der Verachtung entgegengeschleudert, ein letztes Handeln der Hoffnung, eine Ermutigung der Lebenden, eine endgültige Bestätigung eines ganzen Lebens in dieser letzten Geste oder in einem Wort des Widerstandes. Schmerzen, körperliche Demütigungen, sogar die Zerstörung der eigenen Ideale gilt es zu überwinden, um das Vertrauen derer, die zurückbleiben, zu rechtfertigen und so sogar das Sterben in einen Triumph, in eine endgültige Bestätigung zu verwandeln.

Und jetzt weiß ich, weshalb dieser hirnlose Pöbel mich zu treffen vermag. Ich sehe mich dazu verurteilt, lebendig begraben zu sein, von diesem Triumph ausgeschlossen. Und, was schlimmer ist, nicht nur davon ausgeschlossen, sondern meinen lebenden Leichnam der Welt zur Schau gestellt in den ranzigen Einbalsamierungsölen seines Gegenteils: als einer, der widerrufen hat! Die bauchrednerische Propaganda verängstigter, verzweifelter und dennoch mächtiger Verbrecher, denen jeglicher Sinn für Anstand, Gerechtigkeit oder Fairneß fehlt, soll meinem umnachteten Geist entsprungen sein! Vor meinem inneren Auge laufen

* Freund und Gönner des Aristoteles; um 341 von den Persern gefangengenommen und hingerichtet. (Anm. d. Übers.)

Bilder totalitärer Situationen ab, in denen solche »Selbstbezichtigungen« veröffentlicht worden waren, zum Teil erst, als die Opfer des Machtmißbrauchs schon längst verfault waren oder lebendigen Leibes in Kerkern begraben lagen; allein, dies vermag mir nur geringen Trost zu spenden. Vergeblich suche ich mich vor der Anerkennung des Moralitätsanspruchs derer, die die Macht in Händen halten, zu schützen, indem ich ihre Verlogenheit vor mir ausbreite und dem Licht der Wahrheit aussetze. Ich stelle sie der Wahrheit gegenüber und frage: Angenommen, du hättest wirklich versucht zu fliehen; wessen Ethik würde dann verletzt außer der jener, deren moralische Verkommenheit bekannt ist? Sollst du etwa diese Scharade des plötzlichen »moralischen« Erwachens jener Millionen, deren Gewissen sich nicht regte, als der Massenmord stattfand, der Anlaß deines persönlichen Verfolgtseins ist, ernst nehmen? Kann man denn diese Komödie als vernünftig oder normal bezeichnen? *Dieses* Gewissen? Diesen verfaulten Kadaver eines längst erstorbenen Willens, der nur erwacht, wenn er ein machtloses, der Stimme beraubtes Opfer wittert, dessen Handeln nur auf die Stiefeltritte der Gewalt hin erfolgt?

Und selbst dies genügt noch nicht. Nicht einmal das Erscheinen vergangener und noch lebender Geister, deren Prüfungen gleichzeitig vor meinem inneren Auge abrollen, das einen erneuten Glauben an die Entscheidungsgewalt des einzelnen in mir wachruft. Aus meiner lebenslang währenden Beschäftigung mit dem Schicksal des Individuums, das Heuchelei und Unterdrückung entgegentritt, kristallisieren sich einige Gestalten: Abraham Fischer; Nikodemus Frischlin* (der erste geschichtlich verbürgte Anlaß zur Verwendung der Formel »auf der Flucht erschossen«?); Kardi-

* Frischlin, Nikodemus, 1547–1590, Dichter, Professor in Tübingen, Rektor in Braunschweig; schrieb lateinische Komödien und Gedichte. (Anm. d. Übers.)

nal Mindszenty*, der sich seinen Kerker selbst wählte; eine zum Krüppel geschossene Gestalt im Rollstuhl: Dr. Arias** auf der Flucht vor dem dominikanischen Diktator; John Wilkes, stets am Rande der parlamentarischen Immunität, und sogar der Apostel Paulus, der wiederholt die Hilfe des »Wunderbaren« in Anspruch nehmen mußte . . .

Der heilige Paulus bringt mich zur Besinnung. Eine schmerzliche Grimasse ist das Ergebnis des Versuches, etwas Selbstironie zu beweisen; trotzdem hilft es, den erstikkenden Knoten zu lösen, zu dem meine Eingeweide sich verkrampft hatten. Ach, wir fühlten uns schon als Prediger, nicht wahr? Der Brief des heiligen Soundso in Kiri-kiri an die Leute von Ibadan . . . Seid guten Muts, der Herr ist mit euch, aber hütet euch vor den Wölfen im Schafspelz, die da unter euch wandeln und die Schrecken der Vergangenheit wiederzuerwecken suchen . . .

Der angestrengte Humor bringt einen weiteren Geist hervor, der allerdings diesmal den Witzseiten der Lokalblätter entstammt: Tony Enahoro, Megaphon für offizielle Lügengeschichten. Die Ironie ist der typische Treppenwitz der Geschichte. Als Tony Enahoro nach dem mißglückten Staatsstreich fluchtartig dem Schauplatz den Rücken kehrte und von der britischen Regierung im Interesse ihrer feudalen Favoriten aufgenommen wurde, flog ich, einer simplen Eingebung folgend, nach London. Die Eingebung teilte ich mit einer kleinen, unparteiischen und weitgehend anonymen Gruppe, die sich als einzige der vielen Bewegungen eine gültige Vorstellung von einer zukünftigen Gesellschaft bewahrt hatte. Unser Gedanke war der: die Wiedereinbür-

* Mindszenty, Joseph, 1892–1975; von 1946–1974 Kardinal von Ungarn; 1944 von faschistischen Pfeilkreuzlern verhaftet, 1945 von der sowjetischen Armee befreit; 1949 als Gegner des Kommunismus verurteilt, 1956 Asyl in der Botschaft der USA; 1971 Ausreise nach Rom, 1974 vom Papst abgesetzt. (Anm. d. Übers.)

** Arias, Roberto, 1918; Botschafter Panamas, Mann von Margot Fonteyn; wurde durch Attentat gelähmt. (Anm. d. Übers.)

gerung Enahoros wäre ein kaum zu überbietender Schaden für die sich ständig lichtenden Reihen der Radikalen. Vielleicht hatten seine Freunde bereits begonnen, ihren Einfluß geltend zu machen, um seine Rückkehr zu verhindern. Jedenfalls setzte die öffentliche Kampagne erst ein, als ich meine Tätigkeit in London bereits beendet hatte. Ich versicherte mich der Hilfe der beiden einzigen Politiker, die ich persönlich kannte – Tom Driberg und Wayland Young (Lord Kennet) –, und versammelte die politisch wacheren Studenten in einer Lobby, die unser Anliegen an die Öffentlichkeit brachte.

Das Gefängnis versetzt einen in die Lage, erinnerte Situationen intensiv wiederzuerleben. Ich sehe Waylands Gesicht so plastisch vor mir, daß ich fast glaube, es berühren zu können, als er sagte: »Ich weiß nicht gerade viel über eure politische Situation – ist dieser Enahoro ein tüchtiger Mann?« Ich antwortete ihm: »Wir brauchen ihn, und zwar an Ort und Stelle.« Damals war ich ihm noch nie von Angesicht zu Angesicht begegnet.

Zu Hause war die Meinung der sogenannten Intellektuellen: Feigling, laß ihn zurückkommen und für seine Sache geradestehen. Darauf gibt es nur eine Antwort, nämlich die, daß die Revolution mit den Männern, die sie betreiben, steht und fällt.

Wie hieß doch jener württembergische Gelehrte, ein Landsmann Frischlins, vielleicht sogar sein Zeitgenosse? Jener gute Doktor, der trotz seiner Überzeugung vom abergläubischen Unsinn und von der himmelschreienden Ungerechtigkeit der Hexenprozesse über zweihundert Hexenverfolgungen erfolgreich durchführte – mit anschließender ordnungsgemäß veranstalteter Verbrennung der Opfer auf dem Scheiterhaufen. Eine Dichotomie von Wissen und Verantwortung, etwa dadurch gerechtfertigt, daß man währenddessen nach Mitteln und Wegen sucht, um die Gesellschaft seiner Zeit (in diesem Fall die des Mittelalters) ihrer barbarischen Bräuche zu entwöhnen? Darin soll die Funktion des

Intellektuellen bestehen? Wie sollen wir den Wert der Dissertationen solch aufgeweichter Gehirne bemessen, der Bücher, mit denen man uns zweifellos überhäufen wird und die Titel haben werden wie »Die soziale Gesetzlosigkeit von 1966 – ihre Ursachen und Konsequenzen in bezug auf den Bürgerkrieg in Nigeria, usw. usw. – unter besonderer Berücksichtigung der Rolle des wirtschaftlichen Interesses des Imperialismus usw. usw.« Mit zweihundert Hexen? Zweitausend? Zweihunderttausend? Zwei Millionen? Zwanzig? In Geschenkbänden, in Schweigen gebunden?

Im Reich meiner Gedanken suche ich nach einer Grundlage, um mein Inneres sichern zu können gegen die gestaltlosen Angreifer, die den Ausbrüchen aggressiver Gewißheit folgen. Es ist seltsam, wie unablässig mich inzwischen die schöpferische Erkenntnis Picassos verfolgt: *Ich suche nicht, ich finde.* Wie eine Beschwörungsformel, die unter Hypnose in den Verstand eingedrungen ist. Ich frage schließlich: Was soll es heißen? Was soll mir mitgeteilt werden? Was soll aufgezeigt werden, das ich bis jetzt nicht entdeckt habe? Irgendein neuer Trick, um mich der Situation anzupassen, mich mit diesem Kreislauf abzufinden? Zum Beispiel dergestalt, daß ich – ob passiv oder herausfordernd, als Handelnder oder Erduldender – in diesem Schicksal meine Bestimmung zu sehen habe? Daß das Los des Sehers zwangsläufig beinhaltet, daß man – auch mit geschlossenen Augen und gebundenen Händen – zur Erkenntnis gelangt? Sagen wir: jede Situation trägt das auf sie hin erfolgende Geschehen in sich? Oder eine gegenteilige Behauptung, um den Nachdruck dieses abgegriffenen Gemeinplatzes der Ideologie des Verzichts etwas zu variieren: Augen haben sie, aber sie *werden nicht* sehen? Es bleibt mir unverständlich. Der Satz Picassos dröhnt im Takt in meiner Brust wie ein geheimnisvoller Talisman. Keineswegs mißverständlich ist jedoch ein anderer, laut und bestimmt erklingender Rhythmus – und ich weiß nicht einmal, ob es Worte von Kant oder Jaspers sind. *Es liegt stets in unserer Verantwortung, kritisch zu entschei-*

den, ob es unmoralisch ist oder nicht, einem von einer Autorität erteilten Befehl zu gehorchen. Ja. Diesen Faktor der Entscheidung erkenne ich als einzigen an; den der physischen Möglichkeit, eine Wahl zu treffen.

Dreyfus. Dimitrow gegen Göring. Wie lange noch soll dieses Spiel vom sanktionierten Verbrechen und von dem politischen Sündenbock so weitergehen? Ein teuflisches Bild ragt drohend aus den Schatten des Naziregimes hervor: die Blutgier des Unmenschlichen, die durch Macht legitimiert wird, das Zähnefletschen der Tollwut, ein Vorbild für die Yisa Adejos dieser Welt, für die vertierten Bestien, die dermaßen regrediert sind, daß ihre Taten selbst jene, welche die Gemetzel veranlassen, mit Schauder erfüllen. Im nachhinein muß ich mich fragen, ob es vernünftig war, damals einen Brief aus dem Gefängnis an die Öffentlichkeit zu geben, der die Untaten dieser Leute benannte, während ich mich in ihrer Gewalt befand. (Selbst zu der Zeit Dimitrows war das liberale Gewissen klug genug, sich angesichts der bulgarischen Sündenböcke, die unter Görings persönlicher Obhut standen, nicht zufriedenzugeben.) Nun, da ich den Kantschen Imperativ uneingeschränkt akzeptiere, weiß ich, daß ich mir seit dem Augenblick, in dem mir durch die Freilassung der beiden Mörder die Korruptheit von Gowons moralischem System endgültig bestätigt worden war, vorwerfen muß, falsch gehandelt zu haben, als ich mich damit begnügte, einer Bande von intellektuellen Eunuchen einen Brief zu schreiben. Ich hätte damals das tun müssen, dessen ich nun angeklagt bin – ich hätte fliehen sollen. Denn damals wie heute gab es bereits – ungeachtet ihrer Niederlagen – eine wahre nationale, moralische und revolutionäre Alternative: Victor Banjos Dritte Kraft. Denken und Handeln, die in einem moralischen Impuls ihren Ursprung haben, erschaffen allein das wahre Wesen des Menschen; sie erzeugten die Grundstruktur der persönlichen Eigenart des Individuums; jeder Versuch, dieses moralisch ausgerichtete Handeln durch salbadernde Schönfärberei ersetzen zu wollen, ist zum Scheitern verurteilt. Die klaffende Lücke in meinem Inneren, die schmerzliche Leere, die droht, mein egoistisches Ich zu verschlingen, rührt her von der Unfähigkeit, diesem moralischen Imperativ Folge zu leisten. Verzweiflung überkommt mich mit der Gewißheit, daß ich diese einzig richtige positive Handlung nicht auszuführen und in dieser öden Einsamkeit keine Möglichkeit sinnvollen Ersatzes zu denken vermag. Um dem verwundeten Ego zu begegnen, dessen Überfälle auf meine Seelenruhe die gefährlichsten waren – und, wie ich befürchte, weiterhin sein werden –, wähle ich die Worte, die in mir das heftigste körperliche Unwohlsein hervorgerufen haben. Ich zwinge mich, ruhig zu bleiben – denn die bloße Erinnerung an diese Worte erzeugt bei mir Brechreiz –, und rufe mir die unheilvolle Macht und die Kenntnis der Massenpsychologie derer, die diesen Satz verfertigt haben, vor Augen. Dieser Qual muß ich mich aussetzen. Ich dränge die Worte mit Gewalt über meine Lippen und lausche dem schleimigen Klumpen – »er behauptete, er protestiere gegen die Demütigungen von seiten der Regierung«. Im Mund hinterläßt der Satz den Geschmack von Rattengift, und in der Kehle ist mir, als würde ich Schierling trinken – »er behauptete, er protestiere gegen die Demütigungen von seiten der Regierung«.

Ihr Verbrecher, euer Vorgehen ist mit unbeschränkter Macht durchtränkt. Euer verächtliches Durchschauen der Psyche eines von Hysterie getriebenen Pöbels hat euch unverletzbar gemacht, sollte sich einer gegen euch auflehnen; dies ist euer Ziel, und ich kann zum jetzigen Zeitpunkt den Erfolg eurer Methoden nicht leugnen. Sind erst einmal Zweifel gesät – und wäre es nur bei einer einzigen Person –, ist erst einmal eine als unbestechlich geltende Stimme vergiftet, ist erst einmal das Beharren auf der Wahrheit in den Köpfen des Mobs zum Widerruf verkehrt worden, dann verfügt ihr über jene Rasse von Leibeigenen, deren Fügsamkeit ihre Rechtfertigung stets daraus beziehen kann, daß es heißen wird: »Wenn *er* zerbrochen ist, wie soll dann unsereiner sich widersetzen können?« Den wenigen, die ihre geistige Unabhängigkeit bewahrt haben, wird das Erinnern des Beispiels ständig einen Zweifel am eigenen Tun verursachen.

Dieses Volk von Zombies verdiente wahrlich meine Verachtung. Ich werde sie gewiß verachten; ihr müßt sie aber noch erschaffen. Und ich glaube, daß es euch doch nicht gelingen wird. Zwar sind die Stimmen, die ich höre, nicht die, die zu hören ich mich sehne; sie zeugen nicht von jenem fast mystischen Zugehörigkeitsgefühl, das – auch wenn man die Möglichkeit einer Selbsttäuschung in Kauf nimmt – jeden Kämpfer, auch den einsamsten, mit dem Volk verbindet, dessen Sache er letztlich vertritt. Es blieb mir versagt, den lang erwarteten Schrei nach Gerechtigkeit zu hören, der gelautet hätte: »Stellt ihn öffentlich der Justiz gegenüber« und nicht »Kreuzigt ihn«. Die Forderung: »Wir wollen Zeugen der Enthüllungen sein.« Statt dessen sehe ich nur in Todesangst erhobene Hände. Ich sehe, wie Leute schamerfüllt durch die Straßen schleichen und sich in den finsteren Winkeln ihrer Heime zu verbergen trachten. Ich spüre Angst, Haß, Unheil und Kapitulation. Aber euer Geruch, der euch überall umgibt und der allem anhaftet, was euer verlogener Atem gestreift hat, ist der Geruch der untilgbaren Verkommenheit. Und ich spüre einen frischen Wind, der von jenseits der Grenzen der Selbstsucht weht.

Hört, was Adolf Joffe* Trotzki schrieb, bevor er sich das Leben nahm: »Das menschliche Leben hat nur einen Sinn in dem Maße und so lange, wie es im Dienst der Menschlichkeit gelebt wird. Für mich ist die Menschlichkeit unbegrenzt.«

Für mich ist die Gerechtigkeit die erste Voraussetzung für Menschlichkeit.

* Joffe, Adolf, 1883–1927; Sowjet-Diplomat und Schriftsteller. (Anm. d. Übers.)

13

Shaki. August und November 67. Zweimal saß ich im Hochsicherheitstrakt. Dieser Trakt ist etwas ganz Besonderes, dort verrotten Menschen, vegetieren dahin. In meiner späteren Abgeschiedenheit dachte ich oft an meine Mitgefangenen, an ihre Leiden und ihren Mut. Ich versuchte, mit den Haftbedingungen fertigzuwerden und ihrem Beispiel zu folgen.

Sie stanken.

Der Gefängnistrakt bestand aus zwei Etagen. Über uns befand sich das Stockwerk, in das ich zurückgebracht wurde, nachdem man das Komplott ausgeheckt und mir fast den Garaus gemacht hatte. Hier hausten die reichen Diebe der alten NNDP-Regierung, die Herren des Gefängnisses, die Feinschmecker, die sich auch durch ihre Kleidung abhoben. In jedem Stockwerk gab es zwei Zellenreihen, dazwischen einen Gang, der fast so breit wie die Zellen war. Am Ende des Gangs das Tor zum Hof, zwei Eisengitter. Am anderen Ende die Baderäume, Toiletten und Waschbekken und eine riesige Halle, die als eine Art Aufenthaltsraum diente. Der Trakt war Teil eines Gebäudekomplexes, zu dem auch Sportplätze gehörten. Es gab eine Tischtennisplatte und einen Platz zum Federballspielen. Untersuchungshäftlinge – Militärs und Zivilisten – und sogar die Strafgefangenen benutzten diese Anlagen, nur den Ibo-Gefangenen waren sie verwehrt.

Sie wurden zweimal am Tag für eine Stunde auf den Gang und in die Baderäume geführt. Sie waren in einer ganzen Zellenreihe im unteren Stockwerk untergebracht. Die Zellenreihe, die ihnen gegenüber lag, war nicht belegt – in den Zellen stapelte sich die Bettwäsche teilweise bis zur Decke. Nur eine Zelle war besetzt – von Yon da Kolo, einem Geschäftsmann.

Vor meiner Verlegung in den Sicherheitstrakt von Kirikiri hatte ich die Zelle mit ihm geteilt. Wir besaßen Moskitonetze, einen Schrank und einen einfachen Tisch. Wir konnten uns auf dem Gang und in der Halle frei bewegen, während den Ibo dieser Raum für die meiste Zeit des Tages wie ein verlockendes, unerreichbares Paradies erscheinen mußte, dessen Anblick nur qualvoll war. Aber zu dieser Zeit – es war August – konnten sie sich wenigstens frei von Zelle zu Zelle bewegen. Sie schliefen auf dem nackten Fußboden und hatten doch immer die Decken und Betten vor Augen, die in den Zellen gegenüber gelagert waren. Einigen von ihnen standen nicht einmal Decken zur Verfügung, und manche Zellen waren mit bis zu acht Menschen belegt. Die Zellen waren nur für einen oder höchstens zwei Häftlinge vorgesehen.

Es waren Kleinhändler, Studenten, Ärzte, niedere und höhere Beamte, auch Gauner, also die ganze Palette der menschlichen Gesellschaft. Ein alter Mann mit einem Schopf schlohweißen Haares war dabei, und ich entdeckte unter ihnen Agu Norris, einen berühmten Trompeter. Sein Humor versiegte nie und half den anderen, einen Rest an Lebensmut zu bewahren. Das war bei meinem ersten Aufenthalt dort, im August. Bis zu meiner Rückkehr im November hätte ich es mir nicht träumen lassen, daß die Zustände, unter denen diese Menschen dahinvegetierten, noch »verbessert« werden könnten.

Jetzt waren sie ständig eingesperrt. Die Zellen wurden für alle – eine Gesamtzahl von fast sechzig Männern – jeden Tag genau dreißig Minuten lang geöffnet. Diese halbe Stunde durfte natürlich nicht im Freien verbracht werden. Die Einlaßtür zu diesem Stockwerk blieb verschlossen. Weil sie ihre Kleidung nicht waschen durften; weil sie gezwungen wurden, ihre Notdurft auch tagsüber in Kübel innerhalb der Zellen zu verrichten; weil in dieser kurzen Zeit – dreißig Minuten für fast sechzig Menschen unter bedrängtesten Raumverhältnissen –, in denen die Zellen geöffnet waren,

Spülung und Wasserleitung oft außer Betrieb waren und weil manchmal tagelang, unter den fadenscheinigsten Vorwänden, die Zellen überhaupt nicht geöffnet wurden – deshalb stanken sie. Für da Kolo und mich war der Gang zum Badezimmer schon in der »menschlichen« Zeit im August eine harte Prüfung gewesen. Unsere Situation inmitten der ihren muß in ihnen Empfindungen hervorgerufen haben, vergleichbar denen eines vom Sonnenstich Heimgesuchten angesichts einer echten Oase.

Inzwischen wurden ihre Zellen nicht einmal mehr geöffnet, wenn man ihnen zu essen brachte. Die Näpfe – flache Aluminiumgefäße – wurden ihnen unter den Eisentüren hindurch zugeschoben; enthielten sie feste Nahrung, warf man sie einfach zwischen den Gitterstäben hinein. Die Gefangenen stellten sich in Reihen an, um abwechselnd etwas frische Luft durch das kleine Fenster einatmen zu können. Ihr Anblick, ihr Geruch, ihre Existenz, wie sie da auf dem Boden saßen, war im August schlimm genug gewesen. Nun setzte man sich dem Geruch verfaulenden Fleisches, der aus dem Inneren dieser Zellen drang, bereits aus, wenn man außen vor ihren Fenstern entlangging und stehenblieb, um – den Spitzeln zum Trotz – mit ihnen zu sprechen.

Während meines ersten Aufenthaltes dort sagte ich zu Yon: »Einer muß den Mund aufmachen. Einer muß gegen diese kriminelle Schweinerei protestieren.« Ohne zu ahnen, wie recht er behalten sollte, sagte er: »Reg dich nicht jetzt schon auf; wer weiß, was dich hier noch alles erwartet.« Der Spitzel war immer in unserer Nähe, ein NNDP-Gefangener aus dem Stockwerk über unserem, und berichtete pflichtbewußt unsere Unterhaltung. Zwei Tage später erhielten wir den persönlichen Besuch des Vorstandes der Gefängnisse von Lagos. Seine freundschaftliche Sorge um uns fand ihren Ausdruck in den Worten: »Ich finde es nicht richtig, daß man euch zwei so in einer Zelle zusammengepfercht hat.« Nun könnte man denken, daß die logische Schlußfolgerung daraus gewesen wäre, eine der leeren Zellen dieses Traktes zugänglich zu machen. Aber nein. Noch am gleichen Tag wurde ich in das Pendant dieses Gefängnisses geschafft, nach Kiri-kiri.

Im November wurde ich wieder in denselben Trakt zurückgebracht. Ins obere Stockwerk, und zwar hinter Schloß und Riegel. Als diese Zeit der verschärften Haft vorüber war, ging ich aus gesundheitlichen Gründen im Hof spazieren und sprach mit den Eingeschlossenen durchs Fenster. Zigaretten konnte ich ihnen verschaffen, aber was ihnen wirklich fehlte, war frische Luft. Und zwar im Freien, und nicht Korridorluft.

Völlig überraschend kamen sie eines Morgens eine volle halbe Stunde lang in den Genuß davon, als Beigabe zum Belustigendsten, was ich während meiner ganzen Haftzeit miterleben durfte. An diesem Tag habe ich auch begriffen, wie es möglich ist, daß viele Gefangene überleben – ihre Wärter geben sich selber Blößen. Diese Folterknechte beweisen ihren Opfern immer wieder, daß sie – die Opfer – nicht so tief gesunken sein können wie ihre Peiniger, daß sie sich demnach durch einen Funken von Menschenwürde auszeichnen, den zu erhalten es lohnt. Einerlei, wie es dazu kommt – sei es das Ergebnis der Rohheit der Wärter oder einer plötzlichen Zurschaustellung ihrer Dummheit, sei es, daß sie sich selbst lächerlich machen, indem sie den Gefangenen eine Parodie des »Homo dignus« präsentieren, das heißt dessen, was sie dafür halten –, irgendwann sagt sich der Gefangene: »Diese Kreatur kann mir in Wirklichkeit nichts anhaben. Sie kann mich nicht erretten, und deshalb kann sie mich auch nicht zerstören. Diese Kreatur ist unwichtig, denn es gibt sie in Wirklichkeit gar nicht. Die Wirklichkeit repräsentiere ich.«

Als ich die Darbietung des Direktors an diesem Tag mitansah, hätte ich ihn nicht einmal ernsthaft der Unmenschlichkeit beschuldigen können. Irgendwelche (wenn auch pervertierte) Logik ist Bestandteil grausamer Handlungen. Dieser Gefängnisdirektor war jenseits von Gut und Böse.

Ich war fast geneigt zu glauben, daß er ein Agent Biafras war, dessen geheime Mission darin bestand, die Häftlinge zu amüsieren.

Die Razzia begann im Morgengrauen jenes Tages. Am Tag vorher – und das war seit langem zu erwarten gewesen – hatten die Ibo beschlossen, die ihnen angebotene Nahrung zurückzuweisen. Aber der Spitzel auf unserem Stockwerk hatte gelauscht. Adebanjo und ich beobachteten, wie er auf seine Bitte hin hinauseskortiert wurde, nachdem die Zellen schon geschlossen waren, um ein dringendes Gespräch mit dem Oberaufseher zu führen. Es stand außer Frage, daß er Ausspioniertes zu berichten hatte, aber wir hatten keine Ahnung von den Ereignissen im unteren Stockwerk. (Manchmal dachte ich, daß dieser Mensch ein umgekehrtes Periskop zum Lauschen benutzen mußte.)

Und so begann am nächsten Morgen in aller Frühe die Razzia – noch vor der Zeit, zu der normalerweise die Zellen geöffnet wurden. Der Direktor glaubte an den Überraschungsangriff. Er hatte ein ganzes Bataillon von Wärtern aufgeboten, die alle mit besonderen, zum Niederknüppeln von Revolten bestimmten Stöcken bewaffnet waren, schreckenerregenden Prügeln von einem Meter Länge. Im Gleichschritt bezogen sie Posten an allen nur denkbaren strategischen Punkten, stellten sich jeweils zu zweit in dem kleinen Hof auf, besetzten den oberen Treppenabsatz und nahmen eine drohende Haltung ein. Als militärische Operation, gedacht für den Fall des Ausbruchs gemeingefährlicher Gewaltverbrecher, wirkte das Ganze durchaus beeindrukkend. Wir fragten uns, welchen renitenten Schwerverbrechern wohl dieser erstklassige Aufmarsch als Begrüßung zugedacht worden sein könnte. Kein Mensch, der sich des vollen Besitzes seiner geistigen Kräfte erfreute, hätte auch nur für den Bruchteil einer Sekunde den Gedanken hegen können, daß dies dem Ausschuß der menschlichen Gesellschaft galt, der auf der einen Seite des Untergeschosses von Block X untergebracht war.

Als die Bühne soweit hergerichtet war, stolzierte der Generalissimo in den Korridor: »Zellen aufmachen und alle rausbringen. Im Gleichschritt, marsch!«

Während die Türen nacheinander geöffnet wurden: »Raus! Raus mit euch! Im Gleichschritt! – Eins, zwei – eins, zwei – eins, zwei ...«

Aber die Gefangenen waren alle Zivilisten. Sie sahen nicht ein, wieso sie im militärischen Schritt marschieren sollten. Mürrisch und trotzig schlurften sie ins Freie. Der Gefängnisdirektor drosch mit seinem Offiziersstöckchen auf sie ein, um sie anzutreiben, und stieß den Nächstbesten an der Schulter an. Er hatte immer das Glück, an den Falschen zu geraten. Dieser hieß Joe und hatte in der Dodan-Kaserne den Soldaten, die sich sadistische Späßchen mit ihm erlaubt hatten, ins Gesicht gespuckt. Er war ungefähr zwei Meter groß, und seine Größe sowie eine seltsame Beugung des Halses verliehen ihm das Aussehen eines geduckten Schimpansen. Er drehte sich um und starrte den Direktor lange aus kalten Augen an. Dieser schrak vor der Drohung in diesem Blick zurück, stolperte und geriet zwischen die restlichen Gefangenen, die aus ihren Zellen krochen. Er begriff sofort, daß er sich lächerlich gemacht hatte; also baute er sich auf, schlug Joe noch einmal – diesmal vor die Brust – und schrie dabei, um sich Mut zu machen: »Bewegt euch. Im Gleichschritt. Raus mit euch, oder ich zeig's euch, los, sage ich.«

Das passierte ihm jedesmal. Immer wenn der Direktor aufgeregt war oder zu sehr bemüht, andere zu beeindrucken, verschmolzen sich ihm Worte und Gedanken zu einem unverständlichen Knäuel. Es sollte ihm an diesem Vormittag noch mehrmals passieren.

Joe wendete sich ab und schlurfte langsam weiter. Ein beflissener Wärter kam dem Direktor zu Hilfe, indem er Joe einen Stoß versetzte. Es dauerte nicht mehr lange, bis alle Gefangenen im Hof waren.

»In zwei Reihen Aufstellung nehmen. Etwas plötzlich. Zwei gerade Reihen, im Gleichschritt.«

Es war ein erbärmlicher Anblick. Niedergedrückt und mutlos standen die Gefangenen da, trotz der Herausforderung, die sich in ihren bewußt langsamen Bewegungen ausdrückte. Allen ungleichen Auseinandersetzungen haftet etwas Schäbiges an. Der Versuch dieser Männer, sich gemeinsam aufzulehnen, würde genauso enden wie andere Protestaktionen zuvor; man würde die exemplarischen »Schuldigen« in die hinteren Zellen bringen, aufrecht an die Wände ketten und dann die Zellen unter Wasser setzen. Man würde sie systematisch prügeln. Nur eins brauchten sie nicht zu fürchten: Vergünstigungen irgendwelcher Art hatten sie nicht zu verlieren. Sie hatten wahrhaftig nichts zu verlieren als ihren Gestank. Es würde einigermaßen schwierig sein, sich eine Quälerei auszudenken, die sie noch nicht erlitten hatten, aber der Direktor war ein Mann, der so schnell nicht aufgab. Ich konnte den Überdruß an diesen Dingen an einem halben Dutzend Gesichter ablesen, während die Gefangenen die Vorstellung des Direktors über sich ergehen ließen. Er konnte es nicht einmal erwarten, daß das widerwillig ausgeführte Manöver des In-Reihen-Aufstellung-Nehmens von selbst zu Ende ging. Er stolzierte ständig zwischen den Leuten herum, schob hier jemanden beiseite, zupfte da an einem Überwurf und schien ganz offensichtlich nichts von dem Geruch wahrzunehmen, der selbst hier, im Freien, wie eine Wolke zu uns emporstieg, die wir von oben zuschauten, eine Wolke, in der all die verschiedenen Ausdünstungen der einzelnen Zellen eine ekle chemische Verbindung eingegangen waren.

Schließlich war er zufrieden. Er begutachtete den Aufmarsch und warf sich in die Brust, um seine Rede zu halten. Dabei stolzierte er vor ihnen auf und ab, um sie so in den Genuß seiner Allmacht zu bringen. Und dann:

»So! Alle zuhören! Ja, ich werde. Ein ernstes Wort mit euch reden. Das geht nicht zum einen Ohr rein und. Zum andern Ohr raus. Ihr denkt, ihr seid hier um. Mir Ärger zu machen! Ich sage euch jetzt. Daß ich. Euch auch Ärger machen kann. Ich bin Soldat. Ihr wißt. Ich habe im Sudan gekämpft. Und in Ägypten. Ich bin einer. Der ersten Nigerianer, die als Feldwebel zum Aufseher befördert wurden . . .«*

Ich traute meinen Ohren nicht. Schnell griff ich nach meinem (wohlverwahrten) Bleistift und riß ein Stück Klopapier ab. Was da unten ablief, war eine Szene für »Shaky-Shaky«.**

»Ja, der erste Nigerianer. Ihr könnt den verstorbenen Ironsi fragen. Er war dabei. Ich bin sein Rangälterer. Er kann euch sagen. Wenn ich in der Armee. Bleiben will. Bin ich sein. Vorgesetzter. Und als Ademulegun noch dabei war und. Alle andern. Sind alle Dienstgrade unter meinem. Ich bin mehr. Als ein Gefängnisdirektor habe ich in Khartum studiert. Archäologie. Und wenn ich in die Universität gehe kann ich euch flüstern. Daß ich auch über menschliche Ökologie Vorlesungen halte. Ja. Ihr seid Feinde. Des Staats. Sabotierer! Und deshalb seid ihr hier. Und werdet. Auch so behandelt. Wie Sabotierer. Wie könnt ihr es wagen hierherzukommen und. Verschwörung anzetteln. Ihr wollt euch verschwören. Gestern habt ihr euch heimlich versammelt! Ich weiß. Daß ihr Versammlung haltet. Gegen mich. Heute wollt ihr kein Fleisch. Essen, das ist eure Verschwörung. Kennt ihr mich? (Dabei klopft er sich auf die Brust.) Ich sorge für Disziplin. Ich kann euch wie Gentlemen. Behandeln aber wenn ihr Rowdys sein wollt dann werdet ihr sehen. Daß ich mehr. Rowdy bin wie ihr. Ja. Kennt ihr mich? Ich kann gemein sein. Ich kann lustig sein lachen und Witze machen. Aber wenn ihr mir zeigen wollt daß. Ihr harte Burschen seid dann zeige ich euch . . .«

* Da man mir den folgenden Monolog schwerlich glauben wird, muß ich Zeugen nennen, die ihn bestätigen können: S. G. Ikoku, Yon da Kolo. Olu Adebanjo, Agu Norris.

** Humoristische Sendung des nigerianischen Rundfunks. Sie bezieht ihren Witz aus den zwei Protagonisten, Lastwagenfahrern, und den äußerst gewagten Sprachverunstaltungen ihres Bosses.

Die Ordensbänder, die er extra für diese Gelegenheit angelegt hatte, schwollen auf seiner Brust, bis sie ihre Halterungen zu sprengen drohten. Er strich sie mit einem seiner dicken Daumen glatt, aber seine Brust wölbte sich noch weiter vor. »... daß ich auch hart sein kann. Bringt eure Beschwerden. Anständig vor, wenn ihr welche habt. Aber Gesetzes. Übertretung dulde ich. Nicht ich bin Psychologe. Ich kenne. Die Psychologie. Ich studiere Archäologie. Ich bin nicht bloß. Ein Gefängnisdirektor bringt sie zurück!«

Während sie in ihre Zellen abzogen, erschienen bereits die Wärter, die die morgendliche Ration Ungeziefer austeilten.

»Und gebt ihnen zu essen!«

Jede einzelne Bohne in dem widerlichen Matsch sah selbst von hier oben aus, als hätte man sie zu Tode gequetscht.

»Der da!« Er deutete auf Joe; der Sündenbock war gefunden. »Aussondern. Der denkt er ist zäh und ein Rädels. Führer. Er kriegt ein paar Tage hinten. In der Zelle und kann nachdenken.«

Wir erfuhren später, daß Joe sich am Zelleneingang kurz umgedreht und ihm ins Gesicht gespuckt hat.

»Was die anderen betrifft« – er lief ihnen in den Trakt hinein nach, und sein Kreischen schrillte durch den Gang –, »ihr sorgt dafür, daß sie für zwei Tage nicht raus dürfen. Unter keinen Umständen. Rauslassen. Dieser Aufstand. Muß im Keim erstickt werden.«

Die Türen wurden hinter ihnen versperrt. Das Essen schoben sie unberührt wieder hinaus. Am Nachmittag wurden die Bohnen entfernt, und an ihrer Stelle brachte man einen triefenden Mehlkloß zusammen mit einer schleichenden Krankheit, die hier unter der Bezeichnung »Eintopf« geführt wurde. Auch dieses Gericht wurde nicht angerührt, sowenig wie das Abendessen.

Am Nachmittag ereignete sich einer jener seltenen Zwischenfälle, die uns ständig vor Augen führen, daß fühllose Kreaturen weder die Gesamtheit noch das wahre Antlitz der Menschheit repräsentieren. Der Wärter, der nachmittags

Dienst hatte, ein Mann aus Benin, klapperte mit seinen Schlüsseln und öffnete die Zellen der Ibo. »Ich habe gehört, daß ihr nicht rausgelassen werden sollt; man hat aber vergessen, mich offiziell davon zu unterrichten.« Sie konnten sich eine Stunde lang im Hof aufhalten.

Ich nahm diese der Menschlichkeit zu verdankende Gelegenheit wahr, um hinunterzugehen und mit ihnen zu sprechen; außerdem brachte ich ihnen den einzigen Trost mit, den das Gefängnisleben kennt: Zigaretten. In Agus Zelle befand sich ein junger Student der Universität von Nsukka. Er war von einer Lorry weg an der Grenzstation Maryland (Ikeja) verhaftet worden, zusammen mit anderen Passagieren, deren Unglück es wollte, daß sie Ibo waren, und man hatte sie in die Dodan-Kaserne gebracht. Einer der Hunderten von Häftlingen, die ohne Verurteilung seit März dort festgehalten worden waren. Biafra hatte sich im April losgelöst. Der Krieg begann im Juni. Seine Eltern lebten in Lagos, und er war auf dem Weg dahin gewesen, um die Osterferien mit ihnen zu verbringen.

Agu Norris sagte: »Wir müssen Gott auf den Knien für unseren Direktor danken. Wenn wir noch normal sind, wenn wir hier rauskommen, dann verdanken wir es nur diesem Schmierenkomödianten.«

Der Student sagte: »Kannst du mir sagen, was der Unterschied ist zwischen einer halben Stunde und gar nichts?«

»Keiner«, antwortete Agu.

»Der Mann ist ein Vollidiot. ›Laßt sie überhaupt nicht raus‹, hat er gesagt. Als ob uns das was ausmachen würde. Weiß der denn nicht, wie viele Wochen wir im ›Schwarzen Loch‹ von Dodan kein Tageslicht gesehen haben?«

Ich bat ihn, mir das zu erklären. Agu sagte: »Wir kommen alle von dort. Eines Tages hat man einfach beschlossen, uns nach hier zu verlegen. Aber wir haben alle in Dodan promoviert.«

»Aber seid ihr verurteilt worden? Gab es irgendwelche Anklagen?«

»Bei mir schon«, gab Agu zu. »Verstanden habe ich es zwar nie; sie fragten mich: ›Waren Sie kürzlich im Osten?‹ Ich sage: ›Ja.‹ Sie fragten: ›Warum?‹ Ich sage: ›Ich bin da geboren. Ich habe meine Familie besucht.‹ Viel weiter sind wir eigentlich nie gekommen.«

Ich wendete mich an den Studenten: »Und du? Irgendwelche Verhöre?«

»Nein. Das einzige Verhör, das ich kennengelernt habe, bestand darin, von den Soldaten zum ›Dodan-Roulette‹ mitgenommen zu werden. So nenne ich es jedenfalls. Die Soldaten holten uns raus und stellten uns an der Wand entlang zum Füsilieren auf. Man konnte eine scharfe Kugel erwischen oder eine Platzpatrone, das war eine Frage des Zufalls.«

»Zeig ihm deinen Rücken«, sagte Agu plötzlich.

»Haben sie dich ausgepeitscht?« Das war mein erster Gedanke, schließlich kannte ich diesen militärischen Zeitvertreib nur zu gut.

»Nein, ich hatte Glück. Nur Roulette.« Er begann sein Hemd auszuziehen. »Aber ich habe was anderes.«

Es war nicht nur sein Rücken. Geschwulstartige Wucherungen bedeckten seine Haut, ein grün-gelber Schimmel, der sich wie Pestbeulen über den ganzen Körper fraß. »Es sieht schon besser aus«, sagte er. »Zumindest kommt es mir so vor. Ich habe es mir im ›Schwarzen Loch‹ geholt. Ich glaube, im Dunkeln wächst es schneller.«

»Die Krankheit aus dem All«, sagte Agu. »Möchtest du die Krankheit vom Planeten der Menschen sehen? Geh in Zelle Nummer drei und sag dem Mann, er soll dir seinen Rücken zeigen.«

»Welcher Mann?«

»Lieber Freund, jeder Rücken da drin ist eine Sehenswürdigkeit; aber der, den ich meine, kennt seine Besonderheit. Alle Arme des Niger-Deltas haben sie in seinem Rücken plastisch dargestellt. Dabei fällt mir ein – weißt du eigentlich, was mir die Bekanntschaft des Ochsenziemers erspart hat? Sie hatten mich schon zur Behandlung antreten lassen, als einer der Soldaten mich erkennt. Er sagt: ›Das ist doch Agu Norris, der Musiker. Den hab ich schon im Nachtklub spielen gehört; der macht gute Musik.‹ Das hat mich gerettet. Aber sie haben mich nicht gleich zurückgebracht, und ich mußte beim Auspeitschen zuschauen; und ich danke dem Himmel, daß ich Musiker bin und mich das gerettet hat. Sie binden die Leute an Pflöcken fest, und zwar so, daß sie flach auf dem Bauch liegen. Manchmal vierundzwanzig Hiebe, manchmal sechsunddreißig. Wenn du nicht schreist, hören sie nicht auf. Der Mann, der das Niger-Delta in seinem Rücken hat, war jeden Tag mit vierundzwanzig Hieben dabei. Jeden Tag. Wenn er ohnmächtig wurde, haben sie aufgehört. Die Wunden wurden nicht behandelt. Als er hierherkam, hat man ihm am Anfang Verbände gemacht. Geh ihn dir anschauen. Sag ihnen, ich hätte gesagt, der Lizard soll dir seinen Rücken zeigen.«

»Der Lizard?«

»Ja. Du kennst doch das Sprichwort – ›Alle Lizards liegen auf dem Bauch, aber wir wissen nicht, welcher Bauchweh hat.‹ Naja, was der hier hat, wissen wir.«

Ich ging hinüber und sah einen Rücken, der nur aus eitrigen Schwären bestand. Haut gab es keine mehr; nicht einmal eine Andeutung davon. Nur ein Konglomerat von Wunden, die als einzelne nicht mehr auszumachen waren, da sie alle ineinander übergingen.

Ich ging zurück und bat um weitere Auskünfte über das »Schwarze Loch«.

Gemeinsam versuchten sie sich der Maße zu erinnern. Es mußte relativ quadratisch gewesen sein. Elf Personen, von denen sich höchstens drei zur gleichen Zeit auf dem Boden ausstrecken konnten, teilten sich diesen Raum. Das Fenster war ein kleines Loch hoch oben an der Wand. Um frische Luft atmen zu können, mußten sie abwechselnd auf den Kübel steigen, der ihre Fäkalien enthielt. Dieses Loch von einem Fenster war genau gegenüber einem Dach angebracht, so daß Licht nur spärlich in die Zelle drang. Fünf Monate lang kannten die Gefangenen nichts als Nacht und Zwielicht. Sie gewöhnten sich daran, im Sitzen zusammengekauert zu schlafen. Der Höhepunkt ihres Daseins war das Ausleeren des Abortkübels, denn das war gleichbedeutend mit frischer Luft und Bewegung. Und gelegentlich gab es einen gutmütigen Wärter, der diesen Glücksmoment verlängern konnte, indem er den Betreffenden noch eine Weile draußen herumlungern ließ und ihm vielleicht sogar eine Zigarette schenkte. An einem Wochenende, als kaum Vorgesetzte da waren, ließ ein Wärter sie den Eimer elfmal hintereinander ausleeren.

Als es einmal Streitigkeiten über die Reihenfolge des Ausleerens gab, kam es zu einer Prügelei. So viel bedeutete ihnen das Privileg, in den Genuß von frischer Luft und körperlicher Bewegung zu kommen.

In Gedanken sah ich wieder den Rücken aus Zelle drei vor mir, die immer noch schwärenden Eiterbeulen, die blauvioletten Schwellungen, die Vertiefungen, wo die Peitsche mehr als einmal zugebissen hatte. Verschorfungen, die zentimeterdick waren. Und der ganze Nacken, bis zum Haaransatz, mit Wundmalen bedeckt.

»Du sagst, sie wurden im Freien ausgepeitscht.«

»Ja.«

»Haben sie denn nicht geschrien?«

Agu lachte. »Mein Lieber, dafür muß man ein neues Wort erfinden. Du bist doch Fachmann für englische Sprache, oder? Denk dir ein neues Wort aus.«

»Aber Gowon lebt in der Kaserne. Er muß die Schreie gehört haben.«

Agu sagte: »Ich glaube, er hat wirklich nichts davon gewußt. Er wohnte weit weg von der Wachstube.«

»Diese Schreie müssen selbst durch Beton gedrungen sein«, beharrte ich.

Agu wiederholte: »Ich glaube nicht, daß er es wußte. Ich glaube, daß sogar einige der höheren Offiziere nichts davon wußten. Natürlich gab es Schweine genug; aber nimm zum Beispiel diesen Wärter, der uns den Eimer elfmal hintereinander ausleeren ließ. Du siehst, daß es auch Anständige gab.«

Der Student schaute Agu eine Weile stumm an. »Wir haben schon öfter darüber gestritten. Agu glaubt diesem . . . wie nennt er sich doch gleich – ach ja, ›Werkzeug der Vorsehung‹ – wirklich, was er sagt.« Er wandte sich mir zu: »In diesem Kerker habe ich lange darüber nachgedacht, an was für eine Figur er mich erinnert hat. Irgendwann ist es mir eingefallen. Es kam mir, als ich die Schreie der Gefolterten bis in unsere Zelle hinein hörte. Sie kennen sicher Flecker.«*

»Fleckers *Hassan*?«

Agu schaute uns verwirrt an. »Hassan hat gar nichts damit zu tun. Er war nie bei uns.«

»Nicht der General«,** erklärte ich, »*Hassan* ist der Titel eines Theaterstücks.«

»Hast du es geschrieben?«

Der Student sprach weiter: »Das war es, was mir einfiel. Ein friedlicher Sadist, der aß und trank und sich von den Schreien der gefolterten Opfer in den Schlaf wiegen ließ.«

Agu gab es auf, uns verstehen zu wollen. »Ich weiß nicht, was ihr zwei Großfopferten da redet.«

Nach einer Pause sagte der Student: »Der Hungerstreik war meine Idee.«

»Es war eine gute Idee«, sagte ich. »Die Frage ist nur, wie lange es alle von euch durchhalten können.«

»Jeder den ganzen Tag. Die, die es nicht können, schaffen es schon irgendwie, sich bei anderen Gefangenen etwas zu holen. Das macht doch nichts. Weißt du, wann ich zu diesem Entschluß gekommen bin? Die Verhältnisse allein waren nicht der Grund, obwohl die schlimm genug sind.

* Flecker, James Elroy, 1884–1915; englischer Dichter, schrieb Verse und Dramen. (Anm. d. Übers.)

** Hassan, Generalmajor Katsina, 1933; 1966 Militärgouverneur Nordnigerias. (Anm. d. Übers.)

Schließlich sind wir keine Tiere, um hier wie in einem Karnickelstall zusammengepfercht zu werden. Der Anlaß dafür waren die Häftlinge und Gefangenen der Armee, die im Block gegenüber untergebracht sind. Einer hat sechs Jahre gekriegt, weil er Armeebettwäsche und -möbel geklaut hat. Einem anderen haben sie zwei Jahre verpaßt, weil er Benzingutscheine gefälscht und verkauft hat. Jede Menge Strafen in der Höhe für ähnlich alberne Delikte. Dann wurde vor zwei Wochen ein Unteroffizier eingeliefert – und er war weder angeklagt noch vor einem Kriegsgericht gewesen, wohlgemerkt. Sein Stabsoffizier hatte ihn nach Lagos geschickt, um ein Exempel zu statuieren. Er hatte in Asaba dreizehn Häftlinge – darunter ein paar Kriegsgefangene – erschossen. Einfach so. Sie waren auf einem eingezäunten Gelände gefangengehalten worden, und er sollte sie bewachen. Ein junger Mann, Yoruba, ein netter Junge. Sie kommen alle hierher, um mit der Häftlingsprominenz Tischtennis zu spielen. Er gab zu, sie erschossen zu haben, weil er Panik gekriegt hat; er sagte, sie hätten untereinander nur Ibo gesprochen, obwohl er sie aufgefordert hatte, nur Englisch zu sprechen. Sie gehorchten nicht. Er ging also davon aus, daß sie eine Verschwörung ausheckten, nahm sein Maschinengewehr und tötete sie.

Vor zwei Tagen wurde er freigelassen und einer neuen Division zugeteilt. Er war gerade hier draußen, als die Anweisung bekannt wurde. Alle sprachen darüber – ich meine, die anderen Soldaten. Sogar die schienen von dieser Art Justiz nicht sonderlich erbaut zu sein.«

»Weiß man, wer den Freilassungsbefehl unterschrieben hat?«

»Nein, nur daß er aus dem Büro des Stabschefs stammt. Der Junge war von allen am meisten überrascht. Schließlich hatte er ein standrechtliches Verfahren erwartet und zumindest mehrere Jahre Gefängnis. Nun ja, wahrscheinlich ist ein Tag Haft für jeden Ibo, den er ermordet hat, durchaus angemessen.«

»Wir haben Krieg«, sagte einer der Zelleninsassen achselzuckend.

»Daran habe ich auch gedacht. Dann habe ich mich gefragt: Wenn wir Krieg haben, warum sind dann solche Benzinpanscher im Knast? Nein, es ist ein Teil des ganzen allmählichen Ausrottungsprozesses. Es ist diesen Leuten in Fleisch und Blut übergegangen. Eine Massenepidemie, jeder darf mal. Der junge Mann zum Beispiel hat sein Teil beigetragen, er wird freigelassen. Der blödsinnige Gefängnisdirektor tut das Seine, und deshalb vermag er uns zu demütigen. Ich mußte einfach einen Protest erheben, wie sinnlos auch immer.«

Ich versicherte ihm, daß es keineswegs sinnlos war.

»Ich fürchte, ihr wißt es selbst. Ich fürchte das Schlimmste für den Mittleren Westen. Obwohl alles wiedererobert ist und die Gefechte vorbei sind. Die Greueltaten, die im Norden verübt wurden, werden sich harmlos ausnehmen neben dem, was jetzt dort geschehen wird.«

In der Zelle herrschte Schweigen. Jeder ihrer Insassen hatte seine eigenen Erinnerungen an dieses Massaker und durchlebte sie von neuem. Das Essen vertrocknete unbeachtet unter den Türen. Die Stimme des Studenten war nicht laut gewesen, dennoch spürte man instinktiv, daß das unauslöschliche Trauma sich den übrigen Gefangenen mitgeteilt hatte; ein bedrückendes Schweigen senkte sich über die übrigen Zellen. Der Student lehnte am Fenster und schaute an mir vorbei. Ich merkte, daß ich überflüssig war, und schlich mich leise davon. Die Zellen, an denen ich vorbeikam, schienen mit Leichen gefüllt, die man an die Wände gelehnt hatte.

Der Abend kam und mit ihm der Direktor und mit ihm eine Neuauflage des Essensprogramms. Aber inzwischen hatte es nichts Belustigendes mehr an sich – die ganze Aufplusterei und die Drohungen, die jetzt allerdings mit Ansätzen von Bitten und Versprechungen abwechselten, es war nur noch obszön. Immer wieder winselte seine Stimme:

»Worüber beschwert ihr euch denn? Ich will nur wissen, worüber beschwert ihr euch?« Niemand antwortete ihm; sie beachteten ihn überhaupt nicht. Er befahl, die Türen zu öffnen und das Essen in die Zellen zu stellen. Die Türen wurden wieder zugeschlagen, aber die Gefangenen rührten sich nicht. Als seine Schritte verklungen waren, hörten wir das Geräusch von Aluminiumschüsseln, die über den Boden geschoben wurden. Bald war der Gang mit Schüsseln unberührten Essens gesäumt.

Nacht. Die widernatürlichen, aggressiven und doch kummervollen Geräusche zuschlagender Tore und Riegel, die selbst gefangen sind in den sie umschließenden Fassungen. Jedes Gefängnis hat seinen Anteil an Irren; nicht lange, und aus einem entfernten Block drang ein Schrei, der die düsteren Abgründe dieser Seele offenbarte. Ein Rasseln seiner Ketten war die Begleitmusik; bei Nacht erfüllten diese Töne den Himmel über Shaki. Der Mond war fast voll, und das Heulen des Irren schien Teil der Bewegung dieses leprösen, unablässig starrenden Auges zu sein.

Gegen Mitternacht begann er sich dem Bewußtsein zu entziehen und verschmolz im Schweigen der Träume.

Als der neue Laut erschallte – kurz vor Mitternacht –, war es einer, der nicht zu dieser Welt gehörte, ebensowenig wie zu der, die täglich außerhalb dieser Mauern verschwand. Ein Klang aus dem Jenseits, der allmählich anschwoll, um sich dann als dunkler Strom zu ergießen, der die Nacht durchbrach. Er rührte uns an, hüllte uns ein, sanft wie der Schlaf, und doch von einer Fremdheit, die nichts gemein hatte mit unserer Existenz, unseren Empfindungen, mit den Dingen, die uns feindlich oder hilfreich waren. Ich wußte, daß es tief aus dem Erdinneren kommen mußte, aus dem zertretenen Boden, ich erkannte die schwachen Regungen von Schmerz und Überwindung.

Diese Menschen, die man wie Vieh behandelte, sangen; und ihr Gesang verband die, die zuhörten, in einem allen sich mitteilenden Zusammenhang. Ich war mir dessen bewußt, daß ein jeder in diesem Trakt wach lag und diesen Tönen lauschte, atemlos und gebannt. Niemand wußte, wie lange dies andauerte. Niemand sprach ein Wort, niemand beklagte sich, daß er in seinem Schlaf gestört worden sei. Es dauerte vielleicht zwei oder drei Stunden; jedes Lied ging unmerklich in das nächste über. Ein Lied verklang, und eine neue Stimme sang weiter, und schon die ersten Töne klangen, als seien sie nur eine Weiterführung des anderen Liedes. Über allem lag ein Gefühl der Verzweiflung und der Stärke. Niemals hatten wir von diesen Leuten etwas anderes gehört als die Hymnen, die Teil der Gebete morgens und abends waren. Nun hatte die Trauer ihrer Seelen inmitten der Finsternis Töne in ihnen geweckt, die von ihrer Heimat, ihren Schreinen sprachen. Und wir, die wir ihnen fremd waren, fühlten uns ihnen als Gefährten vereint.

Am folgenden Morgen bestätigte es sich. Selbst der Spitzel war bewegt und vielleicht sogar heimlich beschämt. In dem Erklingen dieser nächtlichen Stimmen hatten wir gefühlt, wie sich nicht nur ihre, sondern auch unsere Fesseln lösten, hatten gesehen, wie sich das Dach hob, um einen gemeinsamen Himmel zu enthüllen. Ihre Stimmen hatten uns tief im Innersten berührt und jeden von uns teilhaben lassen an dem brüderlichen Sakrament des Bluts, der Schuld und des Schmerzes.

Als am folgenden Morgen die Zellen geöffnet wurden, kam von allen Lippen die gleiche Frage: »Hast du das gehört? Hast du gestern nacht den Gesang gehört?« Und ebenso die Antwort: »Ich war so bewegt, ich habe nicht schlafen können. Auch hinterher habe ich die ganze Nacht nicht schlafen können.« Die hartgesottensten Profis und selbst die schlimmsten der NNDP-Gefangenen, deren politisches Credo sich in dem Begriff »Ibo-Haß« zusammenfassen ließ, blieben auf dem Weg zum Bad vor den Zellen ihrer politischen Erzfeinde stehen. Ich hörte, wie sie sagten: »Hast du sie gehört? Hast du sie singen gehört?« Dies war das erste Mal, daß sie die Existenz Ikokus und Adebanjos zur Kenntnis nahmen; sie mußten sich jemandem mitteilen, und sie fühlten, daß von allen Personen in ihrer nächsten Umgebung die beiden die Sensibelsten waren. Jeder suchte nach einer Erklärung, ohne eine Frage auszusprechen, jeder suchte nach dem schwer zu fassenden Inhalt dieser Botschaft. Ein jeder fürchtete sich vor der Antwort, die er ahnte, vor den möglichen Interpretationen und den Konsequenzen daraus. Und alle waren sich bewußt – vielleicht zum ersten Mal –, daß, wenn auch nur für die Dauer von Stunden, Angst und Unterdrückung besiegt worden waren, und zwar von jenen, die in der Gefängnishierarchie als Untermenschen galten.

Yon da Kolo, der immer noch in seiner privilegierten Oase innerhalb der Wüste wohnte, schien der am stärksten Betroffene zu sein. Ich ging hinunter, um mit ihm zu sprechen, denn ich fragte mich, was er empfunden haben mußte, unmittelbar zwischen ihnen lebend. Er ging erregt in seiner Zelle auf und ab, murmelte zusammenhanglos Bruchstücke von Gedanken vor sich hin, offenbar ärgerlich über etwas, das er nicht definieren konnte, und wütete gegen sich selbst. Sobald er meiner ansichtig wurde, brach es aus ihm heraus:

»Aus diesem Schmutz? Aus diesem Elend? Weißt du, daß ich oft nahe daran war, sie zu verachten, nur weil man sie so behandelte? Es ist so einfach. Wenn man lange genug dem Elend zusieht, fängt man an, es zu verachten. Und was war das? Was war das, das da aus ihnen herauskam? Du weißt nichts davon; du warst nicht in einem Raum mit ihnen. Alles ... es war, als würde ich gefoltert. Es machte mich fertig und gleichzeitig ... Ich kann es nicht sagen. Ich bin kein Schriftsteller. Wenn ihr es nicht ausdrücken könnt ... Kraft und Stärke, das war es. Eine große Kraft ging davon aus, verstehst du? Es gab mir Kraft, obwohl es mich wahnsinnig machte. Ich habe nie so etwas durchgemacht, in meinem ganzen Leben noch nicht.«

Eine Stunde später kam er mit Handtuch und Seife an meiner Zelle vorbei; er blieb stehen, um sich zu rechtfertigen: »Ich habe es aufgegeben. Ich habe meinen ganzen Mut zusammengenommen, aber ich schaffe es nicht, an ihren Zellen vorbei ins Bad zu gehen. Ich glaube, ich fürchte mich davor, in ihren Gesichtern etwas zu finden, das nicht mehr menschlich ist. Ich schwöre dir, diese Nacht werde ich nie vergessen.«

Adebanjo sagte: »Schade, daß unser Fachmann für menschliche Ökologie nichts gehört hat.«

Fußnote an die Adresse des Roten Kreuzes

Als Sie im Dezember 1967 die Gefängnisse inspizierten, beobachtete ich von meinem Fenster aus, wie Sie die gefangenen Ibo in Augenschein nahmen, die man geheißen hatte, im Hof außerhalb des Traktes Aufstellung zu nehmen. Am Tag vor Ihrem Besuch hatte man ihre Zelle für eine Zeitdauer von mehr als zwei Stunden geöffnet; es war dies das erste Mal seit über einem Monat. Erst einen Monat vor diesem Zeitpunkt hatte der Gefängnisdirektor – der Komiker, den ich Generalissimo genannt habe – höchstpersönlich angeordnet, daß keine Seife mehr an sie ausgeteilt werden dürfe. Die Wärter hatten den Befehl, auch jeden angebrochenen Seifenrest aus den Zellen zu entfernen. Der Grund für diese Maßnahmen war, daß die Häftlinge eine Beschwerde eingereicht hatten, weil man ihnen die ihnen zustehende Menge an Seife vorenthielt. Das stimmte auch. Die Seife, die sie hätten bekommen sollen, wurde in Zusammenarbeit zwischen den Kalfaktoren und einigen Wärtern zurückgehalten. So erklärt es sich, daß sie seit einem Monat, genauer, bis gestern, keine Seife zu Gesicht bekommen haben.

Und gestern geschahen plötzlich Wunder; ihre Zellen wurden geöffnet, man gab ihnen Seife und erlaubte ihnen, ihre Kleidung und Decken zu waschen. Sie wurden an die Luft geführt, und für die, denen der Sinn nach einer neuen Frisur stand, wurden Friseure bestellt. Die Reihe Sauberkeit ausstrahlender Häftlinge, die Sie gesehen haben, hat also nichts gemein mit jenem Haufen menschlichen Schrotts, der monatelang ungewaschen und unter den unerträglichsten Bedingungen verkam. Natürlich hatte man sie im Freien vorgeführt, damit Sie nicht sehen konnten, wie überfüllt die Zellen waren. Sind Sie auf die Idee gekommen, eine Verbindung zu sehen zwischen den räumlichen Ausdehnungen des Untergeschosses unseres Trakts und der Anzahl der außen versammelten Häftlinge?

Und schließlich ist es unumgänglich, daß Sie darauf bestehen, mit den Gefangenen unter vier Augen zu sprechen. Ihr Standardverfahren, Häftlinge vor den Augen und Ohren ihrer Wärter über ihre Haftbedingungen zu befragen, war eine traurige Farce. Es dürfte Ihnen nicht unbekannt sein, daß bei bestimmten Antworten Repressalien zu erwarten sind. Wenn Sie schon nicht vorhaben, wirkliche »Untersuchungen« anzustellen, dann ersparen Sie den politischen Gefangenen Ihren Besuch; er führt zu nichts als trügerischen Hoffnungen auf seiten der Gefangenen.

14

Sie kamen mitten in der Nacht; ein höherer Offizier und drei Wärter. Die Wärter waren in die schwarzen Umhänge gehüllt, die sie nachts zu tragen pflegten, die Haltung des Offiziers drückte Strenge und Entschlossenheit aus. Als sie sich am Schloß zu schaffen machten, erinnerte ich mich instinktiv an jenen früheren Anschlag auf mein Leben während der Haft unter »mittleren Sicherheitsbedingungen«.

»Sachen einpacken!«

Er bellte mir diesen Befehl entgegen, als wäre ich ein Hund; aber die konkrete Gegenwart dieses Rollkommandos war noch nicht in mein Bewußtsein eingedrungen, mein Geist war noch so sehr dem Schlaf verhaftet, daß ich wie eine Marionette gehorchte. Ein Teil meines Verstandes, der Instinkt, den man im Gefängnis entwickelt, um überleben zu können, suchte bereits nach einer Möglichkeit, sie so abzulenken, daß ich unbemerkt die Fetzen Papiers, den Bleistiftstummel und die Aufzeichnungen, die ich vorbereitet hatte, um sie als nächste meinen Kontaktpersonen zur Außenwelt zukommen zu lassen, beiseite schaffen könnte.

Es war beruhigend, zu sehen, daß einige Gefangene wach waren und sich in der Nähe meiner Zelle aufhielten (ihre Zellen wurden nachts nicht versperrt). Adebanjo hatte sich bereits an einen der Wärter herangemacht, und sein durchdringendes Flüstern übertönte die Geräusche, die ich bemüht war, mit Eimer und Latrinenkübel zu veranstalten. »Wo soll er hingebracht werden?« Aus dem Augenwinkel sah ich, wie der Wärter mit den Schultern zuckte.

Wieso war ich diesmal nicht gewarnt worden? Meine Gedanken schweiften zu G. und den zwei Kameraden. War ihr Verständigungssystem nun doch zusammengebrochen?

Als ich meine Zelle verließ, fragte Ikoku mich, ob ich irgend etwas benötigte, und drückte mir seine Zigaretten in die Hand. Adebanjo zwang mich, sein Handtuch mitzunehmen. Ich ließ alles mit mir geschehen und dachte dabei, daß ich da, wo ich hinging, wohl kaum noch irgend etwas brauchen würde.

Der Offizier ließ mich vorangehen. Am Ende des Gangs, vor mir die Bedrohung, die von diesem engen Schlauch ausging und meine Angst verstärkte, und hinter mir die Präsenz der Gewalt in Form der Wärter, blieb ich stehen und schrie aus Leibeskräften:

»Ich versichere hiermit vor Zeugen, daß ich nicht versuchen werde zu fliehen. Nehmt dies zur Kenntnis für den Fall, daß mir etwas zustoßen sollte!«

Als wir die Treppe hinunterstiegen, hörte ich Olu Adebanjos Stimme den Korridor entlang tönen; er rief alle Gefängnisinsassen dazu auf, sich das eben Gesagte zu merken, und betonte, daß ich diesen Trakt mitten in der Nacht gesund und munter verließ, um an ein unbekanntes Ziel gebracht zu werden. Wir durchquerten das verlassene Gelände des Gefängnisses; mein Bündel trug einer der Wärter. Vor der Schreibstube verließen die drei Wärter mich und ließen mich allein mit dem Offizier und einem ältlichen Männchen, das Dienst hatte. Ersterer behielt seinen finsteren Blick weiterhin bei, aber schließlich enthob er mich seiner deprimierenden Gegenwart. Bevor er zurückkam, schaute der alte Mann mich eine Weile lang schweigend an, dann platzte er heraus:

»Warum läßt man Sie nicht in Ruhe? Wo bringt man Sie diesmal hin?«

Ich hob meine Hände, um meine Hilflosigkeit zu demonstrieren.

Unversehens erschien der Generalissimo auf der Bildfläche; er trug Zivil. Er strahlte, als stehe er im Begriff, etwas unsäglich Erhebendes zum Wohle der ganzen Menschheit zu tun. Zu dieser Tages- bzw. Nachtzeit trat dieses unsägliche Etwas frisch gestriegelt und geschniegelt auf und trug eine mysteriöse Fröhlichkeit zur Schau, die regelrecht durch die Falten seiner prächtigen *agbada* sickerte.

»Haben Sie alles? Oh, sehr gut. Hat man Ihnen Ihr Buch gegeben?«

»Was für ein Buch?«

»Haben Sie Ihr Buch nicht bekommen? Sie haben doch ein Buch geschrieben.«

Er verschwand und erschien mit einer Ausgabe von *Idanre*. Ich hatte noch kein Exemplar davon erhalten. Nun hielt ich es in der Hand. Da, auf dem Titelblatt, stand mein Name in großen Buchstaben. Seltsamerweise rief dieser ganz frische, greifbare Beweis meines Denkens und Fühlens, den ich hier in Händen hielt, eine Woge der Ermutigung in mir hervor. Ich betrachtete das Buch von allen Seiten, sah das Photo auf der Rückseite, dann schlug ich es auf. Es öffnete sich an der Stelle, an der das Gedicht an meine Tochter steht. Ich fragte den Mann: »Warum bekomme ich das jetzt erst?«

Er fuchtelte mit den Händen in der Luft herum. »Oh, man hat einfach vergessen, es Ihnen zu geben, weiter nichts.«

»Wo bringt man mich hin?«

Das Gestammel wollte kein Ende nehmen. Als er endlich soweit war, seine Lügen zusammenhängend und fast unhörbar vorzubringen, achtete ich gar nicht mehr auf ihn und las meine veröffentlichten Gedichte.

Und dann begann das große Warten. Eine Stunde. Zwei Stunden. Drei. Nach zwei Stunden hatte der immer nervöser werdende Direktor die Flinte ins Korn geworfen und war nach Hause gegangen; ich blieb in der Obhut eines finster dreinblickenden Offiziers. Kurz vor dem Morgengrauen klingelte das Telephon, der Offizier nahm den Hörer ab und verkündete mir dann:

»Wir gehen in die Zelle zurück.«

Am Nachmittag erhielt ich die verspätete Mitteilung G.s. Sie war an Dan gerichtet und lautete schlicht: »Sag deinem Freund, er soll nicht die Nerven verlieren, wenn sie noch einmal kommen.«

15

Ein Exkurs zum Thema:
KRIEGSGREUEL, KOMMISSIONEN *und die*
GEDÄCHTNISLÜCKEN *der* MACHT

Unmittelbar nach der Befreiung des Mittelwestens aus der Gewalt rebellischer Horden durch die tapferen Soldaten der Föderierten setzte die Regierung Gowon/Ogbemudia eine Kommission ein, die als Kommission zur Verfolgung der GREUELTATEN bekannt wurde. Der Krieg dauerte immer noch an. Die einzige Veränderung war, daß er jetzt hitziger, erbitterter und totaler geführt wurde als je zuvor. Die Begriffe hießen: TOTALER KRIEG, TOTALE MOBILMACHUNG, VERNICHTENDER SCHLAG usw. Und doch hatte man in dieser Fixierung auf den Krieg noch Zeit und Energie übrig, um die Arbeit einer solchen Kommission zu ermöglichen – das Bereitstellen der Zeugen, bewaffneter Wachen, der ganzen Bürokratie und die Deckung der Kosten. Und dies war nicht mehr als recht und billig. Diese Dinge müssen festgehalten werden. Die Invasion war, was diesen speziellen Krieg betrifft, und vom Standpunkt der – wie wir zugeben müssen – Mehrheit der Bevölkerung des Mittleren Westens aus, ein Verbrechen. Verbrechen müssen verfolgt werden, ob in Friedenszeiten oder im Krieg.

Ich begrüßte dieses Vorgehen ganz außerordentlich. Schon seit langem fürchtete ich, daß dieses Wort: GREUELTATEN seine Bedeutung verloren habe und aus unserem Wortschatz verschwunden sei. Schließlich drückt dieses Wort einen ganz bestimmten Sachverhalt aus. Es bezeichnet ein Phänomen, definiert ein Ereignis, das entweder stattgefunden hat oder gerade geschieht. Es ist wahrhaftig ein sehr lebendiger Begriff. Nun gibt es natürlich Fälle, in denen ein Begriff allein keine Funktion hat, sondern eine Entsprechung im Handeln finden muß. Sein Wahrheitsgehalt muß sich an einer Reaktion erweisen, sei es in einer Bestätigung oder einer gegensätzlichen Handlung. Indem die föderalistische Regierung des Mittelwestens diese Kommission einberief, bewies sie mir, daß der Begriff GREUELTATEN letzteres bewirkte. Und darüber hinaus demonstrierte dieses Vorgehen, in welcher Weise genau dieses Handeln erfolgen sollte. In meiner Zelle in Kiri-kiri war ich erleichtert, daß dieser Begriff dem Vergessen entrissen worden war.

Zu ihrer Zeit schien sich auch die Regierung Ironsi der sich aus diesem Begriff ergebenden Verpflichtung durchaus bewußt zu sein – eine Verpflichtung, die, wie oben angesprochen, im November 1967 durch Yakubu Gowon konkret gefaßt worden war. Im Mai 1966 bestimmte Ironsi eine Kommission (zum gleichen Behufe), die sich mit GREUELTATEN befassen sollte, die allgemein als die »Kleinen Massaker des Nordens« bekannt waren. Diese Kommission übte ihre Tätigkeit noch aus, als Gowon im Juli desselben Jahres die Macht an sich riß (oder angeboten bekam?). Der Öffentlichkeit erklärte er, daß die Arbeit der Kommission ungehindert weitergeführt werden sollte – dies war der Inhalt einer seiner ersten Reden an die Nation. In Wirklichkeit machte er die Kommission handlungsunfähig. Niemand hörte mehr etwas von dieser durch Ironsi eingeführten und von Gowon übernommenen Kommission zur Untersuchung der GREUELTATEN vom Mai. Und dabei hatten wir übrigens Frieden.

Im September/Oktober 1966 bot sich Gowon dann die Gelegenheit, in großem Maßstab eine Kommission nach seinem Geschmack zu schaffen. Er hatte jeden Grund, den Wert von Kommissionen gegen GREUELTATEN in Frage zu stellen. Die Untätigkeit der ersten Kommission, die sich mit den Ereignissen vom Mai befassen sollte, legte jedenfalls diesen Gedanken nahe. Warum hätte er auch anders handeln sollen? Einem Mann, der so viele Vorhaben hatte, mußten Kommissionen einfach belanglos erscheinen. Deshalb erwähne ich die folgende Tatsache lediglich als historisches Ereignis: In den Monaten September und Oktober des Jahres 1966 ereigneten sich in ganz Nigeria weitere GREUEL, von denen auch Lagos, der Sitz von Gowons Regierung, betroffen war. Aber die wüstesten Ausschreitungen fanden im Norden des Landes statt. Selbst im Süden (z. B. in Lagos) ereigneten sich GREUELTATEN vor aller Augen: Abgeordnete, die an einer von Yakubu Gowon einberufenen gesetzgebenden Versammlung teilnehmen sollten, wurden von Gowons Soldaten direkt vor dem Regierungsgebäude, wo die Versammlung stattfand, zusammengeschlagen. In Gowons unmittelbarer Nachbarschaft, in Ikoyi, wurden Menschenjagden veranstaltet – allein schon das Rattern der Maschinengewehre machte diese Vorgänge publik. Die Hinrichtungen und Folterungen, die an Zivilisten verübt wurden, die man einfach von den Straßen weg verhaftete – die Kontrollstation Ikorudu erfreute sich besonderer Beliebtheit bei diesem Zeitvertreib –, gehörten in der Dodan-Kaserne, Gowons offizieller Residenz, zum täglichen Leben und müssen ihm bekannt gewesen sein. Was die Ereignisse im Norden betrifft, können wir uns darauf beschränken, zusammenfassend zu sagen, daß die GREUELTATEN in einem Ausmaß, mit einer Gründlichkeit und so planmäßig durchgeführt wurden, daß man sie als die »großen Massaker« (im Unterschied zu den Präludien im Mai desselben Jahres) bezeichnete oder als Massenmord, mitunter aber auch lediglich als »Zwischenfälle« und – diese Perle stammt von Ukpabi Asika – als »Zustand der Gesetzlosigkeit«! Yakubu Gowon ging sogar selbst so weit, für seinen *Appell* den Begriff GREUELTATEN zu benutzen. Schon das Wort Appell ist verräterisch genug; es verrät einiges über Herrn Gowon. – Die Hervorhebungen stammen von mir:

Liebe Mitbürger im Norden unseres Landes
Mit diesem Appell möchte ich mich heute an jeden einzelnen von euch wenden.

Da ich weiß, daß viele unter euch noch nie mit mir zusammengekommen sind, war es mir ein großes Anliegen, euch persönlich aufzusuchen; leider haben meine Aufgaben es mir nicht erlaubt, dieses Vorhaben auszuführen.

Es ist euch allen bekannt, daß es Gott in seiner Gnade gefallen hat, im Juli dieses Jahres die Verantwortung für dieses unser großes Vaterland Nigeria wieder in die Hände eines Mannes aus dem Norden zu legen . . .

Auf diesen bedeutsamen Punkt (bedeutsam für ihn) kommt er mehrmals zu sprechen, und es ist ganz offensichtlich, daß nicht die Opfer versöhnt werden müssen, sondern die Bewohner des Nordens. Der Eindruck, den solche Reden auf die mißhandelten und verstümmelten Opfer machen, ist von keiner Bedeutung. Und so betont er nochmals:

Hier möchte ich noch einmal auf das zurückkommen, was ich an früherer Stelle bereits ausgeführt habe. Die Verantwortung darf man unter keinen Umständen unterschätzen und zu leicht nehmen.

Nun darf man aber nicht denken, daß die regionalistische Provokation, die in dieser Rede steckt, etwa Leichtfertigkeit im Umgang mit Verantwortung bedeuten würde, und nur der blindwütigste Anarchist vermag zu unterstellen, daß eine Möglichkeit, der Verantwortung *nicht* leichtfertig gegenüberzutreten, darin bestehen könnte, sich eines Tonfalls der *Beschwichtigung* angesichts von GREUELTATEN zu enthalten. Aber hören wir einmal weiter:

Seit im Januar dieses Jahres eine Gruppe von Soldaten unser Land ins Chaos stürzte, als sie unsere politischen und militärischen Führer ermordeten, haben sich die Zustände noch nicht gebessert.

Die Trauer, die die Ereignisse vom Januar in den Menschen hervorgerufen haben, führte im Norden unseres Landes im Mai zu Unruhen unter den Zivilisten, die Menschenleben gefordert haben.

Täglich gehen mir Klagen zu, daß Leute aus dem Norden, die aus östlichen Gebieten stammen, Belästigungen ausgesetzt sind und sogar getötet werden, daß ihr Eigentum geplündert wird. Über diese Dinge bin ich sehr unglücklich. Wir sollten diesem Tun Einhalt gebieten. Diese Dinge scheinen ein vernünftiges Maß zu übersteigen und deuten auf Rücksichtslosigkeit und Verantwortungslosigkeit hin . . .

Ich fürchte, daß es das Maß meiner Vernunft übersteigt!

Einige Gedanken, die mir ein paar Tage später einfielen
Es ist mir wieder eingefallen, was ich eigentlich hatte sagen wollen: Inzwischen, da das Fehlen der Kommission gegen GREUELTATEN in den Darstellungen, wie sie von den Machthabern in Umlauf gebracht werden, durch die Erhebungen, die im Oktober (im Mittleren Westen) stattfanden, ausgeglichen wurde, frage ich mich, ob nun, nachdem man den Mittleren Westen von allen Eindringlingen gesäubert hat und nach allen Seiten hin abgesichert ist mit einem Panzer, der heißt: eine Nation, frei von GREUELTATEN, ein Komitee einberufen werden soll, um Morde und Folterungen, die Truppen der Föderierten gemeinsam mit ihren Helfershelfern unter den Zivilisten an der Ibo-Bevölkerung des Mittleren Westens verübt haben, zu untersuchen. Bevor ich aus Shaki verlegt wurde, habe ich dort die Augenzeugenberichte eines Soldaten der Föderierten gehört; er hatte gerade die Schule verlassen und hatte den Glauben an alle Ideale verloren, als er die willkürlichen Hinrichtungen von Zivilisten miterleben mußte. Er erhob seine Stimme dagegen; dann, als er erkannte, daß er sich damit in Lebensgefahr brachte, desertierte er und floh nach Lagos. Eine Woche später wurde er verhaftet und eingekerkert. Zu dem Zeitpunkt, als er desertierte, waren die Hinrichtungen und Folterungen noch immer an der Tagesordnung. Er hatte gesehen, wie ganze Familien kaltblütig ausgerottet worden waren. GREUELTATEN? Oder heißt so etwas einfach – Krieg?

Kaduna 68

16

Die Prozession nimmt ihren Anfang im Büro des Gefängnisdirektors. Im Gänsemarsch stellen sich Träger auf, teilen sich meine armselige Habe, an der selbst ein kleines Kind nicht schwer zu tragen hätte, und unsere Reise durch die Tierkäfige beginnt. So, wie diese Käfige ineinander verschachtelt sind, erscheinen sie dem Außenstehenden wie ein Labyrinth, das ein verrückter Wissenschaftler entworfen hat, um die Intelligenz von Mäusen zu testen. Wer wird eure Intelligenz testen, ihr Sklaven, und wer die der Bestien, deren Zähnefletschen ihr euch unterwerft? O ja – für das diabolische Gewerbe bedarf diese Art der Intelligenz keiner Prüfung. Ich bin euer wissenschaftlicher Zeuge. Von Mäusen zu Menschen ist die Entfernung so groß nicht; mit Käfigen und Labyrinthen wird der Verstand verwirrt. Das nennt man: testen. Oder: Reflexe hervorrufen. Und vielleicht ist es sinnvoll, Novize, dir erst einmal zu erklären, daß diese Käfige Teil jenes ganzen Unterfangens sind, das dazu dienen soll, etwas zu taxieren. Und die Taxierer? Um so schlimmer für sie, daß sie nicht wissen, was sie tun. Soll man sie also wegen ihrer Bedeutungslosigkeit freisprechen? Werkzeuge? Bloße Rädchen im Getriebe? Verachtenswerte Zuträger für eine Realität, die allein *Du* bist. Gib dich jetzt nicht dem Selbstbetrug hin; du weißt, daß sie dich verwunden können. Stimmt, aber das kann auch eine widerwärtige, giftige Schlange, die wahllos zustößt.

Käfige. Käfige aus Beton und ein harmloses Zauntor aus verrostetem Eisen als Durchgang. Schwerfällige Gestalten bewachen diese Schlupflöcher, und das Tor selbst ist eine unüberwindbare Schranke aus schweren Riegeln und unaussprechlichen Schlössern. Eine Hand schiebt sich durch ein Loch im Tor, ein Auge schaut uns an, ein Schlüssel wird gedreht und ein Riegel zurückgeschoben. Wir durchschreiten das Tor, und noch immer zeichnet sich kein Ende unserer Wanderung ab. Eine körperlose Hand schiebt Riegel beiseite, deren Getöse in jedem der Höfe widerhallt; und immer wieder: das viereckige Loch im Tor, die Hand eines Folterknechts und das Tor, das sich nach innen öffnet, um so Gesicht und Körper des Wächters zu verbergen. Fürchtet ihr euch vor mir? Oder schämt ihr euch, daß ihr euch vor mir bedecken müßt? Oder weshalb eigentlich müssen mich acht Männer in meine Zelle geleiten, vier vor mir und vier hinter mir? Hat die bloße Gegenwart einer Uniform nicht mehr genügend magische Ausstrahlung?

Eine Frage sieht man im Auge aller Gefängnisinsassen, die sich in den Höfen aufhalten: Wer ist das? Wie heißt das neue Opfer? Schnellen Schrittes durcheilen wir die Katakomben. Hätten sich nicht gewisse »technische« Pannen ergeben, deren Ursachen mir bekannt sind, wäre ich des Nachts eingeliefert worden, heimlich und unauffällig, um den Fragen in diesen Augen und dem ahnungsvollen Verdacht nicht zu begegnen. Nichts entgeht einem Gefangenen, am wenigsten die Besonderheiten eines neuen Gefährten. Innerhalb weniger Stunden werden sie alles wissen, indem sie ihre Schlüsse vergleichen, bis sie der Wahrheit habhaft sind. – Und wieder ein weiterer Käfig und die ewig gleiche Hand, die aus dem quadratischen Loch erscheint . . . und plötzlich erahne, nein, fasse ich die Gewißheit, daß wir gar keinem Ziel entgegengehen. Es gibt keines. Wir werden für immer diese Gänge durchschreiten. Ich werde endlose Gänge durchwandern, in meinen Ohren das Knirschen von Stiefeln auf dem trockenen Kies – ich und diese Fetzen meines irdischen Besitzes, die vor mir hergetragen werden, als seien sie Beweis eines ungeheuerlichen Verbrechens. Wir werden den endlosen Weg gehen, und unser Zug wird sich nach und nach auflösen, vorne und hinten, und mit jedem, der fortfällt, entschwinden selbst diese noch so schwachen Beweise meiner menschlichen Existenz.

Nur Polyphem wird mich nicht verlassen. Polyphem –

der Name bietet sich dem Verstand völlig selbstverständlich an – kann man nicht entrinnen. Und man kann ihn nicht ergründen.* (Es beliebt unserem Novizen noch zu scherzen; er kann sich noch an solchen netten Wortspielereien erfreuen. Polyphem wird ihn Nettigkeiten lehren. Nur Geduld.) Polyphem bildet die Nachhut, aber er drängt sich mir auf, die Erinnerung an seine Gegenwart im Büro, als meine Habseligkeiten überprüft wurden und sein Blick sich auf mich heftete in Erwartung des Augenblicks, da der offizielle Vorgang abgeschlossen sein würde und er mit seiner Beute – mir – allein wäre. Polyphem, der so schwarz ist, daß dem lautstärksten Vertreter eines schwarzen Purismus kein Begriff dafür einfallen würde, ist ungefähr zweieinhalb Meter groß, ein mit Narben bedecktes drohendes Ungetüm, das Grunzlaute ausstößt und schnell die Augen abwendet, wenn ich seine innere Leere mit einem Blick zu ergründen suche, um dann verstohlen den seltsamen Bissen zu beäugen, der vielleicht schwierig zu verdauen sein mag. Geht es um Folterbänke, Daumenschrauben, Totschläger, nasse Tücher, dann ist Polyphem der richtige Mann, um die Riten der Unterwerfung zu vollziehen. Brennende Zigaretten, Elektroden an empfindlichen Organen oder ähnliche Errungenschaften der Zivilisation; das ist nichts für Polyphem. Er ist einer von der alten Schule. Erst, wenn das Mark an die Wände spritzt, hält er vielleicht inne – verwundert.

Wir haben unseren Bestimmungsort erreicht. Mir ist sofort klar, daß dies die Endstation ist. Die Wände sind noch höher, die Mauerkronen von Glassplittern und Rollen aus Stacheldraht noch bedrohlicher als zuvor. Und nun hält der Teil der Eskorte, der vorangeht, an und läßt Polyphem ans Tor treten. Aus den faltigen Massen seines Fleisches fördert er einen Schlüssel zutage; eine formlose Masse verdeckt das

* Unübersetzbares Wortspiel aus »unriddable« – etwas, das man nicht loswerden kann – und »unreadable«, das sowohl unleserlich heißt wie auch unergründlich. (Anm. d. Übers.)

Schloß, das, so groß es auch ist, in seiner Hand vollständig verschwindet. Während des kurzen Aufenthalts vor der Tür lasse ich meinen Blick durch diesen Käfig wandern und sehe mich einem Affen gegenüber. Wie zum Sprung zusammengekauert hockt er da. Nach einer Weile läßt er zwar menschliche Züge erkennen, doch der Verstand hat diese Hülle für immer verlassen. Sein abgemagerter Körper besteht nur aus aschfarbener Haut und Strünken von hervorstehenden Knochen; auf seinem Gesicht ist ein idiotisches Grinsen festgefroren. Meine Wärter stoßen einander an und deuten auf ihn; für sie ist der Wahnsinnige ein Witz. Schnell überfliegt mein Blick die anderen Gesichter. Ein Mann im Hintergrund der Zelle betrachtet ihn mitleidig und teilnahmsvoll. Du Narr! Zur Hölle mit dir und deinesgleichen. Hassen sollst du. Hassen! Die reine, lodernde Flamme des Hasses soll dir Wärme spenden in diesem Sumpf und deinen Geist schärfen, daß er zur Waffe wird, die dein Leben rettet. Du Narr! Nicht »Erbarmen mit den Opfern« darf es heißen, sondern: »keine Opfer mehr«! Sonst kannst du genausogut aufgeben.

Ein seltsamer Anblick sind sie, meine zerfetzten Reste von Besitz. Ein Kamm, eine einstmals weiße Jacke, die vom vielen Waschen und Tragen völlig zusammengeschrumpft ist, ein zweites Paar Hosen, so abgetragen, daß sie speckig glänzen, ein Handtuch, eine Zahnbürste und Zahncreme – die Kopfweh- und Beruhigungsmittel wurden einbehalten, da eine ärztliche Untersuchung angekündigt worden war (am nächsten Tag wird man sie mir zurückerstatten) – und drei zerfledderte Bücher aus meiner letzten Behausung, die nur noch aus einzelnen Seiten bestehen, woran sowohl die ständige Benutzung schuld ist als auch eine Überschwemmung, die durch heftige Regenfälle ausgelöst wurde und die Zelle unter Wasser gesetzt hatte. Zu einem späteren Zeitpunkt werden auch diese Bücher eines Morgens aus meiner Zelle verschwinden, ohne vorherige Ankündigung, ohne Begründung. Desgleichen Bleistifte, jeglicher Fetzen Papiers bis hin zu leeren Zigarettenschachteln, deren Innenseiten sich als kostbare Schreibflächen erwiesen hatten.

Dies ereignet sich einige Tage nach meiner Einlieferung. In einer Weise, die auf sorgfältige Planung und Routine in der Ausführung schließen läßt, dringt ein Durchsuchungskommando in den Hof ein und schwärmt in alle Richtungen aus. Sie schauen in alle Ritzen, stochern im Boden herum, nehmen die Betten auseinander und schütteln die durchlöcherten Moskitonetze aus. Der Hof hat die Größe eines Handtuchs, so daß es ihnen ein leichtes ist, ihn mit ihrer Gegenwart auszufüllen; ihre Stiefel hallen in meinem Inneren wider, während ich dastehe und ihnen zusehe. Polyphem gibt die Befehle, aber die Durchsuchung findet statt unter der ruhigen Aufsicht eines höheren Offiziers. Und die Aufgabe der Wärter beschränkt sich nicht darauf, lediglich Gegenstände zu konfiszieren. Nach dem ersten Durchgang, als ich von jeglicher verderblichen, da mir wichtigen (und natürlich gefährlichen) Gegenwart von Papier und Geschriebenem befreit bin, werden die lebensnotwendigen Dinge begutachtet und, wenn unzulänglich oder fehlend, ersetzt oder bereitgestellt. Und so sehe ich mich denn folgendermaßen ausstaffiert: Außerhalb der Zelle eine Dusche (an der allerdings kein Brausekopf angeschlossen ist); einen Abtritt, der ein Loch im Beton ist, über das man sich hokken muß. Innerhalb der Zelle finden wir vor: Schlafstelle; einen mit einem Deckel versehenen Wassereimer; Tasse und Schüssel aus Aluminium; ein eisernes Bettgestell; eine Matratze aus undefinierbarem Material von erstaunlicher Härte; eine Decke, ein verfärbtes, aber sauberes Laken, ein unverdauter Klumpen, der ein Kopfkissen darstellen soll; einen Abortkasten mit Wassereimer für den Nachtgebrauch; vier Palmenstengel an den Bettpfosten halten ein selten unappetitliches Moskitonetz, einen Staubfänger, der seit ewigen Zeiten weder benutzt noch gereinigt wurde; der Grund dafür liegt auf der Hand, ist es doch ungeeignet, irgendwelche Tiere abzuhalten, die kleiner sind als ein

Huhn, und selbst ein solches fände mit geschlossenen Augen und ausgebreiteten Flügeln bequem hindurch. In der anderen Zelle, die als »Wohnzimmer« dient, finden sich: ein Stuhl, ein Tisch, ein weiterer Abortkasten, der jedoch die Funktion einer Speisekammer hat. Er ist aus braunem Holz, und obwohl er gewaschen und abgeschmirgelt ist, verpesten die untilgbaren Verfärbungen im Holz für die Vorstellung alles, was mit ihm in Berührung kommt. Der Kulminationspunkt war an dem Tag erreicht, an dem ich hinter den Kasten griff und einen Schwarm von Moskitos aus seinen Ritzen aufscheuchte, fett wie Schmeißfliegen (und echte Schmeißfliegen sind hier größer als Bienen); ihre dunklen, angeschwollenen Bäuche deuteten nicht so sehr auf das Blut der Gefangenen anderer Zellen hin – und all das Blut kann nicht allein von MIR gekommen sein –, sondern sprachen von Schmutz und verfaultem Fleisch und von Exkrementen. Fast von Sinnen durch diesen Anblick schlage ich mit einem Besen auf diese Wolke ein und werfe den Kasten mit den darauf befindlichen Lebensmitteln vor meine Zelle. Am nächsten Tag gibt man mir als Ersatz einen zurechtgeschnittenen Petroleumkanister.

Die Zellen, die nicht ineinander übergehen, sind das mittlere Paar von einem Komplex aus vier Zellen, der sich in dem den Isolationshäftlingen zugeteilten Hof befindet. Die anderen Zellen werden nie geöffnet. Jede von ihnen ist einen Meter und zwanzig auf zwei Meter und vierzig groß. Eigentlich ist das hier der Arrestblock; die Schreie eines Gefangenen, der hier »behandelt« wird, würden niemanden erreichen – höchstens den Bewohner des an meinen anschließenden Käfigs, und dieser ist die Sonderzelle, die für Geistesgestörte, Lebenslängliche und Gewalttätige reserviert ist. Die meisten, die diesen Hof betreten, um abgestraft zu werden, kommen sowieso aus dieser Zelle. All diese Dinge entdeckte ich erst im Verlauf meines Aufenthaltes. Meine jetzige Bestandsaufnahme von Gegenständen und ihrer Geschichte erstreckt sich vorerst auf meine Zellen mit ihren hochgezogenen Decken (wahrscheinlich, damit sich der Gefangene nicht erhängen kann), die winzigen Fensterchen hoch oben an der Wand, die eine Aussicht auf abgebrochene Flaschenhälse und Stacheldraht bieten, den Platz zum Umhergehen, der zwischen Hofmauer und Gebäudekomplex bleibt, und die feindliche Gegenwart des Wärters, der dazu verdammt ist – jawohl, verdammt –, sich selbst in diesen Hof einzusperren und seine Runde zu machen, bis er abgelöst wird. Und das bodenlose, bleierne Wissen um die undurchdringliche Isolation, das sich mir aus der Erkenntnis vermittelt, einer gesichtslosen, unsichtbaren, anonymen Macht ausgeliefert zu sein.

Ich empfinde und begrüße den allmählichen Beginn eines Prozesses des Sich-Entziehens, der sich entwickelt wie eine Verstärkung der erzwungenen Isolation durch ein instinktives Abschirmen der eigenen Person. Als erstes fällt mir auf, daß mein Körper alle Dinge ablehnt, ein Phänomen, das sich während der vier Monate, die ich in Lagos verbrachte, nicht gezeigt hatte. Das genaue Gegenteil davon hatte stattgefunden. Mein Körper hatte sich seiner Umgebung angepaßt, indem er sich den Rhythmus des Gefängnisses zu eigen machte, er hatte die Ordnung, die Geräusche, die Beschaffenheit der Gegenstände und den Geschmack der Speisen akzeptiert und assimiliert. Er hatte sich nur gegen Dinge gewehrt, die mir auch unter normalen Umständen zuwider gewesen wären: Schmutz und üble Gerüche, Heimtücke unter den Gefangenen, Gemeinheit auf seiten der Wärter. Ich schlüpfte in das Gefängnisleben, wie man in einen Strom eintaucht: in ein Element, das einem fremd ist, aber dem der Körper sich anpaßt. Hier geschah nichts dergleichen. Ich verweigere mich allem, versage mich jedem Kontakt. Die Oberfläche meines Körpers weist jeden Gegenstand von sich. Selbst wenn ich mich niederlege, erfahre ich keinen Kontakt zu meiner Unterlage. Wenn ich gehe, spüre ich nicht, daß meine Füße den Boden berühren. Der Prozeß beschleunigt sich dermaßen, daß er schließlich alle Empfindungen vereinnahmt. Die Wirklichkeit ist abgetötet und unter den Erinnerungen an die Vergangenheit begraben. Eine bedeutende Rolle in diesem Prozeß kommt den Worten zu, die den Verstand hypnotisieren und den Körper seiner Empfindungen berauben. So wurde mir bewußt, als wir das letzte Tor durchschritten, daß ich in meinem Kopf einen sich ständig ziellos wiederholenden Kreislauf von Worten in Gang gesetzt hatte. Immer und immer wieder drehte sich der Reigen, so lange, bis endlich mein Bewußtsein diese Beschwörungsformel zur Kenntnis nahm. Worte aus einem längst vergessenen Buch? Oder ist es nur die Variante des schöpferischen Geistes, der sich unter allen Umständen als originell erweisen will, zu dem vertrauten Thema: »Laßt, die ihr hier eingeht, alle Hoffnung fahren«? Wo auch immer es herrühren mag, es ertönt wie ein Glockengeläut: »In dieser Zeit des Bösen komme ich an diesen Ort des Bösen, gebracht von den Händen des Bösen, und wer weiß, ob mir nicht Böses zustoßen wird an diesem Ort des Bösen . . .«, und so wiederholt es sich immer wieder. Erst jetzt. Wochen später, begreife ich, daß ich diese Worte aus dem Bogen des letzten Tores erhalten herausgearbeitet habe, während das Schloß in Polyphems Würgegriff verschwand und das Tor den Weg zur Hölle freigab.

Alle Geräusche hallen inzwischen nicht mehr von den spitzenbewehrten Mauern des Hofes wider, sondern von den Wänden meiner Zelle. Ich habe begonnen, mich in mich selbst zurückzuziehen. Der Prozeß wird von meinem begabtesten Peiniger, einem gewissen Ambrose, unterstützt. Andere Wärter wählen für ihren Rundgang meist den äußeren Umkreis des Hofes; sie gehen langsam innerhalb der Mauern herum und werfen ab und zu pflichtbewußt einen Blick auf die Zellen, wenn sie am Zellengebäude vorbeikommen. Nicht so Ambrose. Er marschiert genau auf dem gepflasterten Boden vor dem Gebäude, wendet an der Ecke und geht denselben Weg zurück. Auf und ab, auf und ab. Bastard! Wer ist der Gefangene, du oder ich? Das eine, was ich bis jetzt peinlich zu tun vermieden habe, ist auf und ab zu gehen. Bis jetzt. Seine Nagelschuhe, die den Gang entlangtrampeln, rauf, runter – ich weigere mich, ihn anzuschauen, ihn wahrzunehmen, seine Existenz anzuerkennen –, das Dröhnen seines militärischen Schrittes, die geisttötende Monotonie seiner Bewegungen zwingen mich dazu, den Vorgang meines Distanznehmens jetzt auch bewußt zu beschleunigen. Es gibt keinen anderen Schutz. Dies bedeutet aber gleichzeitig, daß ich andere, offensivere Verteidigungsmöglichkeiten aufgebe. Selbst aus der Ferne stammende Töne erreichen jetzt nicht mehr zuerst die Hofmauern, dann meine Zellenwände, sondern stoßen unmittelbar auf meinen Verstand, wodurch ihre Ursache und Bedeutung sich meiner Wahrnehmung entziehen. Dennoch scheint es mir die bessere Lösung. Ich werde den Mittelpunkt der Welt von nun an in mir selber suchen. Und wieder höre ich Ambrose hin und her gehen und muß feststellen, daß die selbstgeschaffene Hülle noch Lücken aufweist, noch nicht völlig vor dem Leiden schützt. Ein großer Zorn kommt über mich, und ich spüre, daß ich nahe daran bin, Gewalt anzuwenden oder aufzugeben. Ich kann Ambrose höflich bitten oder ihn erregt auffordern, mehr Abstand zu halten. Beides hätte gleich viel Aussicht auf Erfolg, denn das habe ich bereits festgestellt: obwohl ich nicht weiß, was man den Wärtern erzählt hat oder was für Vorstellungen sie von meiner Person hegen, ist es offensichtlich, daß sie eine gewisse Scheu vor mir haben. Ebenso sicher bin ich mir aber auch, daß sie, sollten sie den Befehl dazu erhalten, nicht zögern würden, meinem Leben ein Ende zu setzen. Aber sie verhalten sich durchaus unterwürfig. Diesen Umstand merke ich mir in einem Winkel meines Inneren, um ihn, sollte sich die Notwendigkeit ergeben, entsprechend auszunutzen und vielleicht auszubauen.

Ich entscheide mich schließlich dafür, keinerlei Reaktion auf die Schritte vor meiner Tür zu zeigen. Beherrsche dich, vergiß die Geräusche, gewöhne dich an sie. Bitte um nichts, verweigere nichts. Verrate nichts, laß niemanden deine Empfindungen erkennen. Zeige weder Freude noch Leid, weder Angst noch Ekel. Erschaffe dir eine glatte Hülle, die an ihrer Oberfläche keine Angriffspunkte bietet; sie allein kann dich schützen. Setze ein unwandelbares Lächeln auf die Außenseite dieser Hülle, und alle Versuche, dich zu ergründen, werden daran abprallen.

Aber immer noch stürmt die Vergangenheit auf mich ein. Und seit es mir gelungen ist, die Vergangenheit, die mich verletzbar machte, zum Schweigen zu bringen – Liebe, Zuneigung, Erinnerungen an Augenblicke der Selbstverwirklichung –, sind es unmittelbare Geschehnisse, die meine schützende Hülle durchdringen und hilfloser Wut und Selbstbezichtigung Einlaß gewähren. Und genau diese Gemütsbewegungen entblößen die verletzlichsten Stellen vor den Augen der Peiniger. Ich wähle, wenn auch zögernd, den einzigen Weg, der mir bleibt. Ich werde die gesamte Abfolge der Ereignisse von neuem durchleben, wenn möglich, in ähnlichen Zeitabständen, auch wenn dies nicht immer genau zu bestimmen ist. Eigentlich fast nie. Gedanken und sogar Erinnerungen streifen den Geist und strömen überlegene Verachtung aus gegenüber den quälenden und schmerzlichen Prozessen des Planens, Wartens, Handelns, Resümierens und der Wiederholung dieser Kette zu gegebener Zeit. Und immer wieder unterbreche ich: du hast alle Zeit der Welt, du Narr. Das einige Monate währende Durchleben vergangener Monate bedeutet, daß einige Monate einer leeren Zukunft ausgefüllt sein werden. Dies wird – das muß ich allmählich zugeben – die Form meiner Existenz werden. Nur: behalte die Herrschaft darüber, Kronos! Überwache die Bruchstücke von Erinnerungen, die den Wassern Lethes anheimfallen. Immer nur ein wenig, aber genug, um allmählich die konkrete Realität der Gegenwart vergessen zu machen.* Das Wortspiel läßt mich zwar lä-

* Wortspiel »concrete« bedeutet sowohl »konkret« wie »Beton«. (Anm. d. Übers.)

cheln, dennoch ekelt mich vor der Berührung des Betonbodens.

Wasser ist das einzige, wovor mein Körper nicht zurückschreckt. Als Regen, der vom Himmel fällt, und sogar als Eisstückchen, die der Harmattan mit sich bringt.* Ich stelle mich unter den harten Strahl aus dem Wasserrohr und lasse mir von diesem Schwall aus der Feuerwehrspritze das Hirn wieder an seinen Platz peitschen. Hier fühle ich mich rein und allen Dingen entrückt; an den Nachmittagen schimmert oft ein Regenbogen auf den Tropfen. Ein wahrer Turbinenstrahl prasselt auf den Beton – *dann* schrecken meine Füße nicht vor der Berührung mit dem Boden zurück. Aber danach – der zögernde Gang zurück in den Sarg, der beharrlich auf mich wartet . . .

* Harmattan: trockener, staubführender Wind aus nördlicher bis östlicher Richtung. (Anm. d. Übers.)

17

Hraagrh hraagrh hraagrh . . . pschhh – platsch!
Du Schwein!
Hraagrh hraagrh hraagrh . . . pschhh – platsch!
Du Schwein!
Hraaaaagrrrrh hraaaaagrrrhaaaarrh . . . pschhh – platsch!
Du widerwärtiges, ekelhaftes Schwein!

Der Ärger ist mit keiner Gemütsbewegung mehr verbunden. Nur eine müde, kraftlose Wut, eine schwache Ungläubigkeit . . . gibt es ein solches Tier wirklich? Gehört deinesgleichen zu der menschlichen Rasse, erhebst du Anspruch auf eine menschliche Seele, auf Gedanken und Gefühle? . . . Der ekle Dreiklang ist für diesmal vorbei, und meine Finger geben die Ohren wieder frei – obwohl dies eine nutzlose Vorsichtsmaßnahme ist; dieser Auswurf, der aus dem tiefsten Morast zu kommen scheint, spottet aller Versuche, sich gegen sein Geräusch abzuschirmen. Nichts vermag sich gegenüber diesem abscheulichen Trog zu behaupten, wenn er sich auf Entleerung einstimmt. Durchschnittlich achtzehnmal in einer Dienstschicht. Einen Namen für ihn zu finden, war nicht schwer – Hogroth. Langsam beruhigt sich mein Magen, der Brechreiz legt sich. Seit drei Monaten kenne ich es und bin immer noch nicht fähig, damit zu leben. Ich weiß, daß es mir nie gelingen wird.

Manchmal gibt er eine Vorwarnung. Ich höre, wie er seine schuppige Hand in den Wassereimer taucht, und dann das Spritzen des Wassers, mit dem er seinen kolaverkrusteten Mund ausspült. Dann stopfe ich mir unverzüglich die Finger in die Ohren, denn was kommt, kenne ich. Und unfehlbar, so, als wären alle Kröten dieser Welt in einer Gestalt vereint, und als säße diese eine abscheuliche Kröte in seinem Hals – hraaargh und platsch –, klatscht der Qualster gegen die Wand.

Dieser Mann, dieses Etwas hat eine Familie. Er hat Frauen, er hat Kinder, und höchstwahrscheinlich gibt es Verwandte, die auf seine Unterstützung angewiesen sind und ihn mit Ehrerbietung behandeln. Sicherlich empfängt er den Besuch von Freunden und besucht selbst andere. Er besucht öffentliche Veranstaltungen, mischt sich unter die Menge, die irgendein ödes Wunder bestaunt, nimmt an geselligen Zusammenkünften egal welcher Art teil, verbringt ab und zu einen Abend in einer Kneipe, kurz, ist ein Teil der namenlosen Masse, die allen möglichen offiziösen Vorgängen beiwohnt. Ich frage mich, gibst du dieses säuische Geräusch bei all diesen Gelegenheiten in jeglicher Art von Gesellschaft von dir? Ja, du Schwein, mit einer Kehle wie ein Betonmixer, der Mörtel, Schlacke und Rotz auswirft, tust du das?

In einigen Metern Entfernung klatscht die Aule auf den grasbewachsenen Rand des Rinnsteins, das Ende eines schleimigen Bogens, der in *pschhh!* seinen Anfang hat und in *platsch!* sein Ende. Und wieder beginnt das Rumoren in der Kehle, und die Welt darf einen neuen Klumpen aus Qualster und Kola erwarten. Wenn er umhergeht, sitzt, durch das Loch in der Tür mit dem anderen Wächter spricht, sogar, wenn er gegen die Wand gelehnt auf einem umgedrehten Eimer einschläft. Dann zeigt er einen weitgeöffneten Mund, der in allen Farben schillert, einen Seuchenherd kariöser Zähne, wie von grün-gelblichem Schimmel überzogen, einen kolaverkrusteten Gaumen, der in die dunkle Öffnung eines stinkenden Abgrundes übergeht; irgendwann während seines Dämmerzustandes kitzelt ein Kolafaden das zerfurchte Innere seiner Kehle und löst wieder diesen ekelhaften Mechanismus aus, ein dreimaliges Baggern, und dann spritzt er seinen rötlichen Schleim über die Welt. Er wacht nicht einmal auf. Das begleitende Schnarchen tönt ununterbrochen.

Sein Hals ist der des Geiers; mit diesem identisch, besteht er aus faltiger Haut, die ausgeleiert, verwittert und fleckig ist. Es wäre ein leichtes, dieser Plage ein Ende zu machen, nur – wie soll man danach weiterleben können, mit der Erinnerung an die Berührung dieser Haut, so kurz der Kontakt auch gewesen sein mag? Ich habe keine überflüssigen Gliedmaßen, die ich nach dieser Tat entbehren könnte. Bliebe einem keine andere Wahl, könnte man vielleicht die Haut so lange schrubben, bis sie sich ablöst. Während eines ganzen Lebens, das man im Gefängnis verbringt, kann eine neue Haut nachwachsen. Wird man gehängt, stellt sich das Problem erst gar nicht. Kriegt man lebenslänglich, dann heißt es scheuern, bis die Hände bluten, und sie danach der Sonne aussetzen, bis jede Spur der Berührung ausgebrannt ist. Aber nie wieder würde ein Wärter es wagen, dem Isolationshäftling, mit dem er zusammen eingesperrt ist, eine solche Widerwärtigkeit zuzumuten. Hogroth tot. Ein neues Leuchten geht am Horizont auf. Ich kann die Freudenkundgebungen im Gefängnis förmlich hören. Das Problem ist nur, wie viele von ihnen kann man töten? Denn Hogroth steht nicht allein. Fast ausnahmslos haben sie alle ihre Spezialität auf dem Gebiet der Belästigung entwickelt. Es vermittelt sich über das Gehör, denn die Gruft hat den Effekt eines Megaphons. In jeder Tonlage erreichen die Laute diese Gruft, die sie bösartig verstärkt und verzerrt. Aus dem benachbarten *Sumpf der Verzweiflung* hören wir – die Gruft und ich – die Schreie der gepeinigten Seelen, das Wehklagen der Ausgepeitschten, wölfisches Geheul in der Stille der Nacht, geflüsterte Zwiesprache mit unsichtbaren Besuchern von jenseits des Grabes, das wahnsinnige Gelächter von Hyänen. Auf eigenen Wegen durchqueren sie die Lüfte, und hallen in der Gruft hundertmal lauter, in unserem Innern tausendmal schlimmer wider.

Die Sau ist mir ebenso zuwider. Aber wir wollen nicht gleich nach Hogroth die Sau behandeln. Lieber Caliban; als kleine Erholung.

Ich habe Caliban nie gesehen. Seine Unsichtbarkeit umgibt ihn mit einem Geheimnis. Aber ich weiß, daß er anderthalb Beine hat. Oder drei. Auf jeden Fall hat ein Bein die doppelte Länge (oder das doppelte Gewicht) des anderen; die Unregelmäßigkeit ihres Widerklangs ist nicht zu verkennen, wenn er seine nächtlichen Runden im Inneren meines Schädels stampft. Leichtes Schlurfen, dann der Vorschlaghammer. Wenn der Rhythmus aus Schlurfen und Stampfen seiner ungleichen Schritte im Herzen der Nacht ertönt, begleitet ihn eine Andeutung seltsamster Odeurs. Man ahnt den übelriechenden Dunst von fermentierter Hefe, den Geruch von Mistkäfern, vermischt mit dem Gestank billigen Öls. Liegt der Grund für diesen freizügigen Umgang mit Gerüchen vielleicht darin, daß er das Alkoholbukett übertönen muß? Caliban pflegt eine besondere Mixtur zu sich zu nehmen, die weder Mensch noch Tier bekannt ist, und die Duftnoten seiner Ausdünstungen dringen in Schwaden in die Zelle, während er draußen vorbeigeht.

Und dann singt Caliban. Mitten in der Nacht, zu Schlurfen und Vorschlaghammer bricht er im Takt in einen Sprechgesang aus, der eine exakte Entsprechung seines Gangs ist, wechseln in ihm doch mysteriöse Trauergesänge an seine Seele mit wüsten Anklagen gegen höhere Mächte. Der Himmel, beeindruckt von diesen mächtigen Tönen, zieht es vor, weise zu schweigen. Aus einer entfernten Ecke des Hofes erklingt ein neues Geräusch, das die Eintönigkeit von Calibans Anrufungen des Himmels und seiner selbst empfindlich stört. Es ist das Klatschen seines Regenumhangs, der sich in der Regentonne verhakt hat oder einen verzweifelten Kampf mit den Zweigen des Zitronenbaums führt. Dieses Gefecht währt eine kleine Ewigkeit. Zuerst hört man nur den stummen, verbissenen Kampf, der sich äußert in den heftigen Erschütterungen des Gebüschs, dem hohlen Poltern der Regentonne und dem Geräusch von Calibans Stiefeln, die krampfhaft nach einem Halt auf dem hinterhältigen Kies suchen. Dann folgen laute Verwünschungen, die aus der Tiefe der gemarterten Seele Calibans aufsteigen. Sein lange unterbrochenes EINS-zwei geht nun über in genauso ungleichmäßig tastende, rutschende Schritte; das Ungeheuer, das in seinem Rausch sehr scharfsinnig analysiert, umkreist minutenlang Umhang und Hindernis, um sich dann – schließlich überzeugt, daß nur ein Überraschungsmanöver Erfolg verheißt – erneut ins Kampfgewühl zu stürzen, wobei es sich selbst mit einem erneuten Schwall von Flüchen Mut zuspricht.

Nach diesem Anschlag auf die Nachtruhe will der Schlaf sich schon allmählich wieder einstellen, als ein neues Geräusch ihn vertreibt. Ein heftiger Knall zerschneidet die Luft, das Klatschen eines straff gespannten Segeltuches. Caliban ist wieder am Werk. Er hat seinen Umhang endlich befreit und schüttelt ihn jetzt sorgfältig aus, um ihn für seine Morgenandacht auszubreiten. Seine Hymnen sollen die Gottheit, die am anderen Ende des Universums wartet, durch die schiere Kraft des physischen Schubs erreichen. Seinen Rosenkranz spricht er ebenso stimmgewaltig, klopft dann seinen Umhang wieder aus, tritt ein-, zweimal mit Bedacht gegen die Regentonne – um seinen Triumph über diese widrige Gewalt zu bestätigen, nehme ich an –, und nimmt seinen ungleichmäßigen Trott wieder auf, bis er abgelöst wird. Caliban kennt keinen Schlaf. Sowenig wie ich, wenn Caliban des Nachts die Runde macht.

18

Ich habe gelernt, das gleichmäßige Auf und Ab von Ambroses Schritten zu ertragen, und schon sehe ich mich einer neuen Bedrohung durch Geräusche ausgesetzt; sie nagen an meiner Hülle und drohen diese völlig zu zerstören. Daß ich dieses Geräusch so lange nicht wahrgenommen habe, ist das Verdienst entweder der Macht der ambrosischen Folter oder meiner ehemaligen Fähigkeit, mich abzukapseln. Ich sage ehemalig, denn die Schallfolter, die mir jetzt bewußt ist, habe ich vorher nicht wahrgenommen.

Auslöser ist der Große Aufseher, der seinen morgendlichen Rundgang in der Begleitung mehrerer Beamter macht; zu ihnen gehören Polyphem und ein jüngerer Beamter. Sie treten in mein Gesichtsfeld: der Große Aufseher, der, vor dem vergitterten Fenster stehend, die Zelle in Dunkelheit taucht, während die anderen sich unscharf im Hintergrund abzeichnen. Unweigerlich erwache ich jedesmal wenige Sekunden vor ihrem Erscheinen, aufgeweckt durch das Scharren der Stiefel und das Quietschen des aus seiner Halterung befreiten Riegels, der das Tor zum Hof absperrt.

Bis jetzt habe ich in ungestörtem Frieden gelebt. Ich nehme nichts wahr, ich existiere nicht – ich bin überzeugt, daß ich sogar meine Existenz aufgehoben habe, so, wie ich die Umwelt ausgelöscht habe –, es bleibt nur noch ein vages, unbestimmtes Gefühl, das weder Raum noch Zeit kennt. Wenn es den Zustand der geistigen Leere, der völligen geistigen Leere gibt, so habe ich ihn erreicht. Dies war eine Lebensnotwendigkeit, Konsequenz des instinktiven Wissens um die Mittel, deren es zum Überleben bedarf. Essen – eine notwendige Hausarbeit. Ich gestehe dem Essen weder Geschmack noch Geruch zu; ich lasse mich von ihm weder erfreuen noch abstoßen, dulde weder physischen noch sinnlichen Kontakt, weder eine Verbindung zu meinem Körper noch eine Vertrautheit, die es für mein Denken haben könnte. Irgendwann habe ich mir bewußte Vorstellungen zu bestimmten Eigenschaften der Nahrungsmittel gemacht und meinem Körper Anweisungen gegeben: iß das; iß das auf jeden Fall. Nimm das nicht, du kannst ohne es existieren. Ich esse die Orangen, obwohl ich sie nicht mag. Ich verabscheue die klebrige, charakterlose Säure, die aus der Schale dieser Frucht quillt; der Geschmack der Orangen langweilt mich. Er hat nichts gemein mit dem der Tangerinen, die sich im Mund anfühlen wie zarte Streifen aus Sonnenstrahlen, mit dem der Grapefruit, nichts mit einem Dutzend anderer Früchte, die über wirkliche Eigenschaften verfügen. Er ist nicht einmal ähnlich dem der Mangofrucht, die ich wegen ihrer vergleichbaren Klebrigkeit nie essen mochte, aber deren ausgeprägten Eigengeschmack ich nicht leugnen kann. Orangen dagegen sind die typischen vorschriftsmäßigen Früchte, und ihr fades Fleisch enthält unverhältnismäßig viel Vitamin C. So viel weiß ich noch, und deshalb: iß deine Orangen! Immer wieder rufe ich mir ins Bewußtsein, daß dies kein Ort ist, an dem man krank werden darf.

Aber von überallher strömen Viren auf mich ein, die den Geist zu infizieren drohen, und die, die über das Gehör eindringen, sind die schlimmsten. Und diesem neuen Beschuß sehe ich mich ausgesetzt, als ich an einem Morgen im Harmattan erwache und die Schallplatte mit dem Sprung höre: – *Guten Morgen, wie geht's uns heute krck guten Morgen, wie geht's uns heute krck guten Morgen, wie geht's uns heute krck* ... Ich kämpfe mich ins Wachbewußtsein und weiß jetzt mit Bestimmtheit, daß dieses Endlosband seit Wochen gespielt wird. Ein hageres, durchtriebenes Gesicht hinter den Gitterstäben, der Große Aufseher macht seinen Rundgang; er prüft nichts, schafft nirgends Abhilfe, unfähig, etwas anderes zu bewirken, als mich verrückt zu machen – guten Morgen, wie geht's uns heute krck guten Morgen wie geht's uns heute krck guten Morgen, wie geht's uns heute krck.

Wie gestern, du Arschloch, und wie am Tag davor. Wie

morgen und an all den Tagen, die noch kommen werden, du fühlloser Klotz!

Ich gewöhne mich jetzt daran, aufzustehen, sobald die Tür geöffnet wird – die Tür zu meiner Zelle, versteht sich –, und füge so der endlosen Zeit eine weitere Stunde hinzu, die ich bis dahin totgeschlagen hatte, indem ich im Bett liegenblieb, ohne etwas zu tun, ohne etwas zu empfinden, mich den Nebeln der Schläfrigkeit überließ, die sich nur zögernd auflösten, und manchmal wieder einschlief und so die Begegnung mit Mauern, Wärtern, Nahrung und Elementen wie Wind und sogar Sonne hinauszögern konnte. Auf diese Weise wurde der Tag verkürzt. Ich überließ mich immer müheloser jenen Übungen der Schwerelosigkeit, die ich, als ich mich noch in Freiheit befand, mechanisch ausführte, um mir Augenblicke der Entspannung zu verschaffen. Ich gewöhne mir jetzt an, früher aufzustehen, um durch Bewegung die Spannung zu mindern, die die Erwartung der immer gleichen sinnentleerten Begrüßung in mir schafft. Im Freien fühle ich mich weniger verwundbar.

Dies erweist sich als taktische Fehleinschätzung. Im Bett war mein Aufschreien gemildert durch die Umhüllung eines entspannten Körpers, waren die Verwünschungen gedämpft, die meinem Zurückweichen vor diesem Un-Gruß folgten, wenn es mir schien, als müsse ich wahrhaftig an den Wänden hochgehen. Jedes Geräusch, das aus meiner Decke drang, hatte er nur zu bereitwillig als gebührende Antwort auf seine Standarderkundigung nach meinem Befinden gedeutet. Ich variierte meine Antworten jeden Tag; mein Repertoire reichte von »Jeder Tag hat seinen Abend« bis zu »Fick dich ins Knie«. In Decken oder Kissen erstickt, klang für ihn alles gleich. Es war eine Riesendummheit, mich dieses eindeutigen Vorteils zu berauben. Nun, da ich sein hageres Gesicht dreidimensional im Freien genießen darf, nicht mehr als papierne Darstellung, die gegen das Gitter gehalten wird, da ich die Anspannung, die das Warten auf seinen Anblick und seinen Gruß hervorruft, noch stärker empfinde, muß ich mich der übermächtigen Versuchung erwehren, ihm mit beiden Händen gleichzeitig auf die Wangen zu schlagen. Denn ich bin inzwischen immer mehr davon überzeugt, daß, sollte mir dieser Überfall gelingen, sein Gesicht sich zwischen meinen Händen zu einer Schallplatte verwandeln würde. Und ich würde diese Scheibe nehmen und gegen die Wand werfen und so den schwachsinnigen Schwindel für alle Zeiten zum Verstummen bringen.

Ich flüchte mich wieder in den Schutz, den mein Bett mir bietet. Die Verfolgung nimmt kein Ende. Es ist die Zeit des Harmattan, und niemand, der Herr seiner Sinne ist, würde vor dem Mittag eine kalte Dusche nehmen; aber nur so kann ich mich jetzt noch verteidigen. Ich ergreife Seife und Schwamm und flüchte in das offene Bad, ein eiskaltes Refugium. Sobald ich das gebieterische Klopfen seines Stöckchens gegen das Hoftor höre, drehe ich den Wasserhahn auf. Ein heftiger Schauer schüttelt meinen Körper, und ein eisiger Strahl spaltet meinen Schädel. Aber ich bin in Sicherheit.

Und wieder versuche ich, die Hülle abzudichten. Wie die Schnecke, die ihre Fühler einzieht und die Öffnung ihres Gehäuses mit erstarrendem Speichel versiegelt. Wie das Stachelschwein, das sich im Winterschlaf des Vergessens einigelt. Das Fallen des Laubes, das Tanzen von Staubkörnern in den Sonnenstrahlen, sogar Hagelschauer kann ich ausschließen von meiner Wahrnehmung. Aber *Iska** nicht. Nicht diesen wie ein Peitschenhieb über uns kommenden Wind aus dem Norden. Und nicht in einer Zelle, deren eine Wand fast zur Gänze Tür ist und deren obere Hälfte offen steht, sieht man vom Gitter ab. Iska läßt auch die untere Hälfte unsinnig erscheinen. Im Holz klaffen zentimeterbreite Spalten, durch die der Wind hindurchfegt, gewalttätig, gierig, gemein. Für einen Harmattansturm ist die Gruft

* Iska: Bezeichnung für den Wind Harmattan.

die vollkommenste Falle, die der menschliche Geist sich ausdenken konnte. Der Wind wirft sich von Wand zu Wand, peitscht und schüttelt die Hütte und heult und winselt in stetem Wechsel wie eine Teufelsmaschine, bei der man nicht weiß, ob sie im nächsten Augenblick explodieren oder sich in den Weltraum abheben wird. Ich höre ganz deutlich, wie der Wind sich im Korridor vor meiner Zelle sammelt, kurz verschnauft und neue Kräfte schöpft, um dann einen neuen Ansturm in verschiedene Richtungen gleichzeitig zu unternehmen, der meine Blutgefäße zuschnürt und mir das Mark aus den Knochen saugt. Dann wird die Zelle selbst zum Mittelpunkt des Sturms; der Wind strömt durch jede Öffnung ein und steigert sich, bis der eisige Druck schier unerträglich wird und sich dann allmählich durch das offene Gitter und das Fenster nahe der Decke verliert. Der Zyklus dauert die ganze Nacht über an. Der Schlaf, der in den Momenten der Ruhe möglich ist, erzeugt nur einen einzigen Traum: Ich bin in einen Eisblock eingefroren, da ich mich törichterweise im Laufe einer Zaubervorführung bereit erklärt habe, mich von dem Zauberer in der Mitte durchsägen zu lassen, welcher nun die Nerven verliert und sich davonmacht. Ich schreie, genauer, ich rolle die Augen, um Hilfe zu erbitten, und einige der Zuschauer eilen auf die Bühne und beginnen, den Eisblock mit Hämmern aufzumeißeln. Ich erwache, und der Iska schlägt gegen meine Brust.

Guten Morgen, wie geht's uns heute krck guten Morgen, wie – »Mir ist kalt! Ich brauche noch eine Decke.« – »Was? Wie viele Decken haben Sie?« – »Eine.« – »Was? Nur eine?« – Er wendet sich zu Polyphem. »Chef, geben Sie ihm eine zusätzliche Decke aus dem Lager.« – »Lager? Ach ja, ich glaube, wir haben welche. Ich bring sie ihm heute noch.«

Dies ist das zweite Mal, überlege ich, daß ich meine eigenen Vorschriften zum Überleben übertreten habe. Das erste Mal war der Anlaß das Moskitonetz gewesen. Ernsthaft beunruhigt wegen des täglichen Blutstroms auf dem Bettlaken, wegen der Horden von Moskitos, die bei jeder Bewegung am hellichten Tage aus dunklen Ecken emporstiegen – Hunderte von Moskitos mit fetten, blutgeschwängerten Bäuchen –, entschloß ich mich, um ein brauchbares Netz zu bitten. Ich mußte eine Debatte mit mir selber führen, die zu gewinnen ich froh war. Meine Argumentation war folgende: In anderen Zellen halten sich Hunderte von Insassen auf, und die Moskitos teilen sich diesen Vorrat an Blut; im höchsten Fall hätte sich ein Insasse der Zuwendung von vier Moskitos zu erwehren. Du dagegen bist hier in diesem Hof ganz allein gegenüber mindestens hundert Moskitos, die sich alle auf dich konzentrieren. Die Bitte um ein Netz ist daher nicht das Fordern eines Privilegs, sondern Notwendigkeit. Es ist ungerecht, wenn man es dir verweigert. Man verweigerte es mir nicht. Ich erhielt ein Netz, das nicht nur sauber war, sondern auch nur drei Löcher aufwies, die zu flicken kein Problem war.

Dieser jämmerliche Sieg und die scharfen Nadeln des Iska unterstützten meinen Entschluß, um eine Decke zu bitten. Nach einer Woche warte ich immer noch darauf. Schon zweimal habe ich Polyphem daran erinnert. Sei es, daß der Iska ihn in seinem Bett gefangenhält, oder daß finstere Gründe ihn verhindern – jedenfalls erweist sich, daß die Große Null ihre morgendlichen Runden nicht so andächtig absolviert, wie ich zunächst annahm. Ich sehe ihn gar nicht mehr. Sein Assistent hält noch eine Weile die Moral aufrecht und erscheint bis zu den Augen in Mantel und Schals eingemummt. Mit gesenktem Kopf, um dem Wind zu entgehen, rennt er blind und taub über den Hof. Schließlich gibt auch er es auf, so tun zu wollen, als würde er irgend etwas inspizieren. Es ist eine friedliche Zeit. Keine Schallplatten ertönen mehr. Die Wärter sind immer in ihre weiten Umhänge eingehüllt; die Vorschriften erlauben ihnen inzwischen, unter ihren Khaki-Hemden dicke Pullover zu tragen. Ausnahmslos zieren ihre Brust wollene Westen, die zum größten Teil aus den Restbeständen des Ersten Weltkriegs stammen müssen. Es gibt eine Inflation von Ohrenschützern.

Selbst der Kalfaktor, der mein Essen bringt, trägt inzwischen Flanellunterwäsche. Die Nachtwachen sehen aus wie Eskimos mit ihren Beinschützern und extra dicken Umhängen. Polyphem trägt von allen die absonderlichste Ausrüstung – einen dicken Militärmantel, der aussieht, als wäre er mit Gummi überzogen. Zum drittenmal innerhalb von zwei Wochen erinnere ich ihn daran, daß ich eine Decke brauche. Und zum letztenmal. Ich beschließe, nie wieder darum zu bitten. Iska werde ich in Hemdsärmeln und mit nur einer Decke Trotz bieten müssen.

Ich verfüge über keinerlei Salben; ich habe keine Schuhe, nur offene Sandalen. Mein Körper ist das dichte, staubige Zentrum einer trockenen Kälte. Meine Haut hat sich in Schuppen verwandelt, Lippen, Handflächen und Fußsohlen sind zu zähem Leder geworden. Ich stelle fest, daß an meinen Fersen und an den Seitenflächen meiner Füße große Spalten klaffen. Mein Körper erweckt ein neues, ausschließliches Interesse in mir; ihn zu beobachten, wird zu einer Beschäftigung, die hilft, die Stunden herumzubringen. Bis jetzt habe ich mich kaum um die physischen Gegebenheiten meines Körpers gekümmert, nur um die durch ihn erfahrenen Empfindungen. Nun ist er zu einem fremdartigen Gebiet geworden; die Haut löst sich in Stücken ab, wenn man nur ein bißchen reibt. An den Fersen, dort, wo sich die Risse zuerst gezeigt haben, sind zentimeterdicke Schwielen. Ich schäle große Fetzen toten Fleisches ab, meine Nägel zersplittern dabei wie dünnes Glas. Die Lippen schmerzen und bluten; die Risse in ihnen beginnen ebenfalls, sich lösende Schuppen hervorzubringen. Wenn ich meine Hände nur leicht reibe, laden sie sich statisch auf; Schnipsel vom Toilettenpapier werden von ihnen wie von einem Magneten angezogen. Mein Haar knistert unnatürlich, wenn ich es mit dem Kamm berühre. Es bricht wie dürre Zweige.

Am meisten leiden die Augen unter Kälte und Staub. Sie tränen ohne Unterlaß, und ich fürchte, daß das rechte ernsthaft beeinträchtigt ist. Ich bin inzwischen sicher, daß seine

Sehkraft schwindet, und frage mich, ob es komisch wäre, ein Monokel zu tragen, sollte ich gezwungen sein, eine Brille zu benutzen. Hier sowieso nicht; da kann ich Gift darauf nehmen. Fragen nach dem Arzt wurden mit einem beiläufigen Nicken quittiert. Das konnte man auslegen als ›Bitte ist zur Kenntnis genommen‹. Später trafen sie auf unverhülltes Desinteresse. Der Pfleger kam einmal her, hob seine Hände und zuckte mit den Schultern.

Das Spiel, meinen Körper zu beobachten, hat seinen Reiz verloren. Mein Körper, den ich jetzt begreife als das Empfinden der Schmierigkeit meines Hemdes, widert mich allmählich an; dennoch wage ich es nicht, das Hemd zum Waschen zu geben, bevor nicht die Sonne wieder scheint. Mir bleibt nur die Wahl, entweder weiterhin nachmittags zu duschen, auch wenn die Sonne nur schwach und trübe scheint, oder das Hemd zu waschen und den ganzen Tag im Bett zu verbringen. Nach dem Duschen brauche ich alle Kleidung, derer ich habhaft werden kann, um mich zu wärmen. Und alles, was ich besitze, ist dieses Hemd und eine Jacke, deren Löcher ungefähr denen entsprechen, die das Moskitonetz zierten, das ich beanstandet habe. Die Jacke kann ich getrost waschen, aber das Hemd brauche ich als Windschutz; sollte es nicht in einem Tag trocknen, wäre ich dem abendlichen Sturm hilflos ausgeliefert.

Seltsame Dinge geschehen mit meiner Haut. Sie ist inzwischen so ausgetrocknet, daß sie aufspringt, was sehr schmerzhaft ist. Dieser Prozeß ereignet sich unten am Kreuz. Es bedeutet, daß ich keine abrupten Bewegungen machen darf. Ich darf mich nur vorsichtig ausstrecken, nicht dehnen; bücken darf ich mich überhaupt nicht. Ich muß mich so bewegen, daß meine Haut nur langsam und gleichmäßig aufspringt. Ich lerne meine Lektion langsam; wenn ich sie vergesse, werde ich von stechenden Schmerzen durchbohrt. Die Finger sind zu fremdartigen Auswüchsen geworden; ihre Gelenke sind steif, und bei den einfachsten Handgriffen muß ich ihnen gut zureden. Eine Tasse, in die

Wasser gefüllt wird, entgleitet durch diese Gewichtsveränderung meinen Fingern. Ich lerne, mir meines Tastsinns sicher zu sein, trotz der Hornschicht auf meinen Händen.

Mir kommt eine Erleuchtung. Da ich kein Freund von Margarine bin, habe ich bis jetzt meine Ration immer zurückgehen lassen (und oft so getan, als bemerkte ich nicht, wie der Wärter sie einsteckte, um die Versorgung seiner Familie aufzubessern). Auf der verzweifelten Suche nach irgend etwas, das ich als Salbe benutzen kann, bevor meine Haut aussieht wie die eines Alligators, beginne ich, mich mit der Margarine einzuschmieren. Ich erprobe sie zunächst an der harten, zusammengezogenen Kruste auf meinem Rücken, wobei ich Verrenkungen vollführe, um die Stellen zu erreichen und gleichzeitig zu verhindern, daß die Haut gänzlich auseinanderplatzt. Dann behandle ich meine Lippen, selbst die Fußsohlen und natürlich die Gelenke der Finger. Nichts kann meinen Füßen wirklich helfen, bevor der Harmattan vorüber ist, aber die übrige Schuppenhaut löst sich auf unter der Pflege mit Margarine. Finger, Lippen und Kreuz werden wieder geschmeidig und menschenähnlich. So stelle ich mir die Mauser vor. Im Lauf einer weiteren Woche erlange ich eine beneidenswert glatte Haut, eine Haut, die nur darauf wartet, für einen Schönheitswettbewerb entdeckt zu werden – und dann – her mit den Verträgen der Werbebranche für die neueste Schönheitscreme! Diese Haut . . . verbreitet allerdings auch . . . einen fürchterlichen Gestank.

19

Der jüngere Beamte erschien eines Morgens mit einem Pakken ordentlich gefalteter Formulare, denen trotzdem schon von weitem der Geruch xerographierten Bürokratentums anhaftete.

»Guten Morgen, Sir. Wir hätten da ein paar Formulare für Sie zum Ausfüllen.« Er lächelte mir freundlich zu, als hätte er mir eine gute Nachricht zu überbringen. Ich wartete darauf, daß er mir erklärte, was der Grund für seine unschuldige Fröhlichkeit war. Er reichte mir ein Formular, und sein Grinsen wurde noch breiter. »Jetzt brauchen Sie sich wenigstens keine Sorgen um Ihre Familie zu machen. Es gibt nichts Schlimmeres für einen, als hier zu sein und sich auch noch Sorgen um die Familie machen zu müssen.«

Ich beäugte mißtrauisch das Formular, das ich instinktiv von meinem Körper weggestreckt hielt. Darauf wurde lediglich verlangt, Name und Adresse derjenigen Person einzutragen, die ich zum Nutznießer meines Gehalts erklärte, und zu unterschreiben. Auf der Rückseite waren gestrichelte Linien angebracht, auf denen Name und Adresse des Arbeitgebers einzutragen waren.

»Wer hat sich das ausgedacht?« wollte ich wissen.

»Anordnung der Regierung. Gowon hat ein Rundschreiben an alle Ministerien und Gemeindevertretungen herausgegeben, das besagt, daß die Löhne und Gehälter von Untersuchungshäftlingen ohne Abzüge an ihre Familienangehörigen ausgezahlt werden müssen. Das gilt auch für private Firmen und Gesellschaften. Jeder Untersuchungshäftling muß seinen Lohn ausbezahlt bekommen.«

»Und was ist mit den Selbständigen?«

»Wie bitte?«

»Wer zahlt den Selbständigen ihren Verdienstausfall? Wer kümmert sich um ihre Angehörigen?«

Er starrte mich eine Weile verständnislos an. Dann sagte er: »Darüber bin ich nicht informiert. Wir wissen hier nur, daß das Rundschreiben herausgekommen ist und daß man uns diese Formulare zum Ausfüllen geschickt hat. Warum machen Sie sich Gedanken über diese Arbeitslosen? Denken Sie an Ihre Familie! Jeder ist sich selbst der Nächste.«

Ich erklärte es ihm. »In Lagos war ich im gleichen Block untergebracht wie ein selbständiger Elektriker, ein paar Bauern, Kleinhändler, Rechtsanwälte, ein Musiker und ein Vertreter. Das sind nur ein paar Beispiele. Werden sie und die Tausende, die in der gleichen Lage sind, auch diese Formulare erhalten?«

»Gewiß«, antwortete er. »Wir müssen die Formulare allen Untersuchungshäftlingen zustellen. Befehl vom Hauptquartier.«

Ich hielt ihm das Formular hin und deutete auf den Abschnitt, in dem Name und Adresse des Arbeitgebers einzutragen waren. »Was sollen diese Leute hier eintragen? Steht hier nicht die Adresse, an die das ausgefüllte Formular geschickt werden muß?«

»Ja.«

»Und was sollen die dann hier eintragen? Wer soll sich um ihre Angehörigen kümmern?«

Er nahm seine Mütze ab und kratzte sich verwirrt am Kopf. Schließlich sagte er: »Ich weiß es nicht.«

Ich gab ihm das Formular zurück. Seine Verblüffung war rührend.

»Sie wollen es nicht ausfüllen, Mr. Soyinka?«

»Gowon und seine Berater müssen nicht glauben, daß sie mit solchen albernen Augenwischereien die Gerechtigkeit ersetzen können.«

»Aber Ihre Familie, Mr. Soyinka! Ich bitte Sie, denken Sie an Ihre Familie. Wie soll sie zurechtkommen, wenn Sie ...«

»Haben Sie keine Angst; die werden schon nicht verhungern. Wir haben Freunde und eine große Verwandtschaft. Meine Frau ist berufstätig.«

»Selbst wenn sie Rockefeller wäre, Geld ist Geld.«

»Nicht immer. Es gibt auch etwas, das heißt Blutgeld. Oder Schweigegeld. Haben Sie diesen Ausdruck schon einmal gehört? Schweigegeld. Es heißt, daß man Geld nimmt und dafür den Mund hält. Damit verpflichtet man sich den Leuten, die einen verfolgen.«

»Ich bin da anderer Meinung, Mr. Soyinka. Dieses Geld gehört nicht dem Staat. Es ist Ihr Geld, Ihr Gehalt. Das Geld, das Sie verdienen würden, wenn Sie jetzt nicht hier eingesperrt wären. Schließlich sind Sie doch kein Krimineller. Soweit ich das beurteilen kann, zeigt das doch den Unterschied zwischen einem Strafgefangenen und einem Untersuchungshäftling. Wenn Sie ein Sträfling wären, würden Sie Ihre Arbeit verlieren. Aber Sie sind ja immer noch Institutsvorstand, und deshalb steht Ihnen Ihr Gehalt zu. So hat es die Regierung bestimmt.«

»Sie täuschen sich. Selbst wenn dieser Plan alle einbeziehen würde, bliebe immer noch der grundlegende Betrug. Woher nehmen diese Leute das Recht, aus öffentlichen Geldern Almosen zu verteilen, wenn es nur darum geht, daß wir unser Recht bekommen?«

Er vertrat immer noch erregt meine Interessen: »Mr. Soyinka, wenn Sie sich jetzt weigern, dieses Formular auszufüllen, muß Ihre Familie sinnlose Entbehrungen auf sich nehmen.«

Ich versuchte, ihn zu beruhigen; während ich mit meinem Ego räsonierte, das die Form einer anderen Person angenommen hatte, erfuhren meine kärglichen Kräfte plötzlich eine Unterstützung durch heftige Gewißheit:

»Für jeden Tag, den ich in diesem Loch absitze, wird irgend jemand bezahlen. Für meine Arbeit, für den Teil meines Lebens, der mir gestohlen wurde, für alle Entbehrungen. Aber solche Schulden können nicht mit Geld beglichen werden.«*

* *1970 habe ich meine Lehrtätigkeit an der Universität von Ibadan aufgegeben, um mich ganz dem Schreiben widmen zu können. Ich gab keine Gründe an, so daß der Phantasie einer müßigen Gemeinde von Akademikern keine Schranken gesetzt waren. Eines der beliebtesten Gerüchte hatte folgenden Inhalt: Yakubu Gowon habe die Universität angewiesen, mir das ausstehende Gehalt für den Zeitraum meiner Haft nachzuzahlen; nachdem ich diesen unerwarteten Notgroschen bekommen hätte, sei mir die Idee gekommen, einen Vertrag mit Hollywood abzuschließen, um so den Rest meiner Tage in Saus und Braus zu verbringen.*

Damals erfuhr ich auch zum erstenmal, daß die Universitätsverwaltung nach meiner Verhaftung entschieden hatte, daß ich meine Tätigkeit als Leiter des Instituts für Theaterwissenschaften nicht offiziell *aufgenommen hätte und daß somit die Universität mir gegenüber keinerlei finanzielle Verpflichtungen eingegangen sei.*

Um so besser, daß ich Mr. Gowons barmherzige Gabe nicht angenommen hatte.

20

Eine fahle Sonne stand hinter der dunstigen Luft, und das Wüten des Harmattan war einer plötzlichen Windstille gewichen, als der Große Aufseher endlich wieder die Gruft betrat; ihm voran ging ein Wärter, der zwei Stühle trug; Polyphem bildete die Nachhut und lungerte während der Dauer des Gesprächs im Hintergrund herum.

Ich hatte auf dieser Unterredung bestanden. Es war mir klargeworden, daß sich das Leben in Kaduna einem bestimmten Muster oder dem Fehlen eines solchen anpaßte. Ich wußte, wie der von Routine geprägte Geist funktionierte; entsprach irgendein rein zufällig sich zunächst ergebender Umstand der Zeiteinteilung, den Fähigkeiten, der Arbeitsscheu, der Bequemlichkeit oder den eingefahrenen Gewohnheiten von Beamten und Anstalt, dann konnte man sicher sein, daß dieser Umstand zu einer unverrückbaren Gegebenheit werden würde. Jegliche denkbare Veränderung muß entweder rechtzeitig durchgesetzt werden, oder man kann sie für immer vergessen. Deshalb unterbrach ich eines Morgens den Singsang »Guten Morgen, wie geht's uns heute« mit der Bemerkung, daß es meinen Tag nicht unwesentlich verschönern würde, wenn er sich bereit erklären könne, mir – selbstverständlich nach Maßgabe seiner Zeiteinteilung – eine Unterredung zu gewähren. Ich betonte, daß ich ihn nur darum bäte, falls er die Zeit erübrigen könne, da ich ihn für mindestens eine Stunde beanspruchen würde.

Ungefähr drei Wochen später fand er die nötige Muße. Naiverweise hatte ich erwartet, daß man mich in sein Büro bringen werde; statt dessen hatte er es so eingerichtet, daß ich den Gastgeber spielen sollte; er stellte lediglich die Möbel zur Verfügung. Wir saßen vor meiner Zelle und ließen uns von der bleichen Sonne bescheinen.

»Ich habe mehrere Fragen«, eröffnete ich das Gespräch, »und Bitten. Die Fragen zuerst, da von den Antworten die Bitten abhängig sind. Ich weiß, daß ich mich hier noch lange Zeit aufhalten werde . . .«

Er gab mißbilligende Laute von sich: »Aber nein, sagen Sie das nicht. Sie werden sehen, bald ist der Krieg vorüber, und dann . . .«

»Selbst wenn der Krieg heute eingestellt würde, ließe man mich deshalb nicht frei. Ich weiß, warum man mich denunziert hat, und habe mich dementsprechend auf einen langen Aufenthalt eingerichtet. Es geht mir jetzt nur darum, zu erfahren, wie ich mir diese Zeit etwas angenehmer gestalten kann. Ich möchte wissen, was für Möglichkeiten mir das Gefängnis bieten kann. Bücher zum Beispiel. Wie sieht es mit Büchern aus?«

Aber er beharrte: »Ich verstehe nicht, wieso Sie glauben, daß man Sie hier so lange festhalten will. Wenn Sie völlig schuldlos sind . . .«

»Nein. Im Krieg ist niemand völlig schuldlos. Im Sinne der gegen mich vorgebrachten Anschuldigungen bin ich allerdings vollkommen unschuldig. Zum Beispiel kann ich Ihnen wahrheitsgemäß versichern, daß ich keinerlei Geständnis abgelegt habe.«

»Wie war es überhaupt möglich, daß Sie in diese Geschichte verwickelt wurden?«

»Ich bin nicht einfach in etwas verwickelt worden. Die Angelegenheiten, um die es geht, waren mir schon immer ein Anliegen. Im Mai letzten Jahres habe ich mich zum Beispiel hier in dieser Gegend aufgehalten.«

»Ja, ich weiß.« Als er das Erstaunen in meinem Gesicht sah, erläuterte er: »Ich weiß zufällig davon. Ich habe jemanden kennengelernt, der Sie am Tag vor den Aufständen in einem Nachtklub gesehen hat.«

Ich fragte ihn, ob es jemand sei, den ich kannte.

»Sie werden sich nicht an ihn erinnern können. Er erkannte Sie nach den Bildern in den Zeitungen. Er erzählte mir von der Begegnung, als wir die Nachricht von Ihrer Verhaftung lasen. Ich glaube, er sagte, er sei zu Ihrem Tisch gegangen und habe Ihnen die Hand geschüttelt.«

»Das ist durchaus möglich. Ich habe auf dieser Reise viele Leute kennengelernt. Verstehen Sie, wir wußten, daß es zu Auseinandersetzungen kommen würde . . .«

Völlig unvermittelt fragte er: »Was hielten Sie von dem Staatsstreich vom fünfzehnten Januar?«

Ich erkannte das übliche Verteidigungsschema. Seit den Massenmorden von 1966 hatte sich diese Betrachtungsweise als Verteidigungshaltung nicht nur bei jenen, die aus dem Norden stammten und daher unmittelbar schuldig waren, sondern auch bei jenen, die durch ihre stillschweigende Billigung zu Mittätern geworden waren, eingebürgert. Ich gab ihm meine übliche Antwort: »Die Sache wurde falsch angegangen. Idealisten gab es genug, und die ursprünglichen Motivationen entsprangen wahrem revolutionärem Denken. Aber in der Bewegung gab es auch Leute, deren Beweggründe weniger edel waren.«

»Ja! Genau! Ich meine, jeder weiß, daß es Nzeogwu* durchaus ehrlich meinte . . .«

Nzeogwu. Dreht er sich im Grab um, wenn man ihn so beständig als gefälliges Aushängeschild mißbraucht? Ich habe miterlebt, wie gewisse Leute von der klaren Herausforderung einer Entscheidung glatt und geschmeidig zu dem salbungsvollen Pathos übergehen konnten, in dessen Dienst sie sein Andenken stellten.

Ich sagte: »Ja. Über Nzeogwu weiß jeder Bescheid.«

»Und das Töten war so grausam. Und völlig einseitig.«

»Es ist bedauerlich, daß überhaupt Menschen ihr Leben lassen mußten; leider ist es ein seltener Glücksfall, wenn eine Revolution ganz ohne Blutvergießen vonstatten gehen kann. Jedenfalls erkannten einige von uns die logischen

* Nzeogwu, Major Chukwuma Kaduna, leitete den Staatsstreich von 1966. (Anm. d. Übers.)

Konsequenzen aus dem, was Sie völlig richtig als einseitiges Töten bezeichnet haben; das war der Grund meines Besuchs im Norden. Ich war in einer Bewegung engagiert, die versuchte, die Folgen, wenn nicht zu verhindern, so doch zumindest zu verringern. Ich geriet mitten in die Tumulte vom Mai hinein. Es klingt gefühllos, so darüber zu sprechen, schließlich ist das Sterben eine sehr persönliche Erfahrung – man dürfte solche Dinge nicht nach Statistiken bemessen –, aber ich war erleichtert, als ich erfuhr, daß die Todesrate niedriger war, als wir befürchtet hatten. Und nach den Ereignissen des Juni dachten wir natürlich, daß es nun wirklich genug sei.«

Ich hielt inne, um ihm eine Möglichkeit zu einer Reaktion zu geben. Da er sich darauf beschränkte, vielsagend mit dem Kopf zu nicken, fragte ich ihn: »Was hielten Sie von den September-Massakern?«

Seine Antwort verblüffte mich durch ihre Originalität. »Sie waren gewarnt worden«, sagte er. »Ich habe selbst verschiedene von ihnen gewarnt.«

»Von den Politikern?«

»Nein, von meinen befreundeten Ibo-Familien. Ich finde, die meisten sind selbst schuld daran, daß ihnen etwas passiert ist. Schließlich können sie nicht behaupten, sie wären nicht gewarnt worden.«

Das war die bis jetzt mit Abstand merkwürdigste Variante der Rechtfertigungsformeln; außerdem lieferte sie erneut eine unbeabsichtigte Widerlegung der Behauptung, die Massenmorde hätten »spontan« stattgefunden.

Ich erinnerte mich an den ersten Hinweis darauf, den ich erhalten hatte, noch bevor die Massaker sich ereigneten. Die Enthüllungen kamen mir zu Ohren während eines Auslandsaufenthalts; ich hatte einen Monat lang an einer – größtenteils kulturellen – Veranstaltung in einer europäischen Hauptstadt in der ungewohnten Rolle eines offiziellen Delegierten teilgenommen. Ein weiterer Delegierter, Onuora

Nzekwu, ein Ibo und Schriftstellerkollege, wußte, daß sein Leben abhing von dem Versuch, in Ikeja das Flugzeug zu besteigen. Sogar ich wurde am Flughafen zurückgewiesen; die Atmosphäre war gespannt, die diensthabenden Soldaten erfanden alle möglichen Ausflüchte, und erst nach einer Woche durfte ich fliegen.

Daß ich das Risiko einer Wiederholung dieser Szene am Flughafen einging, hatte seinen Grund nicht darin, daß ich dem Seminar besondere Bedeutung zumaß, sondern in dem Bedürfnis, eine Weile entfernt von den Spannungen in meiner Heimat zu leben, das mich ab und zu plötzlich überkommt. Die psychischen Belastungen dieses ganzen Jahres, das gekennzeichnet war durch den Verlust von Freunden und Kameraden, besudelt durch die äußerste Erniedrigung eines ganzen Volkes, das terrorisiert wurde von überheblichen, mordenden, vergewaltigenden Soldaten; die Wochen nach dem neunundzwanzigsten Juli, in denen ich eine Verbindungskette im Untergrund organisierte, um Soldaten aus dem Osten – Ibo, Efik, Ogoja und Rivers – in Sicherheit zu bringen – und teilweise sogar Angehörige der westlichen Armee (diese wurden nur versteckt gehalten), Menschen, von denen selbst der Geringste nicht niedrig genug war, als daß seine Kollegen darauf verzichtet hätten, eine erbarmungslose Treibjagd auf ihn zu veranstalten (meine Frau büßte die Hälfte ihrer Garderobe ein, damit diese Leute verkleidet werden konnten); mein Unvermögen, den unzähligen Bitten um Hilfe entsprechen zu können, die hilflose Zivilisten (und zwar Leute aus dem Westen und Mittelwesten genauso wie solche aus dem Osten) an mich richteten, deren Freunde oder Verwandte der Willkür von Soldaten ausgeliefert waren; täglich mitansehen zu müssen, wie ein ganzes Volk von einer Handvoll verkommener Opportunisten erniedrigt wurde, die von dem Mythos der Macht profitierten – das alles führte dazu, daß ich gegen Mitte September des Jahres 1966 einen Punkt erreicht hatte, an dem ich bereit gewesen wäre, eine Wahnsinnstat zu begehen, nur um achtundvierzig Stunden außer Landes verbringen zu können.

Ich erhielt meinen Paß wieder ausgehändigt; diesmal hatte ich darauf bestanden, bei Tage zu fliegen, und verbrachte die Morgenstunden im Flughafengebäude, wobei ich mich bemühte, keinerlei Notiz zu nehmen von einem gewissen Flughafenkommandanten, der weithin berüchtigt war und der nun mit einigen anderen Personen nur wenige Tische entfernt von mir saß und mich vorsichtig beäugte, als wäre ich eine leicht zu fassende, aber vielleicht schwer verdauliche Beute.

Vielleicht verleitete der Umstand, daß ich als offizieller kultureller Vertreter des Landes die Reise antrat, diesen Diplomaten*, der in (...) tätig war, zu der Vorstellung, daß ich nun im Dienst der Regierung stände, das Regime Gowons unterstützte, ein regierungstreues Pendant zu seinem Untergebenen sei, einem kleinen, dicken Yoruba, der als Dritter zugegen war bei dem Mittagessen, zu dem er mich in das elegante, von Diplomaten frequentierte Restaurant einlud, das an einem Fluß gelegen ist. Jedenfalls ist das denkwürdigste Ereignis der drei Wochen, die ich in (...) verbrachte, die unmißverständliche Aussage dieses Regierungsbeamten bei Tisch. Er sagte:

»Die Ibo haben immer noch nicht begriffen. Die Abrechnung für den fünfzehnten Januar ist noch nicht abgeschlossen, aber aufgeschoben ist nicht aufgehoben. Einer unserer Leute war kürzlich hier, unser Kurier, und vorher hatten wir einen Tag lang einen ehemaligen Minister hier, der sich lange mit mir unterhalten hat. Es kann sich nur noch um Tage handeln, bis die Ibo endgültig Ruhe geben werden, das können Sie mir glauben.«

Ich fragte ihn, was er damit sagen wolle, und haßte mich für das beifällige Lächeln auf meinem Gesicht.

* Dieser Botschaftsangestellte ist inzwischen offizieller Vertreter unseres Landes in einer anderen europäischen Hauptstadt.

»Warten Sie's ab. Ist Ihnen nicht aufgefallen, wie sie ständig versuchen, die gesetzgebende Versammlung zu sabotieren? Dieser Ojukwu! Die denken, sie hätten einen Grund, sich wegen der Sachen von Mai und Juni aufzuregen. Die haben einfach immer noch nicht begriffen. Diesmal kriegen sie was, worüber sie sich wirklich aufregen können.«

Drei Tage später hörte ich die ersten Berichte über das Ibo-Pogrom. Es bedurfte keiner großen Anstrengung, sich das Mittagessen und diese Unterhaltung ins Gedächtnis zu rufen. Sie hat sich mir unauslöschlich eingeprägt.

21

Nie wieder werde ich so dumm sein, nie! Was hatte ich mir eigentlich eingebildet? Wo, dachte ich, daß ich sei? Habe ich wirklich geglaubt, diese Leute gäbe es?

Drei Wochen lang Bücher, und dann nichts mehr! Ich war zu zufrieden mit mir gewesen; das Treffen mit der Großen Null hatte das lebenswichtige Zugeständnis, daß ich Bücher erhalten sollte, zuwege gebracht. Trotzdem dauerte es noch eine ganze Woche, bis ich das erste Buch bekam. Aus der Gefängnis-»Bücherei« erschien ein zerfetzter, unvollständiger Band, der den kaum zu entziffernden Titel *Letters of Queen Victoria* trug. Es dauerte ungefähr eine Stunde, die noch vorhandenen Seiten zu lesen; nach neun Tagen hatte ich den gesamten Bestand der Gefängnisbücherei ausgelesen, wahrlich die absonderlichste Sammlung, auf deren eselsohrigen Seiten je Spinnweben und Milbeneier genistet haben. Ich konnte auch die Reihenfolge meiner Lektüre nicht wählen. Zuerst hatte ich mich beschwert, daß man mir keine Aufstellung gegeben hatte, anhand derer ich eine Auswahl hätte treffen können – es war doch offensichtlich, daß ich nicht in die Bibliothek gebracht würde, um eine eigene Wahl zu treffen. Als der junge Beamte mir am neunten Tag verkündete, daß ich soeben das letzte Buch gelesen hätte, begriff ich. Nachdem ich mich der Königin Victoria so rasch entledigt hatte, brachte mir der erstaunte Beamte vier oder fünf Stück auf einmal. Ich verbrachte die Zeit in der Gesellschaft von P. G. Wodehouse, Agatha Christie, den Pflanzen Westafrikas und beschäftigte mich mit dem Glauben fremder Länder.

Irgendwo in dieser Stadt muß es eine Leihbücherei geben, sagte ich. Ein Beamter könnte dort Bücher für mich ausleihen. Man versprach es mir und beauftragte den jüngeren Beamten damit. »Der Inhalt ist unwichtig«, sagte ich zu ihm. »Suchen Sie die dicksten Bücher aus, die sie haben, und bringen Sie sie mir. Je dicker, desto besser.« Charles Dickens besuchte mich zweimal hintereinander, dann der lasterhafte Boswell, und ihm folgte eine noch viel größere Beute des ewigen Lasters und die dickste Ausgabe überhaupt, eine überfütterte Kröte in der analphabetischen Person des Vorstands der Gefängnisse, eine fette Schwarte, die das Ende aller Schwarten verkündete.

Es bedurfte keiner Worte, um mir die Änderungen in meiner Diät zu vermitteln, die seinem unerwarteten Besuch folgten. Die Buchlieferungen fanden ein abruptes Ende; in diese Leere hinein erschienen eines Tages die Wärter und brachten eine leere Platte an.

Das kleine quadratische Loch in der Tür ist ein Guckloch, durch das man am Leben teilhat. Es geht in den Hof der Vorhölle, auf das Gebäude der Geisteskranken, der Lebenslänglichen, der gewalttätigen Geister und solcher, denen Gewalt angetan wurde, der Krüppel, der Lungenkranken, der Opfer des Sadismus der Macht, die dort vor jeder Neugier versteckt werden. Die Wärter strecken ihre Faust durch das Loch und bewegen so den Riegel auf beiden Seiten. Und auf meinen Spaziergängen auf dem Hof erhascht mein Blick zufällig – oh, völlig zufällig – und ganz selten nur eine Hand, ein Gesicht, eine Bewegung in jenem Fegefeuer. Nur zu oft freilich ist alles, was ich zu sehen bekomme, ein verschwommenes Khaki, ein Teil des Rückens des Wärters, der auf der anderen Seite der Tür steht.

Bis ich dann heute morgen, während ich noch im Bett lag, das Hämmern hörte. Den ganzen Vormittag über ertönt das Getöse, vervielfacht und verstärkt durch den Umstand, daß die Gruft in einzigartiger Weise als Echo funktioniert. (Donnert es draußen, *ist* mein Schädel der Amboß eines Gottes.) Ich gehe hinaus, um nachzusehen, und finde eine Gruppe von Wärtern vor, die sich am Tor zu schaffen machen, sie hacken, sägen und nageln, bis gegen Mittag die

Öffnung versiegelt ist. Nur der Himmel ist mir jetzt noch zugänglich, ein Himmel von der Größe einer Serviette, eingeschlossen von hochragenden Spitzen und abgebrochenen Flaschenhälsen, aber immerhin ein Himmel. Geier hocken auf einem Dach, das gerade noch sichtbar aus einem anderen Hof ragt. Und Krähen. Reiher fliegen über die Gruft, und gegen Sonnenuntergang schwärmen Fledermäuse aus. Albino-Fledermäuse von ungesunder Blässe, die ihre Pfeiftöne aussenden, um sich in der Gruft zurechtzufinden. Und trotzdem ist die Welt mit einemmal leer und tot. Noch lange nach ihrem Verstummen höre ich die Hämmer in voller Deutlichkeit. Selbst der Himmel zieht sich vor mir zurück und bedeutet mir nichts mehr.

Lebendig begraben? Nein. Das gibt es nur in Büchern.

Tage vergehen. Wochen, Monate. Orientierungshilfen und Anhaltspunkte beginnen sich aufzulösen. Langsam und unerbittlich verschwimmt die Realität, und die Wahrnehmung ist nicht mehr verläßlich.

Außer mir gibt es nur Geräusche. Sie erfahren in der Gruft eine vierte Dimension, eine Eindringlichkeit, die sie – wie es beim Geräusch des Donners geschieht – physisch unerträglich macht. Die schrillen Pfeiftöne der Albino-Fledermäuse zersetzen das Gesumme der abendlichen Gebete – christlicher und islamischer, heidnischer und solcher jenseits jeder Einordnung. Sie verwandeln meine Gruft in einen Schmelztiegel, in ein umgekehrtes Knäuel von Glaubensbekenntnissen, deren Widerhall vermischt, verquickt, ineinander verrührt wird, gefiltert durch Struktur und Substanz des schmutzigtrüben Schimmels der Wände, des grünsamtenen Pilzbesatzes, den die kundigen Finger des Regens gewoben haben.

Lebendig begraben? Ich muß mich aus den Schlingen in mir selbst frei kämpfen. Ich muß tief einatmen.

Unzählige Tage sitze ich im Hof und starre ziellos vor mich hin. Das Quietschen des Stuhls bewirkt, daß der Wärter »zufällig« vorbeipatrouilliert; sein Schritt auf dem Kies ist zu laut, um in der Watte meines Inneren absorbiert zu werden, zu schrill, zu feindselig, er verrät die Furcht, in einer raffinierten Falle gefangen zu werden, ist zu unsicher, zu bittend, zu reuevoll und zu ungewiß, um mich wieder friedlich in die Ruhe eines nach innen gewendeten Daseins sinken zu lassen. Und so vergehen Stunden und Tage und Wochen. Wenn der Harmattan sein Unwesen treibt, ziehe ich mich in die Zelle zurück und verschließe die Tür. Der Wärter sitzt unruhig unter freiem Himmel oder geht, in seinen schweren Mantel gehüllt, hin und her und verdreht seine Augen, um durch die Gitterstäbe zu mir hereinzuschauen. Ich liege unbeweglich und starre auf die Löcher im Moskitonetz. Ich warte; ich warte auf den Augenblick, in dem es mir möglich sein wird, vorsichtig einen Fühler aus meiner Hülle zu strecken, ohne befürchten zu müssen, daß er von einem schwerfälligen Tritt zermalmt wird.

22

Unter den vielen Geistern, die mich hier heimsuchen, sind die am häufigsten wiederkehrenden und die willkommensten die Geister verstorbener Verwandter – besonders der meines Großvaters – und die Geister von Christopher Okigbo* und Adekunle Fajuyi . . . Banjo, Alale besuchen mich auch, aber sie erscheinen mir kaum als Schatten . . .

Mein Großvater sitzt da wie ein Kobold und lacht in sich hinein, alles an seinem Körper atmet Liebe und Kraft aus . . . Wo warst du, wohin gehst du, wann kommst du wieder, warum bleibst du nie? Jajaja. Du brauchst es mir nicht zu sagen, ich will keine Antwort. Aber sie kommen alle und stellen mir diese blödsinnigen Fragen. Ich sage zu ihnen: Was fragt ihr mich? Fragt ihn, wenn er kommt. Ich weiß nur, daß er sich irgendwo in diesem sprechenden Kasten versteckt, denn da drin habe ich seinen Namen gehört. Ich mache den Kasten an, und er sagt, daß du irgendwo in Australien bist. Aber gestern erst war er hier, sage ich, gestern erst! Naja, wenn du nicht über dein Schicksal klagst, will ich es auch nicht tun. Hol die Kalebasse mit dem Palmwein; sie steht hinter dem Schrank. Er ist nicht mehr frisch, aber du hast dein Kommen nicht angekündigt – wie üblich. Und ich nehme an, daß du nicht warten kannst, bis heute abend die neue Lieferung kommt . . .

Irgendwie erschien es passend, daß mich auch die Nachricht von seinem Tode über den Äther erreichen sollte, als wäre das seine koboldhafte Rache dafür, daß ihm von mir kaum etwas geblieben war außer einer körperlosen Stimme. Da saß ich in jenem spannungsgeladenen April 1967 in

* Okigbo, Christopher Ifekandu, 1932–1967; Schriftsteller, fiel an der Front bei Nsukka. (Anm. d. Übers.)

Stockholm und wartete vergeblich auf Chinua* und andere, mit denen ich noch einmal versuchen wollte, aus dem Schutt von 1966 eine gemeinsame Front aufzubauen. Wie ein Geist, der einen Ungläubigen verfolgt, jagte mich das Telegramm, das die Nachricht enthielt, durch Stationen der Desillusionierung und Verzweiflung ... Ich frage mich, ob es mir jemals wieder möglich sein wird, wirklich persönliche Erinnerungen zu haben, die nicht verbunden und vermischt sind mit der Anspannung und der Belastung jener nahen Vergangenheit?

Ich sehe Christopher, wie er wie ein Wirbelwind in das Büro eines Adjutanten in Enugu stürmt. Ich bin in einem Sessel hinter der Tür versteckt, in den der Adjutant mich hatte sitzen heißen, nachdem ich zuvor von den biafranischen Sicherheitsbehörden zusammengestaucht worden war, so daß Christopher mich nicht sogleich erblickt, als er das Büro betritt. Erhitzt und atemlos gibt er die Anweisungen weiter, die er von der Front bringt. Der Krieg dauert bereits drei Wochen. Der Adjutant macht sich hastig Notizen und sagt dann: »Schauen Sie sich einmal um.« Christophers Augen drohen aus den Höhlen zu treten, und dann bricht er in jenes ihm eigentümliche Irokesen-Geheul aus, das bei einem Heer von zurückhaltenderen Bekannten überall auf der Welt peinliche Bestürzung hervorgerufen hat. Er zügelt sich innerhalb weniger Augenblicke und macht mir einen Platz in seinem Wagen frei, indem er seine Majorsuniform auf den Rücksitz wirft. Während wir zusammen an die Front fahren, sagt er:

»Weißt du, ich habe erst im Feld gelernt, wie man mit einem Gewehr umgeht. Ich hatte vorher nie eins abgefeuert, nicht einmal ein Luftgewehr. Ich schwöre es, ich halte nichts von Gewalt; ich bin da anders als du. Aber diese Sache, bei der werde ich dabeibleiben bis zum Ende.«

* Achebe, Chinua Albert, 1930, Schriftsteller. (Anm. d. Übers.)

Christopher, der mir stundenlang am Tisch gegenübersitzt, während ich im November 1965 in einer Zelle des Polizeigebäudes meine Verhandlung erwarte, und mit mir über Lyrik diskutiert ...

Fajuyi* scheint von all diesen Geistern am meisten aus Fleisch und Blut zu sein. Er geht verwirrt auf und ab, beißt sich auf die Unterlippe, macht fahrige Bewegungen.

»Wie hast du das bloß gemacht?«

Ich schaue ihn ausdruckslos an, gebe vor, ihn nicht zu verstehen. Das mutwillige Funkeln in seinen Augen verrät unmißverständlich den Sinn seiner Frage, aber ich erwidere: »Wie soll ich was gemacht haben?«

Er erhebt in gespielter Verzweiflung die Hände und ruft: »Den Überfall auf den Radiosender! Du weißt verdammt gut, was du getan hast. Wie hast du es gemacht? Soldaten und Polizisten bewachen den Platz. Wie ist es dir gelungen, hinein- und wieder hinauszukommen, und dabei auch noch alle Leute in Schach zu halten ...«

Ich unterbrach ihn mit dem Hinweis darauf, daß ich angeklagt und freigesprochen worden war.

»Ho, ho, ho, das ist gut. Aber jetzt lassen wir mal das Gericht beiseite. Ich will wissen, wie du es gemacht hast.«

»Glaubst du nicht an die Unbestechlichkeit der Justiz?«

Er bricht in schallendes Gelächter aus, dann ist er plötzlich wieder ernst: »Nun gut, ich bin von dem Mut *jenes* Gerichts und *jenes* Richters überzeugt. Und du? Was ist deine Einschätzung der westlichen Gerichte – so im allgemeinen?«

»Unterwandert. Niemand hat mehr Vertrauen zu den Gerichten.«

Er bleibt neben einem wuchtigen viktorianischen Sekretär in einer Ecke des Raums stehen – eines der Überbleibsel,

* Oberstleutnant Adekunle Fajuyi, erster Militärgouverneur des Westens. Wurde von den Führern des Staatsstreichs vom 29. Juni ermordet.

die den Hang früherer Kolonial-Gouverneure zum Protzigen dokumentieren –, schiebt die schräge Klappe des Schrankes hoch und entnimmt ihm einen Dienstrevolver, den er spielerisch in der Hand bewegt.

»Weißt du, genau hier saß er, auf dem gleichen Stuhl wie jetzt du. Ich hatte ihn herholen lassen. Ich mußte unbedingt mit dem Mann sprechen, der für das ganze Chaos im Westen die Verantwortung trug. Wenn die Menschen nicht mehr glauben, daß die Gerichte ihnen zu ihrem Recht verhelfen, müssen sie selbst als Werkzeug der Gerechtigkeit handeln. Ich bin der Auffassung, daß der oberste Richter für jeden Mord und jegliche Vernichtung, die hier stattgefunden haben, persönlich verantwortlich ist. An dem Tag, an dem er ganz bewußt die Wahlpetitionen verschleppte, um dann zu verkünden, daß die entsprechenden Verhandlungen durch die Ereignisse eingeholt worden seien, machte er sich verantwortlich für die ganze Schweinerei. Mord, Brandstiftung, Vergewaltigung, alles. Wir Soldaten gelten als etwas beschränkt; sicher zu Recht. Jedenfalls ist das die Betrachtungsweise, die sich meinem einfachen Verstand anbietet. Also, ich ließ ihn herbringen. Als er erschien, wußte ich, daß mein beschränktes Urteilsvermögen mich nicht getäuscht hatte. Ich sagte zu ihm: »Erzählen Sie mir, was genau an jenem Tag im Gericht geschehen ist. Ich möchte, daß Sie mir Ihre Eindrücke schildern.« Und dann begann er zu zittern. Er zitterte so sehr, daß ich glaubte, er werde von seinem Stuhl fallen. Ich fragte ihn: ›Was ist los?‹ Ich sagte: ›Fürchten Sie sich vor mir?‹ Ich wartete und wartete, aber er brachte kein Wort heraus.

Das war der Augenblick, als ich diesen Revolver nahm. Weißt du, wir Soldaten haben wirklich ein sehr simples Gemüt. Ich wollte ihn überhaupt nicht erschrecken; ich hatte eigentlich vor, ihn zu beruhigen. Ich nahm den Revolver, öffnete das Magazin und zeigte es ihm. Ich sagte: ›Sehen Sie, dies ist die einzige Waffe im Raum; sie ist nicht geladen. Nur weil ich Soldat bin, brauchen Sie doch keine Angst vor mir zu haben. Wir zwei sind ganz allein hier, Sie und ich.‹ Ich öffnete die Türen und Fenster. Ich bewies ihm, daß sich niemand im Raum verborgen hielt, um ihn zu ermorden. ›Jetzt wollen wir miteinander reden. Millionen von Menschen sind an die Urnen gegangen, um ihre Regierung zu wählen. Als oberster Richter der Region sollten Sie über politische Interessen erhaben sein; deshalb unterstelle ich, daß jegliches Handeln Ihrerseits in Übereinstimmung mit Ihrem Beruf als Richter und im Einklang mit den höheren Idealen der Gerechtigkeit geschah. Und alles, was ich jetzt wissen will ist, was an jenem Tag im Gericht vor sich ging, und zwar so, wie es sich Ihnen darstellte. Erzählen Sie mir alles so, wie es sich nach und nach abgespielt hat.‹

Unsere Leute sind wirklich komisch. Weißt du, was er getan hat? Nein, warte, ich will dir erst sagen, was ich erwartet hatte. Ich dachte, er würde entweder mit einer mehr oder weniger glaubwürdigen Rechtfertigung aufwarten oder an Ort und Stelle seinen Rücktritt erklären. Mehr nicht. Nun gut, dann hat eben jemand in seiner Aufgabe versagt. Für ihn ist es beschämend, und er muß die Konsequenzen auf sich nehmen, aber es ist doch keine Katastrophe. Das ehrenhafteste Verhalten unter den Umständen ist es, zurückzutreten! Aber weißt du, was dieser Mensch getan hat? Er kniete vor mir nieder, genau hier, so ein alter Mann, oberster Richter dazu, und er kniete vor mir nieder und fing an zu betteln und zu bitten. Ich wurde wütend. Ich brüllte ihn an, er solle aufstehen, aber er rührte sich nicht. Er wiederholte immer nur: ›Ich bitte Sie, mein Herr.‹ Da bin ich rausgegangen. Als ich dachte, daß er nun wieder bei sich sei, schickte ich die Wache hinein, um ihm sagen zu lassen, daß er gehen könne.«

Wieder macht er eine lange Pause, während der er seinen Gedanken nachgeht. »Das ist das ganze Problem. Die Leute wollen nicht gehen. Vielleicht mache ich es mir damit wieder zu einfach, aber so stellt sich mir der Sachverhalt dar. Unsere Leute können es sich nie eingestehen, wenn ihre Zeit vorbei ist. Die Politiker wollen ewig an der Macht bleiben, und anstatt zurückzutreten, stürzen sie lieber das Land ins Chaos. Ein Richter weiß, daß er sich als korrupt erwiesen hat, aber er bettelt darum, bleiben zu dürfen. Er ist überall vorstellig geworden, seit ich ihn zwangsweise beurlaubt habe. Seine Mittelsmänner bemühen sich, Ironsi zum Befürworter seiner Sache zu machen. Jedenfalls ist das die erste Entscheidung, die ich für diese Region getroffen habe. Er wird gehen. Und wenn er nicht bald seinen Rücktritt einreicht, werde ich ihn einfach sang- und klanglos absetzen.«

Dann, ohne jeden Übergang: »Du solltest hierher zurückkommen. Das Land braucht dringend Leute, die sich am Wiederaufbau beteiligen.«

Ich antworte ihm: »Die Universität von Lagos hat sich mir gegenüber loyal verhalten während meines Verfahrens. Ich muß mich irgendwie erkenntlich zeigen.«

»Die haben genug Leute; sie können auch ohne dich auskommen.« Er lacht unvermittelt. »Ich kann dich zwingen, weißt du das nicht? Was würdest du tun, wenn ich dich per Anordnung herbringen ließe?«

Ich stelle mich nachdenklich. »Nun ja, ich weiß nicht recht . . . Es liegt mir nicht, herumkommandiert zu werden. Vielleicht würde ich plötzlich verschwinden.«

Wieder bricht er in schallendes Gelächter aus: »So wie der geheimnisvolle Besucher des Radiosenders . . .«

Ich antworte streng: »Darf ich Ihnen in Erinnerung rufen, Sir, daß ich . . .«

»Freigesprochen und rehabilitiert wurde. Ich weiß schon. Aber du solltest ernsthaft darüber nachdenken. Wir hier brauchen dich dringender als die, vergiß das nicht.«

»Der wahre Grund meines Zögerns ist, daß es mir unangenehm ist, im Dienst der Regierung zu arbeiten. Ich werde auf jeden Fall mitarbeiten, wenn du mich brauchst; ich will aber nicht von dir eingestellt werden. Ich meine solche Unternehmen, für die du Hilfe von auswärts benötigst.«

Seine Drohung klingt mir in den Ohren, als er mich zur

Tür begleitet. »Ich werde darauf zurückkommen; früher, als du glaubst!«

Gerüchte über bevorstehende Gerichtsverfahren, sogar Andeutungen über geheime Hinrichtungen der Anführer des Staatsstreichs vom Januar 66. Wir bilden Interessengruppen und sammeln Unterschriften für Eingaben, die ihre Freilassung fordern.

Die Petition ist eine zweischneidige Sache. Die Sachverhalte, die allmählich bekannt werden, genauere Einzelheiten über Todesfälle und die Schlüsse, die sich daraus ziehen lassen, stellen eine ungeheure Bedrohung des Nationalgefühls dar. Trotz des Mißerfolgs der ursprünglichen Bewegung und ihrer Verwässerung durch einen Repräsentanten des Establishments – wie ihn Ironsi darstellt – bleibt die Erkenntnis, daß eine Situation, und zwar jede Situation, die in einer Zerstörung des Vergangenen gründet, stets von den Händen weniger Auserwählter geformt wird. Ablehnung oder Verurteilung derer, die diese Situation hergestellt haben, bedeutet einen Sieg der Kräfte, die gestürzt worden sind. Die Entscheidung, eine Bewegung zu unterstützen – geschweige denn, zu initiieren –, die ihre Rehabilitierung betreiben soll, kann sich daher nicht in dem bloßen Unterschreiben einer Bittschrift erschöpfen. Die Entscheidung eines Individuums, eine solche Petition zu unterschreiben, kann zuallererst nur durch die Bereitschaft herbeigeführt werden, die dieser Situation eigenen Mängel nach sorgfältigem Abwägen zu akzeptieren, was eine Billigung der schuldhaften Handlungen einschließt, welche diese Situation herbeigeführt haben. Wut überkommt mich angesichts der Dummheit und der unlauteren Beweggründe vieler; ich erkenne sogar, daß einige versuchen, die neue Situation weiterhin im Sinne ihrer arglistigen, niedrigen, parteiischen und engstirnigen Ziele zu nutzen; mir bietet sich das wenig erbauliche Schauspiel, wie alte Gefährten die neue Situation gänzlich mißverstehen und sich, jedes Anstandes und Verstandes bar, gierig an die unmittelbare materielle und geistige Ausbeutung der Situation machen.

Aber dann kommt der Moment, in dem der Betroffene sich fragen muß: ›Kann ich mich mit der Aktion einverstanden erklären‹ – in diesem Fall die Ereignisse vom fünfzehnten Januar – ›und sie als Ausgangspunkt für das Endziel anerkennen, oder muß ich sie verwerfen?‹ Sie zu verwerfen würde zwei Vorgehensweisen implizieren: sofortige und öffentliche Anklage derer, die den Putsch vom fünfzehnten Januar ausführten, und die Forderung nach der Wiedereinführung der Zustände, wie sie vor dem fünfzehnten Januar bestanden.

Die andere Alternative, nämlich die Januar-Ereignisse als Ausgangspunkt anzuerkennen, war nicht unproblematisch, und man konnte sie auch nicht treffen, ohne dabei einen tiefen Groll zu empfinden – wenigstens galt dies für jene, die mit der umfassenden Strategie der Aufstände im Westen zu tun gehabt hatten. Das Eingreifen der Armee war dankbar akzeptiert worden, weil es jenem anderen militärischen Einschreiten zuvorkam, das die feudalistische Mafia-Allianz zwei Tage später hatte stattfinden lassen wollen. Ich hatte die letzten Nächte vor dem fünfzehnten Januar mit dem Auskundschaften möglicher Verstecke verbracht, weil ich von dem »Unternehmen verbrannte Erde« Wind bekommen hatte, das im Westen mit »intellektuellen Dissidenten«, Gewerkschaftlern und sogar einigen Richtern, die sich nicht an die politische Linie gehalten hatten, reinen Tisch machen sollte. Ich verbrachte den Vorabend des Staatsstreichs in meinem Büro in der Universität von Lagos, in Reichweite des »Fischer«-Boots, das in der Lagune hinter dem Universitätsgebäude vertäut lag. Alles war von einem Efik vorbereitet worden, der dem Kommando zur Bekämpfung des Schmuggels im Hauptquartier in Obalende angehörte, einem der vielen Regierungsangehörigen, die die Bewegung unterstützten.

Ich hatte mich noch nicht einmal frisch gemacht, als am

Morgen des fünfzehnten Januar zwei ausländische Journalisten, Walter Schwartz vom *Guardian* und Lloyd Garrison von der *New York Times,* in mein Büro gestürmt kamen, gierig, von mir Informationen über den Staatsstreich zu bekommen. Statt dessen begann ich, sie auszufragen. Ich ließ mir von ihnen wiederholen, was sie gehört und gesehen hatten, bis Lloyd Garrison meinte: »Es wundert mich, daß Sie überhaupt nicht überrascht sind.«

Ich war nicht überrascht, sondern verwirrt. Was ganz allgemein das Einschreiten der Armee betraf, so war ich nicht überrascht. Aber die Einzelheiten, die sie mir jetzt berichteten, waren höchst seltsamer Natur. Ich hatte mir die Intervention der Armee anders vorgestellt. Ich konnte einfach nicht glauben, daß Akintola, der gerade von seiner entscheidenden Zusammenkunft mit dem Sardauna* zurückgekehrt war, erschossen worden sein sollte oder daß den teuflischen Plänen, die beide mit Balewas Zustimmung ausgebrütet hatten, ein »Präventivschlag« zuvorgekommen sein sollte.

Ich konnte den Taumel der Euphorie, als ich die wahre Natur der Ereignisse vom fünfzehnten Januar allmählich begriff, nicht leugnen. Ich wünschte damals wie heute, daß der Aufstand im Westen als eine Massenerhebung zum Sieg geführt hätte. Mit ein paar Wochen mehr an Zeit wäre dies auch verwirklicht worden. Bis auf Ibadan war jede Stadt gefallen. Die Regierung – soweit man darunter die entmachteten Mitglieder der NNDP versteht – versuchte nicht einmal mehr, im Westen den Eindruck von Funktionsfähigkeit zu erwecken, wo fast alle lokalen Versammlungen unter der Aufsicht von Vertrauensleuten der Aufständischen abgehalten wurden. Die nächste Phase, die in der Ausschaltung dieser Regierung in der Hauptstadt Ibadan bestehen sollte, hatte bereits begonnen und wäre im Laufe weiterer

* Sardauna von Sokoto: Bello, Alhaji Sir Ahmadu, 1910–1966; Urenkel von Usman Dan Fodio, dem Gründer des Sokoto-Reiches; 1. Premier des Nordens, beim Putsch von 1966 getötet. (Anm. d. Übers.)

zwei Wochen vollendet worden. Akintola und Balewa mitsamt ihren Oberlehnsherren vom NPC* erkannten und deuteten die Zeichen richtig. Außerdem verfügten sie über Meldungen der Sicherheitspolizei und des militärischen Geheimdienstes. Verschiedene Stadtviertel von Ibadan standen bereits auf der Gegenseite – wenigstens bei Nacht. Es gab nur die Wahl, entweder zu kapitulieren oder einen militärischen »Gegenschlag« vorzubereiten. Die Führer der NNA** entschieden sich für die zweite Möglichkeit und versammelten sich in Kaduna, um ihre weiteren Schritte abzusprechen. Es war zu spät, um die Einkreisung Ibadans so zu beschleunigen, daß man der Ausführung ihres zynischen Plans hätte zuvorkommen können, der darin bestand, den Notstand auszurufen und gnadenlos jeglichen Widerstand gegen die verhaßte Tyrannei auszurotten. Selbst wenn sich die Gerüchte, denen zufolge Akintola am vierzehnten Januar nach seiner Rückkehr aus Kaduna hätte ermordet werden sollen, als wahr erwiesen hätten, wäre dadurch den unter Hochdruck vorangetriebenen Vorbereitungen für einen Gegenschlag der feudalistischen Mafia kein Einhalt mehr geboten worden. Es blieb uns nichts weiter übrig, als uns auf den fortdauernden Widerstand im Untergrund einzurichten, sobald der nun unvermeidliche Schlag gegen uns geführt worden war.

Zieht man die mit ihm verbundenen Fehlschläge, den Selbstbetrug, die Unvollständigkeit und letztlich auch die Selbstaufgabe in Betracht, konnte dann der fünfzehnte Januar als Basis für eine nationale Erhebung anerkannt werden? Gewalt und Tod zu begegnen ist eine sehr persönliche Erfahrung; schließlich gibt es nur ein Gesetz, das entscheidet, wie man Verantwortung übernimmt oder sich ihr entzieht. Hätte ich im voraus gewußt, welche Resultate sich

* NPC: Northern Peoples Congress, gegründet 1949, konservative Regierungspartei (seit 1959) des Nordens. (Anm. d. Übers.)

** NNA: Nigerian National Alliance, Koalition von NPC und NNDP, seit 1964. (Anm. d. Übers.)

ergeben würden, hätte ich die Wahl gehabt, mich zu entscheiden, ob ich den Weg, den diese jungen Offiziere gewählt hatten, unterstützen oder begleiten wolle, hätte ich mich dann dafür entschieden? Meine Antwort war eine uneingeschränkte Bejahung.

Nach dem endlos scheinenden Alptraum wendete sich das Los des Westens endlich zum Besseren. Aus der Ferne beobachteten wir Fajuyi, seine Entschlüsse und Handlungen. Das erste Treffen hatte mich zwar in meinen Hoffnungen bestätigt, aber ich war bis zum Überdruß vertraut mit der allmählichen, sich stets wiederholenden Korrumpierung durch die Macht. Wir kamen ein weiteres Mal zusammen. Ich wollte ihm unsere Bittschrift zugunsten der Anführer des Staatsstreichs persönlich überreichen.

Fajuyi sagte: »Man muß da unterscheiden. Es sind ein paar üble Subjekte darunter, die private Rechnungen begleichen wollten. Unser junger Generalstabschef, Gowon, wurde mit einer Untersuchung beauftragt und wird darüber Bericht erstatten. Ich habe selbst ein paar der Leute verhört. Ich sage dir, wir sind da in einer teuflischen Zwickmühle. Ich beneide keinen von uns; die Lage ist für alle schließlich gleich unangenehm. Wenn wir die falsche Entscheidung treffen, dann gute Nacht! Aber wir müssen uns entscheiden. Sobald Gowon seinen Bericht vorlegt, werden wir handeln; Gott stehe uns bei, wenn wir das Falsche tun.«

»Wenn wir schon bei Entscheidungen sind, was geschieht mit Awolowo und Konsorten?«

»Wir waren alle dafür, sie freizulassen, aber Hassan sträubt sich dagegen. Nicht, daß er dagegen wäre; aber er sagt, wir sollten noch warten, weil seine Leute sonst die Regierung beschuldigen könnten, gegen den Norden eingenommen zu sein. Er sagt, es würde schon behauptet, der Umsturz sei ausgesprochen gegen den Norden gerichtet gewesen. Jedenfalls will er, daß wir warten, bis der Zeitpunkt günstiger ist.«

»Der Norden ist wichtig«, räumte ich ein, »das meiste

hat sich da abgespielt. Aber nur der neue Norden, nicht der alte. Man darf dem alten Norden keine Zugeständnisse machen, und es müßte schnell etwas in die Wege geleitet werden, um den neuen Norden zu einer realen Macht zu machen.«

»Wie soll man das bewerkstelligen?«

»Ich werde es dir sagen, denn ich glaube, du kannst dazu beitragen. Wir wissen, daß die Initiative hauptsächlich vom Westen ausgehen muß. Uns trifft in ihren Augen keine Schuld an den Morden vom fünfzehnten Januar; dadurch sind wir im Vorteil. Eine Gruppe von unseren Leuten hat für die nächste Zeit eine Reise durch den Norden vorbereitet – ich hoffe, daß es mir zeitlich möglich sein wird, selbst teilzunehmen.«

Während ich ihn scharf beobachtete, brachte ich ein Thema zur Sprache, das ich mir vorgenommen hatte, ihm gegenüber anzusprechen. »Ich sah dich bei einer öffentlichen Veranstaltung im Rolls-Royce vorfahren . . .«

Er fiel mir ins Wort: »Ich weiß schon, worauf du hinaus willst, und ich kann dir versichern, daß es mir auch nicht behagt hat. Aber was hätte ich tun sollen? Wir waren schon fast zu spät dran, und diese Typen von der Sicherheitspolizei hatten den Wagen schon für mich eingeteilt. Ich war mehr oder weniger gezwungen, mich reinzusetzen. Aber ich bin völlig deiner Meinung. Es ist beschämend, zu sehen, daß wir Soldaten den Pomp jener Schmarotzer von Politikern übernehmen. Was für einen Wagen sollte ich deiner Meinung nach fahren?«

»Einen Jeep«, sagte ich.

Er war wie vom Donner gerührt. »Einen offenen Jeep?«

»Einen Jeep. Mit oder ohne Verdeck.«

Er schüttelte den Kopf. »Nein; du übertreibst. Erst mal wären die Leute von der Sicherheitsabteilung nicht einverstanden. Und ich muß ziemlich viel rumreisen, verstehst du. Ich muß ziemlich große Entfernungen zurücklegen.«

»Nun gut, für die Rundreisen kannst du einen etwas bequemeren Wagen nehmen.«

»Und das wäre . . .?« Bevor ich den Mund aufmachen

konnte, hatte er schon wieder losgelegt: »Was ist denn so schlimm an einem Mercedes? Das ist schließlich hierzulande ein ziemlich normales Auto. Jeder Winkeladvokat kann sich einen leisten.«

Ich tat so, als würde ich mir diesen Vorschlag überlegen, worauf er schnell hinzufügte: »Ich weiß, wie ich es machen könnte. Ich suche mir im Fuhrpark einen aus – da steht ein ganzes Heer davon – und lasse ihn in Feldfarben spritzen. Dann sieht es nicht mehr so angeberisch aus, wenn es das ist, was dich stört.«

Ich lachte. »Gut! Du hast gewonnen.«

»Und die übrigen Wagen werde ich versteigern lassen. Die Cadillacs, die Rolls-Royces, die ganzen Straßenkreuzer. Die Regierung könnte den Erlös gut brauchen.«

Mai 66; eine Nachricht von ihm, in der er mich bat, ihn umgehend aufzusuchen. Es war kurz nach der Veröffentlichung des Erlasses Nr. 34,* des Erlasses, der den Zusammenschluß verkündete. Er fauchte mich an, kaum daß ich das Gebäude betreten hatte: »Ihr Intellektuellen seid auch alle gleich. Warum hast du diese Reise in den Norden nicht gemacht?«

Ich entschuldigte mich: »Ich konnte nicht weg. In meiner Abteilung herrscht Personalmangel. Aber ich bin in Verbindung geblieben mit Kollegen im Norden. Wir wollen gegen Ende des Semesters einen Kongreß abhalten.«

»Ich habe dir gesagt, du sollst in den Westen kommen. Ich hätte dich anfordern sollen. Wann kannst du weg?«

»Von der Universität?«

»Nein. Wann kannst du diese Reise machen? Komm mit ins Büro. Ich möchte dir die Berichte des Geheimdienstes über die Lage im Norden zeigen. Glaubst du wirklich, daß der Gang der Ereignisse wartet, bis deine Universität Ferien macht?«

* »Decree No. 34, Unification Decree«: beinhaltete die Umwandlung der Föderation Nigeria in einen Einheitsstaat. (Anm. d. Übers.)

Nachdem ich die Berichte gelesen hatte, sagte ich: »Es geht nicht bloß um diesen Erlaß; der wird nur als Vorwand benutzt.«

»Ich weiß. Deshalb wäre es mir lieber, das Urteil eines Nicht-Polizisten zu hören.«

Es war genau mitten in der Vorlesungszeit, aber ich erklärte ihm, daß ich innerhalb der nächsten drei Tage fahren würde.

In Birkin Ladi, etwa fünfundvierzig Kilometer von Jos entfernt, begegneten wir den ersten Tumulten. Überall unterwegs, je weiter wir – Francis, ein befreundeter Filmproduzent, und ich – nach Norden kamen, war der Erlaß, der die teilweise Autonomie der einzelnen Regionen aufhob und sie in einem ersten Schritt in Gruppen von Provinzen zusammenfaßte, das Hauptgesprächsthema. Es war eine kühne revolutionäre Entscheidung. Es gibt verschiedene Wege, um eine korrupte und ausufernde Bürokratie zu bekämpfen, den Tribalismus auszumerzen und ein für alle verbindliches Nationalgefühl zu erzeugen. Der Zusammenschluß war nur eine Möglichkeit unter vielen, um dies in die Wege zu leiten, und er besaß die einhellige Zustimmung aller bis auf die der feudalistischen Monopolherren im Norden und jener dünkelhaften Funktionäre im ganzen Land, die die Auflösung der dem Prestige förderlichen und überbezahlten Posten im öffentlichen Dienst befürchteten. Der Beifall, der diesem drastischen Schritt gezollt wurde, übertönte jedoch die Stimmen des Zweifels, unter denen es auch solche gab, die ernstgemeinte Befürchtungen äußerten, daß der Erlaß auch weniger idealistischen Zielen dienen könne wie z. B. dem, eine Vorrangstellung für die Ibo zu schaffen. Dieses atavistische Mißtrauen wurde von der Mafia des Nordens bereits kräftig geschürt, von ihren Verbündeten im Süden unterstützt, von denen viele, großzügig versehen mit Geldern für die Ausführung dieser schmutzigen Arbeit, in den Norden gereist waren. Dabei hatten wir es nicht auf ihre Besitztümer abgesehen, sondern es war uns um das

Erzeugen eines neuen, aufgeklärten Denkens zu tun. Ich war mir damals noch nicht darüber im klaren, daß der Unterschied alles andere als deutlich war.

Am Vorabend des Massenmordes kam es zu einer seltsamen Begegnung; diese groteske Episode angesichts der gespannten Situation bestätigte sich im nachhinein wie zufällig als erstes Anzeichen der Ernüchterung. Im Hamdala-Hotel war eine Modenschau veranstaltet worden – natürlich unter der Schirmherrschaft des British Council –, die *das* Ereignis für die moderne Hausfrau des Nordens darstellte. Die unschuldige Gestalterin dieses Mummenschanzes war Shadé, die vom Council dazu ausersehen worden war, den Mittelklasse-Ehefrauen der neuen Elite von Kaduna Anschauungsunterricht in Kosmetik, Make-up, Mode, Benimm und anderen Beschäftigungen einer Dame zu erteilen. Hinterher besuchten wir mit Shadé einen Nachtklub; uns hatte sich noch eine Journalistin zugesellt, die nach Kaduna gekommen war, um für die Modeseite der *Daily Times* von diesem Ereignis zu berichten.

Vom Hotel aus rief ich unseren Verbindungsmann im Norden an. Er versprach, in den Klub nachzukommen. Als er kam, merkte man ihm eine Anspannung an, die er schlecht verhehlen konnte; den Mund machte er nur auf, wenn es unumgänglich war, sich an der allgemeinen Unterhaltung zu beteiligen. Am Telefon hatten sich bereits leise Zweifel in mir geregt, aber ich hatte sie verdrängt. Die Art, in der er mir geantwortet hatte, konnte kaum als entgegenkommend bezeichnet werden, dabei hatten er und unsere Verbündeten im Norden mich seit langem dazu gedrängt, diese Reise zu unternehmen. Im Klub wartete ich nun darauf, daß er mich zu einem passenden Zeitpunkt über die Lage in Kaduna und vor allem über Erfolg oder Fehlschlagen seiner eigenen Aufklärungskampagne informieren würde. Auf meinen Vorschlag, uns von den anderen zu trennen, erwiderte er, daß er eine Verabredung einhalten müsse und später wiederkommen werde. Schließlich verließ er uns so plötzlich, wie er gekommen war, und wirkte immer noch ebenso unruhig, wie er sich an unserem Tisch gezeigt hatte; er versprach, im Lauf der nächsten Stunde zurückzukommen. Er schaute mich nicht ein einziges Mal an. Ich habe ihn nie wiedergesehen.

Sobald ich wieder im Hotel war, versuchte ich erfolglos, alle anderen Verbindungsleute zu erreichen. Da ich für die Weiterfahrt auf Francis angewiesen war und mich an seinen Terminplan halten mußte, blieb mir nichts anderes übrig, als Nachrichten zu hinterlassen, aus denen hervorging, wann ich wieder in Kaduna sein würde. Wir waren eher zurück, als wir uns hätten träumen lassen.

Zwischen Jos und Birkin Ladi verspürten wir zuerst ein Klima der Gewalt, das in Birkin Ladi bereits in offene Gewalttätigkeit übergegangen war. Die Männer hatten sich in Gruppen zusammengerottet; wie in einem Sandsturm bewegten sie sich unaufhaltsam auf den Strudel der Gewalt zu. Niemand versuchte, die Schwerter und Messer zu verstekken, die Bögen und ihre mit eisernen Widerhaken versehenen Pfeile. Niemand versuchte, die Augen abzuwenden, die uns Fremde aus schmalen, berechnenden, todesverheißenden Schlitzen beobachteten. Vervielfältigte Flugblätter wurden offen herumgereicht. Ich konnte mir ein Exemplar verschaffen; da es in Haussa* geschrieben war, hob ich es auf, um es mir später übersetzen zu lassen.

Francis hatte einen Onkel, der als Geologe in den Zinnminen arbeitete; er verfügte über ein Gewehr und einen Jagdschein. Wir fuhren zu den Kaura-Wasserfällen hinaus, um dort zu jagen; wir ahnten nicht, daß wir damit einer wesentlich tödlicheren Jagd entgangen waren, die unterdessen im Dorf veranstaltet wurde. Wir kehrten am späten Nachmittag in eine Ortschaft zurück, in der eine unnatürli-

* Haussa: Dieses moslemische Volk stellt zusammen mit dem der Fulbe den größten Teil der Bevölkerung des Nordens Nigerias. (Anm. d. Übers.)

che Stille herrschte und das bedrückende Gefühl lauernder Augen hinter Türen und Fensterläden. Im Haus des Geologen erfuhren wir, daß Tumulte stattgefunden hatten, bei denen Menschen ums Leben gekommen waren. Da erinnerte ich mich an das Flugblatt; ich bat den Onkel, der fließend Haussa sprach, es mir zu übersetzen. Es war ein unverhüllter, leidenschaftlicher Aufruf, sich an einem *dschihad** gegen die *yaminrin*** zu beteiligen. Es rief die Lehrer auf, die Schulen geschlossen zu halten, Eltern, ihre Kinder nicht aus dem Haus zu lassen, und alle echten Söhne des Landes, ihre Häuser nicht zu verlassen, bis »wir uns an den Ungläubigen aus dem Süden gerächt haben«.

Ich sagte zu Francis: »Ich muß sofort fahren, am besten mit dem Zug. Ich weiß nicht, wie mich die Spitzel der Geheimpolizei in Lagos einschätzen, aber ich kann es mir nicht leisten, mich dort aufzuhalten, wo die Tumulte stattfinden. Ironsis Leute könnten sich darauf versteifen, zu denken, ich sei hierhergekommen, um sie anzuzetteln.«

Francis beschloß, den Rest seiner geschäftlichen Treffen abzusagen und dorthin zu flüchten, wo noch vernünftiges Denken möglich war.

Wir fuhren genau der zweiten Welle des Terrors voraus. Die Mordkommandos waren gerade dabei, sich neu zu formieren. In unseren Ohren widerhallte ihre Losung – *Araba*!***

In einem Vorort von Kaduna kamen wir an einer der ortsüblichen »Bukas« vorbei, einer Imbißstube, in der wir auf dem Hinweg angehalten und gegessen hatten. Es machte alles einen durchaus friedvollen Eindruck; der Terror schien Kaduna noch nicht erreicht zu haben. Irgend jemand schlug vor, wir sollten eine kleine Ruhepause einlegen und dort einen Imbiß zu uns nehmen. Während Francis von

* dschihad: im Islam der Heilige Krieg (Anm. d. Übers.)
** yaminrin: arabisch: Ungläubige (Anm. d. Übers.)
*** Araba: Sezession, Abtrennung

der Straße auf das unebene Gelände vor dem Haus fuhr, fiel mir gleichzeitig mehreres auf: eine Tür, die nur noch lose in den Angeln hing; verkohlte Wände im Inneren der Hütte; stumme Gestalten, die unbeweglich und aufmerksam ringsumher standen. Als ich Francis zuschrie, er solle weiterfahren, umklammerte er meinen Arm und deutete nach vorne. Aus dem Gebüsch ragte ein menschliches Bein.

Schweigend fuhren wir in die Stadt hinein – wir rasten jetzt, so schnell es das Auto erlaubte –, und ich erinnerte mich, daß die Imbißstube einem Ibo-Ehepaar gehört hatte.

Wir hatten Glück, daß wir Kaduna noch erreicht hatten. Wenige Minuten später brach die Dunkelheit herein, und die Stadt war hermetisch abgeriegelt. Autos wurden weder in die Stadt herein- noch hinausgelassen. Schon waren die Straßen wie leergefegt, die Märkte am Straßenrand menschenleer. Die Stadt war abgeriegelt, und trotzdem gab es seltsamerweise keine Sperrstunde. Innerhalb der Stadt konnte man sich frei bewegen.

Was außer uns niemand tat. Vielleicht kam es daher, daß wir – obwohl wir es vorausgeahnt hatten – die Geschehnisse nicht wirklich erfaßt hatten, daß wir nicht mehr Schritt halten konnten mit dem, was sich da nun unaufhaltsam seiner Vollendung näherte – jedenfalls war es mir plötzlich wichtig, soviel wie möglich über dieses Vorspiel in Erfahrung zu bringen –, denn ich versuchte erst gar nicht, mir einzureden, daß dies schon der letzte Akt sei; es schien mir, daß meine zu spät erfolgte Reise nicht völlig umsonst gewesen sei, wenn es mir möglich wäre, etwas über den künftigen Ablauf der Unruhen aus den gegenwärtigen Anzeichen zu erfahren.

Ich erklärte Francis, daß ich den Wagen nehmen und eine Runde durch die Stadt machen würde. Entnervt durch das erzwungene Eingeschlossensein im Hotel beschlossen alle mitzukommen. Selbst die Modezeichnerin weigerte sich, allein zurückzubleiben.

Ich fuhr zu dem Klub im »Princess Hotel«, das einem Yoruba namens Adejumo gehörte. Ein Mitglied unserer Bewegung arbeitete dort als Barkeeper, ein ehemaliger Gewerkschaftler, der seit dem Streik der »Morgan Commission« verraten und als Sündenbock an den Pranger gestellt worden war. Ich hatte nicht vorgehabt, ihn zu besuchen, da er seit dem Mißerfolg dieser überregionalen Bewegung den Mut verloren hatte. Nun schien es, außer ihm niemanden mehr zu geben, den ich hätte aufsuchen können.

Aber es gab auch kein »Princess Hotel« mehr. Die Wände standen zwar noch, aber das war auch fast alles. Die Aufständischen waren eine Stunde vor unserer Ankunft abgezogen; ein einsamer Kellner tauchte hinter dem Durcheinander aus umgestürzten Stühlen und Tischen auf. Ich fragte ihn, wo ich meinen Bekannten finden könne, aber er wußte es nicht. Und den Geschäftsführer? Er fing an, Ausflüchte zu machen, doch wir beruhigten ihn. Wir seien Freunde Adejumos aus Ibadan; wenn wir ihn nicht sehen konnten, was sollten wir dann seinen Verwandten erzählen?

Indem wir seinen nur bruchstückhaft zusammenhängenden Anweisungen folgten, konnten wir Adejumos Haus im Zentrum von Kaduna ausfindig machen. Ich klopfte, und die Tür öffnete sich einen winzigen Spalt weit. Unsichtbare Augen starrten aus den verborgenen Ritzen und Spalten der benachbarten Häuser. Als ich so auf dem Straßenpflaster vor seinem Haus stand, fühlte ich plötzlich meine ganze Verletzbarkeit; dieser abendliche Ausflug schien mir nun ein unentschuldbar leichtsinniges und törichtes Unternehmen. Lange Zeit ignorierte der Mann mein Klopfen. Schließlich hörten wir ein Geräusch; eine verängstigte Stimme versicherte sich sorgfältig meiner Identität, bevor ein weit entfernt liegendes Fenster sich einen Spalt weit öffnete und ein vorsichtig herausgestreckter Kopf erst die anderen im Auto und dann mich einer langen Untersuchung unterzog, bevor jemand anders die Tür öffnete und der Geschäftsführer uns hineingeleitete.

Ich begnügte mich damit, der Erzählung von der Zerstörung des Klubs, den Tätlichkeiten gegenüber nicht-nordstämmigen Kunden und Prostituierten zuzuhören, bevor ich weitere Nachforschungen aufgab. Ich war plötzlich sehr erpicht darauf, wieder innerhalb der sicheren Mauern des Hotels zu sein. Auf der Rückfahrt war unser Wagen das einzige Gefährt auf den Straßen Kadunas. Unterwegs kamen wir an einer Polizeiwache vorbei, vor der die Wachen verstärkt worden waren. Ich hielt noch ein weiteres Mal an und sprach mit dem diensttuenden Offizier.

Als wir weiterfuhren, kam mir der Gedanke, Shadé zu fragen, ob sie während der Dauer der Aufstände zufällig meinem Kollegen begegnet sei. Sie antwortete: »Nein«, und fügte hinzu: »Ich glaube, er gehörte dazu. An dem Abend im Klub hatte er sowas wie ein Schwert unter seinem Gewand versteckt. Die Ärmel sind ihm für einen kurzen Augenblick hochgerutscht, und ich sah das Ding, bevor er es zudecken konnte.«

Vom Kameraden zum Renegaten. Ich hegte nicht mehr den geringsten Zweifel, daß wir das bloße Vorgeplänkel zu einem anarchischen Terror größeren Ausmaßes miterlebt hatten.

In Ibadan starrte Fajuyi nachdenklich auf die Flugblätter, die ich mitgebracht hatte, und fragte mich schließlich: »Wie soll der nächste Schritt aussehen?«

Noch war nicht alles verloren. Ich sagte, ich würde eine Rundreise durch den Osten machen, sobald ich könne.

Er seufzte. »Ich wünschte, ich könnte mit Ironsi sprechen. Unglücklicherweise hat er kein Vertrauen mehr zu mir. Weißt du, wie er mich seit neuestem begrüßt? ›Hallo, du Radikaler.‹ Seit dieser Geschichte mit dem obersten Richter, als ich hart geblieben bin. Er hätte sich dem Druck gebeugt; verstehst du, er macht sich nicht gerne die Leute, die einen Namen haben, zum Feind. Wenn ich jetzt diese ganze Entwicklung ihm gegenüber ansprechen würde, wäre er sofort mißtrauisch hinsichtlich meiner Motive. Die Leute, die um ihn herum sind . . .« Er zuckte die Schultern.

»Hast du immer noch vor, diesen Kongreß auf die Beine zu stellen?«

»Das ist jetzt dringender als je zuvor. Ich werde dich nach meiner Tournee durch den Osten aufsuchen.«

Ihn quälte immer noch der tiefsitzende Schmerz über Ironsis Mißtrauen.

»Er rief mich jeden Abend an ... aber das weißt du ja alles. Weißt du, daß ich seinen Entschluß, für die Gouverneure das Rotationsverfahren einzusetzen, aus dem Radio erfahren habe? Kannst du dir das vorstellen? Ich bin natürlich trotzdem für die Sache ...«

»Ich nicht.«

»Warum? Im Prinzip ist es richtig.«

»Natürlich ist es grundsätzlich richtig. Aber in der Durchführung noch nicht. Wir hatten lange genug Pech mit unseren Führungskräften, und dann haben wir zur Abwechslung jemanden wie dich bekommen. Wer soll jetzt herkommen? Der zeremoniöse Stutzer, der den Osten verwaltet, oder dieser Polo spielende Trunkenbold aus dem Norden? Und von eurem Mann im Mittleren Westen halte ich auch nicht sehr viel.«

»Um dir die Wahrheit zu sagen, ich bin auch nicht sehr glücklich mit dieser Lösung. Ich würde gerne das, was wir angefangen haben, zu Ende bringen; ich meine, wir haben doch gerade erst angefangen! Aber ich rufe mir immer ins Gedächtnis, was ich anderen vorwerfe – niemand will freiwillig gehen. Ich fürchte allmählich, daß die Armee selbst nicht mehr erkennen wird, wann es an der Zeit ist, abzutreten. Wenn das eines Tages dem ganzen Volk dämmert ...!«

Der Besuch im Osten erweckte neuen Optimismus, meine Rückkehr zerstörte ihn. Im Osten war alles unter Kontrolle; Groll und Rachedurst ließen allmählich nach, es gab sogar so etwas wie das Aufkeimen eines neuen Selbstbewußtseins; nicht viel, aber mehr als genug, um die öffentliche Auseinandersetzung zu ermöglichen, die allein zum Entstehen einer nationalen Front führen konnte. Unzufriedenheit mit der elitären Selbstgefälligkeit von Ojukwus Verwaltung machte sich allmählich breit. Der Schmerz über die Ereignisse im Norden hatte den Radikalismus des Ostens nach innen gekehrt. Ein seltsames und unerwartetes Phänomen, dessen verborgene Möglichkeiten unerschöpflich schienen.

Ein Aktenordner mit unheilverkündendem Inhalt, der mir in der Nacht meiner Rückkehr aus dem Osten in die Hand gedrückt wurde, beendete die kurze Euphorie. Der Bericht befaßte sich hauptsächlich mit den Aktivitäten der Mafia unter den Soldaten, mit den beträchtlichen Geldbeträgen, die vor aller Augen von verschiedenen Offizieren in den Kasernen des Westens und des Nordens eingestrichen wurden, mit der Rolle, die die Ehefrauen ehemaliger Minister der NNA als Zwischenträger zwischen Armee und Politikern innehatten. Fajuyi schien meinen Besuch erwartet zu haben. Wir saßen im Foyer des Parlamentsgebäudes und verglichen unsere Unterlagen.

Mit einem Mal fiel mir die Stille und die Leere rings um uns auf. Vielleicht hatte bis dahin das Gefühl der Leere in mir meine Aufmerksamkeit gegenüber meiner Umgebung abgestumpft. Es waren mindestens zwei Stunden vergangen, und die Nacht begann hereinzubrechen, als ich endlich fragte: »Wo sind eigentlich die anderen alle?«

Eine Handbewegung verriet seine Gereiztheit. »Ich habe sie weggeschickt. Jedesmal, wenn ich ein albernes Zeremoniell abgeschafft hatte, dachte sich jemand anderes ein neues aus. Vor allem diese Typen von der Sicherheitspolizei.«

Ich sagte: »Du kannst dich nicht einfach so über sie hinwegsetzen.«

»Sie sind eine Landplage. Vor ein paar Wochen habe ich mich einmal umgeschaut und diese ganzen Leibwächter hier wahrgenommen. Da habe ich mir gedacht: was soll's, wenn jemand mich erschießen will, wird er es nicht gerade hier tun. Er wird warten, bis ich im Freien bin« – er kicherte –, »in einem deiner offenen Jeeps.«

Es war dunkel geworden. Öfter als sonst verfiel er in langes Schweigen. Oft bin ich versucht zu denken, er hätte seinen baldigen Tod vorausgeahnt. Wieder spüre ich seine Gelassenheit, die langen Zeiträume nachdenklicher Untätigkeit. Ich trank, er nicht. Er hatte, in einer bezeichnenden Geste des Willens, den Alkohol aufgegeben; »zu viele Versammlungen«, sagte er, »zu viele offizielle Empfänge«, und er war ein starker Trinker gewesen. Er löste das Problem, indem er einfach überhaupt nichts mehr trank. Und er hatte alle Zeremonien im Parlamentsgebäude abgeschafft.

Er wiederholte seine Überzeugung, daß ich mit Ironsi sprechen solle.

»Er weiß, daß du unparteiisch bist, also wird er dich anhören.«

»Ich glaube nicht, daß er mir zuhören wird; außerdem glaube ich nicht, daß er auch nur ein Wort begreifen würde. Er hat nicht einmal ein Gespür für Dinge. Jeder Führer, insbesondere ein militärischer Führer, der seiner Frau gestattet, unter Eskorte und mit heulenden Sirenen zum Friseur zu fahren ...«

Die Ruhe des leeren Hauses wurde durch sein Gelächter erschüttert. »Euch entgeht aber auch nichts.«

»Es geht mir nicht um diese Begebenheit. Das, was erschreckend ist, ist das, was diese Symptome ankündigen. Der Mann sägt an dem Ast, auf dem er sitzt; und der Weg, den er sich ausgesucht hat, wird die Nation mit in den Schlamassel reißen.«

»Rede trotzdem mit ihm. Er muß dich anhören.« Wieder war er bedrückt. »Er traut mir kaum noch, weißt du. Das ist schade. Oh, das habe ich dir nie erzählt, auf einer unserer Versammlungen habe ich versucht, ein paar von diesen Gedanken publik zu machen, du weißt schon, über Autos und Häuser und dergleichen mehr. Und über Grundbesitz. Du weißt, auf welche Art und Weise einige unserer höchsten Offiziere sich daran gemacht haben, sich Land unter den Nagel zu reißen. Ich sagte, wir müßten mit gutem Beispiel vorangehen.« Er lachte in sich hinein. »Du hättest dabei sein müssen. Ich habe es schnell aufgegeben. Wenn die Leute dich erst einmal so anschauen, als wollten sie sagen: Da ist einer, der will den Heiligen spielen, dann läßt man es lieber. Außerdem«, er breitete seine Arme in der Leere aus, »habe ich erst einmal versucht, in diesem meinem Hause für Ordnung zu sorgen.«

»Man kann genausogut hier wie anderswo beginnen.«

»Wenn man uns die Zeit läßt.« Er befreite sich von der unheilverkündenden Stimmung seiner letzten Worte, die wie ein unwillkürlicher Kommentar schienen, und wurde wieder zu der energischen Person, die er war. »Wirst du mit Ironsi sprechen?«

Ich zuckte die Achseln. »Na gut.«

»Verdammt! Mir ist gerade eingefallen, daß er im Augenblick im Norden ist. Aber du kannst in seinem Büro anrufen und einen Termin ausmachen.« Er hielt unvermittelt inne. »Ogundipe!* Warum nicht mit ihm? Er ist der Rangnächste. Wenn ich bedenke . . . ja, tu das. Er wird dich auch besser verstehen. Sprich mit Ogundipe.«

Wir trennten uns auf den Stufen vor dem Parlamentsgebäude. Es war gegen sieben Uhr abends, am sechsundzwanzigsten Juli. Am nächsten Tag fuhr ich nach Lagos. Aus Francis' Büro rief ich Ogundipe im Büro des Obersten Generalstabs an. Ich bat um eine Unterredung und betonte, es sei äußerst dringend. Nach einer Viertelstunde mußte ich den Hörer auflegen und mich langsam aus einem Dunstschleier des Unwirklichen befreien. Francis fragte mich, was mit mir los sei. Selbst als die Worte von meiner Zunge kamen, klangen sie unglaubhaft:

»Er verlangt, daß ich ihm zuerst schriftlich Mitteilung erstatte.«**

* Ogundipe, Brigadier Babafemi Olatunde, 1924–1971; war 1966 Chef des Generalstabs der nigerianischen Armee. (Anm. d. Übers.)

** Mai 1972. – Durch das zufällige Zusammentreffen mit einem Mann, bei welchem Ogundipe zuerst Zuflucht gesucht hatte, habe ich inzwischen

Keine sechsunddreißig Stunden später suchte er Zuflucht auf einem Schiff der Marinestreitkräfte. Und Fajuyi war tot.

erfahren können, daß er nicht allein war, als er meinen Anruf entgegennahm, und deshalb nicht offen sprechen konnte. Die Aktion hatte bereits begonnen.

23

Und Victor Banjo . . .

Wenn je in der Geschichte eine Revolution verhindert wurde, dann nicht in einem jener vielzitierten *Augenblicke,* sondern über einen Zeitraum von mehreren Tagen hinweg. Erst ging es um eine Spanne von vierundzwanzig Stunden, dann folgten weitere vierundzwanzig Stunden, dann ein dritter Tag. Selbst als bereits vier Tage verstrichen waren, gab es noch immer Hoffnung für die Bewegung. Nach dem fünften Tag begannen die Chancen zu schwinden. Gegen Ende der Woche war alles vorbei. Wieder hatte eine Bewegung sich selbst aufgegeben.

Was hielt ihn zurück? Was hielt ihn in Benin zurück, obwohl Lagos dalag wie ein schutzloser Unterleib in seiner ganzen aufgequollenen, trägen Korruptheit und förmlich dazu einlud, daß man es einnahm? Ich kann mir die Antwort zwar denken, aber trösten kann ich mich damit nicht. Er wartete auf ein erstes Zeichen aktiver Unterstützung, die ihm zugesagt worden war, allerdings von Leuten, deren Idealismus dem seinen in keiner Weise ebenbürtig war. Banjo hatte vergessen, daß seine Nation ein Volk von müßigen Gaffern war; er vergaß, daß in Krisenzeiten die etablierte Macht über einen Vorsprung verfügt, der eine psychische Lähmung bei allen bewirkt, ausgenommen ein kleines Häuflein kompromißloser Kämpfer. Banjo glaubte, er habe den Unentschlossenen zur Entscheidung verholfen, indem er öffentlich erklärte, seine Truppe sei gegen die Sezession im Osten. Das nächste waren dann Ansprachen über das Radio, ausgedehnte Zusammenkünfte mit zivilen Führern aus dem Mittleren Westen, lange Telephongespräche mit mutmaßlichen Waffenbürdern in anderen Teilen des Landes. Die revolutionäre Basis, die, wie man glaubte, durch seine ständige Anwesenheit im Mittelwesten gefestigt würde, begann in Wahrheit auseinanderzubröckeln.

Er bezahlte es mit seinem Leben. Und mit ihm gingen Alale, Ifeajuna, Agbam ...

Selbst wenn man davon ausgeht, daß man das Wesen einer Nation nicht danach beurteilen kann, wie sie sich zu einem bestimmten Zeitpunkt darstellt, sondern daß man allen Möglichkeiten, die sie in sich birgt, Rechnung tragen muß, sind die Zweifel bei denjenigen nicht ausgeräumt, die sich manchmal fragen – wie ich es häufig tue –, ob es die Nation, die sie zu kennen meinen, nicht bloß in ihrem Kopf gibt. Denn diese verheißungsvollen latenten Kräfte sind nicht eindeutiger Natur; sie bergen die Fähigkeit zum Guten ebenso wie die zum Bösen in sich, die zu einer rückläufigen Bewegung wie die zum Fortschritt, die zu reaktionärer Verhärtung wie die zu radikaler Neuschöpfung. Die Geschichte erweist fortwährend, daß nie im voraus bestimmbar ist, welche Richtung letztendlich den Sieg davontragen wird, selbst unter Voraussetzung identischer Gegebenheiten.

Zum Teil deshalb, weil sich der menschliche Faktor als bestimmende Größe am ehesten nachweisen läßt, ermahne ich mich zur Vorsicht und versuche, den Begriff »Nationen« durch den der »Völker« zu ersetzen. Es ist gewiß richtiger, auf Völker zu vertrauen als auf Nationen. In Augenblicken des Zweifels ist es von allergrößter Notwendigkeit, an der Realität von Völkern festzuhalten; ihre Existenz ist kein vorübergehendes Phänomen, sie baut nicht auf anfechtbaren Voraussetzungen auf – sie ist eine unverrückbare Gegebenheit. Dem wirklich unabhängigen Denken ist es ein leichtes – und von nicht zu vernachlässigender Bedeutung –, sich ins Gedächtnis zu rufen, mit welcher Willkür, mit welchem Herrendünkel und mit welchen ausbeuterischen Zielen man die Völker Afrikas in Nationalitäten eingeteilt hat. Das Gefühl der Demütigung, das wir verspüren, wenn wir uns diese Entstehungsgeschichte vor Augen halten, können wir überwinden, indem wir unsere wahre Identität bestimmen als das, was das Erschaffen der Eigentümlichkeit eines Volkes ausmacht. Für mich hat diese Identität nichts mit Grenzverläufen zu tun. Urteilsvermögen kann nur Völkern zugesprochen werden, das heißt: ein Urteilsvermögen, das sich nach ethischen Gesichtspunkten definiert. Loyalität, Opfersinn, Idealismus und sogar Ideologien sind Eigenschaften, die im Interesse von Völkern gepflegt und angewendet werden. Und jede Selbstverstümmelung eines Volkes, die *allein* der Verteidigung der Unverletzlichkeit temporärer Einheiten dient, die Nationen genannt werden, ist ein sinnloses Zerrbild des Idealismus. Völker sind *keine* temporäre Größe, weil sie durch die Idee der Unvergänglichkeit bestimmt werden können. Auf Grenzen trifft eine solche Definition nicht zu.

Behelfsambulanzen, »Kia-kia«-Busse in Friedenszeiten, die die Verwundeten von der Front bei Nsukka brachten, dröhnten vor dem Fenster der Wohnung in Enugu vorbei, in der wir saßen und über den Krieg sprachen. Wie bald würde eines dieser Gefährte die Überreste von Christopher Okigbo bergen, den ich erst vor wenigen Stunden verlassen hatte; sein Ziel dort, von wo uns der Kanonendonner erreichte, und mein Ziel – wo lag es eigentlich? Wie sah diese Zukunft aus, in der ich mich arrangieren sollte unter Verzichten, die ein ständiger Vorwurf sein würden?

»Was bringst du aus dem Westen mit?« fragte Banjo nun wohl schon zum fünftenmal. »Ich meine, was sagen die Leute? Was denken sie über diesen Krieg?«

»Ich kann dir nur sagen, was wir alle von der Sezession halten.«

Er fuhr mich an: »Ja. Da sind wir uns alle einig. Und warum konnten sie dem Pogrom gegenüber nicht die gleiche Haltung einnehmen? Die Ibo waren für niemanden eine Gefahr. Die Morde von Mai und Juni hatten ihnen jede Kraft genommen, sich ernsthaft aufzulehnen. Wie erklärt ihr es dann, daß ihr euch nicht gerührt habt, als diese Schweinereien im September und Oktober passierten?«

»Bei dieser Konfrontation«, sagte Alale, »geht es im wesentlichen darum, ob das Profitdenken als Ursache des Massenmordes verworfen oder bejaht wird. Oder das Denken in chauvinistischer Stammesideologie.«

Massenmord war das Mittel zum Zweck, Untersuchungen über unrechtmäßige Bereicherung zu unterbinden. In Lagos waren diese Untersuchungen – soweit sie ehemalige Minister der Föderation, Gemeinderatsvorsitzende und ähnliche Persönlichkeiten betrafen – niemals auch nur eingeleitet worden. Die angehäuften Millionen der Politiker im Norden des Landes wurden von der Regierung weder beansprucht noch vereinnahmt – obwohl die Zeitungen des Südens lautstark protestierten, obwohl es eine neue Generation im Norden gab. Beispiele gab es genug: ein Emir im Norden, der außerdem Vorsitzender einer Gesellschaft war, verfügte über sechs Millionen Pfund auf einem Privatkonto, eine Summe, die nicht ausgewiesen war. Die Untersuchung wurde plötzlich eingestellt. Außer daß er seines Postens enthoben wurde, gab es keinerlei Konsequenzen. Der Militärgouverneur Hassan begann sich in sonderbaren Andeutungen zu ergehen, des Inhalts, man müsse sich mehr der Aufgabe widmen, die Risse in der Einheit unserer Nation zu beheben, anstatt in den Übeln der Vergangenheit herumzustochern. Lagos erfreute sich weiterhin einer unerklärlichen Immunität; die Nutznießer des ganzen aufgehobenen zivilen Verwaltungswesens, das nur dem Zweck gedient hatte, soviel als möglich in die eigene Tasche zu wirtschaften, konnten sich brüsten, unbehelligt und offensichtlich unantastbar ihres Weges ziehen zu können. Einzig der Westen blieb den Idealen der Revolution treu verhaftet. Dort wurde die Wiedergutmachung kompromißlos und in aller Öffentlichkeit durchgeführt.

Hier konnten die Stimmen, die Einspruch erhoben hatten, nicht zum Schweigen gebracht werden. Gewerkschaftler, Intellektuelle und Journalisten machten den Verrat publik und forderten von der Regierung, daß sie das Programm vom fünfzehnten Januar verwirkliche, insbesondere da sie, die neue Regierung, es nach dem Staatsstreich im Juni öffentlich gebilligt hatte. Schließlich mußten diejenigen, die sich privat oder in ihrer Eigenschaft als Politiker bereichert hatten, erkennen, daß ihnen hier eine Gefahr drohte. Diese mußte abgewendet werden, und dies war am besten zu bewerkstelligen, indem man in einer Größenordnung operierte, die alle weiteren Ziele der Gesellschaft vergessen machen würde. Die Mafia des Nordens tat sich mit ihren Konsorten in Lagos zusammen und steuerte die für die Selbsterhaltung benötigten Mittel bei. Kaltblütig wurde der Pogrom geplant und bis in die letzten Einzelheiten vorbereitet; die Gelder für seine Durchführung wurden an die verschiedenen Zentren, die die entscheidenden Schläge führen sollten, verteilt. Die Ibo, denen bereits zweimal Unrecht angetan worden war, boten sich wiederum als naheliegendstes Opfer für dieses erneute, der Profitgier entsprungene Massaker an. Aber um die Sache endgültig zu bereinigen, um die Gefahr der ewigen überregionalen Einmischung in die Angelegenheiten dieser Brutstätte aller reaktionären Verschwörungen ein für allemal zu bannen, galt die Massenausrottung ebenso den »Störenfrieden« aus dem Süden, egal welcher Provenienz. Die Ibo waren freilich die uneingeschränkt Betroffenen.

»Als der Osten sich abtrennte«, sagte ich, »hinterließ man uns Mafia und Militär, die unauflösbar miteinander alliiert waren auf der Grundlage gemeinsamer, finanziell einträglicher Schuld. Außerdem besaßen sie eine erfolgreiche Philosophie des Massenmordes. Denn wenn der Osten wegfiel, war die neue Einheit, die immer noch Nigeria hieß, frei von Verbrechen. Und die Nation würde genug damit zu tun haben, sich nach außen hin abzusichern, um sich auch noch mit der inzwischen langweilig gewordenen Forderung nach einer vollständigen moralischen Säuberung auseinandersetzen zu können. Und was die Hoffnungen betrifft, etwas herzustellen, was auch nur annähernd einem sozialistischen Staat ähneln könnte . . .«

Alale fiel mir ins Wort: »Du siehst auch, daß das die einzige Chance für Nigeria ist?«

»Es gibt keine andere Möglichkeit. Die Armee muß wieder zu ihrer Bestimmung als Teil des Proletariats zurückgeführt werden. Das Standesdenken der Politiker ist zwar beseitigt worden, aber diese Mentalität erwacht allmählich wieder zum Leben, indem sie auf anonymem Wege das Denken einer naiven, rein instinktiv handelnden Armee unterwandert. Wir brauchen eine Dritte Kraft, die sich als gemeinsame Basis des Volkes begreifen kann. Wenn der Osten eine Pause einlegt, warum bittest du dann nicht um einen Waffenstillstand und verschaffst so der Dritten Kraft eine Möglichkeit, sich in allen Schlüsselpositionen einzunisten . . . die Zeit ist reif. Ich bin nicht hierhergefahren, um den Osten aufzufordern, sich zu ergeben. Aber der Sezession muß ein Ende gesetzt werden.«

Banjo schüttelte den Kopf. »Ojukwu wird niemals dazu bereit sein. Um ihm gegenüber fair zu bleiben, muß ich sagen, daß er eigentlich keine andere Wahl hatte, als so zu handeln, wie er es tat. Ich habe die Demonstrationen mitangesehen. Wenn er sich nicht einverstanden erklärt hätte, wäre er gestürzt worden, und das nicht nur im übertragenen Sinn.«

»Er hat mir das auch alles erzählt. Wüste emotionale Szenen auf den Straßen und vor dem Parlamentsgebäude. Ich will gerne zugeben, daß er einem gewissen Zwang unterlag; aber selbst dann glaube ich, daß er intelligent genug ist, daß er einen Ausweg hätte finden können. Wenn er es gewollt hätte.«

»Natürlich! Das ist es nämlich. Er *wollte* überhaupt keinen Ausweg, und ich kann dir auch sagen, warum: weil er im Grunde ein Reaktionär ist. Er weiß, was ich von ihm halte. Ich habe es ihm auf den Kopf zugesagt.«

Ein junger Offizier, der zu uns in die Wohnung kam und Banjo ein Stück Papier überreichte, ließ uns die realen und tödlichen Umstände dieses Krieges wieder zu Bewußtsein kommen;

eines Krieges, der in einer Entfernung von ungefähr dreißig Kilometern von hier ausgefochten wurde. Banjo las den Zettel, reichte ihn an Alale weiter und wandte sich dann an mich.

»Kennst du Joe Akhahan?«

»Ja.«

»Er ist tot. Hubschrauberabsturz. Das ist eine Nachricht der Föderierten, die wir abgefangen haben.«

Der junge Offizier war neben ihm stehengeblieben. Er sagte: »Ich war sein Offiziersbursche während der Tiv-Kampagne.«

Banjo sagte bitter: »Jedenfalls brauchen wir uns keine Sorgen mehr zu machen, für welche Seite er sich entscheiden wird.«

Der junge Offizier sagte tonlos: »Ich glaube nicht, daß es ein Unfall war.«

Diese Unterhaltung – wie ein Großteil der Unterhaltungen, die wir in Enugu führten – wird immer Teil des Widersprüchlichen sein, das diesem Krieg zu eigen war, wie es auch unsere Gegenwart in jenen Räumen war (die Wohnung Banjos, die ihm auch als Büro diente). Denn keiner von uns war ein Ibo. Victor Banjo war Yoruba wie ich. Alale war ein Ijaw aus dem Mittleren Westen; ein in Moskau geschulter Marxist, der Nkrumahs CPP* angehört hatte, bis er untragbar wurde wegen seiner Forderung nach einer Verminderung des Personenkultes und seiner Kritik an der zunehmenden Kluft zwischen Partei-Elite und den Massen und daher eine Zeitlang in Schutzhaft genommen wurde. Seine geschmeidige Gestalt durchmaß unruhig den Raum mit großen, federnden Schritten, wobei er von Zeit zu Zeit mit Ungestüm Fragen an uns richtete:

»Wie kommen Leute wie Gowon dazu, zu glauben, daß sie auf der Grundlage eines erfolgreichen Völkermordes eine

* CPP: Convention People's Party, gegründet von Kwame Nkrumah. (Anm. d. Übers.)

Nation aufbauen könnten? Oder Ojukwu, der dasselbe mit der emotionalen Reaktion auf diesen Völkermord bewerkstelligen will! Wo sind denn die ganzen Intellektuellen mit ihrem pseudo-sozialistischen Gerede, von denen man sonst immer so viel hört? Als ich noch bei Nkrumah war, haben wir über diese unsicheren Kantonisten gelacht. Denn was tun sie, wenn etwas passiert, das die Gesellschaft bedroht und dazu führen könnte, daß die Nation auseinanderbricht? Warum hört man nie etwas von ihnen, wenn wirklich etwas passiert?«

»Du wirst auch weiterhin nichts von ihnen zu hören bekommen«, sagte ich. »Sie kosten die Qual aus, zwischen zwei Übeln wählen zu dürfen.«

Banjo sagte: »Die Nation hat nicht einmal die Wahl zwischen zwei Übeln. Wie auch immer dieser Krieg ausgeht, das einzige, was dabei herauskommt, wird sein, daß wir von beiden Übeln das Schlimmste zusammen bekommen.«

»Die Sowjets haben ihren Bürgerkrieg mit dem Gewehr in der Hand und mit der Ideologie im Kopf geführt. Das war vor über fünfzig Jahren. Aber wir schicken heutzutage die Soldaten einfach mit dem Slogan ›Tötet alle Yaminrin‹ oder ›Tötet alle Haussa‹ ins Feld. Und zu wessen Nutzen? Nur für die verdammten bürgerlichen Kapitalisten, die bereits dabei sind, die Profite einer gesteigerten Produktion der Rüstungsindustrie einzustreichen. Wie sollen wir uns nach dem Krieg von dem Bündnis zwischen kapitalistischen Abenteurern und einem verbürgerlichten Militär befreien? Haben all diese Intellektuellen nichts von ihrem Geschichtsunterricht behalten? Haben sie noch nie etwas von Spanien gehört?«

»Und je länger der Krieg andauert ...« fiel Banjo ein. Ich unterbrach ihn mit der Frage, ob er glaube, daß die Ibo bis zum Letzten kämpfen würden; ein Ausspruch von George Orwell war mir gerade in den Sinn gekommen:

Ob es richtig war, ... die Spanier darin zu unterstützen, daß sie bis zuletzt gekämpft haben, obwohl sie nicht gewinnen konnten, diese Frage ist schwer zu beantworten. Ich persönlich glaube, daß es richtig war; ich glaube, es ist besser – selbst wenn es ums Überleben geht – zu kämpfen und besiegt zu werden, als sich kampflos zu ergeben.

Nach dem, was ich gesehen und gehört hatte, war ich nicht geneigt zu glauben, daß die Ibo aufgeben würden.

Banjo seufzte. »Wer weiß schon, was die Ibo tun werden? Das ganze Unternehmen war von Anfang an der blanke Wahnsinn; aber wer an ihrer Stelle wäre nicht durchgedreht nach dem, was sie durchgemacht hatten?« Genau wie Alale kam er immer wieder auf jenen Punkt des Versagens zurück, auf die schmerzhafte Enttäuschung über das unfaßbare moralische Versäumnis, das sich das ganze Land hatte zuschulden kommen lassen. »Was war denn bloß mit den ganzen Leuten im Westen? Otegbeye und diese ganzen Leute, die dauernd in der Zeitung stehen? Niemand hat auch nur ein Wort des Tadels geäußert. Es wurde Gowon gegenüber nicht protestiert, es gab nicht einmal eine Studentendemonstration; nichts, was eine Solidarität mit den Opfern gezeigt hätte. Wieso sollten sie sich da nicht vom Rest des Landes im Stich gelassen fühlen?«

»Vielleicht hat man sie bewußt im Stich gelassen«, sagte ich. »Die Privilegierten beider Seiten hätten jedenfalls die gleichen Gründe dafür gehabt.«

»Unternehmer!« Alale stieß das Wort voller Ekel aus. »Du triffst auf sie in der Wirtschaft genauso wie im Verwaltungswesen. Die letzteren sind eigentlich die schlimmeren. Bei den Typen aus der Wirtschaft weiß man wenigstens, woran man ist. Der Beamte mit der Unternehmerseele ist viel gefährlicher. Er tut so, als sei es ihm nur um das Wohl des Staats zu tun.« Er zerschnitt die Luft mit präzisen Karateschlägen, schlug nach rechts, nach links, geradeaus. »Nicht die Nation muß geteilt werden. Es geht um die Mentalität des ganzen Volkes. Man müßte sie fein säuberlich in Stücke zerlegen und dann wieder zusammensetzen.«

Was (ein weißer) Gott zusammengefügt hat, das soll kein schwarzer Mensch trennen. Die Schwierigkeiten, die sich aus der neo-kolonialen Politik der Einmischung ergeben haben, nötigen uns, einen dermaßen verabscheuenswürdigen Glaubenssatz im Augenblick als pragmatische Notwendigkeit hinzunehmen. Zu einem späteren Zeitpunkt wird es vielleicht geschehen, daß die schwarzen Nationen sich zusammentun, um sich untereinander zu einigen und schriftlich die Befreiung von dieser aufwendigen, verdummenden, uns einzwängenden Bürde festzuhalten, die jene göttliche Autorität uns auferlegt hatte. Die einzige Gewißheit – eine unwürdige, demütigende Gewißheit – ist die, daß hier ein Krieg geführt wird, ohne daß zugleich ein Reformprogramm und eine Neugliederung des sozialen Gefüges erarbeitet würden. Es ist ein Krieg zum Zweck der Konsolidierung; dieser Begriff umschreibt viel genauer diesen Krieg als das Wort Einheit, einen Krieg, der nur gerade jene fragwürdigen Werte verfestigen kann, die zunächst zu seiner Entstehung geführt haben, denn zu keinem Zeitpunkt und an keinem Ort wurden diese Werte überprüft. Nirgends gab es ein Programm, das dem Ziel gedient hätte, die Beseitigung jener grundsätzlichen Ungleichheiten zu gewährleisten, die den ursprünglichen Konflikt herbeigeführt hatten.

Gewiß wird es Sieger geben; aber es werden nicht diejenigen sein, die die Opfer bringen mußten, das Volk Biafras oder das der übrigen Nation. Gesättigt und vollgestopft mit den vorauszusehenden Kriegsgewinnen wird die elitäre Pyramide sich durch den natürlichen, der Sättigung folgenden Mechanismus, den Furz, Erleichterung verschaffen, wird neue elitäre Sektoren an sich reißen und eine sich selbst erhaltende, sich von ihren eigenen Ausscheidungen ernährende Mafia aus Militär, abgesetzten Politikern und Unternehmern schaffen. Dem Kampfgeist eines Volkes sind schließlich Grenzen gesetzt. Der Krieg wird ihn so geschwächt haben, daß kaum noch Kraft bleibt, um den Kriegs-(und Macht-)Gewinnlern gegenüberzutreten, wenn sie sich daran begeben werden, die Nation zuschanden zu machen. Und das werden sie tun, da sie den Sieg auf ihrer Seite wissen, sie, unanfechtbare Herrscher und die einzigen Nutznießer des Atems des Todes. Der Kampfeswille eines Volkes gehört zu den unerläßlichen Voraussetzungen einer innerstaatlichen Revolution. Ihn zu überfordern oder sinnlos zu vergeuden, heißt das Volk der Gewalt der weitsichtigeren, opportunistischen Anhänger von Chaos und Gesetzlosigkeit auszuliefern.

Militaristische Unternehmer und vielfältige Gewaltherrschaft: das wird das Erbe eines Krieges sein, der unter den jetzigen Bedingungen geführt wird. Das Vakuum, was die ethische Grundlage betrifft – denn nationale Begrenzungen sind weder eine ethische noch eine ideologische Rechtfertigung irgendeines Konfliktes –, wird mit einer neuen militärischen Ethik ausgefüllt werden, der der Unterdrückung. Und die elitäre Form, in der die Armee sich darstellt, sowie alle kolonialistischen Überbleibsel, die ihr Fortdauern dem Fehlen einer nationalen Selbstbesinnung verdanken, werden dazu beitragen, das Klassenwesen innerhalb der Gesellschaft zu erhalten und zu verfestigen. Die Wurzeln, die ein Bündnis zwischen einem korrupten Militär und einer raubgierigen Mafia innerhalb der Gesellschaft schlägt, sind weitverzweigt und kaum ausrottbar. Der Krieg bedeutet in diesem Zusammenhang eine Untermauerung des Verbrechertums, ein Verinnerlichen jener Wertmaßstäbe, die den Konflikt verursachten, ja, ein Bekenntnis zu ihnen und ein Heiligsprechen dieser Werte, die nun mit der Vorstellung von einer nationalen Identität untrennbar verbunden sind.

Jeder fühlt sich angesprochen, wenn das Schlagwort »nationale Identität« geplärrt wird. Alles geht ein in die gestaltlose Umklammerung durch nationale Einheit. Das Denken (ich kann keine andere Bezeichnung finden, obwohl der Vorgang weitgehend irrational ist) geht davon aus, daß die Wertvorstellungen, die man vorfindet nach errungenem

Sieg, identisch seien mit denen, die den Sieg ermöglichten. Durch die verzerrenden Nebelschwaden nationaler Euphorie werden die moralische Verkommenheit und die ideologische Leere, die zu dem Konflikt führten, nicht länger als das gesehen, was sie sind, noch vermag man zu erkennen, daß sie sich in der Identität der Nation fortpflanzen, da diese Identität keinen Wandel erfahren hat, keinerlei revolutionäre Säuberung – weder im Inneren noch im Kopf. Das Übel, das ein Krieg darstellt – wenn er schon nicht zu vermeiden ist –, sollte, zieht man all die ihn begleitenden Leiden der Menschen in Betracht, zu mehr dienen als dem bloßen Zerstören von Häusern: er muß die Grundlagen des Denkens erschüttern und neu gestalten. Nur so ist es möglich, daß jedes Individuum Anteil hat an der sozialen Umwälzung und einen Sinn in den erbrachten Opfern zu sehen vermag.

Ich glaube, daß es letztendlich nur eine einzige gemeinsame Definition für ein Volk und eine Nation geben kann: eine Einheit von Menschen, die sich durch eine gemeinsame Ideologie verbunden fühlen. Es muß das Gefühl dieser Identität oder ihres Verlustes sein, das ich in Augenblicken des Trübsinns empfinde, wenn die Zeilen August von Platens mir in Erinnerung kommen:

> Doch wer aus voller Seele haßt das Schlechte,
> Auch aus der Heimat wird es ihn verjagen
> Wenn dort verehrt es wird vom Volk der Knechte,
> Weit klüger ist's, dem Vaterland entsagen,
> Als unter einem kindischen Geschlechte
> Das Joch des blinden Pöbelhasses tragen.

Oder in Momenten der Euphorie, wenn ich mir voller Zuversicht Castros Zeilen ins Gedächtnis rufe:

> *Esta tierra*
> *Este aire*
> *Este cielo*

Son los nuestros
Defenderemos

Diese Erde
Diese Luft
Dieser Himmel
Gehören uns
Wir werden sie verteidigen

Um diese Erde, diese Luft und diesen Himmel zu verteidigen, die unser inneres Auge jenseits der Grenzen sehen kann, die die Herren einer kolonialen Vergangenheit gezogen hatten, jenseits der Grenzen, die der instinktive Zorn der Unterdrückten neu gezogen hat, ziehen wir aus, jeder seinem Schicksal entgegen.

24

Die gefährlichsten Momente sind die Sekunden, die dem endgültigen Erwachen vorausgehen; jene Augenblicke, in denen man zwischen dem Emportauchen zum völligen Wachsein und dem wirklichen Erwachen schwebt. Ich fasse die Bedrohung dieser Augenblicke in folgender Vorstellung: vielleicht existieren in jenem Moment zu viele andere Bewußtseinsebenen zu gleicher Zeit; es ist, als lägen viel zu viele Kleiderbündel am Ufer, und der Geist erkennt sein eigenes nicht mehr. Was, wenn man sich unter solchen Umständen das falsche aussucht oder auf ewig umherwandern muß auf der Suche nach dem richtigen, weil alles plötzlich entschwunden ist . . .?

Jeden Tag fällt es mir schwerer, meine Kleider wiederzuerkennen. Fremde Gegenstände starren mich an: ein fleckiges Hemd, lange Unterhosen, seltsam geformte Sandalen. Oder ich verkenne ihre Gestalt ganz und gar und erfahre seltsame Blicke, vereinzelt sogar höhnisches Gelächter. Wie lange hält dieser Zustand an? Währt dies nur Sekunden, wie in einem Traum, oder eine Ewigkeit? Wie lange hat die Suche heute morgen gedauert? Um wieviel länger währt dieser Prozeß an jedem neuen Tag? Wessen Gesichter sind es, die ich allmählich zu erkennen glaube? Wie kann ein bloßes Gleichnis plötzlich konkrete Gestalt annehmen? Denn schließlich ist es undenkbar, daß ich jeden Tag in der Morgendämmerung den gleichen Traum träume. Es scheint mir, daß mein Geist sich in den Augenblicken, in denen das Erwachen sich ankündigt, unwillkürlich der verborgenen Ängste erinnert, die einem Grauen gelten, dem das Denken immer mehr unterworfen ist.

Ich wandere in meinem Dämmerzustand wieder zu jenem See zurück; immer wieder durchlebe ich die qualvolle Suche unter fremden Gesichtern; meine Füße schleppen sich nur mühsam weiter, ich bin beherrscht von einer Angst, die ständig wächst, der Angst, einen Fehler zu machen, der Angst, daß ich mich beim Erwachen selbst nicht mehr erkenne.

Ich kenne den Grund. Ich erinnere mich an das, was vor ein paar Tagen geschah, das aber zu benennen ich mich weigere. Es ist eindeutig Panik. Aber was hat sich verursacht? Das Tor. Das Vernageln des Tores ist der Grund. Ich diagnostiziere die mir neue Erfahrung: Klaustrophobie.

Blindwütig überfließend stürmt lang Unterdrücktes auf mich ein, ein Schwall giftiger Dämpfe aus verborgenen Schichten der schützenden Hülle um mein Inneres . . . unvermittelt werde ich in tiefster Nacht dem Schlaf entrissen; mir ist, als wäre mein Inneres ein bloßer Tropfen, Spielball auf dem weiten See des Bewußtseins. Die Hülle hält, sie will nicht reißen. Ich klammere mich an ihre glatten Wände und verlange verzweifelt nach Luft. Es war ein eisiges Erwachen in der Harmattan-Nacht.

Die Kälte verstärkte das Gefühl der Isoliertheit, die Panik brach mit kalten, harten Hieben über mich herein. Warum? Warum plötzlich diese erstickende Atemnot? Mein Puls beginnt zu jagen, er dröhnt in meinem Kopf wider; meine verkrampften Fäuste erlangen ein Eigenleben; ich spüre sie wie einen gefangenen Vogel, der sich gegen den Druck der ihn umschließenden Hand wehrt. Es ist mein Puls, nur mein Pulsschlag. Die Hufe einer Herde wilder Hengste donnern über meine Schläfen.

Kann man das ertragen? fragte ich mich. Mein Schädel droht zu bersten.

Die glatte Oberfläche des Sees bricht plötzlich auf, und ich wurde hoch emporgeschleudert; Plastik, Käfig, Glaskugel, Lametta, Kapsel, gefangenes aufgespießtes Insekt, alles wird in dem gewaltigen Ausbruch hochgeschleudert und von einem Gipfel der mächtigen Wogen zum anderen geworfen. Der lange Arm einer Welle ergreift alles in heimtückischem Haken, zieht es wieder auf den schleimigen Boden herab, schleift alles über die schlammbedeckten Schollen. Kein Licht, kein Raumgefühl. Der See ist eine unterirdische Höhle, unzugänglich von allen Seiten. Nichts ist in ihm, das mir Halt oder Schutz gewähren würde, nichts als das Brüllen, das in seinem Gewölbe widerhallt, das Toben der aufbrechenden Erdkruste, das Pfeifen der Wasserschrapnelle.

Aber du erkennst doch, was es ist! PANIK! Der Beweis liegt auf der Hand: ES ENTBEHRT JEDER VERNUNFT!

Ich hörte meinen eigenen Schrei und erwachte. Ich rettete mich von der Oberfläche des Sees ans Ufer und griff unbeirrt nach meinen Kleidern.

Und wieder wurde die Schale, die mein Inneres barg, von dem Strudel aufgesogen. Aber ich kämpfte mich frei und saß nun im Schneidersitz auf dem Bett. Ja, das möchtest du, was? Aufspringen und dich an die Gitter klammern und wie ein tobsüchtiger Affe an ihnen rütteln? Und schreien! Denn auf mir lastete dieser Druck, diese eiserne Umklammerung unterhalb des Herzens, die das Atmen zu einer Qual machte. Und der Körper krümmte sich, als wolle er in einem Sprung die Wand durchbrechen, eine weite Öffnung reißen, und alle Hindernisse mit jener übermenschlichen Kraft zerschmettern, die mir plötzlich zu eigen war. Ich fühlte eine titanische Kraft. Es gab sie wirklich! Ich fühlte und erfuhr sie. Wenn ich ihr erlaubte, über meinen Körper auch nur soweit zu verfügen, um eine leichte Veränderung des Zwangs zu bewirken, den meine unter dem Körper gekreuzten Beine ausübten, dann würde ich mich einer Gewalt ausliefern, die zur völligen Selbstzerstörung führen würde.

WARUM? WARUM NUR? Bist du nicht Herr über deine Umgebung? Habe ich dich nicht zum unumschränkten Herrscher über die Einsamkeit ernannt?

Beherrschung. Beherrschung. Einatmen. Ausatmen. Sieh dich vor, daß dir kein anderer Laut entschlüpft. Konzentriere dich auf die zwei parallelen Gitterstäbe über der

Tür, die die Zeichen der Gleichungen jener Geheimwissenschaften bilden, die Gegenstand deiner Beschäftigung geworden sind. Zwei Linien, eine Gleichung. Und jetzt setze Himmel und Erde zueinander ins Verhältnis. Eigne dir diese Realität an mit aller Kraft, über die du verfügst, aber bewahre die äußere Ruhe. Fasse das Eisen der Stäbe, ramme es dir in die Seele und bewahre es dort.

Aber wann bist du hier an die Tür gekommen?

Erde. Erde. Setz dich auf den Boden. Decke. Wenn es nur nicht so bitterkalt wäre. Kissen; setz dich auf das Kissen, so daß deine Knöchel geschützt sind, und wickle dich in die Decke ein. Atme ein und aus. Führe alle Gegenstände genau auf; du kannst mit der Zahnbürste auf dem Sims beginnen. Welchem Zweck dient sie? Und die Seife? Zähle die Gitterstäbe sorgfältig, ohne dabei an sie als an Zeichen einer Gleichung zu denken. Nein, atme nur durch die Nase. Du benötigst nicht mehr Luft, als du durch die Nase einatmen kannst. Du brauchst nicht zu keuchen, du bist schließlich nicht gerannt; wäre auch kaum möglich hier drinnen. Laß die Dämonen nicht herein. Leere nur deinen Geist. Wirf Anker.

Während dieser kalten Nacht, die der Harmattan bringt, ist mein Körper in Schweiß gebadet. Vielleicht ist es doch besser, im Bett ausgestreckt liegenzubleiben. Eine größere Fläche ist dann mit der Erde verbunden. Mit angelegten Armen, die Fersen tief in die Matratzenfüllung eingegraben, warte ich auf den unbestimmbaren Zeitpunkt, zu dem der nächste Angriff erfolgen wird, und versuche in den Momenten geistiger Klarheit meine Kräfte zu sammeln. Wie soll ich diese Zustände beschreiben? Sie bilden allmählich ein Muster, einen Wechsel zwischen Ebbe und Flut, dem man sich anpassen kann, ein Oszillieren zwischen Chaos und Klarheit. Wie ein Überfall durch die Klauen einer wilden Bestie und dann der schützende Felsvorsprung, unter den man sich retten kann, aber nur für eine kurze Weile. Finger, aus denen am Rande eines Abgrundes allmählich die

Kräfte schwinden. Dann ein nicht endenwollender Sturz ins Nichts, die Ruhe der Verwirrung im Herzen des Strudels. Einmal lag ich am Rande eines sich fast senkrecht hinabstürzenden Abgrunds, von nichts gehalten als der Kraft, die mich dorthin gebracht hatte. Wann? Ich weiß es nicht. Wie eine Klette werde ich in einem Gleichgewicht böser Kräfte gehalten; nichts kann ihren Griff schwächen, nirgends gibt es eine offene Stelle, durch die ein bißchen Vernunft sich einschleichen könnte. Nach jeder Woge scheinen Tiefe und Ausmaß der Empfindung sich zu verringern. Langsam werden meine Empfindungen durch diesen Erosionsprozeß zu einer bloßen lichtempfindlichen Platte reduziert. Ist es mein Röntgenbild, das ich auf dem Schiefer des Meeresbodens sehe?

Fragments
We cannot hold, linger
Parings of intuition
Footsteps
Passing and re-passing the door of recognition.

Splitter
die wir nicht halten können, verweilen
Späne der Intuition
Schritte
die die Pforten des Erkennens wieder und wieder durchschreiten.

Auf mein Gedächtnis kann ich mich verlassen. Diese Zauberformel wird mich schützen. Sprich Worte, beschwöre Stimmungen herbei, wenn die Gedanken dich im Stich lassen. Wieder und wieder. Immer wieder. Koste die Worte auf der Zunge aus. Spüre die Lieblichkeit des Weins, die Süße von Blüten, den Staub des Geistigen. Reise über das Jetzt hinaus, laß die Worte den Übergang vorbereiten; versieh deinen Weg mit Weihrauch. Sauge den Duft tief ein.

Begierig. Süchtig! Nimm mehr in dich auf, als du zu fassen vermagst.

Ist das der Sieg? Nein; es ist nur Ebbe und Flut. Aber man kann es auch dem Mond gleichtun und die Gefahr beherrschen; über sie erhaben, obwohl man in finstere Tiefen hinabgeschleudert wird. Es muß mir gelingen, mein wahres Wesen von dem Zwillingswesen, das seine Widerspiegelung ist, zu trennen, so daß das schmerzliche Erleben sich in ein durch die Wahrnehmung hervorgerufenes Mitgefühl wandelt. Mein Schatten ist gefangen, aber nicht mein Wesen. Wiederhole: Mein Schatten ist gefangen, aber nicht mein Wesen. Nun sprich eine neue Beschwörung, um gegen die Möglichkeit eines neuen Angriffs gewappnet zu sein:

Old moons
Set your crescent eyes
On bridges of my hands
Comb out
Manes of sea-wind on my tide-swept sands.

Alte Monde
Laßt eure Sichelaugen
Auf den Stegen meiner Hände ruhen
Sichtet
Des Seewinds Mähne auf meinen tiden-gepeitschten Stränden.

Meine Leber ist wieder geheilt. Ich erwarte die Geier, denn Adler gibt es hier nicht.

25

Ambrose kam heute zu spät zu seiner Schicht. Wenn ich ihm nicht zuvorkomme und durch abweisendes Verhalten seine Redseligkeit eindämme, fängt er jedesmal an, sich zu entschuldigen, wenn er sich auch nur um eine Minute verspätet oder eine frühere Schicht ganz ausgelassen hat. Der wahre Zweck seines Kommens: er muß nachschauen, ob ich irgend etwas übriggelassen habe, bevor der Kalfaktor kommt und es nimmt.

»Morgen Sir!« dabei salutiert er. »Sie haben mich gestern vermißt – ich war im Gericht.« – »Abend, Sir, bin heute etwas spät dran – kleine Unterredung im Büro.« Heute morgen war es: »Morgen, Sir, alle Wärter waren zum Impfen, deshalb bin ich ein bißchen spät dran. Meningitis haben sie in der Stadt. Sind schon viele dran gestorben.« Ich ließ mir eine kaum wahrnehmbare Reaktion entschlüpfen, worauf er sofort seine Chance wahrnahm: »Ja, ich glaube, Meningitis war der Name. So eine Krankheit, wo den Leuten die Köpfe nach hinten fallen. Jeder im Gefängnis soll heute geimpft werden, alle Gefangenen und die Untersuchungshäftlinge. Am besten machen Sie schon mal Ihren Arm fertig, Sir. Es tut nur ein bißchen weh.«

Jedes Ereignis wird im Gefängnis freudig willkommen geheißen, selbst die Androhung von Gehirn- und Rückenmarksmeningitis und unangenehmen Nadelstichen. Es verschafft uns die Stunden der Erwartung der Injektion, den Augenblick des Geschehens selbst und dann für den Rest des Tages die Erinnerung an das konkrete Ereignis, das die Löcher schlägt in das Miasma der sinnlosen Existenz. Ambrose braucht mir nicht zu sagen, wann sie den Hof der Wahnsinnigen erreichen. Ich hörte das vertraute gebieterische Klopfen gegen die Tür, hörte, wie die Pfleger hereinkamen, hörte die gebrüllten Befehle und das Gelächter, das jedem

Schmerzensschrei folgte. Ambrose lief zu meiner Tür und kündigte an, was jeder hören konnte: »Sie kommen jetzt!«, und eilte dann wieder auf seinen Posten.

Eine Stunde verging. Ich hörte, wie das Tor sich öffnete und alle wieder in die Richtung fortgingen, aus der sie gekommen waren. Ambrose öffnete ungläubig sein Tor ein Stück weit, um zu beobachten, was geschah, schloß es wieder und kam zu mir zurück. »Kapier ich nicht«, sagte er, »ich glaub, die haben vergessen, daß Sie hier sind. Oder vielleicht kommen Sie extra dran.«

Jeder Insasse – auch die in den Todeszellen – ist gegen Gehirn- und Rückenmarksmeningitis geimpft worden.

Ich versuche mich zu erinnern, was ich von der Krankheit weiß. Hauptsächlich, daß sie hochgradig ansteckend sein soll, und zwar nicht nur über physischen Kontakt. Die Keime verbreiten sich durch die Luft. Während ich in der Gruft umhergehe, erwische ich mich dabei, daß ich – ohne mir dessen bewußt zu sein – ständig über die Mauer schaue, als könnte ich so die Sporen dieser neuen Gefahr entdecken und mich vor ihnen schützen oder ihnen entkommen, während sie durch den Stacheldraht dringen, um die Hoffnungen derer zu erfüllen, die angeordnet haben, daß ich nicht zu impfen sei.

Denn ich weiß, daß es kein Versehen war. Es ist nur eine weitere »natürliche« Möglichkeit einer Endlösung.*

* Gegen August 1968 wartete die Regierung zwei Monate lang, bevor sie hartnäckige Gerüchte über meinen Tod dementierte. Gedenkreden wurden gedruckt und im Rundfunk verlesen, von der Regierung kam nichts als Schweigen. Abwarten. Sondieren.

26

Ich habe mich noch nie in meinem Leben als Taschendieb betätigt – das heißt, vielleicht doch. Während der Schulzeit beteiligt man sich an allen möglichen Spielen. Eine Spionagegeschichte, ein Detektivroman, ein Kriminalfilm waren Grund genug, daß wir erproben mußten, ob nicht unsere Reflexe und unsere Finger geschmeidiger wären als die der Vorbilder. Hinzu kam noch unser frisch erworbenes Wissen auf den Gebieten der Chemie und der Physik. Nun, da ich darüber nachdenke, erinnere ich mich, daß ich Schlösser geknackt habe, und das nicht nur im Scherz. Den Schlüsselbund verloren ect., ganz zu schweigen von den Türschlüsseln, die aus dem Schloß auf eine vorher unter der Tür durchgeschobene Zeitung gestoßen wurden – auch das ein nützliches Stück aus der Trickkiste der Schülerzeit. Aber daß ich einem anderen etwas aus der Tasche gestohlen hätte, daran kann ich mich beim besten Willen nicht erinnern. Allerhöchstens als einen Teil der Späße, die unter Schülern üblich waren.

Aber nun, vor wenigen Wochen – dies hier hätte auch das erste sein sollen, was mit dem betreffenden Stift geschrieben wurde –, habe ich mich als Taschendieb betätigt so geschmeidig erfolgreich wie nur je ein Lieblingsschüler Fagins.* Und ich wählte nicht etwa irgendeine Tasche wie z. B. die Gesäßtasche oder die eines lose flappenden Jacketts – nein, die Brusttasche des Hemdes dieses Arztes. Daß mir das Kunststück im Augenblick der Ausführung als nichts Besonderes erschien, verwundert mich im nachhinein noch mehr. Es beweist aber nur, daß man die Schläue eines Fuchses annimmt, sobald man vom normalen Leben zivilisierter

* Bösewicht aus Dickens' Roman *Oliver Twist*, der Kinder zu Taschendieben abrichtet. (Anm. d. Übers.)

Menschen ausgeschlossen ist. Was die Erinnerung an diese Begebenheit weckte, ist der Umstand, daß der Stift – ein billiger Kugelschreiber – bereits die ersten Anzeichen von Altersschwäche zeigt, und ich habe festgestellt, daß ich ganz unbewußt die Rückkehr des Arztes herbeisehnte. Und als ich diesen Wunsch zu ergründen suchte, erinnerte ich mich zum ersten Mal deutlich an die Einzelheiten meines ersten Auftritts als Taschendieb.

Der Arzt war schließlich doch noch gekommen, im Verlauf eines routinemäßigen Rundgangs durch alle Zellen; in meinem Fall handelte es sich allerdings nicht um Routine. Der Arzt bewegt sich unbewacht unter den Gefangenen; es begleiten ihn lediglich der Pfleger und ein Gefängnisbeamter, meist ein Hilfswärter. Zusammen mit dem Kalfaktor, der der Krankenabteilung zugeteilt ist, bilden sie das ganze Team für die medizinischen Untersuchungen. Wird ein neuer Gefangener eingeliefert, muß er sofort dem Gefängnisarzt vorgeführt werden, spätestens im Laufe der ersten achtundvierzig Stunden. Dieser wird dann anhand der Untersuchungsergebnisse festlegen, zu welcher Arbeit der Gefangene herangezogen werden darf, unter Umständen eine spezielle Diät verordnen usw. Trotz wiederholter Eingaben sah ich monatelang keinen Arzt. Bei meinem Einzug hatte mir der Aufseher persönlich meine Diät verschrieben. Eines Morgens kam er und fragte, was ich für gewöhnlich zu essen pflegte. Ich hatte noch keine zwei Speisen nennen können, als er mir schon seine Zufriedenheit signalisierte. Von diesem Zeitpunkt an aß ich mittags Yams und abends Reis – so lange, bis wir einen neuen Direktor bekamen. Morgens erhielt ich außerdem noch Milch, Zucker, Margarine und Eier, die hauptsächlich zu einer Gewichtszunahme bei dem Kalfaktor und meinen Wärtern führten – am deutlichsten bei Ambrose feststellbar.

Und nun erschien, aus mir völlig unerfindlichen Gründen, der Arzt in Begleitung des Gefängnisdirektors, des obersten Wärters, eines ranghöheren Schließers und eines ganzen Schwarms jüngerer Wärter. Der Pfleger wartete draußen. Ich ließ mich untersuchen, antwortete auf die Fragen des Arztes und stellte dann selbst eine Frage.

»Ich bin hier schon monatelang. Ohne Gesellschaft. Ich verfüge weder über Bücher, noch kann ich irgendeiner Beschäftigung nachgehen. Glauben Sie, das ist meiner Gesundheit zuträglich?«

Er knuffte mich vor die Brust und griemelte. »Ho, ho, Sie machen einen ganz gesunden Eindruck, würde ich sagen.«

»Aber finden Sie das richtig? Scheint Ihnen das menschlich? Wenn Sie nicht so denken, sollten Sie etwas unternehmen. Ich bin es gewohnt, meinen Geist zu gebrauchen und zu ernähren. Darf man mich dann diesem langsamen Hungertod aussetzen?«

Er war völlig verblüfft. Niemals hatte ich den asiatischen Akzent so sehr verabscheut wie in jenem Augenblick. Als er zu sprechen begann, drängte sich mir die ganze Geschichte der indo-pakistanischen Überschwemmung der nigerianischen Verwaltung auf, die sich hauptsächlich auf zwei Sektoren konzentriert hatte – den Bahnbetrieb und die ärztlichen Berufe. Der Sardauna von Sokoto war zu seinen Lebzeiten der Hauptverantwortliche für diese Einfuhr mäßiger Begabungen aus Asien. Einer der zahllosen Skandale um ihn betraf den Aufstieg eines kleinen Krankenwärters, der der Neffe von einem seiner muslimischen Gastgeber auf einer seiner Reisen zu seinen Glaubensbrüdern nach Pakistan war. In einer seiner beliebten Anwandlungen von Großzügigkeit auf Kosten der Nation stellte der Sardauna diesem Hilfspfleger eine Spitzenposition im Norden des Landes in Aussicht, falls dieser mit ihm kommen wolle. Er wollte und wurde zum Amtsarzt ernannt. Er übte die Kunst der Chirurgie aus; die Ergebnisse entsprachen dem, was vorherzusehen gewesen war. Schließlich wurde 1963 – aufgrund der alarmierenden Häufung von Todesfällen unter seinem Messer – eine Untersuchung angeordnet, in deren Verlauf die Vergangenheit des Günstlings aufgedeckt wurde. Trotzdem wurde daraus lediglich die Konsequenz gezogen, daß ihm weiteres Praktizieren als Chirurg untersagt wurde. Dieser Schlächter verblieb in seinem Amt als Oberster Sanitätsoffizier und durfte weiterhin normale Kliniken leiten.

Der Gefängnisarzt, dessen Akzent so übertrieben war, daß er sich selbst zu persiflieren schien, wirkte auf mich wie ein letztes Relikt aus der Zeit der Importpolitik des Sardaunas. Zuerst hielt ich es nur für einen abgeschmackten Witz, als er sich darauf versteifte, meine Klage über geistige Unterernährung in rein physischen Begriffen zu interpretieren, bis ich plötzlich begriff, daß es ihm todernst damit war.

»Meine Augen«, klagte ich. »Der Harmattan muß sie ruiniert haben. Sie müssen untersucht werden.«

In Nullkommanichts hatte sein Zeigefinger nacheinander die unteren Lider meiner Augen heruntergezogen. »Ja, ja«, er leuchtete mit seinem kleinen Lämpchen in jedes Auge. »Was soll denn los sein? Sieht doch alles ganz normal aus.«

»Ich sehe schwarze Punkte.« Ich sah ihm in die Augen, um ihn zu zwingen, mich zu verstehen und kraft seiner Autorität zu unterstützen. »Es muß daher kommen, daß ich nichts zu lesen bekomme.« Ich kam mir albern vor.

»Nein, nein.« Er machte sich weiter an mir zu schaffen und untersuchte beide Augäpfel voll ernster Würde. »Vielleicht haben Sie früher zuviel gelesen. Es ist sicher ganz gut, daß die Augen sich jetzt erholen können.«

Ich packte ihn mir, als er sich umwandte, so daß er zwischen mich und die Gefängnisbeamten zu stehen kam. Ich griff seine Hand, in der er die Lampe hielt, und sagte langsam und eindringlich: »Sie müssen etwas zu lesen bekommen.«

»Ja, ja . . . Oh, ich habe Ihnen wehgetan?« Er löste sich sanft aus der Umklammerung. »Ich habe gehört, daß Sie nicht ordentlich essen. Das müssen Sie aber!«

Ich glaube, in diesem Augenblick, als ich mit Gewißheit erkannte, daß ich mir von dieser Visite, von diesem Menschen nichts erwarten konnte, richteten sich meine Gedanken auf den Kugelschreiber in seiner Brusttasche. Schreiben können! In der Lage sein, Gedanken zu Papier zu bringen; vielleicht ein neues Theaterstück entwerfen, einen Roman, eine Kurzgeschichte, mir selbst Rechnung legen . . . all das bewegte mich, doch hauptsächlich bedeutete es: eine Beschäftigung zu haben. Hätte ich einen Stift, so könnte ich etwas *tun*. Meine Konzentration auf die Zeit hätte ein Ende.

»Schwarze Punkte«, wiederholte ich. »Jetzt wieder, da oben.« Ich deutete zur Decke hinter seiner rechten Schulter. Die Tasche befand sich links. Ich war mir der widerlichen Präsenz der Gefängnisbeamten hinter mir bewußt; sie standen da, beobachteten und lauschten und taten doch so, als würden sie nicht sehen und hören, taten so, als würde ein Gefangener ein vertrauliches Gespräch mit seinem Arzt führen. Der Asiate drehte den Kopf in die Richtung, in die mein Finger wies, und ich beugte mich vor und zog den Stift aus seiner Tasche, als seine linke Seite sich mir darbot. Ich verbarg ihn in meiner Handfläche und legte die Hand flach auf den Tisch, so, daß der Stift nicht zu sehen war.

»Sie können es natürlich nicht sehen«, sagte ich.

»Das kommt, weil Sie nicht regelmäßig essen.« Er packte bereits seine Instrumente zusammen. Ich heftete meinen Blick auf seine Augen, um ihn, sollte er etwas bemerkt haben, davor zu warnen, sich als vorgebliches Mitglied eines humanitären Berufs völlig bloßzustellen, indem er mich verriet. Er reagierte überhaupt nicht. »Sie sollten richtig essen«, war alles, was er sagte, »dann hätten Sie auch keine Flecken vor den Augen.«

Wenn ich jetzt daran zurückdenke, wünschte ich, er hätte den Diebstahl bemerkt. Es hätte mir das Vorhandensein eines menschlichen Gewissens in dieser Umgebung bewiesen und das Gefühl der Isoliertheit verringert. Vielleicht war es dieser Wunsch, der mich daran hinderte, auf die saubere Ausführung dieser schnellen, nicht geplanten Operation stolz zu sein. Ich war viel zu sehr damit beschäftigt, jede seiner möglichen Reaktionen zu erfassen und zu deuten, und wider besseres Wissen zu hoffen, daß er meine Tat bemerkt, mein Bedürfnis erkannt habe und vielleicht sogar zu bewegen sei, danach zu handeln. Warum sonst sollte ich nun, da die Tinte des Stifts versiegt, auf seine Wiederkehr hoffen? Wenn ich ihn richtig eingeschätzt habe, wird das nächste Mal kein Stift mehr aus seiner Tasche lugen. Und wenn doch, wäre das der Beweis, daß er verstanden hat und nun wiederkommt, um sich freiwillig berauben zu lassen?

Die Tinte geht zur Neige. Es müßte möglich sein, eine arithmetische (oder ist es eine geometrische?) Reihe aufzustellen, anhand derer man Tinte in einem Kugelschreiber berechnen kann. Oder, noch besser, die seelische Degression (gibt es diesen Begriff?) von Gefangenen, die sich der Hilfeleistungen eines Sardauna-Arztes erfreuen.

27

Das Stöhnen begann am frühen Abend. Es kam von jenseits der Wand, die meiner Zellentür gegenüberliegt. In dieser Mauer befinden sich zwei Abflußöffnungen, die mit Maschendraht verschlossen sind. Die Maschen sind weit genug, um einer Katze Durchlaß zu gewähren. An den Haarbüscheln im Gitter erkenne ich, wenn die Katze nachts dagewesen ist. Dann springt sie schnell über die leere und Gefahren bergende Fläche des Hofes, um hinter der Hütte zu verschwinden, wo sie nach Essensresten sucht. Hinter der Hütte durchquert eine Abflußrinne mein Reich. Durch die Gruft hindurch verbindet sie den Hof der Wahnsinnigen mit dem Lager, in dem die Frauen interniert sind. Dieser Kanal ist die unterirdische Verbindung aller Katakomben des Hades.

Heute liegt der Geruch des Todes in der Luft. Ich erkenne ihn genau. Deshalb konzentriere ich mich darauf, nur an Lebendiges zu denken, den Geruch aus meiner Nase zu verbannen, das Flehen der knochigen Hände, denen ich nichts als meine Ohnmacht entgegenhalten kann.

Vor ein paar Wochen hat hier eine Frau ein Kind zur Welt gebracht. Ich hörte das Schreien des Neugeborenen und fragte mich, wie ist das möglich. Ein Säugling in dieser Hölle? Es war gegen Abend, fast um die gleiche Stunde, um die heute dieses eindringliche Stöhnen laut wurde. Es war kaum denkbar, daß eine Frau mit ihrem Neugeborenen den Ehemann besuchte.

Wie seltsam! Schon oft hatte ich die Stimmen der Frauen gehört, aber sie immer für die von Kindern gehalten. Monate vergingen, bis ich herausfand, daß meine Gruft sich zwischen dem Hof der Wahnsinnigen und dem der weiblichen Gefangenen befand. Ihre Stimmen klingen so dünn und hoch, als ertönten sie aus einer Öffnung in einer weit entfernten Höhle. Abends veranstalteten sie im Hof kindische Spiele – den Geräuschen und dem Gekicher nach zu schließen, müssen es Spiele sein, wie sie von Kindern erfunden werden. Und diese Liedfetzen, von denen ich geglaubt hatte, sie kämen von außerhalb des Gefängnisses? An einem besonders ruhigen Abend konnte ich sogar einzelne Worte verstehen

Brother Johnny
Brother Johnny
Do you sleep
Do you sleep
Wedding bells are ringing
Wedding bells are ringing
Ding dong ding

Sie sangen die Worte in jenem gleichgültigen, ausdruckslosen Singsang, in dem unsere Schulkinder fremde Lieder singen – wie *The Bluebells of Scotland, Ash Grove, The Lass with her Delicate Air* –, die dem Lehrplan von einfallslosen Missionaren aufgepfropft werden. Selbst wenn solche Lieder im Verlauf von Spielen ertönen, klingen die Worte immer gleich teilnahmslos. Die Worte haben keine Bedeutung für die Kinder, ihr geschichtlicher Zusammenhang ist ihnen genauso fremd wie die Gefühle, die sie ausdrücken, und somit vermögen die fehlgeleiteten Musiklehrerinnen von ihnen nichts weiter zu erlangen als diese kraftlos-blasse Reproduktion. Die Erinnerung an diesen Umstand muß mich dazu verleitet haben, die Stimmen, die ich so oft bei Gesang und Spiel vernahm, stets Kindern zuzuschreiben, die in der Welt außerhalb unserer Mauern unter den Mangobäumen spielten. Diese Welt liegt hinter der Mauer des Bernsteins; hinter ihr geht auch die Sonne auf.

Entlang dieser Mauer verläuft eine Straße, eine kaum besuchte Straße, man hört wenig Geräusche. Aber vielleicht kommt das daher, daß sie so weit von der Mauer entfernt verläuft, daß die Geräusche des Verkehrs kaum noch herüberdringen. Vor allem die Richtung, aus der Geräusche kommen, ist durch die Verzerrung schwer zu bestimmen. Gewiß ist jedoch, daß sich zwischen Mauer und Straße ein breiter Streifen Geländes erstreckt, denn ihn bedeckt ein kleines Wäldchen von Mangobäumen, deren Wipfel ich sehen kann. Ich beobachte, wie die ersten Knospen sich entwickeln, wie sie zu Blüten werden, und die ersten grünen Blättchen, die sich an den Zweigen zeigen. Sobald die ersten Früchte reifen, werden sie mit allem beworfen, was als Wurfgeschoß benutzt werden kann, und dichte Schwärme von Schmeißfliegen folgen den menschlichen Störenfrieden. Nicht selten erreicht ein solches Geschoß die Gruft, der Wärter flucht und wirft einige zurück. Mich stört es nicht. Selbst die Gefahr, während der Mango-Saison von einem verirrten Flugkörper den Schädel eingeschlagen zu bekommen, wird zur prickelnden Möglichkeit, die die ewige Langeweile auflockert. Ein schmerzhafter Schlag auf den Kopf ist ein Beweis des Lebens, ein Zeugnis von dem Leben zugehörigen Kräften. Nein, ich glaube wirklich nicht, daß es mich gestört hätte.

Eines Morgens schaue ich hoch – während meines morgendlichen Spaziergangs, gleich, nachdem die Zelle geöffnet wird – und erblicke ganz oben, im höchsten Ast, in Zweigen, von denen ich nicht geglaubt hätte, daß sie mehr zu tragen vermöchten als die Last der Früchte, einen kleinen Jungen, der nach den obersten Mangos greift. Sein Kopf ragte noch über den Wipfel des Baumes hinaus; er schwankte leicht im Rhythmus der Zweige. Es war ganz klar, daß nur mehr dieses letzte Bündel von Früchten auf dem Baum zu finden war. Oft schwankte der Wipfel des Baumes, wenn einer der Plünderer in den unteren Zweigen ihn heftig schüttelte, aber noch nie hatte sich einer von ihnen so hoch hinauf gewagt. Seine Hand berührte die Beute, als er hinabschaute und meinem Blick begegnete. Er hielt inne. Wir blickten uns an. Ich lächelte, aber er starrte mich völlig verstört an. Dann sah er weg und schaute zur anderen

Seite hinüber. Ich konnte die Gedankengänge und Fragen in seinem wachen Verstand mitverfolgen, denn er blickte nun in den Hof neben meinem, in dem es von Menschen wimmelte. Die Sonne ging blendend-hell hinter ihm auf, so daß ich meinen Blick abwenden mußte. Ich setzte meinen Rundgang um die Hütte fort. Als ich zurückkam, starrte er wieder in die Gruft. Als ich das nächste Mal wiederkam, war er verschwunden und mit ihm die Früchte.

Als ich später am Abend schrille Stimmchen hörte, dachte ich ihn mir inmitten Kindern seines Alters, die im Mondlicht spielten. Sosehr ich mich auch dagegen wehrte, rief dies zum ersten Mal Kindheitserinnerungen in mir wach, das Bild eines Pfarreigehöftes voller Kinder. Ich zwang mich, diese Szene mit Gewalt aus meinen Gedanken zu verdrängen. Statt ihrer erlebte ich nun den Duft von Blumen, einen Sonnenaufgang, Gitarrentöne – die wehmütige heidnische Schlußszene aus Cocteaus *Orfeo Negro*, der Tanz der beiden Kinder, die dem Frühling huldigen und die dazu auserkoren sind, daß sich ihnen das Geheimnis des Sonnenaufgangs und das des Erwachens der Samenkörner in der Erde, die sie mit ihren unschuldigen Schritten berühren, offenbaren wird . . .

Denn ein Kind ist uns geboren . . . Es war der Schrei eines Neugeborenen, den ich gehört hatte. Er sprach von dem dringenden Bedürfnis, das bis jetzt die ganze Welt des Kindes ausmachte, von jenem einzigen Verlangen, das es mit allen Fasern seines winzigen Körpers ausdrückte. Ich hörte das zärtliche Summen der Mutter: es gab keinen Zweifel mehr. Eine weitere Frauenstimme, diese ungeduldig und verdrossen, mischte sich ein, und das Ganze erhielt etwas beinahe Menschliches – die Stimme der Mutter, die in jeder unserer Frauen verborgen ist, die fürsorgliche Ratschläge erteilt und für das Kind spricht. Aber die Stimmen blieben gedämpft, die Personen irreal. Sie gehörten nicht der Welt des Tageslichtes an wie die Mangos, die dem Sonnenaufgang entgegenwachsen. Sie waren bloße Erscheinungen, pure körperlose Geister, die in dunsterfüllten Höhlen schwebten. In dieser Unterwelt ist das Kind eine laut schreiende Mißgeburt, ein Wechselbalg. Ich verspüre einen Anflug von Trauer bei dem Gedanken, daß dieses Kind zur falschen Jahreszeit geboren wurde – es hätte Frühling sein müssen. Dennoch, sollte es ein Mädchen gewesen sein, so können wir sie ungeachtet der Jahreszeit Persephone nennen.

Von der Klagemauer her dringt das Stöhnen ungemindert; es ist fast Mitternacht. Ich verschließe mein Bewußtsein vor den anderen Lauten, die vor ungefähr zwei Stunden hinzukamen und schon bald durch rohe Gewalt zum Verstummen gebracht wurden. Die anderen Gefangenen, Gefährten des stöhnenden Mannes, hatten begonnen, um Hilfe zu rufen. Hysterische Stimmen schrien: Wärter! WÄRTER!!! Die Schreie verhallten ungehört. Nach einer halben Stunde verstärkte sich der Lärm, es wurden Türen und Fenster geschlagen, mit Eimern geklappert. Schließlich schrien mindestens dreißig Stimmen gemeinsam um Hilfe. Und inmitten dieses Getöses erklang weiterhin das Stöhnen in unveränderter Lautstärke und Regelmäßigkeit, so, als hätten Schmerzen und Leiden sich umgewandelt in diese letzte, mechanische Äußerung. Ich hörte das Geräusch mehrerer Stiefelpaare, die sich eilig näherten, das metallische Scheppern der eilig aufgerissenen Tore, ich hörte die Drohungen und lauten Beschimpfungen. Ich hörte, wie die Gefangenen all dem entschlossen ihre Forderungen entgegensetzten. Anklagen. Ich hörte, wie sie niedergeschrien wurden. Ich hörte den schleppenden, gebieterischen Schritt, der sich dem Bett des Kranken näherte; ich hörte, wie der Mann sich über ihn beugte und eine Untersuchung vornahm, durch die er nichts erfuhr. Ich hörte die Schritte sich wieder entfernen. Das Durcheinander erregter Stimmen verkündete mir, daß er ging, ohne eine Anweisung zu hinterlassen, was unternommen werden sollte. Wenn überhaupt etwas unternommen werden sollte. Ich glaubte, das wiederholt gerufene Wort »Doktor« gehört zu haben. Er schrie die Forderung mit barschen, ärgerlichen Worten nieder. Die Türen wurden zugeschlagen, die Riegel besiegelten das Absperren, und die Stiefeltritte entfernten sich. Das Murren der Wärter, die sich wieder zurückzogen, war ein einziger Protest über die Zumutung, daß man ihre Freizeit grundlos gestört hatte.

Das Stöhnen nimmt kein Ende, es wird auch nicht schwächer. Die mechanische, unmenschliche Regelmäßigkeit dieser Äußerungsform menschlichen Leidens ist das, was mich am meisten betroffen macht. Es hat seinen Ursprung nicht im Willen, sondern in ihm erschöpft sich der schwache, versiegende Lebensstrom. Als stünde der Mund des Mannes offen, so daß der Ton sich dem Ausatmen beigesellt.

Kurz bevor es dämmert, verstummt der Laut. Unvermittelt. Nie war er schwächer geworden oder hatte zwischendurch aufgehört, noch hatte er, in einem letzten Aufbäumen des Sterbenden, an Intensität zugenommen. Ich weiß, daß es vorbei ist.

Angespannt lauere ich auf das geringste Geräusch. Ein Mann hat sich erhoben, ist dahin getreten, von wo das Schweigen kommt, um die Stille zu ergründen. Andere richten sich in ihren Betten auf, vereinzelt kommen weitere Gefangene zu dem Bett des Toten. Kurze Zeit später höre ich, wie sie leise Gebete sprechen. Das Beten währt, bis die Zellentüren geöffnet werden. Ein Wärter tritt ein, bleibt stehen und ruft nach seinem Vorgesetzten.

Die Stunde naht, da »alle Toten ihre Gräber verlassen«. Als der Schlüssel im Schloß meiner Tür bewegt wird, frage ich den Wärter, was mit dem Kranken geschehen sei.

»Der Mann ist tot«, sagt er.

28

Ich habe die vier Mauern mit Namen versehen. Die Klagemauer, über die dreimal täglich das Gebetsgemurmel steigt und manchmal des Nachts das jammervolle Stöhnen der Kranken und Sterbenden, bildet die Flanke eines selten benutzten Durchgangs. Am Fuße der Mauer sind zwei kleine Öffnungen angebracht als Abfluß für das Regenwasser. Bestenfalls enthüllen sie für ein paar Sekunden die nackten Knöchel eines Gefangenen oder die vertrauten dicksohligen Schuhe eines Wärters, manchmal die eleganteren Schuhe eines Nachwuchsoffiziers oder irgendeines anderen ranghöheren Beamten. Und durch sie hatte ich meine ersten Halluzinationen.

Ein Spiel des Lichtes, die Blätter einer Schlingpflanze quer über dem Maschendraht lassen mir, der ich durch ein sechstägiges strenges Fasten geschwächt bin, in einem der Löcher ein Gesicht erscheinen – unverkennbar und komplett mit der Strähne, die in die Stirn fällt, und der Fliege: Adolf Hitler.

Minutenlang saß ich unbeweglich und ließ die Erscheinung ihre endgültige Gestalt annehmen. Aber sie veränderte sich nicht; lediglich die dunklen Tümpel der Augen wurden noch stechender. Ich schloß die Augen, drehte meinen Kopf zur Wand, atmete tief und konzentriert und wendete mich wieder um. Dasselbe harte Gesicht starrte mich unverändert an. Ich weiß, daß mir ein Schrei entschlüpfte; dann rettete ich mich in meine Zelle – es war am frühen Abend, und ich hatte im Gang gesessen. Ich blieb in der Dunkelheit wartend stehen, bis der Wärter kam, um die Zelle abzusperren, und legte mich dann auf mein Bett. Ich zwang meinen Verstand, an nichts zu denken, und verdrängte alle Fragen. Es dauerte Stunden, bis ich einschlief – überraschenderweise wurde ich von keinem Traum verfolgt.

Am nächsten Tag wartete ich die gleiche Stunde ab und setzte mich dann wieder an dieselbe Stelle. Diesmal erblickte ich das Gesicht Albert Schweitzers. Indem ich meine Position leicht veränderte, konnte ich mir ein großes Repertoire an Erscheinungen verschaffen. Ich stand auf und ging langsam auf das Gitter zu; ich sah, wie die Schatten sich auflösten, und an ihrer Statt die Schlingpflanze allmählich Gestalt annahm, und die Vernunft kehrte für eine kurze Weile wieder zurück. Am nächsten Tag schränkte ich die Unerbittlichkeit meines Fastens so weit ein, daß ich Erdnüsse und Orangen zu mir nahm. Nach einer Weile überkam mich die beängstigende Gewißheit, daß die Gesichter sich veränderten, verschwanden und wieder erschienen, als würde ich sie in einer nebelverhangenen Umgebung durch ein ständig die Perspektive änderndes Fernrohr beobachten, wobei sie sich manchmal so weit zurückzogen, daß sie im unendlichen Raum körperlos zu schweben schienen und daß ihre Bewegungen, ihre Dialoge und die Zeichen, die sie mir machten, zunehmend eindringlicher wurden: da wartete ich auf einen geeigneten Augenblick und schnitt die Pflanze ab. Von da an war die Öffnung wieder das Abflußloch, das sie vorher gewesen war. Schließlich nahm ich sie überhaupt nicht mehr wahr. Ich wußte nicht, daß sie sich meinem Bewußtsein durch einen Wahnsinn, der nichts Zufälliges an sich hatte, wieder einprägen würde. Sie hatte sich von den Schatten nur befreit, um mir ein gemeines Schattenspiel vorzuführen.

An diesem Morgen zieht jenseits der Ausflußöffnung eine Prozession vorbei. Das hat es wohl noch nie gegeben. Ich beobachte sie, während sie langsam und feierlich ihren Verlauf nimmt, Knöchel nach Knöchel, Kette nach Kette. Das Geräusch der Ketten ist keine Einbildung; es ist heller Tag. Hinter dem Gitter sehe ich diese Verhöhnung menschlicher Glieder – Schlurfen, Klirren, Schlurfen, Klirren, Schlurfen, Klirren . . . Die Füße sind nackt, die Knöchel und die Ketten sichtbar. Es sind Ketten von der gleichen Art wie die, die um meine Knöchel gelegt waren, als ich in Lagos verhört wurde – massiver Zwang von Kettengliedern, die sich bei jeder Bewegung gegen den Knochen schlugen. Die einzige Fortbewegungsmöglichkeit ist das Schlurfen, indem man bedächtig den rechten Fuß ein Stück vorwärtsschiebt und den linken allmählich nachzieht. Man darf den Fuß nicht hochheben, denn sonst wird die Haut über den Knöcheln abgescheuert, und dann ist selbst das Schlurfen eine unerträgliche Qual. Die glänzenden Stiefel des Wärters versuchen unbeholfen, sich dem matten Rhythmus des Totentanzes anzupassen, ohne daß es ihnen gelänge. Sie unterliegen nicht dem metallenen Zwang, der die Gefangenen zum Gleichschritt zwingt. Insgesamt elf Gefangene und zwei Wärter sind mir in dem Rahmen des Abflusses erschienen und haben die Totenmasken der vorhergehenden Abende durch eine neue Darbietung abgelöst, deren Geheimnis noch zu ergründen ist.

Sind es Rückfällige? Notorische Ausbrecher oder gemeingefährliche Geisteskranke? Aber warum sollten die Wärter sich dann mit ihnen unterhalten? Die Stimmen der Wärter klingen unbeschwert, beiläufig, und doch merkt man ihnen an, daß diese Zwanglosigkeit künstlich ist, erzwungen. Ich kann die Worte nicht verstehen, höre nur Stimmen. Es scheint, als würde eine Begebenheit erzählt, und zwar etwas Lustiges. Ich bin mir sicher, daß die lachenden Stimmen die der Wärter sind, und doch entdecke ich in ihnen nichts Grausames. Dank jenem eigenmächtigen Instinkt, mit dem der Eingeschlossene aus den geringsten Hinweisen und Wahrnehmungen seine Schlüsse ableitet, erkenne ich sogar, daß die Geschichte auf Kosten der Repräsentanten des Staates geht, vielleicht sogar den Erzähler selbst diffamiert. Auf das Gelächter folgt Schweigen; die Pause, bis die Stimmen wieder einsetzen, verrät die Anspannung, die die übliche Atmosphäre bestimmt.

Aber warum nur diese angestrengte Freundlichkeit? Die wohlmeinende Absicht ist durch die trennende Mauer hindurch trotz der Anonymität der Personen spürbar. Ich kenne den einschüchternden Tonfall der Wärter, die Drohungen, die Erpressungen, den Sadismus in ihren Reden. Ebenso kenne ich die scherzhaften, besänftigenden Reden, die die eigene Autorität auszulöschen suchen; ich kenne sie alle. Ich kenne den Tonfall, der sich am Abend einstellt, wenn die Vorgesetzten gegangen sind und, nachdem man sich vergewissert hat, daß kein Überraschungsbesuch des Großen Aufsehers oder seiner Adjutanten zu befürchten ist, die Trennung zwischen Wärtern und Bewachten aufgehoben ist und eine tröstliche allgemeine Menschlichkeit einzieht. Unterbezahlte Menschen mit überwältigend großen Problemen, die um Liebe, Verantwortung und Überlebenwollen kreisen. Ich habe auch die glatten Judaszungen herausgefunden, die den Gefangenen trösten, den sie selbst verraten haben. Die Regeln für das Verhältnis zwischen Wärtern und Gefangenen werden sorgsam beachtet, und nur im Notfall konfrontiert man den Gefangenen mit seinem Denunzianten – ich erkenne die Judasstimme, die ihn begrüßt, wenn er aus der Vorhölle zurückkehrt; die Stimme des Heuchlers, der ihn schilt, weil er zu vertrauensvoll seinen Mithäftlingen gegenüber gewesen sei. Die Stimmen der Wärter, die ich jetzt höre, sind zwar auch mit diesem heuchlerischen Tonfall behaftet, aber sie zeugen gleichzeitig von einer schüchternen Aufrichtigkeit. Es sind die Stimmen, die der nächtlichen Gemeinsamkeit entstammen, aber sie klingen angespannt, so als erwarte man die heimliche Inspektion, aber könne weder ihren Zeitpunkt noch ihren Ausgangspunkt lokalisieren.

Und immer noch begreife ich nicht. Nach einigen Stunden schlurft die Prozession wieder an mir vorbei; sie kündigt sich durch die lauter werdenden Geräusche an, lange bevor sich die ersten Zehen im Rahmen der Öffnung zeigen; der Fuß sucht langsam Halt, um dann den anderen Fuß an ihm vorbeigleiten zu lassen, eine rissige Ferse verhält genau in der Mitte der Öffnung, sie trägt die Bürde aller Lasten, die die Menschheit bedrücken. Diesmal vernehme ich ein paar Antworten der Gefangenen auf die Reden der Wärter; diese scheinen nun ruhiger als vorher, liebenswürdig; in freundschaftlicher Weise verhalten sich beide Parteien entsprechend dem Zusammengehörigkeitsgefühl, das besteht zwischen dem Gepeinigten und jenen, die durch ihre Position von dem Verbrechen freigesprochen sind, die Pein zuzufügen.

Eine Woche ist vergangen, als die Prozession erneut stattfindet. Sie verläuft genauso wie beim erstenmal, nach dem gleichen präzisen Mechanismus. Im gleichen schwerfälligen, matten, kraftlosen Schritt schleppt sie sich vorwärts. Schwache Schatten, die zwischen der Sonne und meinen Augen vorüberziehen. Alle meine Sinne habe ich seit dem ersten Vorbeimarsch auf die Abflußöffnung konzentriert, aber wieder vergehen einige Tage, ohne daß sich das Phänomen wiederholt. Drei Tage muß die Unterbrechung diesmal gedauert haben.

Beim nächsten Mal findet die Prozession drei Tage hintereinander statt. Und die Prozession des heutigen und *letzten* Tages – denn nun begreife ich ihre Bedeutung! – beginnt in aller Frühe und unterscheidet sich auf seltsame Weise von den vorhergegangenen. Wie sehr muß selbst mein Instinkt Verdrängungsarbeit geleistet haben, daß ich bis jetzt das Ziel all dieser Aufmärsche nicht erraten habe! Daß sich meine Aufmerksamkeit so ausschließlich auf den Vorbeimarsch gerichtet hatte, beweist mir, wie ich mir eingestehe, daß die Unvollständigkeit der Handlung mir bewußt war, daß ich unbewußt den Charakter des Ganzen als den eines Schauspiels erkannt hatte, eines Schauspiels, das nur ein grausames Vorspiel war. Seltsamerweise erwache ich an diesem Tag um die gewohnte Zeit. Ich sage, seltsamerweise, da die Geräusche, die mich sonst wecken, fehlen. Zuerst glaube ich, zu spät erwacht zu sein, aber der Stand der Sonne belehrt mich eines Besseren. Ich erwache in eine bleierne Stille hinein. All die vertrauten Geräusche, die zur

Frühstückszeit im Gefängnis ertönen, die Kalfaktoren, die die Gänge putzen, die ersten Arbeitskolonnen, die Schritte und gebrüllten Befehle der Wärter, all das vermisse ich. Ambrose hat diese Woche Dienst, aber als ich den Hof betrete, treffe ich dort auf einen jungen Mann, den ich noch nie gesehen habe. Selbst zu diesem Zeitpunkt habe ich als das Auffallende dieses Morgens noch nicht die Stille registriert, sondern nur eine geringfügige Veränderung des täglichen Rhythmus, die ich zu gegebenem Zeitpunkt überdenken will. (Im Gefängnis lernt man, Erfahrungen für eine spätere Verarbeitung aufzuheben, solange der Instinkt sie nicht als unmittelbar bedrohlich einstuft.) Ich vergesse die ungewöhnliche Ruhe, dusche etwas länger als gewöhnlich und mache mich dann zu einem ziellosen Gang durch den Hof auf. Auf diesem frühmorgendlichen Spaziergang verschließe ich meine Sinne allen Geschehnissen bis auf die Wahrnehmung der Bewegung von Ameisen, Fliegen, Schmetterlingen und jeglicher Manifestation kriechenden oder fliegenden Lebens – erst ein oder zwei Stunden nach der Mittagszeit beginnt der Tag sich hinzuschleppen, und für diese Zeit spare ich mir das Überdenken der vorher aufgenommenen Erfahrungen auf. Dieses Training muß schuld daran sein, daß mir das tödliche Schweigen an diesem Morgen nicht weiter auffiel, ebensowenig wie die schweren Schritte von Wärtern und Offizieren, vor allem die der Offiziere, und die Gegenwart von mindestens einem Dutzend fremder Schritte, die alle gleich unheilschwanger und drohend klangen, und schließlich meine eigene unbewußte, angstvolle Erregung angesichts des Vollzugs eines unaussprechlichen Rituals, die mir im nachhinein deutlich bewußt wird.

Die kettenbeschwerten Füße warnen mich nicht. Auch nicht der Umstand, daß fünf Personen fehlen, denn heute schleppen sich nur sechs Paar gefesselter Füße an der Öffnung vorbei. Und diesmal sind die Stimmen der Wärter lauter, klingen nervös und barsch. Ihre Freundlichkeit ist spürbar aufgesetzt und unerträglich. Von ihrer Nervosität angesteckt, unternehme ich einen weiteren Rundgang um die Hütte. Gegenüber der Mauer, in der sich die Abflußlöcher befinden – der Klagemauer –, ist die Mauer des Bernsteins, hinter welcher die Sonne aufgeht. Wenn ich vor dieser Mauer stehe, kann ich über die Klagemauer hinwegschauen und den obersten Rand der Fenster im Obergeschoß des nächstliegenden Gefängnisgebäudes sehen. Die wenigen Male, die einer der Bewohner dieses Gebäudes – ein Häftling, der Kleidung nach zu urteilen – aus unerfindlichen Gründen auf die Fensterbank geklettert war, hatte ich wahrhaftig ein menschliches Gesicht erblicken können und hatte es gewagt, war der Rücken des Wärters mir zugekehrt, ein vorsichtiges Winken mit dem anderen auszutauschen, sogar ein Nicken des Kopfes als Gruß. Ein zwischenmenschlicher Kontakt hatte sich für beide herstellen können, eine gegenseitige Ermutigung.

Heute sind alle Fenster verschlossen, und nun erklärt sich mir das entfernte Geräusch von schlagenden Fensterläden: eine riesige Menschenmenge soll blind und taub gemacht werden. Und immer noch weiß ich nicht, weshalb.

Die Stille währt drei bis vier Stunden. Die Geräusche setzen so unvermittelt und willkürlich ein, als wäre der Ton zu einem Film plötzlich eingeschaltet worden. Und die sechs Gefesselten kehren zurück. Wann ich endlich die Wahrheit erfaßt habe, weiß ich nicht, denn diese Erkenntnis macht, daß ich wie erstarrt auf meinem Bett verharre, in der Haltung in der ich die ganze Zeit über bewegungslos und indifferent das Schweigen in mich aufgenommen habe. Es ist mir nicht möglich, mit Bestimmtheit zu sagen, ob das wiederkehrende Geräusch der Ketten, das im einen Augenblick laut ertönte, im nächsten unerklärlich leise klingt, diese Erkenntnis ausgelöst hat. Der geistigen Lähmung, welche die Stille der letzten Stunden verschlungen hatte, folgt ein Zustand der Schwere- und Bewegungslosigkeit, eine Lähmung meiner Wahrnehmungen. Und plötzlich springe ich auf und breche die selbstauferlegte Regel, die jede Kommunikation mit den Wärtern, die über das Notwendigste hinausgeht, verbietet. Ich eile hinaus, um mir das, was ich bereits weiß, durch den jungen Wärter bestätigen zu lassen. Aber er ist fort; an seiner Statt erblicke ich Ambrose, dessen gerötete Augen, aufgeblähte Nüstern und geweitete Poren alle gleichermaßen vom Hauch des Todes künden. Ohne meinen Impuls weiter zu bedenken, fahre ich auf ihn los: »Ihr habt sie aufgehängt!« Er nickt. Wie unter Zwang sprudeln die Worte aus ihm heraus; er unterbricht sich nur, um Prisen Schnupftabaks zu nehmen.

»Für diese Arbeit muß man gute Nerven haben. Wenn man nicht stark ist, hält man es nicht aus. Das kann einen so fertigmachen, daß man den Verstand verliert. Der Schnupftabak hilft mir. Ich nehme ihn vorher und nachher. Jeder nimmt irgendwas. Mir hilft das Pulver. Und hinterher trinke ich zwei Flaschen Starkbier, die ich mit Schwarzgebranntem versetzt habe. Ich trinke den ganzen Tag. Wir kriegen nachmittags frei, wenn wir beim Hängen Dienst tun müssen. Manche können es nicht ertragen, aber mir macht es nichts aus. Wenn einer andere Leute umbringt, hab ich kein Mitleid mit ihm. Mörder sind schlechte Menschen; warum sollen sie einem leid tun? Es ist für uns alle das Beste, wenn man sie alle auf einmal umbringt ...«

Sie bekommen besonderes Essen, alles, was sie wollen. So wie die VIP, die Gefangenenprominenz. Prominente Landplagen*, wie ich eine bin, die man mästet, ehe man sie schlachtet? Ambrose nickt, bevor er plötzlich begreift und sich hastig korrigiert, indem er diese Unterstellung empört von sich weist. »Nein, nein, Sie haben doch keinen Mord begangen. Jeder kann aus politischen Gründen eingesperrt werden. Sie können morgen schon Premierminister werden.« Ich bringe ihn wieder zum Thema der Hinrichtungen zu-

* Wortspiel: Very Important Person – Very Important Prisoner – Very Important Pestilences. (Anm. d. Übers.)

rück ... Sie können essen, was sie wollen; sie haben eigene Köche aus den Reihen der Kalfaktoren; der Arzt besucht sie regelmäßig; sie variieren die Zusammenstellung ihrer Menüs nach Lust und Laune; sie verfügen über Spiele, Freizeitbeschäftigungen, kurz, über all die Privilegien, die im Rahmen der Selbstgerechtigkeit des ganzen Systems so wichtig erscheinen und doch unbeabsichtigt dem Ganzen hohnsprechen. Und die Ketten? Nein, innerhalb des ihnen zugeteilten Hofes sind sie nie gefesselt. Das geschieht nur, wenn sie ihren Bereich verlassen, um in das Krankenrevier zu gehen. Normalerweise sucht der Arzt sie in ihrem Trakt auf und behandelt sie auch dort, sollte es erforderlich sein, aber – naja, sie werden ja auch nicht dorthin geführt, weil sie wirklich untersucht werden sollen. Sie werden zwar wirklich in die Krankenstation gebracht, aber manchmal werden sie dort nicht einmal angeschaut. Es gehört zum Training. Außerdem tut ihnen der Spaziergang gut. Ja, so läuft das – es ist doch ganz einfach ...

Wenn alle rechtlichen Vorgänge abgeschlossen sind und die endgültige Bestätigung des Todesurteils durch die jeweils gerade zuständige Obrigkeit dem Gefängnis zugestellt wurde, beginnt eine Reihenfolge leicht durchschaubarer Schein-Veranstaltungen. Die Todgeweihten kennen ihren Ablauf genau. Manche von ihnen warten seit fast vier Jahren in der Todeszelle; sie haben es schon zu oft durchgemacht, um nicht Bescheid zu wissen. Nachdem man sie zum ersten Mal ins Krankenrevier geführt hat, rührt keiner von ihnen sein Essen an. Die Spiele liegen unbenutzt herum – Dame und Mensch-ärgere-dich-nicht –, niemand nähert sich den Brettern und Würfeln. Keiner spricht mehr mit dem anderen. Und je länger sie in dieser makabren Komödie mitspielen, um so viel mal häufiger sind sie der Erfahrung des Sterbens ausgesetzt; denn jedesmal, wenn eine Frist verstreicht, ohne daß sie hingerichtet werden, und jedesmal, wenn neue Insassen in die Todeszellen gebracht werden, sind beim nächsten vorgeblichen Ausgang naheliegenderweise jene

Gefangenen an der Reihe, die am längsten da sind. Eine einfache Wahrscheinlichkeitsrechnung. Sie werden schubweise in die Krankenstation gebracht, in Gruppen, deren Zusammensetzung sich nie wiederholt. Zum Zwecke einer routinemäßigen ärztlichen Untersuchung, wird ihnen gesagt; aber da sie dort so gut wie niemals untersucht werden, und wenn, dann nur oberflächlich, wissen sie, was es in Wahrheit bedeutet. Das einzige Geheimnis bildet die Frage, wer als nächster das Schafott besteigen wird. Jeder Tag kann der letzte sein. Der erste Gang zum Krankenrevier bedeutet nicht, daß man noch eine lange Gnadenfrist vor sich hat. Nicht mitgenommen zu werden ist natürlich schlimmer – für die, die schon länger da sind. Sie wissen Bescheid. Aber es kann auch schlimmer für einen sein, mit der »Kranken«-Abteilung gehen zu müssen. Das heißt nur, daß es heute noch nicht passieren wird. Und was ist morgen? Auch wenn sie zurückkommen, wissen sie nichts. Wenn alle vollständig da sind, kann es immer noch auf die nächste Woche verschoben werden. Oder bis zum nächsten Monat. Oder um Monate. Der Henker kann krank geworden sein.

Selbst das Gesetz fordert nur das einmalige Sterben seines Opfers. Diese Menschen sterben mehrere Tode, sie werden gezwungen, sich dem Vorgang des Sterbens mehrmals hintereinander zu unterziehen in diesem widernatürlichen Verfahren aus legaler Folterei und sanktioniertem Töten.

Heute eine Gruppe von neun Personen, morgen oder nächste Woche wieder eine andere Gruppe. Vielleicht auch drei verschiedene Gruppierungen an drei aufeinanderfolgenden Tagen. Es bleiben stets ein paar von ihnen in den Zellen zurück. Ambrose sagt mir, daß es nicht jeden Tag elf Personen gewesen seien, daß ihre Anzahl zwischen neun und zwölf geschwankt habe. Das ist möglich. Ich hatte geglaubt, bis auf den heutigen Tag jeden Morgen elf gezählt zu haben. An dem Tag dann sind es die Todgeweihten, die nicht mitgenommen werden. Ihre Zellen werden nicht geöffnet. Sobald die Abteilung der »Kranken« verschwunden ist, erscheint das Hinrichtungskommando, das aus zwei Wärtern pro Gefangenem besteht, die ihm die Hände auf den Rücken binden. Manche wehren sich verzweifelt und müssen überwältigt werden. Andere brechen zusammen und werden halb bewußtlos zum Galgen getragen. Und dann Polyphem . . .

Ich war nicht im geringsten überrascht, als ich erfuhr, daß Polyphem seine erste Beförderung als Gladiator im Dienst des Staats errungen hatte, indem er im Zweikampf einen abgeurteilten Gefangenen tötete, der nicht zum Galgen gehen wollte. Ein Schauspiel von elementarer Gewalt, halb Ritual, halb mittelalterlicher Kampf. Einer hatte dem Tod den Fehdehandschuh vor die Füße geworfen und sein Recht auf ein neues Urteil durch den Zweikampf geltend gemacht. Polyphem hob den Handschuh auf im Namen von Staat und Tod.

Dieser Mann, er heißt Bernadine, wartet in seiner Zelle im Enugu-Hof der Todgeweihten. Er hat sich vor dem Tod gewappnet; sein Schild ist der Deckel eines Abfalleimers, sein Schwert eine gefährliche Keule, übersät mit eisernen Spitzen, die er sich heimlich verfertigt hat. Das nichtsahnende Todeskommando verliert beim Anblick dieser satanischen Erscheinung den Kopf und flieht schreiend und fluchend. Der Herausforderer verbarrikadiert sich in der Zelle und wartet. Polyphem ist ein bloßer Hilfswärter mit der Aussicht, es nie zu etwas anderem zu bringen, da er Analphabet ist. Aber was hier gebraucht wird, ist schließlich nicht Bildung, sondern seine hervorstechendste Eigenschaft, körperliche Kraft. Von dem weißen Oberaufseher heranzitiert, erweist er sich als willfähriger Freiwilliger und naht sich der Zelle, ähnlich bewaffnet wie sein Widersacher. Die Wärter reißen die Barrikaden nieder und ziehen sich zurück. Polyphem tritt seinem Feind gegenüber; zwei Gladiatoren fechten den Kampf um Leben oder Tod aus, der Vertreter des Gesetzes gegen den Gesetzlosen, der um sein

Leben kämpft. Niemand versucht, sie zu trennen, niemand vermöchte dem Kampf Einhalt zu gebieten der sich verselbständigt hat und wie ein Ritual vollzogen wird. Auch der weiße Aufseher, der in den Kulissen lauert und mit gezogenem Dienstrevolver abwartet, erhebt keinen Einspruch, besorgt und darauf bedacht, notfalls den Kampf durch einen unfairen Schuß zu entscheiden, um dem Staat zu seinem Recht zu verhelfen.

Polyphem siegt, indem er seinen Gegner mit bloßen Händen erwürgt. Und doch konnte Bernadine dem Strick entkommen, und das mit Hilfe Polyphems.

Aber meistens wehrt sich niemand.

»Wir nehmen ihre Arme – so – und legen sie hinter dem Rücken in Handschellen. Nein, wir ketten die Beine nicht aneinander; nur Handschellen. Dann kommt der Oberaufseher. Er liest jedem den Brief des Gouverneurs vor und sagt ihnen, daß der Tag gekommen ist. Dann kommt ein Priester und spricht zu ihnen. Oder ein Imam, wenn der Betreffende Moslem ist. Sie sagen: ›Bereite dich vor. Du hast ein Leben genommen, und die Gesellschaft verlangt, daß du dafür mit deinem eigenen Leben bezahlst.‹ Wir gehen dann in den Hof, wo die Exekutionen stattfinden – er befindet sich gleich neben dem Hof der zum Tode Verurteilten, aber das wissen sie nicht. Verstehen Sie, die anderen sind ja nicht dabei, wenn die, deren Zeit gekommen ist, fortgebracht werden. Sie wissen nicht, welchen Weg wir nehmen. Bevor die Hinrichtungsstätte dorthin verlegt wurde, wo sie jetzt ist, war der Weg länger. Und nach der Hinrichtung wurden die Leichen mitten durch den Hof transportiert und zum Haupteingang hinausgebracht. Manchmal kamen die Verwandten, um die Leiche ihres Familienmitglieds zu sehen, aber meistens waren es die Angehörigen des Ermordeten, die kamen. Nur selten kamen Angehörige, um die Leiche eines Gehängten mitzunehmen – es ist ihnen zu peinlich, sich zu einem Mörder zu bekennen.

Aber manchmal kamen Verwandte des Ermordeten, und dann kam der Oberaufseher zu ihnen hinaus und sagte: ›Hier seht ihr die Leiche des Mörders eures Angehörigen. Der Staat hat sein Leben mit diesem Leben vergolten; laßt daher alle weiteren Auseinandersetzungen mit seinem Tode ruhen.‹

Das war vor vielen Jahren so. Inzwischen haben wir selbstverständlich einen eigenen Ausgang; die Leichen werden von Lastwagen weggebracht. Nein, das Schafott wird erst am Morgen des Tages der Hinrichtung errichtet; deshalb dauert es auch so lange – manchmal bis zu drei Stunden –, bis wir die Gefangenen abholen können. Unsere Aufgabe besteht darin, dem Henker zur Hand zu gehen. Wir führen sie bis zum Gerüst, dann übernimmt sie der Henker. Auf dem Gerüst haben zwei Leute Platz. Wenn der erste so an seinem Platz steht, daß er den Strick um den Hals hat, machen wir es mit dem nächsten genauso. Sie werden beide gleichzeitig gehenkt, wenn der Henker an dem Griff zieht. Die Falltür öffnet sich, und beide stürzen hindurch. Sie brechen sich das Genick, wissen Sie. Es passiert sofort, aber sie müssen dreißig Minuten da hängen bleiben. So verlangt es das Gesetz. Der Henker wartet nicht beim Galgen. Das tun wir. Nebenan gibt es einen Aufenthaltsraum, dahin zieht er sich mit seinem Assistenten zurück. Dort haben sie Starkbier für ihn, das er während der Wartezeit trinkt. Auch der Arzt hält sich dort auf und der vorgesetzte Offizier. Nein, sie trinken nicht; aber ich habe einen Arzt gekannt, der ziemlich ungeniert zur Flasche griff. Niemand hat es ihm verübelt, warum auch? Glauben Sie, daß überhaupt jemand so einen Tag überstehen kann, ohne einen intus zu haben? Wir könnten auch etwas zu trinken brauchen, aber wir müssen bei den Toten warten. Ob die Leichen gestohlen werden? Nein, das ist nicht der Grund, warum wir dort bleiben müssen.

Wer sollte dort eine Leiche stehlen können? Wir bleiben da, um die Verurteilten zu bewachen, die darauf warten, daß sie drankommen. Ja aber freilich sehen sie mit an, was geschieht. Wie sollten sie auch anders. Ja, sie sehen, wie die ersten sterben, das wird ihnen eine Lehre sein. Einmal haben wir elf Stück an einem Tag gehängt – ja, die »Apalara«-Mörder. Hier in Kaduna sind sie hingerichtet worden. Alle am gleichen Tag. Nein, der Henker nimmt die Leichen nicht ab. Das machen wir. Wenn die dreißig Minuten vorbei sind, steigen wir auf das Gerüst und lassen die Seile herunter. Wir legen sie in rohe Holzsärge, und dann kommt der Arzt und macht einen kleinen Einschnitt hinten im Nacken, da, wo der Kopf ansetzt. Er nimmt etwas heraus und tut es in eine Flasche, dann schreibt er den Namen des Gefangenen auf die Flasche und steckt sie ein. Was ist es, was er da entfernt? Das habe ich mich immer schon gefragt. Manche von uns behaupten, daß es das ist, was das Leben eines Menschen enthält. Stimmt das?«

Kaduna 69

29

Heute morgen machte ich eine merkwürdige Entdeckung. Ich bin schwanger.

Lange starrte ich den Beweis meiner Schwangerschaft an und fragte mich, wie es dazu kam. Denn dieses Ding war da, fest und rund und straff gespannt, eine Wölbung mitten aus meiner Taille heraus, die dort nichts verloren hatte.

Wenn man mein Geschlecht bedenkt, sollte so etwas eigentlich nicht möglich sein. Gewiß, schon seltsamere Dinge sollen geschehen sein. Die Veränderung der Gene eines Mannes könnte sich hier ganz allmählich vollziehen, ohne daß man es in dieser asexuellen Atmosphäre überhaupt bemerkt. Zuerst könnten die männlichen Gene sich verringern, dann könnte das Stadium des hermaphroditischen Zwitterwesens einsetzen. Der Kampf der Hormone, in dem die schwächsten überleben. Oder die stärkeren? Es heißt, daß weibliche Gene lebensfähiger sind; vielleicht können sie sich auch nur schneller einnisten. Irgendwie so – aber darum geht es hier nicht. Und außerdem lebe ich sowieso seit über einem Jahr in strikter Enthaltsamkeit.

Sollte es etwa Kwaschiorkor sein?*

Nein. Ich habe selbst gesehen, daß bei dieser Erkrankung Auswüchse entstehen, die unförmigen Kalebassen ähneln, die unterhalb der Brust ansetzen, sich dann gleichmäßig nach außen wölben und in einem scharfen Knick zu den Hoden hin wieder abnehmen. Meine Schwangerschaft sitzt genau unterhalb des Nabels und ist steinhart, klein und kompakt. Es sieht aus, als hätte sich ein großes Ei unter meiner Haut eingenistet. Dies ist insofern widersinnig, als

* Kwaschiorkor: im tropischen Afrika vorkommende Eiweißmangelkrankheit, die, von Rötung und Hautschäden begleitet, zu schwerer Lebererkrankung führt. (Anm. d. Übers.)

mein übriger Körper nur mehr aus Haut und Knochen besteht – ich befinde mich in der fünften Woche eines neuen Fastenzyklus. Schwächezustände und Halluzinationen habe ich bereits überwunden, Geist und Körper sind gleich frei von jeder Anspannung. Mein Körper schwindet, jedoch ohne daß ich dabei Kräfte einbüßen würde, mein Geist erweitert seine Wahrnehmungen, ohne daß er an Klarheit verlieren würde. Ich habe sogar den größten Teil meines verloren geglaubten Humors wiederentdeckt.

Ich beschloß, einen Rundgang zu unternehmen und dabei über das seltsame Phänomen, das mein Körper mir beschert hat, nachzudenken. Indem ich mich erhob, löste das Problem sich von selbst. Ich erwischte mich dabei, daß ich automatisch meinen Bauch vorwölbte, um den Umfang meines Hosenbunds auszufüllen. Je länger mein Fasten anhielt, um so größer wurde der Abstand von Hose zu Körper, und um so mehr strengten meine Bauchmuskeln sich an, dieses Loch auszufüllen. Ich muß im Lauf der Monate im Verhältnis zur Körperkraft die größte Menge an Bauchmuskeln entwickelt haben, die man überhaupt finden kann. Mein lautes Lachen läßt den Wärter herbeischlurfen, der sehen will, was los ist. Ich würde ihn gern dazu einladen, hereinzukommen und diese unnatürlichen Muskeln durch einen Schlag zu testen. Oberhalb davon steht jede Rippe so deutlich hervor wie die Rippen Adams, bevor sie mit Haut und Fleisch bedeckt wurden. Meine Schulterblätter und das Schlüsselbein zeichnen sich so deutlich ab, daß man mich nur mit Farbe einschmieren müßte und dann auf eine flache Oberfläche legen, um Illustrationen für ein anatomisches Handbuch zu erhalten. Und all dem zum Trotz sitzt hier, unter dem Nabel, ein Knäuel starker, überquellender Muskeln, mit dem ich bei jedem Wettbewerb für den Mr. Universum der Bauchmuskulatur hätte auftreten können.

Warum faste ich? Da ich mich nun der Konfrontation nähere, der ich nicht ausweichen kann und darf, muß ich mir über mein eigenes Vorgehen im klaren sein. Die Gründe dafür beschränken sich nicht nur auf das, was ich in den Briefen dargelegt habe, mit denen ich diese neue Auseinandersetzung eingeleitet habe. In diesen Briefen an die Gefängnisleitung bitte ich um Bücher, um Schreibmaterial, um Kleider, die die Fetzen, die ich am Leib trage, ersetzen sollen. Ich fordere außerdem, daß meiner nicht menschenwürdigen Isolation ein Ende gemacht werde.

Wir haben den März des Jahres 1969. Seit achtzehn Monaten bin ich interniert, seit fünfzehn Monaten hier in Kaduna in Einzelhaft. Im Dezember letzten Jahres wurde der Entlassungsbefehl auf meinen Namen ausgestellt. Das weiß ich, da Mallam D., der mich in Lagos verhört hatte, mich hier besucht hat.

Es war natürlich ein seltsames Zusammentreffen; zuerst traute ich meinen Augen nicht. Ich erinnere mich, daß er in der zweiten Dezemberhälfte in der Begleitung des Großen Sehers (des neuen Leiters des Gefängnisses) und Polyphems kam. Der sagte: »Hier ist jemand, der Sie besuchen will.« Der Besucher trat vor: Es war Mallam D.

»Wie geht es Ihnen? Ich bin gerade unterwegs nach Kano – man hat mich dorthin versetzt. Und da ich hier ein paar Formalitäten zu erledigen hatte, dachte ich mir, daß ich Ihnen doch gerne guten Tag sagen würde.«

Ich weiß nicht mehr, was ich ihm geantwortet habe, aber ich war freundlich.

»Die Lage ist insgesamt hoffnungsvoller geworden ... nun, ich denke, das werden Sie bald genug selbst feststellen. Der Grund meines Hierseins sind nämlich die Untersuchungshäftlinge. Wir haben gestern schon mehrere entlassen, und ich werde heute noch weitere Entlassungen vornehmen. Es hat sich eben damals alles etwas verselbständigt, nun ja, das wissen Sie ja selbst ... die Gefängnisse sind bis zum Bersten überfüllt. So viele Unschuldige, die hier langsam verschimmeln – und sie haben niemandem etwas zuleide getan. Und dann, also, schauen Sie, Wole, versuchen

Sie, das Ganze zu vergessen, wenn Sie hier rausgekommen sind, ja? Betrachten Sie es als eine der Sachen, die im Krieg nun mal passieren.«

Ich wehrte mich dagegen, das zu glauben, was eindeutig aus seinen Worten herauszulesen war, ebenso wie die Bestätigung dieser Andeutungen, die das Gesicht des Großen Sehers ausdrückte, der mich freudestrahlend angrinste. Selbst Polyphem strahlte aus allen Knopflöchern.

Ich sagte: »Es gibt Dinge, die man vergessen muß. Aber Sie können nicht von mir erwarten, daß ich die über mich in Umlauf gesetzten Falschmeldungen vergebe oder vergesse.«

»Das verlange ich doch nicht...«, der Große Seher schaltete sich hastig ein: »Nein, nein, natürlich nicht. Niemand würde so etwas von Ihnen verlangen. Das war ja nun wirklich keine Kleinigkeit.«

Plötzlich begann ich, über D. nachzudenken. Obwohl ich keine Antwort erwartete, fragte ich ihn, um zumindest aus seiner Reaktion etwas zu erfahren: »D., wissen Sie, *warum* diese Gerüchte über mich verbreitet wurden?«

D. verfügte über diese – bei einem Polizisten höchst ungewöhnliche – Eigenschaft, daß er sichtbare, unverhüllte Betroffenheit zeigen konnte. Er verriet, daß er die Gefühle eines normalen menschlichen Wesens hatte, insbesondere solche, die ihren Grund in moralischem Unbehagen haben. Wäre er ein Weißer, er würde verwirrt erröten. Völlig unvermittelt ging er zum Gegenangriff über: »Aber warum haben Sie versucht zu fliehen? Sie machen sich keine Vorstellung von unserer Verbitterung, von unserer Enttäuschung.«

Ich sah ihn forschend an. Er glaubte wirklich, was er sagte. Doch ich hatte das Stadium, in dem ich wünschte, diese Lüge zu entlarven, schon lange hinter mir. Ich konnte mich nicht mehr den moralischen Maßstäben meiner Unterdrücker anpassen. Ich antwortete: »Angenommen, ich hätte es versucht. Moralisch wäre ich durchaus berechtigt gewesen, mich so gegenüber einem System zu verhalten, das so verkommen ist, daß es Unschuldige denunziert. Wäre eine

Flucht möglich gewesen, so hätte ich sie wagen müssen. Aber jetzt antworten Sie mir: Wissen Sie, warum ich verleumdet wurde?«

Er sagte: »Alles entwickelte sich soweit recht positiv. Wir dachten, alles sei in Ordnung, und dann kamen die Politiker und mischten sich ein.«

»Politiker?«

»Ach, Wole, Sie können sich nicht vorstellen, was für Schwierigkeiten man uns macht. Ich bin froh, daß ich von Lagos wegkomme. Und zumindest kann ich so, bevor ich gehe, ein paar der Dinge, die passiert sind, zurechtbiegen. Sie machen sich keine Vorstellung, wie viele Leute wir bis jetzt freigelassen haben in Lagos und anderswo; erst jetzt haben wir uns um diese ganzen Fälle kümmern können. Hunderte und Aberhunderte von Fällen. Und die meisten sind einfach nur hier. Niemand weiß, warum. Es gibt keine Akten über sie, nichts. Sie sind völlig grundlos hier eingesperrt. Niemand bei der Polizei oder in der Armee könnte sagen, warum. Ich bitte Sie, reden wir nicht weiter darüber . . . am besten versuchen Sie, alles, was damit zusammenhängt, zu vergessen.«

»Gut.«

»Das ist jetzt alles vorbei – nun, Sie werden ja selbst sehen. Aber ich bitte Sie, versuchen Sie, das Ganze zu vergessen.«

Sie gingen. Ich verharrte unbeweglich. Der Besuch, seine Worte, das Verhalten der beiden Gefängnisbeamten . . . Ich hatte das Gefühl, daß ich unehrlich mir gegenüber war – nicht bloß übervorsichtig, sondern unehrlich – bei meiner Weigerung, die offensichtliche Bedeutung des Vorgangs anzuerkennen.

Der Wärter hatte das Tor hinter ihnen abgesperrt und kam nun zu mir, um seinem Herzen Luft zu machen.

»Es stimmt wirklich. Gestern sind mehr als vierzig Leute hier entlassen worden. Und der Mann, der eben da war, und ein anderer von der Geheimpolizei in Kaduna, die waren hier, um im Büro des Oberaufsehers die Akten der Untersuchungshäftlinge durchzusehen. Und – ich wollte es Ihnen nur nicht vorher sagen – der Chef hat uns selbst heute früh gesagt, daß Ihre Papier auch fertiggemacht werden. Sie werden sehen, in zwei oder drei Tagen . . .«

So war es also. Es gab keinen Zweifel mehr. Ich sollte freigelassen werden.

Durch die Krisen, die ich bereits mitgemacht hatte, hatte ich gelernt, meinen Pulsschlag zu beherrschen. Ich erkannte, daß die Erregung Besitz von mir ergreifen wollte, und zwang mich, ruhig und unbeteiligt zu bleiben. Bleib ruhig, sagte ich zu mir selbst, sei ruhig. Tilge das, was du heute morgen erlebt hast, aus deinem Bewußtsein. Vergiß es, vollkommen.

Aber der Große Seher kam noch einmal zurück. Ich entwickelte eine tiefe Zuneigung zu diesem Mann, der ganz ungeniert vom Glück eines anderen Menschen so erfüllt sein konnte. Er hielt die Tageszeitungen in der Hand:

»Das wird Ihnen ein wenig Beschäftigung bieten . . . in der Zwischenzeit.« Er stand eine Weile wortlos da, dann sprach er feierlich weiter.

»Mr. Soyinka, alles, was ich sagen kann, ist: Bitte verzeihen Sie uns. Ja, auch uns hier im Gefängnis. Verzeihen Sie das, was wir taten oder zu tun versäumten, indem wir nicht anders konnten, als Sie hier behalten zu müssen.« Seine Augen wurden feucht.

»Wissen Sie – und Sie können den obersten Wärter fragen; er ist der einzige, zu dem ich wirklich Vertrauen habe. Wenn er auch ein Analphabet ist, so ist er doch ein weiser Mann. Mit ihm rede ich über alles, vor allem, wenn ich Probleme habe. Und das habe ich ihm erzählt, kurz nachdem ich hierher versetzt wurde: Alles, was ich über Sie wußte, wußte ich aus den Zeitungsberichten und den offiziellen Angaben aus unserem Hauptquartier. Aber nachdem ich Sie einige Monate lang beobachten konnte, sagte ich zu ihm: ›Ich bin überzeugt, daß dieser Mann unschuldig ist.‹ Sie können ihn fragen, wenn Sie gehen, er kann es Ihnen bestätigen. Sie erinnern sich doch, daß ich selbst zu Ihnen kam, um von Ihnen Ihre Geschichte zu erfahren, ungefähr zwei Monate, nachdem ich hier eingesetzt worden war? Nun, das war an dem Tag, nachdem mir klargeworden war, daß Sie unschuldig sein müssen. Ich glaube, schon damals zu Ihnen gesagt zu haben, daß ich Ihnen Glauben schenkte, nicht wahr?« Ich hatte ihm nichts über die Hintergründe erzählt, nur die Umstände meines Verhörs. – »In unserem Beruf lernt man die Menschen zu beobachten. Und zwar nicht nur Kriminelle. Alle Politiker, die während der ›Action-Group-Krise‹ inhaftiert waren – sogar Awolowo –, sind mir irgendwann einmal untergekommen. Ich konnte feststellen, welche davon wirklich überzeugt waren, welche bloß Opportunisten und welche nur um des Abenteuers willen dabei waren, und so weiter. Man lernt dabei so einiges über die menschliche Natur. Und ich war wirklich sicher, daß Sie dieses Geständnis nie gemacht haben. Deshalb bin ich auch gekommen, um Sie zu fragen. Aber wissen Sie, ich hatte den Eindruck, daß da irgendwo ein großer Fehler gemacht worden sein mußte. Ich konnte mir nicht vorstellen daß jemand, der sich an höchst verantwortlicher Stelle befindet, wirklich imstande sei, ein falsches Geständnis in Umlauf zu bringen. Das muß ich zugeben. Ich dachte, es sei alles ein Irrtum. Selbst jetzt noch«, fuhr er fort, »wenn ich das nicht alles aus dem Munde von Mallam D. erfahren hätte . . .« Er hielt inne. »Ich muß wieder ins Büro zurück. Haben Sie irgendeinen Wunsch? Ich glaube, wir sollten Ihnen mal einen Friseur schicken. Ihr Haar ist . . . Sind Ihnen jemals die Haare geschnitten worden, seit Sie hergekommen sind?«

Ich schüttelte den Kopf. »Samson büßte so seine Kraft ein.« Er lachte. »Möchten Sie jetzt einen Friseur? Es ist ein wahrer Urwald, Mr. Soyinka.«

Ich sagte: »Gut, schicken Sie ihn her.« Als ich das sagte, dachte ich – so seltsam das klingen mag – nicht an mein Haar, sondern an mein Gesicht. Ich hatte seit über einem Jahr in keinen Spiegel geschaut, und die Vorstellung, die sich meiner bei der Erwähnung eines Friseurs bemächtigte, war die einer Szene, die ich beobachtet hatte, in der ein Mann in Gefangenenkleidung einem anderen Gefangenen die Haare schnitt, während der zweite Gefangene das Tun des Barbiers aufmerksam in einem Spiegel verfolgte. Es war einer der letzten Eindrücke, bevor ich die Gruft betrat. Eine plötzliche Neugier auf den Anblick meines Gesichts ergriff mich.

»Ich werde dem Wärter sagen, daß er gleich einen herbringen soll. Und Ihre Kleidung?«

»Im Magazin müßte noch eine Hose von mir sein.«

»Ich werde nachschauen, ob sie in Ordnung ist. Und sonst – je eher sie gewaschen wird, um so besser. Ich werde ein paar alte Zeitschriften raussuchen und sie Ihnen bringen lassen.«

Weg war er. Polyphem erschien kurze Zeit später, ein schwellendes, zwei Meter zehn großes Grinsen, bestand er ganz aus versteckten Winken und aus noch offeneren Anspielungen. Er wiederholte ständig: »Manchmal denkt man, es hört nie mehr auf. Aber eines Tages kommt der Tag, da Gott alle Gebete erhört. Ist es nicht so?«

Der Friseur nickte inmitten seiner Vorbereitungen. Polyphem stellte den Stuhl erst in eine Ecke, dann in die nächste und fragte dabei die ganze Zeit: »Ist es hier zu sonnig? Nein. Ich glaube, da ist es besser.« Endlich ging er weg. »Ja, so geht es. Auf einmal kommt der Tag, und alles ist vorbei.«

Ich saß auf dem Stuhl und fühlte, wie das weiße Tuch um meinen Hals gelegt und hinter meinem Rücken zusammengebunden wurde. Ich griff nach dem Spiegel, drehte ihn bedächtig und sah mein Gesicht an.

Mein Haar spottete jeder Beschreibung. Ich hatte zwar Ähnliches erwartet, aber dennoch war ich überrascht. Es war lang und dicht, und ich wunderte mich, daß es möglich gewesen sein sollte, überhaupt noch mit dem Kamm hindurchzukommen. Ich nahm dem Friseur den Kamm aus der Hand und sagte: »Ich glaube, das mache ich lieber selbst.«

Aber auch, als ich mein Haar auskämmte, schaute ich

mein Gesicht an. Meine Augen waren es, denen meine Aufmerksamkeit galt, denn in ihnen las ich, was in einem Winkel meines Verstandes gelauert hatte, seit ich zum ersten Mal Hinweise auf meine bevorstehende Entlassung erhalten hatte. Zweifel, und mehr noch als Zweifel. Es ist noch nicht vorbei; noch nicht. Und das, was jetzt kommt, wird schlimmer sein, weil es diese trügerische Hoffnung gibt.

Ich legte den Spiegel hin und nahm das Tuch ab. »Ich lasse mein Haar so, wie es ist«, sagte ich.

Ich lag wieder auf meinem Bett, flach ausgestreckt, und fragte mich: Warum? War ich nur mißtrauisch? Ich wußte, daß es mehr als nur das war. Ich konnte das Gefühl nicht genau definieren; Vorahnungen lassen sich nicht rational erklären; aber ich wußte, daß ich das Gefängnis nicht zu Weihnachten verlassen würde.

(Die Begründung einer solchen Entlassung war nicht schwer zu erraten: partielle Weihnachtsamnestie.)

Und trotz dieses unterschwelligen Wissens reagierte ein Teil meines Verstandes bereits in nur zu menschlicher Weise. Wenn man mich wirklich freiließe, was würde ich sagen oder tun? Wie auch immer ich mich verhalten würde, daß ich dieses weihnachtliche Kasperletheater öffentlich denunzieren mußte, war mir klar. Schon hatte ich einen Satz formuliert und hörte mich voll berechtigten Zornes ausrufen: Ich hoffe, daß dies das letzte Mal war, daß man versucht, Gerechtigkeit wie ein Weihnachtsgeschenk auszuteilen. Und ich wurde viel ruhiger. Ich unterdrückte das, was in meinem Denken Hoffnung und Optimismus war, und konzentrierte mich auf das Nachdenken darüber, wie ich in der ständigen Isolation weiterleben konnte, nachdem man mich diesem grausamen Hoffnungsschimmer ausgesetzt hatte.

Der Magazinverwalter kam zu mir. Ja, das sind meine Hosen. Hemden? Was da drüben hängt, das ist mein Hemd. Ja, die Fetzen. Lassen Sie's waschen oder stecken Sie sich's an den Hut, mir ist es egal.

Der blinde Alarm erfüllte die ganze Gruft. In den Augen des Kalfaktors, der mein Essen brachte, war ich bereits abgereist; er betrachtete mich wie ein Wesen, das vom Zauberstab der Gottheit, die er verehrte, angerührt worden war. Der Wärter folgte ihm wie üblich; aber diesmal kam er nicht, um darauf zu achten, daß ich nicht heimlich Verbindung zu anderen Gefangenen aufnahm, sondern um seinem Bedürfnis Luft zu machen über Begriffe wie Vorsehung, Geduld, Gerechtigkeit und Mut und eine Reihe weiterer Dinge zu schwafeln, die zu seinen halbverdauten Glaubenssätzen zählten. Als er gegangen war, versuchte ich, etwas zu essen, aber ich hatte keinen Appetit mehr. Mit jeder Sekunde wurden meine Vorahnungen stärker.

Die Frühschicht wurde abgelöst. Zwei Wärter stürmten in die Gruft, die manchmal aushilfsweise hier Dienst getan hatten. »Ich hab morgen frei, Sir. Da habe ich gedacht, lieber sage ich heute auf Wiedersehen, falls ich Sie nicht mehr sehen sollte, wenn ich wiederkomme.«

Wärter, die ich schon lange nicht mehr gesehen hatte, kamen ebenfalls. Sie hatten zwei, drei Wochen, vier Wochen lang, manchmal auch einige Monate lang hier Dienst getan, und waren dann plötzlich verschwunden. Ich hatte geglaubt, daß der häufige Wechsel eine bloße Sicherheitsmaßnahme sei. Nun eilten sie alle herbei, um mir die Hand zu schütteln, und sagten: »Sie wissen, warum Sie uns nicht mehr gesehen haben? Hier gefällt es uns nicht sehr gut. Hier sitzt man acht Stunden lang seine Schicht ab und hat keine Abwechslung. Mit den anderen Gefangenen können wir reden oder Karten spielen, aber hier ist ja Isolationshaft. Deshalb lassen wir uns alle in die anderen Abteilungen versetzen.«

Und dann waren sie alle weg. Die größte Ruhe herrscht am Nachmittag, wenn die erste Schicht vorbei ist. Alle Gefangenen sind in ihren Zellen; die ganze Atmosphäre ist eine der Ruhe und des Friedens. Ich überlasse mich der Stille und versuche mir vorzustellen, wie ich diesen Zustand über Wochen und Monate hin erhalten könnte. Wenn man mich wenigstens an einen anderen Ort verlegen würde! Eine neue Umgebung, neue Gerüche und neue Wahrnehmungen, die dem Schattenspiel des Überlebenwollens neue Nahrung geben könnten. Vielleicht sollte ich mir das zum Ziel setzen. Während des kurzen Augenblicks, in dem ich mein zukünftiges Dasein in der Gruft erwogen hatte, hatte sich mir die Aussicht auf eine sich endlos hinziehende Agonie aufgetan, die wie grauer Schimmel alles überwucherte; die Maßnahmen, die man dagegen ergreifen konnte, waren selbst nur Krankheitsbeweise. Denn letztlich gibt es keine Erlösung von jener gräßlichen Öde, keine Ablenkung, die den Geist von der Betrachtung des Abgrundes lösen könnte. Die zwölf Monate, die ich jetzt hier verbracht hatte, hatten mich aller geistigen Spannkraft beraubt, die ich überhaupt ansammeln konnte ohne äußere Eindrücke und Erfahrungen.

Polyphem drückte als erster sein Erstaunen aus. Er machte seinen abendlichen Rundgang, in Zivil, fest davon überzeugt, daß ich schon fort sei. Es war der Heilige Abend, und er hatte geglaubt, ich sei zu Weihnachten in meinem eigenen Heim. Er hatte wohl gedacht, daß ich auf dem gleichen Weg verschwände, auf dem ich hergekommen war – in einem extra dafür bereitgestellten Flugzeug, dem ich am Heiligen Abend genau vor meiner Haustür entsteigen würde. Am Morgen dieses Tages hatte er mich besucht, um sich zu verabschieden und mir viel Glück zu wünschen; jetzt brach der Abend herein, und ich hörte, wie er sprachlos am Tor stand, verwundert darüber, daß in der Gruft immer noch Wache gehalten wurde und der Häftling immer noch wartete.

Verärgert kratzte er sich am Kinn: »Naja, machen Sie sich nichts draus, die Weihnachtstage sind ja noch nicht vorbei, morgen kommen Sie nach Hause. Da bin ich mir ganz sicher. Bitte fangen Sie nicht an, sich Sorgen zu machen. Bald werden Sie daheim sein. Sie kommen nach Hause. Was das jetzt wieder soll, weiß ich auch nicht; diese Polypen taugen wirklich zu nichts.«

Am ersten Weihnachtstag kam niemand außer den diensttuenden Wärtern. Auf jedem Gesicht las ich die gleiche Verwunderung. Und die ersten Zweifel. Mitleid und Trost. Ich hatte längst abgeschaltet.

Der zweite Feiertag verging, dann der 27. und 28. Dezember. Langsam wich die Bedrückung von dem Personal, dem diese Sache zu einem persönlichen Anliegen geworden war. Als Neujahr sich näherte, erwachten ihre Hoffnungen zu neuem Leben. Die Entlassung sollte sicher im Rahmen der Neujahrsamnestie vonstatten gehen. Zweifellos. »Den Neujahrstag verbringen Sie nicht mehr in Kaduna.«

Am 29. sprach der Große Seher erneut bei mir vor. Er wirkte entmutigt. »Aber ich weiß doch, daß Ihr Entlassungsbefehl ausgestellt worden ist. Die Leute vom Sicherheitsdienst haben es mir selbst gesagt. Sie erinnern sich doch auch an die Worte von D., nicht wahr?«

In seinem Tonfall klang die Bitte um eine Bestätigung mit. Ich sagte: »Ja, ich erinnere mich.«

»Zwei Männer aus Lagos wurden mit dem Dokument losgeschickt. Ich habe gehört, daß es Schwierigkeiten gab, Ihre Rückreise nach Lagos zu organisieren. Ich glaube, sie konnten kein Flugzeug bekommen, oder so was. Sollen sie Sie halt entlassen. Sie werden auch allein nach Hause finden. Was sollte es für einen Grund geben, Ihnen Ihre Freiheit noch länger vorzuenthalten?«

Jetzt mußte ich ihn trösten. »Je länger es dauert, um so größer wird die Freude sein, wenn alles vorbei ist. Machen Sie sich nichts draus, irgendwann komme auch ich frei.«

»Nicht irgendwann. Ich bin sicher, daß Sie am Neujahrstag nicht mehr hier sein werden. Trotzdem finde ich das Ganze höchst ärgerlich.« Plötzlich schwang Protest in seiner Stimme: »Wir möchten, daß Sie von hier wegkommen, Mr. Soyinka. Glauben Sie mir, uns liegt Ihre Entlassung fast noch mehr am Herzen als Ihnen selbst. Verstehen Sie mich nicht falsch; wir alle mögen Sie. Ich wollte, wir hätten uns unter anderen Umständen kennenlernen können, und ich hoffe, daß wir uns später einmal wiedersehen werden. Aber für einen Gefängnisbeamten ist es höchst unangenehm, wenn er einen Häftling wie Sie beaufsichtigen muß. Während meiner ganzen Laufbahn sind mir noch nie so viele Aktennotizen zu einer einzelnen Person untergekommen. Berichte aus dem Generalstab, Unterlagen von der Polizei. Vertrauliche Mitteilungen von allen Seiten. Gerüchte, Verdächtigungen. Sie können sich nicht vorstellen, wie das ist. Ich kann nichts unternehmen, ich darf Ihnen nicht mal einen neuen Teller geben lassen, ohne vorher beim Generalstab schriftlich anzufragen. Natürlich wird mein Gesuch nicht beantwortet. Aber tue ich etwas ohne offizielle Ermächtigung, wissen sie sofort darüber Bescheid, und ich habe eine Anfrage am Hals. Ich versichere Ihnen, es gab eine Zeit, zu der ich ernsthaft in Erwägung gezogen habe, ob ich ein Rücktrittsgesuch einreichen oder um meine Versetzung bitten soll. Die Belastung wurde einfach zu groß. Wenn Sie uns verlassen, können wir wieder unter normalen Bedingungen arbeiten! Normale Bedingungen! Sie ahnen nicht, wie sehr ich Ihre Entlassung herbeisehne ...«

Und der letzte Tag des alten Jahres war da. Und obwohl ich sorgsam bemüht war, keine Hoffnung in mein Herz schleichen zu lassen, ertappte ich mich doch, wie ich auf jeden Schritt horchte, das Öffnen eines Tores in einem weit entfernten Hof zu deuten versuchte und mich verzweifelt bemühte, einen Ton zu erhaschen, der von den Verwaltungsgebäuden oder dem Haupteingang des Gefängnisses herüberwehen könnte.

Als alles vorbei war, als endlich die Gnadenfrist endgültig und unwiederbringlich verstrichen war, empfand ich dankbar das Nachlassen der Kontaktfreudigkeit derer, in denen plötzlich wieder menschliche Gefühle erwacht waren. Nur Polyphem schaute ab und zu vorbei. Ich hörte, wie er am Tor fragte: »Alles in Ordnung?« und stets die stereotype Antwort »Alles in Ordnung, Sir« erhielt. Einmal brachte er den Mut auf, in die Nähe meiner Zelle zu kommen – ich nehme an, er konnte dem Bedürfnis nicht länger widerstehen, festzustellen, wie ich es ertrug. Er tat so, als hätte irgend etwas neben meiner Zellentür seine Aufmerksamkeit erregt, und veranstaltete eine geräuschvolle Untersuchung des betreffenden Objektes. Auf dem Rückweg blieb er stehen; er schien sich dazu entschlossen zu haben, mich anzusprechen. Ich blieb unbeweglich liegen und starrte das Moskitonetz an. Er zögerte, verunsichert, und lief dann schnell weg.

Nachdem die ersten Tage vergangen waren, bekam ich auch keine Zeitungen mehr. Erneut war mir die Außenwelt verschlossen. Vor mir dehnte sich nur die Strecke endloser Tage, ohne Unterbrechungen, ohne Anhaltspunkte, auf die meine Gedanken sich hätten richten können. Obwohl ich mir beständig vor Augen hielt, daß sich ja nur meine Vorahnung bestätigt hatte, ich also nicht unvorbereitet einer Enttäuschung ausgesetzt war, verblieb mir dennoch ein Bodensatz betrogener Hoffnung, der Verzagtheit aufkommen ließ.

Gegen einen wie langen Zeitraum muß ich mich wappnen? Ein Jahr? Und weiterhin in Isolationshaft?

Nicht unter den Bedingungen, die mir bis jetzt auferlegt waren. Ich brauche Kleidung, brauche Beschäftigung, *Gegenstände*! Ich muß haben, was den geringsten Bedürfnissen eines Mitglieds der menschlichen Rasse entspricht. Der Wärter schlenderte vor der Zelle vorbei. Ich hatte laut herausgeschrien.

Es ist *Unrecht*. Es geht nicht darum, ob ich es aushalten kann oder nicht. Die Kernfrage muß lauten: Darf man von mir verlangen, daß ich es ertragen soll? Wenn ich eine Selbstverständlichkeit fordere, ein Bedürfnis äußere, das selbst verurteilten Verbrechern zugestanden wird, dann ist es Folter, mich jeder Möglichkeit zu berauben, meinen Geist zu beschäftigen. Den Körper zu ernähren, während man dem Geist jegliche Nahrung vorenthält, heißt, daß man mich mit Vorbedacht entmenschlicht. Sich dem demütig zu unterwerfen wäre ein Akt der Trägheit. Diese Unterwerfung würde außerdem bedeuten, daß ich Risiken auf mich nehme, deren Folgen ich nicht abschätzen kann. Ich muß Gedanken austauschen können, und zwar nicht nur mit mir selber, sondern innerhalb einer Gemeinschaft mit anderen denkenden Wesen. Ich kann mich nicht in den endlos wiedergekäuten Gebieten meines eigenen Denkens bewegen. Es schadet mir. Diese Unmenschen verlangen, daß ich meinen Geist bis aufs äußerste abnutze. Ich kann nicht länger von meiner eigenen Substanz leben. Ich muß mich aus dem geistigen Kerker befreien, in den sie mich gesperrt haben.

Ich bat um Papier und einen Stift und schrieb meine erste Eingabe an die Gefängnisverwaltung. Ich schrieb eine weitere, in der ich Bücher forderte, Schreibzeug, Kleidung, ärztliche Behandlung, insbesondere für meine Augen, und die Beendigung meiner Isolationshaft oder die Verlegung in ein anderes Gefängnis. Die letztgenannte Forderung war aus anderen Gründen für mich wichtig geworden. Nachdem meine Hoffnungen auf Freiheit sich zerschlagen hatten, war mir klar, daß an die Stelle der Mischung aus Furcht, Feindseligkeit und Mißtrauen, die mich vorher umgeben hatte und die die beste Voraussetzung ist, um den Willen zum Widerstand zu stählen, ein Sumpf von Sympathie getreten war, in dem ich festsaß und der mich zu zerstören drohte. Ich fühlte, wie mein Wille schwächer wurde, wie ich mich allmählich bereitfand, mein Schicksal zu akzeptieren, während ich in der erstickenden Umarmung von Zuneigung und Mitleid unterging. Hilfloses Mitleid. Hilflose nette Menschen. Die nichts ändern können. Nichts könnte auf heimtückischere Weise meinen Willen zersetzen. Auf haß- und furchterfüllte Blicke wollte ich treffen, um meine Wachsamkeit nicht erlahmen zu lassen. Sollte es geschehen, daß ich mich auf weitere Ausflüge in die eigene Psyche begeben müßte, um mich so in jenes leicht erreichbare Gebiet der Freiheit zurückziehen und die Wirklichkeit des Schmerzes und sogar die der Vergänglichkeit in Frage stellen zu können, dann wäre es vonnöten, daß handfeste Beweise der Realität mich auf die Erde zurückholen könnten; der schmale Schlitz tierischer Grausamkeit im Auge der Mietlinge, die Gewandtheit ihres Geistes im Erfinden unmenschlicher Quälereien. Die, die mich umgaben, waren Schuldgefühle in Person, nur darauf bedacht, das Schlimme meiner Lage durch jede Geste, jede materielle Hilfeleistung, die in ihrer Macht stand, zu mildern. Aber was war das für eine Macht? Wenig vermochte ihr ganzes Mitgefühl. Mitgefühl ist ein armseliger Ersatz für wirkliches Handeln; und letztlich führte es dazu, daß der Willen ausgehöhlt wurde.

Nach über einem Monat erhielt ich eine Antwort. Der Große Seher wollte sie mir nicht zeigen, sondern zitierte mir nur einen Satz. Dieser Satz war ihm offensichtlich als außergewöhnlich aufgefallen, obwohl er nicht hätte sagen können, warum. Der Ton war spöttisch, triumphierend. Ich dachte: Was sind das für Menschen? Aus was bestehen diese Leute? Es war nicht einmal der Ton eines sadistischen Folterknechtes. Es war der Ton eines Stellvertreters des Folterers, der eines kleinen, neiderfüllten Funktionärs, der die Bestätigung seiner Wichtigkeit aus der Macht bezog, die er über wehrlose Formulare und Akten ausübte. Der Tonfall war so mies, so gräßlich menschlich und erbärmlich kleinlich, daß er eine Vision in mir hervorrief. Ich sah einen jungen Mann ungefähr meines Alters vor mir. Sein Gesicht war eher schmal, und das Haar lichtete sich an den Schläfen. Er war von sehr dunkler Hautfarbe und hatte lange Finger, deren Nägel kurz geschnitten waren. Die Vision verschwand, aber ich stellte ihn mir vor, wie er mein Protestschreiben in einer Hand hielt und in sich hineinlachte. Ich sah, wie er voll hämischer Freude unterwürfig mit dem Brief zu seinem Vorgesetzten eilte. Ich hörte, wie er sagte: Ich glaube, er gibt jetzt langsam klein bei, Sir. Sein Vorgesetzter klopfte ihm auf den Rücken und schlug ihm die passenden Phrasen für eine Antwort vor.

Und trotzdem war da etwas – ein Zuviel. Etwas, das übertrieben war, ein Ton, der nicht mehr gerechtfertig war.

Eine Freude war herauszuhören, die nicht nur die Grenzen des guten Geschmacks verletzte, sondern die auch weitgehend einer Grundlage zu entbehren schien. Zum Beispiel konnte ich in diesem Zusammenhang nicht das Wort »Sehnsucht« verstehen, das heißt, mit welchem Recht die, die mich eingesperrt hielten, dieses Wort verwendeten. Es wurde zu einer ähnlichen Zwangsvorstellung wie der Begriff »Demütigung«.

Ich schaute den Gefängnisdirektor an, dessen Gesicht die Erklärung verriet. Ich fragte ihn:

»Haben Sie meine Briefe einfach weitergeleitet, oder haben Sie einen Begleitbrief hinzugefügt?«

Er hatte einen Begleitbrief geschrieben. Daran war nichts auszusetzen, aber ich konnte mir genau vorstellen, wie dieser Brief ausgesehen hatte. Ich erinnerte mich an den Ausdruck in seinen Augen, als er zum ersten Mal meine Zelle betreten hatte. Sein Blick hatte sich gesenkt und auf meinen zerschlissenen Jeans verharrt. Auf den langen Rissen und den ausgefransten Flicken. Das Hemd war in keinem besseren Zustand. Ich hatte gesehen, wie er bei diesem Anblick vor Menschlichkeit überströmte; ich konnte mir jetzt ohne Schwierigkeiten jedes Wort seines Begleitbriefes denken, einer tränenseligen Beschreibung meines Zustandes und eines Appells, diesen zu verbessern.

»Ich habe ihnen schon vorher geschrieben«, fuhr er fort. »Seit Sie zum ersten Mal über Ihre Augen klagten, habe ich Briefe geschrieben. Ich habe auch die Leute von der Sicherheitspolizei hier gebeten, Sie in ein Krankenhaus zu bringen. Aber keine Reaktion. Dies ist das erste Mal, daß sie sich dazu herabgelassen haben, zu antworten.«

Diese Menschen sind nicht einfach schlecht, dachte ich. Sie sind die Verkörperung der Dummheit des Bösen. Nie sollte man in ihre Hände fallen, vielmehr sollte man versuchen, sie zu vernichten. Sie sind nichts als Galle, Eiter, die Fäulnis des Todes in der Gestalt lebender Wesen. Sie infizieren alle, die mit ihnen in Berührung kommen; selbst hier, in dieser Abgeschiedenheit, erkenne ich die Verderbtheit ihres Geistes am bloßen Ton ihrer Worte. Und sie pflanzen sich immer weiter fort, zeugen ihre Abarten und Mutationen. Nach Mitteln zu suchen, sie zu vernichten, ist die Erfüllung einer moralischen Pflicht.

In etwas verschwommener Weise entsprach mein Vorhaben, der völligen Auflösung entgegenzufasten, einer besessenen Suche nach diesem Ziel. Irgend etwas mußte ich versuchen, sollte es mich auch das Leben kosten. Ich mußte den Punkt erreichen, an dem weder mein Geist noch mein Körper angetastet werden konnten, mich dem Bereich entziehen, innerhalb dessen es kleinen Geistern möglich war, mein Wesen zu beschmutzen oder es zu berühren. Das Fasten war aber nicht das einzige. Ich ließ auch meinen Geist frei herumschweifen, um sie aufzuspüren und um zu erfahren, wie sie zu zerstören seien, wenn die Zeit gekommen sein würde.

Als ich mich in diesen erneuten Kampf auf dem einzigen Gebiet, das mir auf dem Schlachtfeld des Willens geblieben war, begab, wurde mir die Notwendigkeit bewußt, diesem Kampf eine greifbare Qualität und Ausdrucksform zu verleihen. Diese mußte quantitativer Art sein; sie durfte sich nicht erschöpfen in einer einmaligen Leistung des Erduldens, denn ein völliger Zusammenbruch würde keine anderen Konsequenzen haben als solch unwürdige Verfahren wie Zwangsernährung. Wenn es mir gelingen würde, so zu fasten, daß ein Zusammenbrechen ausgeschlossen wäre, wenn ich meinen Körper erhalten könnte, indem ich sein Fleisch behutsam reduzierte und ihn allmählich an immer weniger Nahrung gewöhnte, bis er schließlich – gar nichts mehr brauchen würde. Befand man sich innerhalb ihres Machtbereiches, war anzunehmen, daß einiges geschehen würde, wenn sie in Panik gerieten. Ich überlegte plötzlich, was von dem Großen Seher unter solchen Umständen zu erwarten wäre.

Ich ließ ihn zu mir bitten und fragte ihn: »Was hätten Sie

damals getan, wenn ich Ihrer Bitte, das Fasten abzubrechen, nicht Folge geleistet hätte?«*

Nach endlosem Stammeln antwortete er: »Ich weiß nicht genau, wie ich mich verhalten würde. Natürlich würde ich weiterhin versuchen, Sie ...«

»Würden Sie mich künstlich ernähren lassen?«

»Das würde von der Entscheidung des Arztes abhängen. Denn natürlich müßte ich einen Arzt hinzuziehen, wenn die Lage sich zuspitzen würde. Und wenn der Arzt sagt, Sie müssen künstlich ernährt werden ...«

»Ich werde fasten«, sagte ich.

»Bitte nicht so wie letztes Mal. Ich möchte nicht mitansehen müssen, wie ein Mensch so dahinschwindet; nie wieder möchte ich das erleben. Es ist gefährlich. Ich wollte, ich könnte mit Ihnen über den Islam reden. Der Koran predigt, daß das erste Gebot für den Menschen ist, sein Leben zu erhalten.«

»Wenn ich darum bitte, daß die Grundbedürfnisse für menschenwürdiges Dasein erfüllt werden, dient das nicht der Selbsterhaltung?«

»Ich habe alles getan, was in meiner Macht steht; das wissen Sie.«

Ich versicherte ihm aufs neue, daß ich es wußte. »Aber Sie müssen zugeben, daß es nicht in Ihrer Macht steht, mir zu helfen.«

Noch während ich mit ihm sprach, hatte ich die Eingebung, wie ich ein allmähliches Fasten durchführen könnte. Er wollte weitere Zusicherungen von mir und war nicht bereit zu gehen, bevor ich ihm nicht versprach, daß ich nicht jede Nahrung verweigern würde. Ich versicherte ihm, daß ich dies nicht tun würde, zumindest vorerst; aber es wäre möglich, daß es dazu käme.

* Mein erstes »symbolisches« Fasten, nachdem ich nicht, wie angekündigt, entlassen worden war. Es war ein harmloses, nicht vollständiges Fasten, das 21 Tage währte, jedoch zu einer drastischen Abmagerung meines Körpers führte.

Die Idee, die ich hatte, war einfach. In der ersten Woche würde ich an einem Tag nichts zu mir nehmen, in der zweiten Woche an zwei Tagen, in der folgenden Woche an drei Tagen . . . und so bis zur siebten Woche, und dann – was dann?

Heute haben wir die fünfte Woche und den letzten Tag innerhalb des Fastenzyklus dieser Woche. Ich muß die Abschirmung, die mich umgibt, durchbrechen, bevor ich den siebten, den letzten langen Zyklus beginne. Das habe ich mir versprochen. Irgend jemand in der Außenwelt muß davon erfahren, daß dieser Kampf stattfindet, damit nicht nur, falls der Ausgang tödlich ist, eine abgemagerte Gestalt aus diesem Loch gezogen werden wird, die an der Stelle des Magens eine unerklärliche Verhärtung aufweist, eine sonderbare Schwangerschaft, die man als zerebroabdominale Meningitis diagnostizieren wird.

30

Das Geräusch der Sirenen setzte gegen vier Uhr des gestrigen Nachmittages ein. Ich versuchte, den Tönen zu folgen, und entwarf ein chaotisches Durcheinander von Bewegungen auf den Straßen. Die Töne schienen nicht aus einer bestimmten Richtung zu kommen, und ich machte mir ein Vergnügen daraus, Spekulationen über die möglichen Ursachen anzustellen. Es war nicht das Alarmgeheul von Sirenen, das vor kriegerischem Angriff oder Naturkatastrophen warnt. Die Armee Biafras konnte nicht im Einmarsch begriffen sein. Viel eher kündeten diese Töne von Verwirrung und Aufregung, die mit einer pompösen Veranstaltung einhergingen. Ich fragte mich, wem das alles gelten könnte. Einem ausländischen Würdenträger? Einer Abordnung der OAU?* Ich entschied mich für eine internationale Zusammenkunft, eine Pan-irgendwas-Delegation oder eine ähnliche protokollarische Heimsuchung. Einige kamen auf dem Landweg und einige aus der Luft, und einige hatten sich in der Weite des Landes verirrt und waren verlorengegangen. Das erklärte es. Die Sirenen dienten nicht nur dazu, sie an Sammelpunkten zusammenzuführen, sondern sollten auch die Bürger darauf hinweisen, daß die Stadt, unter dem Vorwand dieser wichtigen Invasion, den Ordnungshütern gehörte. Für uns sind Sirenen gleichbedeutend mit Ziel und Richtung. Ein Fahrzeug bewegt sich schließlich von nirgendwo nach nirgendwo, und wenn ein Ton, der erst heulend ansteigt und schwächer wird, das Zurücklegen der Entfernung faßbar machen kann, dann ist die Nation schon bestens eingestimmt.

Die Psychologie der Sirenen ist unbestreitbarer Bestandteil der Praktiken der Unterdrückung, und zwar nicht nur in

* OAU: Organization of African Unity (Anm. d. Übers.)

unserem Land, sondern auch in den meisten unserer Bruderstaaten auf diesem Kontinent. Die Schlägertrupps eines Banda* haben auf eindeutige Weise demonstriert, welchen Gefahren und Strafmaßnahmen sich der aussetzt, der die Heiligkeit der Sirenen anzweifelt. Ich habe den reibungslosen Ablauf einer Prozession Senghors** auf den Avenuen von Dakar mitansehen können. Und ich habe hierzulande miterlebt, wie auf einer Straßenkreuzung Gowons Autokolonne anhielt, seine Leibwächter hinaussprangen und einen Autofahrer im Rinnstein zusammenschlugen, weil er nicht schnell genug auf die Warnung der Sirenen reagiert hatte.*** Nicht, daß er deren Bedeutung nicht erfaßt hätte! Wer hätte das *gewagt*? Aber oft läßt die Technik den Menschen im Stich, und so saß er in seinem Wagen und hantierte mit Anlasser und Steuer, als der Sturm über ihn hereinbrach. Dieser Dummkopf! Er hätte seine Kiste stehenlassen und sich schleunigst davonmachen sollen. Das ereignete sich in der ersten Zeit, als Gowon seine Stellung festigte. Später sollte es solche öffentlichen Auftritte nicht mehr geben. Die Kolonne bewegte sich in unverminderter Würde weiter, bis auf eine kleine Abteilung, die sich absonderte und sich des Schuldigen annahm, was hieß, daß er sich für ein paar Monate in Luft auflöste; zurück kehrte er dann – falls er das Glück hatte, zurückzukehren – als ein ernsterer und weiserer Mann.

Die Seuche verbreitete sich schnell. Ein höherer Polizeioffizier gestattete sich vier Motorrad-Eskorten und vier Wagenladungen der Spezialeinheiten des Überfallkommandos als Begleitung, als er bei einem Fußballspiel den Anpfiff

* Banda, Hastings K.: seit 1966 Staatspräsident von Malawi. (Anm. d. Übers.)

** Senghor, Léopold Sédar: von 1960 bis 1980 Staatspräsident von Senegal. Einer der bedeutendsten Dichter Afrikas, Mitbegründer der Bewegung der *Negritude*. (Anm. d. Übers.)

*** Diese Episode habe ich in dem Gedicht »Background and Friezes«, enthalten in den *Prisonettes*, lyrisch gestaltet.

geben sollte. Ein Spezialist der Universitätsklinik in Shagamu erkannte dieses besondere Symptom nicht rechtzeitig. Die Kolonne hielt an, und die Verbrecher in Uniform schlugen ihn zusammen. Die Seuche breitet sich immer weiter aus.

Ich vermute, daß es zwischen Diktatoren heimliche Wettkämpfe gibt, mit dem Ziel, zu ermitteln, wer über das größte Prestige verfügt; dies betrifft vor allem die frischgebackenen Emporkömmlinge. Wie viele Stunden vor meinem tatsächlichen Eintreffen wird aller Verkehr lahmgelegt? Es dürfte schwierig sein, sich zwischen Banda, Mobutu* und Gowon zu entscheiden. Ich habe alle drei in voller Prunkentfaltung sehen können. Senghor läßt sich natürlich mit keinem anderen vergleichen.

Aber die Sirenen heulten nicht, um Besucher dieser Gefilde zu begrüßen oder zu verabschieden. Sie erklangen auch den ganzen folgenden Tag über; gegen Abend ging ich hinaus, um den Wärter zu fragen, was für ein großartiger Anlaß diesen Krach erforderlich machte. Zu meiner Überraschung war es schon wieder ein neues Gesicht.

»Haben Sie denn nichts davon gehört? Von Gowons Heirat?«

»Wie schön für ihn. Findet sie heute statt, oder sind das nur die Proben?«

»Nein. Er hat in Lagos geheiratet. Dies hier ist für uns, weil wir die Show in Lagos nicht gesehen haben. In zwei Tagen geht er nach Zaria und veranstaltet da auch ein Fest.«

Ich begriff seine Erklärung nicht. Sollte es sich um einen lokalen Brauch handeln, von dem ich noch nicht gehört hatte?

»Nee, nee. Die ganze Regierung ist hergekommen, um eine Party zu veranstalten. Und die feinen Leute aus Lagos. In Lagos hat es angefangen, jetzt sind sie hierhergekommen. Danach fahren sie nach Zaria. Große Rundreise. Sie sollten

* Mobutu Joseph, seit 1965 Staatspräsident von Zaire. (Anm. d. Übers.)

mal die ganzen Soldaten sehen, die sie mitgebracht haben, damit sie hier in den Straßen aufmarschieren. Wo man hinguckt, nix als Soldaten. Rechts Infanterie, links Luftwaffe, vorne Marine und hinten die Spezialeinheiten . . . alle sind angetreten. Sogar die vom Gefängnis haben eine eigene Parade. Und heute besuchen sie die verwundeten Soldaten im Krankenhaus, er und seine Frau.«

»Und in Zaria wird sich das gleiche abspielen?«

»Ja. Aber es ist noch nicht sicher, ob sie in Biafra auch eine Vorstellung geben werden.«

Er kicherte und ging weg. Ein völlig neuer Tonfall. Ein Ton, der in höchst erfreulicher und angenehmer Weise in Mißklang zu dem Hochzeitsmarsch stand, der aus den Orgelpfeifen der Christuskathedrale – der Andachtsstätte der feinen Welt – quoll, in der die Hochzeit stattgefunden haben muß. Ich fragte mich, ob die selbstzufriedene Elite der Privilegierten nicht letztlich das Denken der unteren Schichten falsch einschätzte. Wie viele mochten diesem Mann ähnlich sein? Waren vielleicht auch unter jenen, die schwiegen, solche, die wie er dachten?

Ich unterrichtete die zuständige Stelle im Gefängnis davon, daß ich Zeitungsausschnitte zu erhalten wünschte, die Informationen über Gowons Hochzeit enthielten.

Aber noch bevor ich sie erhielt, brachte mir am nächsten Tag der neue Wärter eine Ausgabe des *New Nigerian* mit. »Hier, Sie können sie schnell lesen. Ihr behauptet doch, daß ihr für den kleinen Mann kämpft. Wir müssen immer einstecken. Wir bitten um Lohnerhöhungen, die wir nie kriegen. Die Wilnik-Kommission hat angeordnet, daß nachgezahlt werden sollte; das war vor zwei Jahren, aber wir haben das Geld nie gesehen. Dann heißt es, wir sollen warten, bis der Krieg vorbei ist; jeder muß sparen. Wir haben nicht einmal das Geld, um die Schulgebühren zu zahlen oder die Schuluniformen für die Kinder zu kaufen. Der Krieg ist, wie er ist, aber dieser Mann bringt die feinen Herrschaften von Lagos nach Kaduna, damit sie unser Geld mit beiden Händen für diese Hochzeit rausschmeißen können. Was habe ich mit dem seiner Hochzeit zu schaffen? Bums ich vielleicht mit seiner Alten?«

Er stand auf und hockte sich am Tor nieder, nachdem er sich vergewissert hatte, daß die Tür wirklich verschlossen war. Nach einiger Zeit erhob er sich und kehrte zu mir zurück. »Ich habe heute zuviel getrunken; ich möchte mich ausruhen. Wenn Sie ein Geräusch hören, verstecken Sie die Zeitung unter Ihrem Kopfkissen. Ich hol sie dann, wenn Sie fertig sind. Ich werde mich nicht für die Arbeit umbringen. Ich leg mich jetzt hin. Wenn der Aufseher mich erwischt, fliege ich sowieso raus.«

Ich öffnete die Zeitung und erblickte ein Photo, das einen kleinen Ausbund an herrschaftlicher Selbstzufriedenheit zeigte, um den herum sich aufgebaut hatte, was man als »örtliche Würdenträger« zu bezeichnen pflegt, wobei auch einige der einst so machtvollen Emire nicht fehlen durften. Aber unter den Nachrichten des Tages fand ich eine Meldung, die sogar noch bedeutsamer war. Der Wärter mußte sie entweder überlesen oder ihr keine Bedeutung zugemessen haben. Umuahia war gefallen. Und der siegreiche Hochzeiter verkündete diese Neuigkeit den Emiren mit folgenden Worten: die Einnahme Umuahias sei unseligerweise um ein paar Tage zu spät erfolgt, eigentlich hätte man sie ihm als Geschenk anläßlich seiner Hochzeit zugedacht!

Ich wartete, daß man mir die Zeitungsausschnitte brachte. Nur diese Meldung war jetzt noch für mich von Interesse. Ich mußte sie anhand weiterer Berichte überprüfen können. Vielleicht war das Zitat erdichtet oder entstellt. Ich konnte mich vielleicht noch mit der überheblichen Anmaßung abfinden, die der Hochzeitspomp dieser aus dem unerforschlichen Ablauf der Geschichte hochgeschwemmten Null darstellte, ich konnte den sich daran anschließenden Schwachsinn vergessen – die planmäßige Verseuchung argloser, leicht zu beeindruckender Schulkinder, deren unsicheres Urteilsvermögen von dem staatlichen Erziehungsapparat dahin mißbraucht worden war, daß man sie dazu bewegt hatte, sich um Erinnerungsstücke an diese von Selbstüberhebung strotzende Anmaßung zu bewerben; ich konnte die sklavische Anbiederung der Staatsregierung in Lagos verzeihen und die Einfalt ihres Oberhauptes Mobolaji Johnson – eine liebenswerte, aber glücklose Fehlbesetzung –, der es für seine Pflicht gehalten hatte, diese Schande, über die man besser den Mantel des Vergessens hätte breiten sollen, dadurch zu verewigen, daß er zu Ehren der Hochzeit eine Hauptstraße in »Yakubu Gowon Street« umbenennen ließ; ich konnte – wie über einen jener schaurigen Scherze, deren sich die Geschichte bedient, um sich für zeitweilige Verirrungen des gesunden Urteilsvermögens und der natürlichen menschlichen Empfindungen zu rächen – über die Abbildung lachen, die Gowon während des Empfanges zeigte, den die Spitzen der Gesellschaft ihm zu Ehren im »Island Club« gegeben hatten, ein Photo, auf dem man ihn selig lächelnd ein Orchester dirigieren sah, während zur gleichen Zeit eine Stadt in Nigeria verwüstet wurde – Yakubu Nero Gowon, der sich inmitten der reaktionären Elemente der Nichtstuerklasse unseres Landes die Zeit vertrieb, während das ganze Land in Flammen stand. All das und mehr noch konnte ich hinnehmen. Auch den Druck einer zu diesem Anlaß entworfenen Sonderbriefmarke. Zwei Jahre der Machtausübung – und der größte Teil dieser Zeit war eine Geschichte des Völkermordes, der Massenverhetzung, der Verwüstung und des Bürgerkrieges –, und doch war dieses Individuum von all dem so völlig losgelöst in seiner Selbstüberschätzung – zwar menschlich genug – Gott sei Dank, zumindest dies –, daß er seine ehelichen Verpflichtungen um mindestens vier Monate vorgezogen hatte –, war so unverbunden mit der Lage der Menschen im Lande, daß er Gedenkbriefmarken drucken ließ und diese Zeugnisse seiner abgrundtiefen Verderbtheit an alle Botschaften unseres Landes verteilen ließ. Das ging ziemlich weit, aber ich konnte noch das Mäntelchen der Beschönigung darüber decken. Ich konnte es der nicht unbeträchtlichen Trübung des Urteilsvermögens zuschreiben, die nun einmal die Eigenart jener kriecherischen Höflinge ist, die sich um denjenigen scharen, der die Macht ausübt, und deren Wichtigkeit – diese einzige Selbstbestätigung in einem ansonsten hohlen und leeren Leben – sich nur an dem erweisen kann, was an überschattetem Glanz von den Exzessen der Machtausübung an sie abfällt.

Doch das Wesen dieses Mannes, die Leere in seinem Hirn und Herzen bestätigte sich in jener letzten, alles moralische Empfinden verletzenden Eröffnung: daß er die Einnahme eines Stützpunktes der Rebellen, die Einnahme sogar des geringsten, nur noch mit Pfeil und Bogen verteidigten Weilers in einem Bürgerkrieg nicht als die Anzahl der gewaltsam genommenen Leben auf beiden Seiten, als Pein und Opfer definierte, nicht einmal als die schwierige Frage und noch schwieriger zu treffende Entscheidung über den Sinn der Opfer, die den Menschen abverlangt wurden, sondern schlicht als – Hochzeitsgeschenk! Die Glorifizierung eines privaten und persönlichen Bundes zwischen ihm und irgendeiner unbekannten und völlig bedeutungslosen Person! Nur eine durch und durch feudal-dynastische Mentalität konnte eine solche Schamlosigkeit ersonnen haben, nur der trunkene Größenwahn der Macht konnte einen derart schwülstigen Auswurf über das gesamte Opfer der Nation auskotzen.

Ich bin Gowon für seine Heirat wirklich zu Dank verpflichtet. Der Wärter kam einige Stunden später, um seine Zeitung abzuholen. Ich gab sie ihm, aber er blieb erwartungsvoll stehen; er wollte meinen Kommentar hören.

Ich schaute ihn an und lachte. »Was soll ich denn dazu sagen?«

Seine Stimme klang brüsk: »Was sollen Sie getan haben?«

Überrascht antwortete ich schließlich: »Aber das müssen Sie doch wissen. Es wird behauptet, ich hätte Flugzeuge für Ojukwu kaufen wollen.«

»Stimmt das? Haben Sie das gemacht?« Daß er plötzlich die Rolle eines Verhörenden einnahm, verwirrte mich ein wenig. Ich überlegte, während ich verneinte.

Er sagte: Ich glaube, daß Sie nichts gestanden haben. Man hat uns gesagt, Sie hätten alles zugegeben, aber das kenne ich. Aber ich möchte wissen, ob Sie es wirklich gemacht haben.«

Ich versicherte ihm, daß die Anschuldigung jeder Grundlage entbehrte.

Er sagte: »Sie hätten es tun sollen. Mich hätte es gefreut. Die Regierungsleute behaupten, das Problem ist, daß sich keiner traut, das Maul aufzumachen, aber wenn einer das Maul aufmacht, naja ... Ich war dabei, als sie angefangen haben, die Ibo umzubringen. Ich habe es mit eigenen Augen gesehen. Was diese Leute tun, wird Gott ihnen nie verzeihen. Und wenn ich dann sehe, wie dieses Pack hierherkommt, um eine fröhliche Hochzeitsparty zu veranstalten, während wir uns abplagen und leiden ... naja, es gibt ja einen Gott im Himmel.«

Er schwieg eine Weile; ich wußte nicht recht, wie ich reagieren sollte. Es war alles zu plötzlich, und dann kannte ich ihn überhaupt nicht. War er ein Spitzel des Geheimdienstes, geschickt den harten Fall zu sondieren? Wieder stellte er mir eine unvermittelte Frage: »Warum fasten Sie so strikt?«

»Das ist schwierig zu erklären«, antwortete ich.

»Nein, sagen Sie es mir. Ich möchte es wissen. Ich habe noch nie jemand gesehen, der so etwas getan hätte. Wochenlang. Der Chef hat gesagt, Sie sind weder Moslem noch Christ. Sie glauben nicht an Gott. Warum bestrafen Sie sich selbst? Gowon und sein ganzer Verein, die schmeißen unser Geld für Champagner raus. An der Front müssen die Leute sterben, und Sie wollen sich hier umbringen für nichts und wieder nichts. Warum?«

Es war lange her, daß ich mit einem menschlichen Wesen gesprochen hatte, das *Wißbegierde* bezeugte; mit einem forschenden Geist, der über Begriffe nachdachte, die nicht seinen unmittelbaren Bedürfnissen entsprangen oder seinen persönlichen Erfahrungen. Eine Maske war gelüftet worden, die des Gefangenenwärters. Ich las in seinem Gesicht die Unzufriedenheit und die Erkenntnis – wenn sie sich auch aus etwas vagen persönlichen Erfahrungen speiste –, daß Übereinkünfte über soziale Gleichheit eine notwendige Grundlage jeder Gemeinschaft menschlicher Wesen bilden müssen. Ich begann, ihm nun meinerseits Fragen zu stellen, um das Ausmaß seiner Unzufriedenheit zu ergründen. Er schien ganz aufrichtig zu sein, aber ich durfte mir dessen nicht sicher sein.

Er sagte: »Wissen Sie, als Sie herkamen, hat der Chef uns aufmarschieren lassen und uns eine Rede gehalten. Jedesmal, wenn ein Neuer kommt, besonders ein bedeutender Mann, so wie Sie, müssen wir morgens antreten, damit man uns sagt, was wir tun sollen. Er hat uns erzählt, daß Sie ein gefährlicher Mensch sind; er hat lange geredet; er sagte, wenn einer von uns mit Ihnen spricht, braucht er sich nicht zu wundern, wenn er auf einmal selbst im Gefängnis sitzt; Sie wären zwar klug und berühmt, aber gefährlich. Er sagte, Sie hätten sich gegen Akintola gestellt, gegen den Sardauna, und nun würden Sie versuchen, Gowon Schwierigkeiten zu machen. Er warnte uns vor Ihnen und sagte: ›Kümmert euch um eure Arbeit und laßt den Mann in Ruhe.‹ Aber nach einiger Zeit fing er an, mit uns über Sie zu reden, manchmal während der Mittagspause; er sagte: ›Hm, dieser Mann, den wir in Einzelhaft haben, ich weiß nicht, was mit ihm los ist.‹ Ganz ganz ganz langsam fing er an, so zu reden, daß man merkte, daß er Sie leiden kann. Und bis der Chef jemand mag, da kannste lange warten . . .«

Ich ließ ihn reden; sein Bedürfnis, sich auszusprechen – vor allem über seine eigenen Probleme –, war groß. Es war das vertraute Bild – anfängliches Streben, das bald durch die Erkenntnis sowohl der sozialen Gegebenheiten wie auch der eigenen Grenzen erstickt wurde. Der Tod eines nahen Verwandten, der im Krieg auf Seite der Föderierten gefallen war. Er selbst hatte sich einziehen lassen wollen und war bei den Reservetruppen eingetragen, aber seine Familie hatte ihn angefleht und ihn daran erinnert, daß er der einzige noch lebende männliche Erwachsene sei. Und diese Familie hatte sich nun um die Angehörigen des gefallenen Verwandten vermehrt. Nur wenige Monate, nachdem dieser Angehörige gefallen war, hatte ihn der Pöbel auf der Straße verfolgt, weil er in einem Mietshaus wohnte, das hauptsächlich von südstämmigen Nigerianern bewohnt war. Er selbst stammte zwar aus dem Norden, aber sein Vermieter und der größte Teil seiner Nachbarn kamen aus dem Süden. Irgend etwas paßte in seiner Erzählung nicht zusammen. Im Gefängnis verliert man schnell das Gefühl für zeitliche Zusammenhänge, aber ich wußte, daß ich die genaue Abfolge *dieser* Ereignisse nicht vergessen haben konnte.

Ich sagte zu ihm: »Dann müssen Sie aber einen festen Glauben haben, wenn Sie sich danach noch als Freiwilliger für die Sache der Föderierten aufstellen lassen wollten.«

Er schlug sich gegen die Brust: »Ich? Nie im Leben! Nach dieser Geschichte habe ich mir gesagt: Soll diese Bande von Verbrechern ihren Krieg doch selbst führen.«

In all dem war ein zeitlicher Widerspruch, den ich zu ergründen suchte. Ich fragte ihn nach Monat und Jahr dieses Zwischenfalles.

»Irgendwann im August letzten Jahres ...«

»Letztes Jahr?«

»Ja, letztes Jahr. Es ist höchstens sieben oder acht Monate her ...«

»Aber letztes Jahr war der Krieg doch schon in vollem Gang.«

Er explodierte: »Ja! und es war haargenau so, wie ich es erzähle! Es ist genau letztes Jahr passiert, während des Krieges. Das ärgert mich am meisten.«

»Sind Sie ganz sicher?«

»Ob ich mir sicher bin, na, hören Sie! Gouverneur Adebayo* ist selbst hergekommen, als die Yoruba anfingen, in ihre Heimat zurückzufliehen ... Er hat im Radio eine Ansprache gehalten.«

Schließlich gelang es mir, den Ablauf der Geschichte zu rekonstruieren. Es handelte sich um ein weiteres Beispiel einer lokalen Massenzusammenrottung, mit der gleichen Gründlichkeit vorbereitet wie ihre Vorläufer von 1966, doch diese galt allen Einwohnern aus dem Süden. Das gegen sie vorgebrachte Argument lautete, daß sie sich der Positionen bemächtigt hätten, die vorher von Ibo eingenommen worden waren. Eines Morgens befand sich Kaduna plötzlich im Ausnahmezustand; die Blockierung war vom Militärgouverneur angeordnet und gemeinsam von Militär und Polizei durchgeführt worden. Sein schnelles Handeln hatte den Pogrom verhindern können, der zu diesem Zeitpunkt hätte stattfinden sollen. In Kano jedoch wurden verschiedene Personen ermordet.** Man hatte die üblichen Plakate an Mauern und Bäumen angeschlagen, ungeniert drückte man Leuten Flugblätter in die Hand, die in der gleichen Sprache verfaßt waren wie jene, die zu den Massakern im Mai und September aufgerufen hatten; sie stellten ein Ultimatum, bis zu welchem Zeitpunkt alle Bürger aus dem Süden ausgewiesen werden sollten – wenn nicht ...! Die Militärgouverneure handelten schnell, aber in einigen Bundesstaaten hatten Angehörige der gebildeten Schicht – Ärzte, Ingenieure usw. – aus den Ereignissen von 1966 gelernt und flüchteten in den Süden. Sogar jene Bürger, die aus dem Tschad stammten (man nennt sie »Godo-Godo«) waren betroffen; es wurden Listen über sie geführt. Man fand sie meistens im Staatsdienst – beim Militär, bei der Polizei und als Gefängnisbeamte.

Der Wärter sagte voller Verachtung: »Sehen Sie sich doch

* Adebayo, Generalmajor Robert Adeyinka, 1928; 1966–1971 Militärgouverneur der Westregion. (Anm. d. Übers.)

** Ich konnte inzwischen den Mord an einem Yoruba-stämmigen Schneider in Sabon Gari, Kano, überprüfen und verifizieren.

die Armee an; was sehen Sie da? Fast nur Godo-Godo-Leute; und die kämpfen für uns, führen unseren Krieg, aber unsere Leute stellen dem Gouverneur ein Ultimatum, daß er die rausschmeißen soll, die hergekommen sind, um dem Staat zu helfen, oder man wird ihnen die Hölle heiß machen wie den Ibo . . .«

Also zweimal war im Verlauf des Krieges der Notstand ausgerufen worden. Die letzten Drohungen waren im September 1968 laut geworden – es schien ein verhängnisvoller Monat zu sein. Das war gewesen, als Gouverneur Bako die Armee zu Hilfe geholt hatte.

Wir sprachen miteinander. Ich horchte ihn aus, obwohl ich mir seiner bereits sicher war. Ich sprach Themen an, zu denen er sich äußern konnte. Schließlich fragte ich ihn, ob er die ganze Woche über in der Gruft Dienst tun werde. Er antwortete, daß er nur bis zur Abreise Gowons eingeteilt sei. Die Gefängnisse hielten auch eine Parade ab, und dafür wurden alle ehemaligen Soldaten benötigt, damit sie ihre Dekorationen und Auszeichnungen vorzeigen konnten. Die meisten meiner Wärter waren also ehemalige Soldaten. Der folgende Tag würde wahrscheinlich der letzte sein; am darauffolgenden Tag sollte die Hochzeitsschau bereits in Zaria gezeigt werden. In Gedanken wägte ich zwei Möglichkeiten gegeneinander ab.

Die Entscheidung fiel mir nicht schwer. Ich hatte nichts zu verlieren.

Der erste Brief, den ich als Probe verfaßte, war harmlos. Er enthielt ein Gedicht und die Bitte um Bücher. Ich sagte zu dem Mann bloß: »Können Sie das für mich bei der Post aufgeben?« Ich hatte den Umschlag selbst aus Papierfetzen hergestellt. Er sah ihn an, drehte und wendete ihn in der Hand. Ich verstand nicht, was in ihm vorging, bis er laut auflachte.

Wollen Sie sagen, daß Sie diesen Umschlag selber gebastelt haben?«

Ich zeigte ihm weitere Beweise meiner handwerklichen

Fähigkeiten. Er hatte von den anderen Wärtern bereits von solchen Dingen gehört, aber als er sie nun leibhaftig vor sich sah, warf er den Kopf in den Nacken und brüllte vor Lachen.

»Ich bringe es für Sie zur Post; wenn Sie noch mehr schreiben wollen, kann ich Ihnen morgen richtige Umschläge und Papier mitbringen.«

Ich sagte: »Ich werde es Ihnen nicht vergessen.«

»Aber denken Sie daran, daß Sie morgen alles schreiben müssen. Übermorgen geht es hier wieder normal zu. Jetzt hat niemand die Zeit, um uns zu durchsuchen, wenn wir hier rein und raus gehen. Sie sind alle mit Gowons Hochzeit beschäftigt.«

Ich wünschte Yakubu Gowon noch viele Flitterwochen. Und das Papier, das mir von dem Briefpapier verblieb, benutzte ich, um mit meiner Würdigung des Ereignisses zu beginnen – *The Wedding of Humbo*. Dies war das Geringste, was ich einer Obszönität schuldete, der ich so viel verdankte.

31

Innerhalb des winzigen Bereiches von dreiundzwanzig auf siebzehn Schritten haben die Wärter einen reichhaltigen Gemüsegarten anzulegen vermocht. Dort ist *ihre* Zuflucht, ihre Insel, die sie für kurze Zeit von den Dienstpflichten abschirmt, welche die meisten entweder als Strafe für Sünden betrachten, die sie in einem früheren Leben begangen haben – Gott will die Menschen strafen, wenn er sie so eine Arbeit tun läßt –, oder als Übergangslösung, bis sie das große Los ziehen. Für einige – und vielleicht sind diese zahlreicher, als man zu denken geneigt ist – ist diese Tätigkeit Legitimierung ihrer sadistischen Neigungen, die sich sonst auf andere Weise manifestiert hätten. Doch selbst für sie stellt der Garten etwas dar, das, einer Umkleidekabine vergleichbar, ein Heiligtum ist, in dem sich eine Maskerade des Enthüllens und Verhüllens abspielt. Ich habe sie beobachtet, wie sie die Maske ablegten und aufnahmen – allmählich oder in einem kurzen Augenblick.

Die Gruft war die Folterkammer; vielleicht ist es ein zu starkes Wort – aber welches Wort würde in ähnlich zutreffender Weise die Verbrechen bezeichnen, die an solchen Orten verübt wurden und noch immer verübt werden? Die verharmlosende Bezeichnung lautet: Arrestzellen. Man bringt den Gefangenen her, sperrt ihn in eine Zelle, und dann kann er schreien, bis ihm die Lungen bersten – niemanden kümmert es. Die Tür stößt an eine Schwelle, die ungefähr 15 Zentimeter hoch ist – man muß darübersteigen, wenn man die Zelle betritt. Die Behandlung mit kaltem Wasser besteht darin, daß man das Loch in dieser Schwelle verschließt und die Zelle mit Wasser füllt. Der Gefangene wird nackt ausgezogen und in die Zelle gesteckt. Zur Zeit des Harmattan – die ich zweimal miterlebte, ohne in den Genuß dieser Spezialbehandlung zu kommen – genügt eine einzige Nacht in der überschwemmten Zelle, um auch den stärksten Willen anzugreifen. Und das ist nur ein Beispiel aus der Vielfalt der Strafmaßnahmen. Es gibt auch die Stockveranstaltungen. Fünf oder sechs Wärter, die zweifellos in ihrem Privatleben sadistischen Neigungen frönen (so offenbar war der Genuß, den ich an ihren Gesichtern ablesen konnte, als ich sie damals in Lagos beobachtete), fielen über einen Gefangenen her und schlugen ihn auf ganz bestimmte Stellen – Knöchel, Ellbogen, Fußknöchel, Kopf, Schultern, und das ganz schnell hintereinander. Einmal kam sogar der Offizier, der in Kiri-kiri das Prügeln beaufsichtigte, in meine Zelle, um sich bei mir für die Schreie zu entschuldigen, die uns über eine Stunde lang zermarterten. Der Zweck des Ganzen? Der Gefangene sollte gestehen, wo er ein paar Zigaretten versteckt hielt, die ihm jemand ins Gefängnis eingeschmuggelt hatte. Der *wahre* Zweck war natürlich, seinen Willen zu brechen; das Vergnügen zu erleben, das der Anblick bereitet, wenn das Opfer, das für seinen Widerstandsgeist berüchtigt ist, vor den Augen der Peiniger zusammenbricht. Dieses Verfahren wurde sieben Tage lang jeden Tag angewandt; der Gefangene unterwarf sich nicht.

Solche Szenen waren in der Gruft an der Tagesordnung, bis das Überangebot an politischen Gefangenen die »Arrestzellen« in Aufbewahrungsorte für diese *Very Important Prisoners* verwandelte. Und deshalb ist der benachbarte Hof, die Vorhölle, nun der Schauplatz der Gewalttaten, die an Menschen verübt werden, während die Gruft sich zu einem Ort gewandelt hat, an dem kurzfristig menschliches Fühlen ermöglicht wird. Ich habe gesehen, wie die niederträchtigste Verkörperung des Bösen – noch völlig außer Atem von den Übungen, die soeben in der Vorhölle abgehalten worden waren – durch das Tor der Gruft stürmte und sich im Handumdrehen, indem sie sich bückte und mit dem Wasser des Feuereimers die Pilatusgeste vollführt, in eine harmlose Gartenfee verwandelte.

Das Ganze ist selbstverständlich gesetzwidrig. Seit ich

mein Amt als oberste Gottheit dieser Hölle angetreten habe, haben sich die Pforten des Paradieses für alles geschlossen bis auf die Schutzengel, für die es nun gleichzeitig das Fegefeuer geworden ist. Und wenn Alarm gegeben wird, daß der Gefängnisdirektor sich nähert, dann setzt jener Teufel mit dem pfeifend niedersausenden gespaltenen Schwanz und den stampfenden Hufen, jener Knochenbrecher, jener Peitschenschwinger, der die Zehen zerquetscht, die Knochen knackt, rabiat die Glieder renkt, jener Gladiator der Knüppelorgien, jener Schrecken der Arrestzellen – noch erhitzt vom soeben jenseits der Mauer abgehaltenen Prügelritual zu mir herübergeflüchtet – eine weitere Maske auf, nämlich die des Delinquenten, und eine seltsame Pflichtvergessenheit malt sich auf seinem Gesicht ab.

Aber meist ist die Szene idyllisch, ein kurzer Blick auf gerettete Seelen, die in elysäischen Gefilden Kohl anpflanzen. Getilgt ist alle Gewalt, alle Roheit und Grausamkeit, die Stirn ist von den Falten des Zorns geglättet und erstrahlt in Zufriedenheit trotz der widerspenstigen Geister jenseits des Garten Eden, die gebrochen werden müssen, damit auch ihnen das Heil zuteil werden kann. Ein leises Klopfen ertönt, und dann treten sie ein – einer, zwei, manchmal sogar drei gleichzeitig –, um die Wachstumsfortschritte der Pflanzen zu begutachten. Die Falten ihrer zu weiten Khaki-Shorts stehen wie Flügel ab, wenn sie sich bücken, um den Boden umzugraben, welke Blätter zu entfernen, um eine Tomatenstaude zu beschneiden, um über das Keimen der Erdnüsse zu befinden und um die Eidechsen aus dem Paradies zu vertreiben, deren Bißmarken an den Blättern junger Salatköpfe oft deren Tod ankündigen. Sie schneiden ganze Körbe voll saftiggrüner Reben, um sie nach Hause zu tragen, und fleischige Blätter, die eine delikate Bereicherung eines Eintopfgerichtes bilden werden.

Aber ihr größter Stolz ist der Guavenbaum. Seine Frucht ist die verbotene Frucht, nach der sie alle erwartungsvoll gieren; sie ist der Granatapfel des Hades, dessen Genuß nicht lebenslängliche Verkettung mit der Unterwelt des Gefängnisses verheißt, sondern die Befreiung davon.

Anders konnte ich es mir nicht erklären. Draußen mußte es schönere Guaven geben, deren Früchte nicht nur von größerem Wohlgeschmack waren, sondern denen auch nichts von jenen kleinlichen Feindseligkeiten anhaftete, die sich unter den Wärtern ihretwegen entzündeten. So manches Mal lauschte ich den Lauten des Ärgers, die der Vorbote der Morgendämmerung äußerte, wenn er sah, daß ein anderer ihn um die Frucht betrogen hatte, die er selbst so lange liebevoll bewacht und gehegt und auf die er gewartet hatte. Und eines Nachts wurde der Baum von einem Unheil betroffen, das einen Schmerz auslöste, wie ihn noch keine Naturkatastrophe erzeugte, die über die Menschheit hereinbrach. Einer nach dem anderen kamen sie herbei und standen schweigend vor dem beschädigten Baum.

Um ihn herum lag seine unreife Ernte verstreut, angebissen, ausgespuckt und zu Boden geworfen. Eine Ausgeburt der Finsternis, eine Nachtwache, die nicht in das Geheimnis eingeweiht war, hatte den Baum für einen gewöhnlichen Guavenbaum gehalten. Er hatte alle Früchte probiert, nicht, indem er sie mit der Hand abtastete, sondern mit dem einzigen Mittel: den Zähnen. Eine nach der anderen hatte er sie alle gepflückt, auf der vergeblichen Suche nach einer reifen Frucht, und in sie hineingebissen, zügellos, mörderisch, und hatte ihr unvollendetes Wesen auf den kahlen Boden gespuckt. Immer wieder wurde das Tor behutsam geöffnet; nacheinander kamen sie alle herein, um die Totenwache für eine Ernte zu halten, in völligem Schweigen, das nur unterbrochen wurde, wenn einer flüsterte: »Was für eine Bestie konnte so etwas tun.« Durch den Spalt in seiner Tür sah Pluto ihnen zu und fühlte mit ihnen. Die Guave war ihr ureigenster Lebensbaum gewesen, und nun hatte die Göttin Kali ihn heimgesucht, während sie schliefen.

Es machte den Schlag, den der Große Seher führen sollte,

noch schwerer erträglich. Es gab keine Vorwarnung, keine Möglichkeit, sich gegen diesen Schlag zu wappnen. Und ich war die nicht ganz unschuldige Ursache.

Sie hatten ihre Guave und ihre Tomaten, ihre Erdnüsse und ihre Hirse. Von dieser ganzen Herrlichkeit mußte doch auch für mich etwas abfallen. Ich bekam den Komposthaufen und die Sonne.

Der Komposthaufen verhieß mir neues Leben, denn ihn ihm konnte man Werkzeug finden. Man konnte Metallstücke und Kügelchen zutage fördern, leere Flaschen aus der Krankenstation, Drahtstücke und Bindfäden, Knochen, Federn und Achselstücke; sie zeugten auch die gehörnten Mistkäfer, deren durchdringendes Greinen zu den nächtlichen Unbilden zählte, denen man gegenübertreten und die man bewältigen mußte – ein unirdischer, nie verstummender Ton, den das Tier hervorbrachte, wenn es sich bedroht fühlte, und der klang wie das Geräusch eines vermoderten Sackes, der in sich zusammenfällt. Ich verfolgte den Laut bei Tageslicht, fing ein Tier und spannte es in eine kleine Maschine ein, die ich aus Abfällen des Komposthaufens verfertigt hatte, und ließ es eine Tretmühle betreiben, die Triebkraft erzeugt. Es funktionierte, wenn auch nur unzureichend. Der Komposthaufen eröffnete mir neue Möglichkeiten der Beschäftigung. Langsam wurden meine Finger noch geschickter, und mein Geist strömte über von luftigen, endlosen Plänen.

Das erste Werkzeug ist das Messer. Es ist das Grundwerkzeug, die Matrize für alle Formen und Gestalten anderer Dinge. Das wird wohl allgemein anerkannt; aber ich konnte es eines Tages mit eigenen Augen erkennen, konnte die Entwicklung der Eisenzeit, und was sie dem Höhlenbewohner an neuen Freiheiten brachte, persönlich nachvollziehen. Die pleistozäne Pflanze wurde entlaubt, und aus der freigelegten Puppe schlüpfte ich, der erste Künstler des Neolithikums. Dieses erste Messer, das ich aus einem verrosteten Stück Eisen verfertigt hatte, das Gott weiß woher stammte, war meine Entlassung. Vorsichtig schärfte ich es auf dem nackten Boden und versah es mit einem Griff aus einem Stück einer der vier Stangen, die vorgaben, das Moskitonetz zu tragen. Diese Handlung wiederum eröffnete mir – nein, erinnerte mich an die Geschmeidigkeit dieser Rinde, an das biegsame Material, dessen sich die Korbflechter bedienen, und das wiederum . . . die Kettenreaktion fand kein Ende mehr.

Ich begann Mobiles zu basteln, das Trostreichste, was an diesem düsteren Ort hergestellt werden konnte. Nachdem ich sie zuerst spontan verfertigt hatte, begann ich sogar, mir vorher Zeichnungen anzufertigen. Das mit Gewichten versehene Endstück war die Pappe meiner Klopapierrolle, die ich verschlossen, mit Kies und Steinchen gefüllt sowie mit Zellophan und Silberpapier meiner Zigarettenschachteln beklebt hatte, damit es in der Sonne glitzerte. Sie bewegten sich wunderbar von mehreren Schwerpunkten aus, genau gegeneinander ausbalanciert. Sie tanzten und bogen sich im Wind. Ich wurde es *nie* müde, der Anmut ihrer Bewegungen zuzusehen.

Und der nächste Schritt nach der bloßen äußeren Form? Die ganze künstlerische *Gestalt*! Leichte, in sich geschlossene Verse, die man dem Wind übergeben konnte. Gedichte, die aus einer einzigen Strophe bestanden, sowie Beschimpfungen meiner Peiniger (auf Spanisch; diese schrieb ich stets in schlechtem Spanisch); ich taufte sie: Poesie-Skulpturen, luftige Muse, Poetrees*, gereimte Skulptur, Skulptrees usw. Ich verfertigte Rosenkränze aus Holz und Papier, schrieb Verse darauf und ließ sie in der Luft flattern.

Zu Anfang hatte ich mir Eidechsen gehalten. Zufällig entdeckte ich ein Nest voller Eier, die gerade bebrütet wurden, aus dem die Kleinen von unter dem Boden her der Luft

* Wortspiel aus *Poetry* (Dichtung) und *tree* (Baum); Skulptrees desgleichen. (Anm. d. Übers.)

entgegenkrabbelten. Aus Zigarettenschachteln und der Pappe des Toilettenpapiers sowie aus den Plastiktüten, in denen das Brot geliefert wurde, baute ich Tunnels und miteinander verbundene Nester und versuchte, die Tiere zu dressieren. Ich fütterte sie mit Fliegen und Ameisen. Das war nun vorbei. Ich vernachlässigte auch meine Ameisenzucht; ich hatte die Eigenschaften dieser Tiere so weit mißbraucht, daß ich tödliche Duelle unter ihnen veranstaltet hatte – eine rote und eine schwarze Ameise jeweils zusammen in eine Flasche gesperrt oder ganze Gruppen von ihnen, die sich gegenseitig unerbittlich umbringen würden. Ich nannte sie Biafra und Nigeria.

Die Mobiles erforderten nun meine ganze Aufmerksamkeit; die Entwürfe wurden immer komplizierter und kühner. Aus dem hohlen Stengel einer Sonnenblume schnitt ich zwei Zylinder, in jeden machte ich einen vertikalen Einschnitt. Als nächstes wickelte ich einen Streifen Toilettenpapier um ein geglättetes Holzstück: diese Schriftrolle steckte ich in einen der Zylinder. Vorsichtig angelte ich das Ende der Rolle durch den Schlitz dieses Zylinders und steckte es dann in den Schlitz des anderen Zylinders. Im Inneren dieses zweiten Zylinders hatte ich ein rundes Stück Holz angebracht, das ich mit meinem selbstgefertigten Ersatzleim bestrichen hatte.

Das Hölzchen ergriff das Papier und rollte es auf. Meine chinesische Gebetsrolle war fertig. Miteinander durch ein biegsames Pflanzenrohr verbunden, diente diese Konstruktion mir als Gegengewicht im Gefüge eines komplizierten, neuen Mobiles. Ich bedeckte die Papierfläche mit Gedichten und erhielt so, wenn ich die Kurbel bewegte, für jeden neuen Tag und jede Stimmung ein neues Gedicht. Andere Verse liefen von einer zweiten Rolle, die auf einem weiteren Arm des Mobiles befestigt war. Manchmal rollte der Wind die Rolle von selbst auf, wobei das Gewicht sich nicht veränderte, da beide Rollen auf der gleichen Grundlage ruhten. Als ich dies zum erstenmal sah – das Aufrollen des Papiers durch den Wind unter der Wahrung des Gleichgewichtes beider Rollen –, konnte ich nicht anders: ich mußte Anerkennung zollen, wo Anerkennung angebracht war. Ich wandte mich zu mir um und sagte: Höhlenmensch, du hast nicht nur das vollkommene Mobile erschaffen, sondern du hast einen neuen Begriff erfunden – den des Genies!

Das erste Mobile brach völlig unvermittelt über die Wärter herein. Auf einmal gab es dieses *von Menschenhand geschaffene* Objekt, das ganz gewiß nicht zur regulären Ausstattung meiner Zelle gehörte. Ein Objekt, das darüber hinaus von sorgfältiger Bearbeitung und fremdartigem Material zeugte. Ich beobachtete sie genau, um ihre Reaktionen feststellen zu können. Ihr Erstaunen wich uneingeschränkter Bewunderung. Einhellig entschieden sie sich, nichts weiter zu unternehmen. Polyphem kam, um seiner Bewunderung laut Ausdruck zu verleihen, und schließlich kam der Große Seher auf seinem Rundgang und blinzelte anerkennend. Die Mobiles waren offiziell sanktioniert.

Die Katastrophe war nicht mehr fern, aber während der ersten Tage, und sogar Wochen durfte mein erfinderischer Aufschwung sich ungehindert entfalten. Als das große Debakel hereinbrach, hatte ich bereits begonnen, ein Nebenprodukt zu entwickeln. Indem mein Ehrgeiz sich darauf zu richten begann, die Rastlosigkeit des menschlichen Geistes noch zu überbieten, hatte ich mit Planung und Bau einer kleinen Windturbine begonnen. Alle Elemente in meinem Reich würde ich mir untertan machen. Ich wählte die Ecke der Hütte, die am meisten vom Wind heimgesucht war. Mach ihn dir nutzbar, diesen Hurensohn! Schon sah ich vor meinem inneren Auge, wie ich etwas Elektrizität erzeugte – nicht viel, höchstens ein paar bescheidene Volt –, oder zumindest irgendeinen merkwürdigen Apparat mit dem so erzeugten Strom betrieb. Kraft und Energie waren die Dinge, die ich anstrebte. Ich wollte den Wind zu mehr nutzen als bloß dazu, Mobiles zu bewegen. In meinem Kopf wimmelte es von Turbinen, von Entwürfen, die jedem Museum für nichtausgeführte Erfindungen zur Ehre gereicht hätten. Ich betrachtete den feenhaften Tanz der Mobiles – manchmal schien es mir, als ließe ich mich von ihnen hypnotisieren, denn einmal war mir aufgefallen, daß ich einen ganzen Tag damit verbracht hatte, ihnen zuzusehen, bewegungslos dastehend. An jenem Tag war der Wind völlig gleichmäßig gewesen. Während ich nun an Turbinen dachte, während ich die Bewegungen der Arme dieser Gebilde auf verschiedenen Achsen beobachtete, fragte ich mich plötzlich, wie viele verschiedene Kombinationen dieser gegenläufigen Bewegungen wohl möglich seien.

So trat ich in das Zeitalter der Algebra ein. Die Turbine fiel dem Vergessen anheim. Ich mußte jetzt die Grundlagen der Mathematik neu ergründen, und mit Hilfe von Diagrammen und hypothetischen Gleichungen entdeckte ich nach tagelanger Arbeit das vermutlich einfachste arithmetische Prinzip, das man sich denken kann. Ich versuchte, meine Ignoranz zu entschuldigen. Während meiner Schulzeit waren die Gleichungen mir als ein Fluch der Menschheit erschienen, von denen Abschied zu nehmen ich nur zu froh war, nachdem ich die entsprechende Abschlußprüfung mit Ach und Krach bestanden hatte. Jetzt war alles ganz anders. Ich hatte soeben die Welt der Zahlen aufs neue entdeckt. Nachdem die ersten Schwierigkeiten überwunden waren, begann ich mich mit wachsender Schnelligkeit einer mathematischen Formel nach der anderen zu besinnen. Teils half mir Forschung, teils titanische Ausgrabungen in jenem trüben Grund, wo die Mühen meiner geplagten Lehrer begraben waren, damit ich eine Idee nach der anderen in Angriff nehmen konnte; ich erprobte die so gewonnenen Formeln immer wieder, indem ich sie dem schlichtesten aller Rechenverfahren unterwarf. Ich hatte ZEIT! Oft geschah es, daß ich morgens erwachte, und mich niedersetzte um ein mathematisches Problem zu durchdenken, und eine Minute später – buchstäblich eine Minute später – klopfte der Wärter an meine Tür, um anzuzeigen, daß er jetzt die Zelle schließen werde. Ich konnte Zeit VERNICHTEN. Einmal schrieb ich alle Kombinationen auf, die mit sechs Ziffern erstellt werden können. Während des Schreibens fand ich die einzige Methode heraus, mit der dies so geschehen konnte, daß man mit einem Blick feststellen konnte, ob man nicht Kombinationsmöglichkeiten ausgelassen oder zweimal notiert hatte. Das Ergebnis war so eindeutig ein Entwurf für eine Ästhetik der Zahlenreihen, daß ich das Ergebnis graphisch umsetzte, indem ich Quadrate auf Toilettenpapier zeichnete und sie farbig ausmalte. (Grün erhielt ich aus dem Saft von Blättern, Rot aus einer Beere, Schwarz durch meine Tinte – die ich Soy-ink* getauft hatte – und Weiß, indem ich die Grundfarbe des Toilettenpapiers beließ.) Als nächstes beeindruckte mich die zyklische Form des Ergebnisses. Ich fügte die beiden Enden des Toilettenpapiers aneinander und fragte: Was erhalte ich jetzt? Es hatte große Ähnlichkeit mit den Symbolen, die von Computern ausgedruckt werden. Und worauf bauen die Computer überhaupt auf?

Mein Geist war einem Komposthaufen vergleichbar, in dem es von Leben wimmelte, der voller unverdauter Partikel steckte und der kämpfen mußte, um mit der unverhältnismäßigen Fruchtbarkeit seiner Parasiten Schritt halten zu können. Er war Chaos und Oase zugleich, als plötzlich der Hof aller Gegenstände entblößt und in eine Wüste zurückverwandelt wurde.

Ich hatte Erde, nämlich den Kompost. Ich hatte auch die Sonne zur Verfügung, und diese war nichts anderes als jene überdimensionalen Sonnenblumen, die die Maskenträger angepflanzt hatten. Manche waren über zwei Meter hoch, große Periskope, die für immer auf die Sonne gerichtet waren. Was mich am meisten beeindruckte, war die Fülle des

* Wortspiel aus *Soy* (Soja), *ink* (Tinte) und Soyinka. (Anm. d. Übers.)

Blütenstaubs, diese vom Wind eingebrachte Ernte der Sonnenstäubchen, die auf den dicken Blättern lag und die Rillen der Stengel bedeckte. So, wie alle anderen Pflanzen den Wärtern gehörten, war die Sonnenblume mein Eigentum. Sie war mir stillschweigend zuerkannt worden, denn ich hatte als einziger Verwendung für sie. (Es war ihnen offensichtlich nicht einmal bekannt, daß manche Menschen die Kerne der Sonnenblume essen.) Sie pflanzten sie nur aus Gewohnheit an, der Farbe wegen. Ich sah die Stengel schon als Flöten; mein Messer wartete darauf, daß sie reif würden.

Als Musikinstrumente waren meine Flöten kein voller Erfolg. Ich konnte zwar Töne hervorbringen, aber Melodien konnte ich den rätselhaften Röhren nicht entlocken. Entweder brachen sie an den Löchern, oder das Mundstück zersplitterte. Ich verfertigte Mundstücke aus allem, was mir unter die Finger kam, mit dem Erfolg, daß nun das Mundstück die Röhre bersten ließ. In meinem inneren Ohr ertönten die zarten Klänge, die die Nacht erfüllen sollten, wenn meine Flöte vollendet sein würde. Die Vollkommenheit erwies sich als unerreichbar: Ich beschränkte mich darauf, aus den Stengeln der Sonnenblume chinesische Gebetsrollen zu verfertigen, und mit einem Klagelied begrub ich meine Hoffnungen, Trost in einer Musik zu finden, die auf immer unerreichbar in der Sonne verborgen bleiben würde. Der naheliegende Titel lautete *Flute Manquée:*

Rib of sunflower
You have not fulfilled
The promise of your lyric form

Notes immured
In threading of your stalk
Haunt me still

Dream of Pan hours
In a silent wilderness

I thought to hymn
The rise and setting of
Your distant origin

And draw
The fiery demiurge to earth
On threads of woodwind spell

Yet harmonies
To keep sublime are best
Unsung

I listen
To songs that may have been

When breaths of cosmos
Stir the soil where
Once, you stood.

Rippe der Sonnenblume
Du hast nicht erfüllt
Was deine lyrische Form verhieß

Töne
Eingeschlossen im Gewebe deines Stengels
Verfolgen mich noch immer

Träume von Stunden des Pan
In schweigender Wildnis

Besingen wollte ich
Die tägliche Bahn
Die Dein Urbild im All beschreitet

Und zur Erde ziehen

Den glühenden Weltenschöpfer
An Zauberfäden, die die Flöte gesponnen

Jedoch
Sind nicht die Melodien die erhabensten
Die niemals erklingen?

Ich lausche
Liedern, die ich hätte singen wollen

Wenn der Hauch des Kosmos
Den Boden streift
Wo du einst gestanden.

Der Blütenstaub hatte nicht die Konsistenz von Puder. Mit jedem Tag und jedem Windstoß verwandelte er sich in schmale goldene Strähnen, bis ich dem Verlangen nachgab, ihn aufzusammeln, bevor der Wind ihn davontrug. Ich besaß ein Glasröhrchen, das einst meine Zahnbürste beherbergt hatte. Ich griff in die dicken, rauhen Blätter und sammelte langsam und genußvoll den Blütenstaub ein. Ich tat noch mehr. Jeden Morgen las ich jetzt als erstes den Blütenstaub auf, der nachts von den Blättern gefallen war, und schüttete die Staubfäden in das Röhrchen, bevor der Wind sie fortblasen konnte. Desgleichen am Abend. Liebevoll entfernte ich jegliche Unreinheiten von dem Blütenstaub. Langsam entwickelte sich der Blütenstaub zu dem Gebilde, das mir vorschwebte – zu einem massiven Goldbarren. Es würde lange dauern, bis ein luftdicht gepreßter Barren aus Blütenstaub in Form der Röhre gebildet war. Insekten und andere Fremdpartikel wurden sorgfältig ausgesondert, und das Röhrchen wurde kräftig geschüttelt, um den Blütenstaub dicht zu pressen. Im Lauf der Zeit wäre ein vollendeter Goldbarren daraus geworden: Zeit hatte ich, aber zu meinem Unglück stand eine Sonnenfinsternis bevor. Und der Blütenstaub wurde nicht mehr.

Zu den Mechanismen, deren sich das Gefängnis bedient, um die Insassen gefügig zu machen, gehört die Strategie der Verwirrung und Überraschung. Nichts wird so ausgeführt, wie es dem Verhalten zivilisierter Menschen untereinander entsprechen würde. Wenn eine Durchsuchung ansteht, dann wird sie ausgeführt, als wäre die SA eingefallen. Jedwedes Vorgehen wird grundsätzlich nicht begründet; der Insasse muß aus der Fassung gebracht werden, damit er eine Zeitlang schmoren und über die Bedeutung dieses neuesten Ausbruchs grübeln kann. Danach erst erscheinen die Beamten – auch diesmal vollzählig –, und treten nun als Inquisitoren auf.

Und so kamen sie an jenem Morgen – Wärter und Gefangene, die mit Äxten, Schaufeln, Hacken, Picken und Macheten bewaffnet waren. Der Limonenstrauch wurde niedergemacht, die Sonnenblumen, die Hirse, Tomatenstauden, Erdnußpflanzen, Salat und Eierpflanzen wurden ausgerissen. Der Guavenbaum wurde nicht bloß umgehackt, man grub mit den Hacken den ganzen Boden um und wühlte noch den letzten Rest der Wurzeln hervor. Aus irgendwelchen Gründen war die zweite Abteilung noch nicht da. Ich sah, was draußen passierte, und wußte, daß es sich nur um Sekunden handeln konnte, bis ein Tornado durch meine Zellen toben würde. Ohne mir genau bewußt zu sein, was ich tat, sammelte ich alle Entwürfe zu der Maschine, an der ich gerade arbeitete, ein, verbarg ein paar Schreibutensilien in vorbereiteten Verstecken, goß alle Tinte, die noch im »Fermentieren« begriffen war, aus – nur eine Flasche hob ich auf – und trat dann vor die Tür, um dem Zerstörungswerk zuzusehen.

Ein paar Minuten später brachen sie über den Hof herein. Diesmal wurde gar nicht erst versucht, irgend etwas an Ort und Stelle zu untersuchen. Sie waren mit Körben und Eimern ausgerüstet und packten alles – auch meine herumliegenden Kleidungsstücke – in ihre Behältnisse. Das Kissen wurde mitgenommen, die Matratze durchstochert, die halbfertigen Mobiles (die ich über einem wahnwitzigen Projekt zur Erforschung des Verhältnisses von Zeit und Raum vernachlässigt hatte) wurden – wie ich zugeben mußte, sorgfältig – in Körbe gelegt. Mein Werkzeug – all mein kostbares Werkzeug, das ich im Lauf der Zeit immer mehr vervollkommnet hatte – wurde einkassiert. Ich hatte nichts unternommen, um den Goldbarren zu verbergen, und seltsamerweise – vielleicht, weil er mit Gabel und Löffel in der Blechschüssel lag – wurde er übersehen. Polyphem leitete das Unternehmen. Als er ging, gab er den Sammlern eine letzte Anweisung: »Alles, alles muß mitgenommen werden.«

Später kam der Große Seher in eigener Person. Seine scharfen Augen entdeckten sofort das Röhrchen mit dem Blütenstaub. Er befahl, es zu entfernen, durchsuchte selbst noch einmal die Zellen gewissenhaft und entdeckte ein oder zwei Gegenstände, die übersehen worden waren. Dann entfernte er sich wortlos.

Nichts Lebendes war im Hof verschont worden. Bis zum kleinsten Blättchen war alles entfernt worden.

Ich holte meinen Stuhl ins Freie; ungerührt wartete ich darauf, daß mir wieder eine patrouillierende Einzelwache zugeteilt würde (was wahrscheinlich war), der zermürbendste Exerziermeister für den Geist eines Gefangenen. Ein Schmetterling suchte nach den Pflanzen, die hier gestanden hatten. Ein Vogel flog herbei und verschwand wieder, da er nichts fand, was ein Versteck für Raupen hätte abgeben können. Nur die Ameisen zeigten Geschäftigkeit: sie krochen aus allen Löchern und trugen ihre Beute von zu Boden gefallenen Samenkörnern fort. Schließlich wandelte kein einziges lebendes Wesen mehr auf Erden.

32

Warum faste ich? Ich frage nicht, warum ich gerade jetzt faste. Das ist meine Strategie innerhalb einer andauernden Auseinandersetzung. Aber warum wähle ich überhaupt das Fasten als Mittel? Wie kam es, daß ich mich zu einem bestimmten Zeitpunkt dafür entschieden habe, eine gewisse Zeit lang ohne Nahrung auskommen zu müssen? Vielleicht sollte ich mir darüber Rechenschaft ablegen, bevor ich der Gefahr erliege, willenlos den Erfahrungen meiner Sinne ausgeliefert zu sein.

Denn es zielt hin auf ein Sich-treiben-Lassen. Sich der sinnlichen Erfahrung hingeben. Man muß unbedingt das, was am Fasten Anstrengung des Willens ist, trennen von dem betäubten Versinken in einer Atmosphäre zartgetönten Äthers. Denn es drängt sich mir der Verdacht auf, daß es gerade der Typ des sensualistischen Menschen ist, dem das Fasten leichtfällt.

Ich habe zwar davon gelesen, aber noch nie etwas verspürt, das dem Gefühl des Erfrierens nahegekommen wäre. Es scheint, daß der Körper nach einer Weile seine Schmerzempfindlichkeit einbüßt und selig in den Schlaf hinübergleitet. Ruhe. Ich denke, daß es sich mit dem Fasten ähnlich verhält. Es beginnt mit der kritischen Schwelle, die aber rasch überwunden ist; sie umfaßt die ersten drei Tage. In dieser Zeit gewinnt entweder der Körper die Oberhand, oder er verweigert sich ab dann dem bloßen Gedanken an Nahrung. Ich glaube, daß man diese Phase am besten so früh wie möglich herbeiführt. Sobald ich mich dazu entschlossen habe zu fasten, beschäftige ich mich in Gedanken mit der nächsten Mahlzeit; ich bringe den Körper dazu, sie gierig zu erwarten, und setze mich dann vor das Essen hin. Ich bin hungrig. Ich nehme den Deckel von der Schüssel und atme den Geruch ein, ich denke an den Geschmack der

Speisen, an den Akt des Kauens und Schluckens. Das Wasser läuft mir im Mund zusammen. Ich denke an das Gefühl der physischen Befriedigung, an den tiefen Schlaf des befriedigten Körpers, wenn ich meinen Hunger an dieser Fülle gestillt haben werde. Ein wütender Aufruhr beginnt in der Tiefe meines Magens, ich lasse ihn toben. Gewappnet mit der Macht meiner Weigerung, stehe ich meinem Körper gegenüber und beobachte den heftigen Kampf, während ich die Gelegenheit abpasse, um ihm den Todesstoß zu versetzen. Der Augenblick ist gekommen; ich mache den Deckel langsam und bedächtig zu, mit einer Geste, die besagt: Der Geschmack ist nicht vergänglich. Ich habe ihn gekostet, und ich werde ihn wieder kosten. Doch zur Empfindung eines Geschmacks gehört das Auswählen, die Möglichkeit, sich zu entscheiden. Da mir hier jede Möglichkeit, eine Wahl zu treffen, vorenthalten ist, hört der Geschmack auf zu existieren. Vergnügen und Genuß setzen auch voraus, daß man wählen kann; sie bedeuten Erfüllung und das Treffen einer Wahl. Meine Existenz ist beschnitten, in ihr ist jede Erfüllung erniedrigt, da die Möglichkeiten, Erfüllung zu finden, eingeschränkt sind. Es wäre Verrat an mir selber, würde ich mir einreden, ich könnte Befriedigung finden, in dem, was mir hier zugestanden wird. Zu essen, ohne dabei Genuß zu empfinden, wäre ein Verrat an meiner Natur. Von nun an werde ich meine Natur nicht verleugnen.

Manchmal erscheinen nach ein oder zwei Tagen die bösen Geister des Magens erneut, um ihr Spiel mit mir zu treiben. Aber ich sehe ihren Scherzen mit unbeteiligtem Interesse zu. Nahrung kann mich nicht in Versuchung führen; allerdings frage ich mich manchmal, wie ich mich verhalten würde, wenn ich über Vitamintabletten verfügen würde. Denn trotz allem hege ich Befürchtungen wie die, daß meine Magenwände Schaden nehmen, daß die unterernährten Enzyme meines Körpers verkümmern und absterben, kurz, daß mein Organismus durch übertriebenes Fasten bleibend geschädigt wird. Ich weiß, daß es vernünftiger wäre, ein

Glas Orangensaft am Tag zu mir zu nehmen, aber zu diesem Kompromiß kann ich mich nicht durchringen. Orangensaft hat mir zuviel von einem Nahrungsmittel an sich. Vitaminpillen dagegen scheinen nicht heimlich die Willenskraft zu unterminieren; zum Glück war ich nie in der Lage, damit experimentieren zu müssen. So begnüge ich mich mit einem Glas Wasser pro Tag, das ich in kleine Schlucke aufteile. Ich achte darauf, daß ich nicht mehr Wasser als diese Menge zu mir nehme.

Der Körper wird natürlich völlig schwerelos. Der leiseste Windhauch, eine lyrische Metapher vermag mich davonzutragen. Mein Körper ist wie eine Zwiebel: Ich beobachte, wie sich das Fleisch von ihm abschält, Schicht um Schicht, Schicht um Schicht. Und hier liegt die Gefahr, dies ist der Punkt, an dem man sich unter Umständen gleiten läßt. Denn ab dem vierten Tag spielt der Wille keine Rolle mehr. Ich verspüre nun eine Gier nach dem entscheidenden Augenblick, nach dem Augenblick, in dem ich mich entscheiden muß, ob ich sterben oder nachgeben werde. Selbst das Glas Wasser will ich jetzt verweigern; ich beginne, mich zu betrügen. Jeden Tag trinke ich etwas weniger Wasser. Einmal trinke ich einen ganzen Tag lang überhaupt nichts. Morgens sagte ich mir: Ich werde es gegen Mittag trinken. Als es Mittag war, begann ich mein Betrugsmanöver, indem ich es so lange hinauszögerte, bis ich mir vornahm, alles auf einmal zu trinken, und zwar bei Sonnenuntergang. Ich blieb im Bett liegen, bis es dunkel war, und sagte mir dann, daß ich die Sonne nicht hatte untergehen sehen.

Was tue ich den ganzen Tag über? Ich beobachte, wie Staubkörnchen im Sonnenlicht tanzen. Wenn die Augen geschlossen sind, erfüllt ein ganzes Universum von Farben die dunkle Höhlung hinter den Lidern. Wenn man extrem lange fastet, bietet sich dem geöffneten Auge ein ähnlicher Anblick, nur daß alles heller und weiter ist. Die Luft ist in Wirbel farbiger Punkte gebrochen. Jedes Staubflöckchen, das von einem Sonnenstrahl erfaßt wird, ist ein lodernder

Planet der Milchstraße, seine Bewegung ist sinnreich erdacht und mit unendlicher Bedeutung versehen. In dem allmählichen Verstummen von Tönen und Geräuschen, dem meine Sinne sich ausgesetzt sehen, verliert der Geist sich unmerklich in Gefühlen und Stimmungen, die nicht von dieser Welt sind, und verdrängt allmählich seine Umgebung und die Realität, er zersetzt sich langsam, bis er eins wird mit den Staubkörnchen im Universum.

Nur die Sonnenuntergänge erweisen sich als den Sinnen unerträglich; denn während Geräusche gedämpft werden, gewinnen die Farben an Intensität, und die Sonnenuntergänge haben etwas Rohes, Kannibalisches, Klauenbewehrtes und Bluttriefendes, als schlüge der geifernde Ghul des Tages seine Fänge in den lasziven Leib der lüsternen Kurtisane. Ganz anders die Sturmwolken, deren kupferne Ränder und hellgoldene Wölbungen auf Räume weisen weit jenseits aller Götterpfade. Die Sterne schwinden ins Nichts; es bleibt nur mehr das Schweigen, das sie einst gezeugt.

Voller Genugtuung sehe ich zu, wie mein Körper sich auflöst. Ich erkenne – und sperre mich keineswegs dagegen – die menschliche Genugtuung, die ich über den Schmerz und die Angst, die Betroffenheit und Ungläubigkeit empfinde, die ich in den Augen der Gefängiswärter sehe, wenn sie um mich herumschleichen, mit dem Befehl, sofort Bericht zu erstatten, sollte das leiseste Anzeichen einer tödlichen Schwäche sichtbar werden. Etwas in mir, eine Freude, die ich als zutiefst menschlich anerkenne, lacht und schaut von oben herab auf den Wärter, der stehen bleibt und zu mir spricht: »Bitte, das geht doch nicht. Sie müssen damit aufhören.« Der Große Seher kommt auf mich zu ... »Ich bin gekommen, um eine Bitte an Sie zu richten. Ich bitte Sie, denken Sie an Ihre Familie, an Ihre Frau und Ihre Kinder.« Ich protestiere – bin ich nicht gesund und wohlauf? »Sie können sich nicht sehen. Ich kann es. Wir alle sehen Sie. Sie wissen nicht, wie Sie aussehen. Sie sind ein lebendes Skelett.«

Es ist seltsam, aber all das bewirkt nur, daß ich nun sogar das Glas Wasser verweigere. Jedesmal, wenn der Große Seher bei mir erschienen ist, habe ich den Rest des Wassers fortgeschüttet. Seine Betroffenheit trägt zu dem immer stärker werdenden Gefühl des Übermenschlichen in mir bei. Ich benötige weder Trank noch Speise. Bald werde ich auch der Luft nicht mehr bedürfen.

Die Halluzinationen, die kurzen Verzauberungen der Ohnmacht, in denen die Wände, der Himmel und die Erde plötzlich um mich herum ihre Positionen verändern, akzeptiere ich und halte sie unter Kontrolle. Deshalb weiß ich, daß es sich nicht um eine Einbildung handelt, als ich eines Nachts die Bewegung eines irdischen Körpers inmitten der Sterne wahrnehme. Bei dem Versuch, jenen Teich des Schweigens jenseits der Sterne zu ergründen, verhält mein Blick plötzlich auf diesem beweglichen Punkt, der ruhig und selbstsicher seine vorgeschriebene Bahn verfolgt. Soll das eine Halluzination sein? Ich hatte ihn nur kurz sehen können, so weit, wie ich seiner Bewegung durch mein vergittertes Fenster folgen konnte. Dennoch bin ich mir meiner Sache so sicher, daß ich an den folgenden Tagen wieder auf sein Erscheinen warte. Und ich erinnere mich daran, was er ist. Ein Himmelskörper und gleichzeitig ein Satellit der Menschen. Die Unermeßlichkeit dieses Augenblicks – des Augenblicks der Gewißheit – wird zu etwas Unvergänglichem. Ausgeschlossen und abgetrennt von der Möglichkeit einer unmittelbareren Kommunikation, hat sich mir eine menschliche Bestätigung durch den Kosmos mitgeteilt, ein stolzer, unauslöschlicher prometheischer Funke inmitten toter Körper, himmlischer Geister, gescheiterter Gottheiten, falscher und hohler Dekorationen im unfruchtbaren All. Du Zeichen, Beweis des Forschens und Fragens, ich begrüße dich, Leuchtfeuer menschlicher Kühnheit. Als Erweiterung meines rastlosen Auges und Verstandes beanspruche ich dich und verleibe dich mir ein. Ich befehle dir, als Pore meiner Haut und elektronischer Fühler meines Willens, ziehe deine Bahn ... geh auf die Pirsch ...

Der zehnte Tag des Fastens. Bei Tag bin ich ein Staubkorn in einem Sonnenstrahl. Bei Nacht ein langsames Weberschiffchen im All. Bei Nacht . . .

Eine helle Nacht, das Mondlicht fällt in meine Zelle. Wie ein Leichentuch, dachte ich. Wieder und wieder habe ich mich in diese Nacht der größten Schwäche und Willfährigkeit zurückbegeben, in die Stunden, während derer ich bewegungslos dalag und eindeutig und kaltblütig den Gedanken akzeptierte, der besagte: es ist schmerzlos. Der Körper wird schwächer, und das Atmen wird langsamer, bis es ganz aufhört. Vorbei war die Angst, daß ein Rest von Lebensdrang mich in diesem Augenblick hätte zurückweichen lassen. Ich dachte nicht an den Tod, nur an einen wahrscheinlich zu Ende gehenden Handlungsablauf. Ich verspürte die Mattigkeit in meinen Gelenken und in den Gliedern selbst. Eine trockene Zunge, die wie eine Raspel im Mund lag. Ich fühlte, wie eine große Ruhe über mich kam, ein mich jeder Kraft beraubendes Gefühl der Ausgesöhntheit mit der Welt und dem Universum, eines allgemeinen Friedens, der wahrhaftig »jedes Verstehen übersteigt«. Ich schrieb . . .

I anoint my flesh
Thought is hallowed in the lean
Oil of solitude
I call you forth, all, upon
Terraces of light. Let the dark
Withdraw

I anoint my voice
And let it sound hereafter
Or dissolve upon its lonely passage
In your void. Voices new
Shall rouse the echoes when
Evil shall again arise

I anoint my heart
Within its flame I lay
Spent ashes of your hate –
Let evil die.

Ich salbe meinen Körper
Geweiht ist der Gedanke mit kargem
Öl der Einsamkeit
Ich rufe euch hinaus, euch alle,
auf die Terrassen des Lichts. Laßt das Dunkel
weichen

Ich salbe meine Stimme
Lasse fortan sie erschallen
Oder vergehen auf ihrer einsamen Reise
Durch eure Leere. Neue Stimmen
Werden das Echo wecken
Wenn das Böse aufersteht

Ich salbe mein Herz
In seine Flamme lege ich
Die kalte Asche eures Hasses –
Laßt das Böse ruhen.

Niemand kam am elften Tag. Der Wärter, der in meine Zelle hineinspähte, wirkte vorsichtig, wenn nicht ängstlich. Ich schrieb es der falschen Ursache zu. Es war geschehen. Es geschah immer noch, sogar zu jenem Zeitpunkt. Nun begriff ich, weshalb der Seher ihr Paradies verwüstet hatte. Ich begriff es, als sie am folgenden – dem zwölften – Tag in die Gruft stürmten, Fragen und Drohungen hervorstießen. Ich schob mich zwischen Tür und Wand, um einen Halt zu haben, und versuchte, meine Schwäche zu verbergen. Es war ein weiter Weg, eine große Entfernung, die ich zurücklegen mußte, um meinen Blick ihnen zuwenden und sie verstehen zu können. Die Klänge, die Worte, die Gesten waren mir vertraut und doch fremd. Die Gegenwart fremder Gesichter, unter ihnen das des Großen Sehers, berührte mich überhaupt nicht, obwohl sie mich unmittelbar betraf. Ich nahm seine Verwunderung wahr, und er dauerte mich. Ständig hielten sie im Sprechen inne und warteten; jede neue Pause war von wachsender Hilflosigkeit gezeichnet. Ich beobachtete, wie sie sich auf mein Schweigen konzentrierten, und konnte doch nichts denken als: Was wollen sie? Was wollt ihr von mir? Warum solltet ihr etwas von mir wollen?

Ich brauche nichts. Ich fühle nichts. Ich wünsche nichts.

Waren jene neuen Königreiche, nach denen der weise Einsiedler suchte, die Königreiche des Nichts? Oder hatte er gesprochen, als Wesen, das sich in sich selbst genügt und jede Erweiterung von außen verschmähte?

33

Im Anfang war die Leere. Das Nichts. Und wie begreift dies der Verstand? Als Verschwendung? Als Verlassenheit? *Nichts* ist billigerweise in der Reichweite dessen, was *war.* Aber als ursprüngliche Leere, als das wirkliche, vollkommene absolute Nichts? Als der unermeßliche Sturz in das, was vor dem Denken liegt, vor dem Dasein, vor jeglichem Sein? Der Geist, der sich hiervon einen Begriff machen will, muß sich von innen her des Rahmens der begrifflichen Vorstellungen entledigen, die er im Lauf eines Lebens erworben hat, er muß sich vom Gebiet seiner physischen Existenz in den Abgrund der Vorzeit begeben. Hier aber ruhen auch jene schöpferischen Kräfte, die den *horror vacui* noch schlimmer fürchten als die Natur selbst. So muß der Zyklus von neuem seinen Lauf nehmen.

Und dennoch – da es nichts Schlimmeres zu tun gab – suchte Pluto Wege zu finden, die von der leblosen Unterwelt noch tiefer in die Eingeweide des Nichts führten. Bestenfalls war das Ergebnis mesmerisch: das Hirn fraß sich fest, und der Tag verstrich in sanfter Katalepsie. Schlimmstenfalls führte mich die Suche in den finstersten Bereich der immer neu schöpfenden Energien, die sich unablässig um die eigene Achse drehen, die eigene Spur verfolgen im hauchdünnen Staub der Unendlichkeit . . . Das, was war und immer schon *gewesen war* – das Leben, von dem Gott sprach: Es werde . . . Warum? Denn in seinem proteischen Geist war es immer schon *gewesen,* enthalten in der Form, die nicht geformt war, in der Bewegung, die sich nicht bewegte, in Zeit und Raum, die es nicht gab, und die doch alle einzeln und als Gesamtes in jenem großen, amorphen Ursprung enthalten, eingewoben und vorgeformt waren, in dem Pulsschlag, dem Atem, der zweigeschlechtlichen Urform der Materie und des Seins. Bis, leidend, ich suche nicht, ich finde – er hineintauchte und befahl: Es *werde*! dem Tastsinn, dem Gesichtssinn, dem Geruchssinn, dem Gehör zugänglich . . .

Aber warum dieses Bedürfnis, in armselig nachgeformten Abgüssen solche bloß äußerlichen Erscheinungsformen des reinen Gedankens zu erstellen? Warum mußte die unsichtbare Hülle des Wesens aller Dinge aufgebrochen werden, die einzig unanfechtbare Wahrheit? Wahrheit, weil es keine Nachahmung gab, kein Doppel, keine Fehlschöpfung, nicht einmal die bloße Projektion eines fremden Geistes auf den ursprünglichen Gedanken? Denn es gab keinen *anderen* Geist. Keinen Fälscher. Warum dieses Bedürfnis, sich materiell zu manifestieren? Unsicherheit? Selbstsucht? Narzißmus? Zur Vergewisserung? Einsamkeit, sagt die Heilige Schrift. Aus der Furcht, daß der Gedanke Nichts sei, aus einer Furcht vor dem Nichts, der nur begegnet, wer reden konnte, indem der Gedanke sichtbar gemacht wurde.

Als die Tauben kamen, betrachtete Pluto die verschlungenen Zeichen ihres Flügelschlags hoch droben in den Lüften, die wie leuchtende Spuren glühten, noch lange, nachdem ihre Schöpfer entschwunden waren. Da er aber fürchtete, die Jahreszeit könne vergehen, und die Tauben könnten fortziehen und nie wiederkehren, begab er sich sofort daran, den Geist zu entwöhnen von der Abhängigkeit von solcher Schönheit des Zufalls. Auf dem Boden lag ein Stein, glattgeschliffen und oval geformt, leicht gezeichnet wie von Menschenhand, entfernt erinnernd an ein Weberschiffchen. Unbeweglich, doch Pluto zeichnete ihn mit dem Muster von Schicksalen, von Jahreszeiten, durchbohrte ihn und erfüllte seine unendliche Trägheit mit unendlicher Schöpfungskraft und entfernte sich von dem Stein, der einzig aus Licht bestand. Denn schließlich lösten die Schwünge und Bögen, die die Flügel der Tauben beschrieben, sich auf, um so schneller, da man sie nur als Tätigkeit innerhalb der Zeit wahrnahm. Die Zeichnungen der Federn zerbröckelten, verloren ihr Gefüge und fielen als Funkenregen auf die Erde zurück. Und die Gruft lag in größerer Dunkelheit als zuvor.

Nichts zu erschaffen, nichts zu denken ist das Beste. Die Unterbrechungen lassen die Gruft stets finsterer zurück, als sie zuvor gewesen. Schöpfung ist Eingeständnis großer Einsamkeit. Wende den Geist dem Netz von Spinnweben zu, laß das von der Zeit geglättete Schiff in seinem Hafen der Zeitlosigkeit zur Ruhe kommen.

Ich brauche nichts. Ich suche nichts. Ich wünsche nichts.

Nicht einmal Einsamkeit. Ein Wirrwarr, wohl als Welt bekannt, wurde erschaffen, die Einsamkeit des einen reinen und wahrhaften Wesens wegzumogeln. So gibt Zeugnis die Heilige Schrift und stellt den Schwindel dar als Tugend.

Die fette schlaftrunkene Spinne, dieses ekle Klümpchen, die die Wände mit Fliegenfallen und Nestern für ihre Eier beschmutzt, läßt unvermittelt und gezielt an klar und geometrisch feinem Filigran hinab sich sinken. Sie sammelt Staub und Schmutz, füllt ihren Körper schnell mit fauligen, widerlichen Fliegen. Der Geist des Menschen muß Weberschiffchen und Webrahmen sein, und doch in völliger Bewegungslosigkeit verharren, im Haus des Todes *ist* der Lebende der einzige Schöpfer. Und alles, was lebt und sich bewegt, was sich selbst Ausdruck gibt, ist gewiß das Werk nur dieses Geistes. Dämmerung, Mittag, Nacht und menschgeschaffene Satelliten. Daß Seelen der Unterwelt ihn nicht erahnen und entdecken, trägt er das Gewand der Toten; erscheint er in Gestalt des Todes, läßt erfrieren seinen Geist, daß er dem unhörbaren Pulsschlag der Totenstarre gleiche. Ein unbewegtes Weberschiffchen gleich dem in der Hand der alten Frau, deren Lider schwer sich tief und tiefer senken, während an dem Leichentuch der alten Welt und an den Windeln einer neuen, eben erwachenden Welt sie webt, und deren müde, der Erde enthobenen Hände langsam in ihren Schoß sinken. Warum soll man spinnen, weben und

Staub und Schmutz aufsammeln, wenn doch in unserem Inneren die reine, unbeschmutzte Gestalt verborgen ruht?

Ich brauche nichts. Ich suche nichts. Ich wünsche nichts.

Aber jener Einsiedler sprach nicht in der Wüste; seine Worte richteten sich an eine lebende Seele. Nichts ... nichts ... nichts, das heißt, nichts außerhalb dessen, was mich umgibt, außerhalb dieser flüchtigen Erfüllung durch die Möglichkeit einer neuerlichen Bestätigung, einfach nichts ... nichts ... nichts. Und wenn er dem Fragenden nicht geantwortet hätte, wenn er nichts gesagt und sich nur abgewendet hätte und sich weiter in seine erleuchtete (oder als Verkleidung dienende) Unbewußtheit zurückgezogen hätte, selbst dieser Akt einer weiteren Bestätigung, dieses »ich brauche nichts« läge – außerhalb deiner Fragestellung, mein teures Ereignis. Denn *dies* geschah wahrhaftig. Dein Bedürfnis, deine menschliche Neugier, deine Stimme, deine Zweifel, deine anmaßende Mildtätigkeit. Außer Himmel, Erde, Samenkorn, Leben und Lebendigem – gab es die *Entscheidung* eines freien Willens, nichts zu benötigen, nach nichts zu suchen, keinen Wunsch zu verspüren. Ich kenne die Einsiedler. Nicht einmal Malarepa befand sich wirklich in einer Existenz des Nichts; er war höchst aktiv, wenn Freunde er und Schüler, Verwandte und Abtrünnige mied, sie tadelte, ihnen vergab und sich an ihnen rächte. Nicht einmal Johannes der Täufer.

Sein Geist bewegte sich unter den beladenen Wolken, durch dunkle, schwangere Wasser und über sie hinweg; rastlos war er und einsam. Wie eine Libelle, wie ein dünnbeiniges Wasserinsekt, ein körperloser Abglanz dinglichen Seins, das zu ergründen sucht, an welchem Punkt die Mutation begonnen, die die trägen Gase reizte sich zu bewegen, stupsend, stoßend, drängend, die erste Zelle herzustellen, den leichten, unverwandelbaren Katalysator. Ich erschaffe, ich schöpfe alles neu in Einklang mit jenem Rhythmus, der alles um mich herum öffnet und verschließt. Morgendämmerung oder Abenddämmerung. Dunkel oder Licht. Schranken aus Beton und Eisengitter.

Ein leises Stimmengewirr erhob sich am Tor der Mauer der Geißelung. Und er sah, daß es die Anachronen waren, und sie richteten ihre Blicke auf seinen ruhelosen Geist, der unter den Wolken war, und sie senkten ihre Köpfe und schüttelten sie und schauten auf das wartende Land . . . Sollen wir es wagen zu pflanzen? Wird der Seher wieder warten, bis die Ernte kurz bevorsteht, um dann willkürlich die Zerstörung zu befehlen? Hat Gott ihn wohl für diese böse Tat genug gestraft? Sie schauten auf die kahle Stelle, wo einst die Guave gestanden hatte. Und ein Seufzen stieg auf von ihnen.

. . . O ihr Kleingläubigen. Aber sie waren Schatten, keine wirklichen Menschen. Ihre besorgten Äußerungen kündeten zwar von Untertönen der Hoffnung und überbrückten einen Abgrund, denn sie ließen eine neue Rippe der Menschlichkeit aus ihrem nackten Boden sprießen. Aber immer noch hieß er sie Anachronen, da er sagte, sie seien erschaffen worden, bevor ihr Verstand gereift war. Der Geist ist Zeit – auf diesen Gedanken führte er nun das Problem der Unendlichkeit zurück. Der Geist ist der einzige Koeffizient von Zeit und Raum. Verbirg es, Pluto; verbirg es in dicker, undurchdringlicher Watte.

Ein Zeichen, feucht, auf meiner Stirn. Es regnet.

34

Schließlich greift der Himmel ein. Im wahrsten Sinne des Wortes. Ich muß lächeln. Soll ich nun an die Vorsehung glauben? Denn am hellichten Tage, als ich draußen saß und die Fliegen anstarrte, kam ein leichter, schwarzer Gegenstand vom Himmel herunter und fiel kaum dreißig Zentimeter von meinen Füßen entfernt zu Boden. Ich schaute auf und erblickte zwei Krähen, die sich gerade am Horizont verloren; ich hatte nur wenige Augenblicke zuvor ihr Geschrei über meinem Kopf vernommen. Ich hatte mich nicht einmal bemüht, zu diesen Geschöpfen aufzublicken, deren Rang innerhalb der Hierarchie der geflügelten Lebewesen ich gleich unterhalb dem des Geiers ansetzte. Ich war nicht wenig aufgeregt und beeindruckt; ich begriff die Möglichkeiten, die die mit einem kräftigen Kiel versehene Feder in sich barg, bevor sie eine Minute lang auf dem Boden gelegen hatte. Ich ließ sie den ganzen Nachmittag über dort liegen und dachte: Ich hätte wahrhaft Grund, an die Himmlische Vorsehung zu glauben. Allein schon innerhalb der riesigen Gefängnisanlage – denn meine Welt ging nicht über ihre Grenzen hinaus, und ich dachte gar nicht an jene äußere Welt, die den unendlichen Horizont der Freiheit dieses Vogels bildete – bedeutete es einen Akt der Auswahl, von tiefstem Wohlwollen geprägt, daß diese eine Feder in den kleinsten der Höfe zu liegen kommen und demjenigen vor die Füße fallen sollte, dessen Bedürfnis gewiß das größte war.

Als ich schließlich dieses Geschenk zu fassen vermag, fange ich an, meinen Daumennagel an einem Stein zu wetzen. In der Nacht formt der Fingernagel aus dem Federkiel eine Schreibfeder. Ich hole den Vorrat an Tinte hervor, der unentdeckt geblieben war, und sammle mich. Ich zähle dieses kleine Wunder zu den tausend anderen Beweisansprüchen Gottes und der Göttlichen Vorsehung. Es ist ein leidenschaftsloses, konzentriertes Nachdenken, dem ich mich bis spät in die Nacht hingebe. Der Geist wird nicht belebt noch die Seele erhoben. Die Argumente sind mir alle längst vertraut, nichts von besonderer Bedeutung bis auf den Umstand, daß eine lang ersehnte Feder mir zugefallen ist. Und schließlich wird mein ausgeleierter Gedankengang abgelöst von dem dringenden Bedürfnis, der Krähe zu danken, die Güte und Nachsicht gezeigt hat. Es ist die erste Aufgabe der Feder, die rauh und kratzend wie das Krächzen der Krähe; doch sie schreibt –

Fire
Of antimony in the sun
Dark mane curvetting
From stables of unspoken prayers

He dropped
His lone gift from the sky
A rain of fiery coals – for he
The lyric eye had scorned –

And flew
His raucous way. But newly
Sounds the raw theme of your haloed throat –
As trumpets at the lofty breach in walls
Of immolation
(Crow Quill)

Feuer
Des Antimon in der Sonne,
Die dunkle Mähne schießt Kobolz
Über den Gehegen ungesprochener Gebete.

Vom Himmel
Ließ sie fallen ihre einzige Gabe
Als feurigen Kohlenregen – sie,
Die des Dichters Aug' verspottet

Und krächzend
Flog sie ihres Weges. Doch neu erklingt
Das rauhe Lied aus deiner glanzumwobnen Kehle –
Klang der Trompeten in den hohen Mauerbreschen
Der Opferung.

(Krähenkiel)

35

Aller Seelen Erstarren. Aller Seelen Versammlung als graue Geister am Allerseelentag. Und Allerseelennacht. Aller Seelen Tag für Tag Vereinigung, luftleeres Gewölbe und Düsternis der Kathedrale. Schmierige Wolken, Kerzen, doch nicht eine flackernde Flamme, nicht ein getönter Heiliger in bleigefaßtem Fensterglas. Bleiernes Bahrtuch, umwölkte Grabhügel, die schweren Schritte der Trauernden, graue Leichentücher, das Erschauern der Seelen, die Friedhofsrituale vollziehen.

Dumpfe, talgige Klänge von einer alten, abgenutzten Platte, die sich in Trauerkammern unendlich dreht auf überschwemmtem Grammophon, durch den stockfleckigen Hafen pfeift; bleiernes Sickern toter Stimmen, Schwimmhautfüße, schmatzend in müdem Schlurfen, konvulsiv das Klatschen blutleerer Füße in schlidderigen Höhlen. Dumpfer Dunst durchtränkter Schwämme, die den Glanz des Lichtes filtern.

Der Himmel ist ein blinder, flossenloser Fisch, ein aufgetriebener Leichnam, auf einen Sumpf gespült, eine graue unbewegte Masse, aufgeblasen, den Himmel des Lebens zu verdunkeln. Schlaff, ein toter Hulk ohne Geruch oder Gestank, eine trübe Bürde, erfüllt mit dem unendlichen Schatten, den sie selbst erzeugt, ein grauer, zäher Sog, geballte Ladung Leblosigkeit. Der grobe, milchige Schleier weicht dem schwachen Druck der stumpfen Spitze des Gedankens, dann gleitet er schwerfällig an seinen Platz zurück. Nichts durchdringt diese amorphe Hülle, nichts ritzt die Haut ewiger Dämmernis. Kurz nur die Momente des Aufbegehrens des Willens, schnell ersterbende, sinnlose Akte des Aufbäumens. Es ist der Tag des Aussatzes, der Tag der namenlosen, schwärenden Abgründe und des unverfrorenen Grauens.

Die Zeit bewegt sich durch faulig erstarrte Luft und Brackwasser; sie schwebt in einem Kosmos, in dem es weder Eruptionen noch Feuer gibt, der gesäubert ist von zersetzendem Lärm, nun kahl und öde liegt, da alle Stützpunkte der Erinnerung getilgt sind. Weder die Anziehungskraft der Erde noch die marternde Ruhelosigkeit ewiger Funken vermag meine tauben Finger, Zähne, Ohren und Augen zu erwärmen und dem Tasten meiner Zunge nach Linderung in der Klarheit der Töne zu antworten. Was ich empfinde, ist nicht das erhebende Gefühl einer bewußten Unterordnung individueller Maßstäbe, sondern eine wäßrige Stagnation, ein Gefühl der Haltlosigkeit in dem auf mich einwirkenden Gifthauch, ein Zunichtemachen feiner Bande durch ein Nichts. Von der luftigen Höhe ihrer Verneinung jeglicher Zielrichtung ist die Zeit zu einem schlüpfrigen Kreislauf ekler Abdrücke herabgesunken, die an der Handhabe kurzfristiger Bedeutungen zerbricht und in ein schlammiges, allmählich sich vollziehendes Verflachen sinkt, erlahmte Zentrifuge in einer erstummten und buntscheckigen Leere.

Nebelhafte Höhlen, düsteres Gleißen verbreitet sich in den Rissen der berstenden Deiche, zum Schutz der Marschen errichtet. Teilnahmslose Gestalten gehen an einer entfernten Höhlenöffnung vorbei. Eine Eidechse preßt sich hilflos unter dem Tropfen des Wassers eng an die Mauer. Der Graben um das ausgewaschene Salatbeet ist von Abfällen gesprenkelt, das Wasser fließt die ausgefressenen Kanäle eines zerfurchten Hügels herunter. Aus den Augen der Eidechse starrt dumpfe Resignation. Ein gedämpfter Gong klingt inner- und außerhalb meines Bewußtseins wider; ein matter Hall, der nichts zu erwecken vermag, nicht einmal ein Echo.

Bleischimmer auf den Dächern, ein trügerischer Glanz rinnt in bleiern grauen Tropfen lange, nachdem es aufgehört hat zu regnen. Ein runzliger zinnener Schwamm, der die Feuchtigkeit aus der Luft saugt, hat den aufgelösten Horizont und den aufgesogenen Himmel ersetzt. Eine gefrorene Platte, eine bedrohlich okkupierende Erscheinung, thront er und hat doch – wie meine Welt an diesem Tag – weder Halt noch klaren Umriß im nicht-existenten All.

36

Die räuberischen Umtriebe setzen mit den Regenfällen ein. Eines Abends erfolgt ein kurzer, heftiger Wolkenbruch, ein Schauer von Hagelkörnern prasselt nieder. Dies währt eine Stunde lang, bis der Wind nach Süden dreht und schwächer wird. Zurück bleibt eine von Feuchtigkeit durchdrungene Erde und ein Geruch von Frische in der Luft. Käfer, geflügelte Ameisen, Fliegen und Motten tauchen aus ihrem Winterschlaf auf; ein wirbelnder Schwarm von winzigen Flügeln schlägt gegen die Glühbirne, die an einer Stange hängt. In einem blinden, heftigen Aufruhr schwärmen sie aus dem langen Schlaf des Schweigens empor. Wie Wasserschläuche, die an einer wiederentdeckten Oase gefüllt werden, schwellen die Gefäße alles Lebendigen. Stacheln, Krallen, ausgedörrte Klauen gewinnen neue Spannkraft, Stacheln werden erwartungsvoll ausgefahren, Rückenschilde glitzern. Die Welt der Lebewesen bewaffnet sich für den langen Kampf, in dem das Recht des Stärkeren gilt.

Zeit für den Auftritt des Herrn des Urwaldes. Übermächtig wirkt er, eine königliche Erscheinung, wie ein lauernder Hai fährt er unter die Elritzen. Ach, es ist nicht zu leugnen: Er besitzt nur ein Auge! Schon früher habe ich ihn umhergehen hören und einen Blick auf seine zweideutige Gestalt erhaschen können. Aber er war stets nicht mehr als ein Schatten in der Dunkelheit, ein streunender Schandfleck, der sich von Kronos, dem Herrn über die Zeit in dieser Unterwelt, angstvoll fernhielt. Ich stellte für ihn eine ähnliche Bedrohung dar wie der Stiefel, dessen Tritt er oft zu spüren bekam, wenn Ambrose verärgert nach ihm trat, während er nach Resten von Eßbarem schnüffelte. Ambrose, der edle Aufseher der Speisereste, hat ihm die Hackordnung beigebracht; durch ihn hat er gelernt, erst vorsichtig den Kopf durch das Abflußloch zu stecken und dann behutsam ein Bein nach dem anderen hindurchzuheben, voller Wachsamkeit jeglichem feindlichen Geräusch oder Geruch gegenüber. Dann schießt er wie ein geölter Blitz an der Mauer entlang und verzieht sich in die Dunkelheit, wobei er in den eisernen Maschen seinen Tribut hinterläßt, kleine Büschel seines Winterfells. Mit den Regenfällen kommt König Leo zu seinem Recht; kühn und entartet, ein einäugiger König im Reich der Insekten. Mir bietet sich das beschämende Schauspiel eines jammervollen Abstiegs aus dem Imperium der Raubkatzen.

Eine Katze – ganz gleich, ob wild lebend oder gezähmt – hat in ihren Bewegungen etwas Majestätisches, das bei keinem anderen Tier anzutreffen ist. In einem noblen Bewegungsablauf verlagern sich die Muskeln auf der Schulter des Tieres, und selbst wenn die Bewegung erstarrt, erweckt sie den Eindruck der Elastizität eines ständigen, gleichmäßigen Rhythmus. Eine Katze ist in der Dunkelheit stets eine von Bewegung erfüllte, samtene Präsenz, deren smaragdfarben leuchtende Augen etwas Fuchteinflößendes ausstrahlen und von hypnotischer Wirkung sind . . .

*Tyger, Tyger, burning bright . . .**

O Blake, armer Blake, du solltest König Leo sehen! In diesen Dschungel von Mauern, innerhalb dessen Grenzen wir alle ums Überleben kämpfen und der von spärlicher, jedoch genau eingeteilter und proportionierter Abmessung ist, tritt Leo stolzen Schrittes, majestätisch von der Nasenspitze bis zum suchend vibrierenden Schwanz. Aber nur, wenn man seine linke Seite sieht. Seine rechte Seite bietet den Anblick eines wüsten Raufboldes, eines Piraten, der mit seiner opaken Augenklappe ein lebender Hohn seiner Ahnen, der Freibeuter ist.

Stolzieren, niederkauern, springen. Die Beute – ein Käfer. Oder eine Gottesanbeterin. Aber das Schlimmste ist das Ge-

* Anfangszeile des Gedichts *The Tyger* von William Blake. (Anm. d. Übers.)

räusch, welches das königliche Festmahl begleitet. Mit lautem Knacken verzehrt er genußvoll das Insekt, und – ich schwöre es – ein leises Schmatzen der Lippen ist zu vernehmen, wenn der letzte Flügel verspeist ist. Nach diesem widerlichen Schmatzer streicht sich diese einäugige Jammergestalt innerlich über den Bauch; natürlich ist das nur eine Unterstellung von mir, aber ich könnte die Wahrheit dieser Behauptung beschwören. Ich erhebe meinen Blick zum Dach, um diesem Anblick zu entgehen.

Auf dem Dachbalken duckt sich ein weiterer Räuber in Erwartung einer Beute. Es ist der Mauergecko, dessen Augen wie runde Lichter starren, um das nichtsahnende Opfer zu hypnotisieren. Das Relief, das die Glühbirne seinem Kopf verleiht, läßt an seinen Vorfahren, den Brontosaurus, erinnern. Große glitzernde Augen des Ancient Mariner*. Eine nach der anderen nähern sich ihm die Fliegen, ohne Widerstand zu zeigen, sie geraten in den Blickstrahl der magnetischen Augen, der Rachen öffnet sich und nimmt sie in sich auf.

Das Weibchen des Geckos kriecht vorsichtig auf eine Gottesanbeterin zu; seine Augen sind wie Scheinwerfer an einem Panzer. Jetzt verharrt es auf einer Stelle des Dachbalkens, der jedoch in rechtem Winkel zu der gedankenlos gleichmäßig schaukelnden Gottesanbeterin liegt. Die Schwierigkeit liegt darin, daß Frau Gecko schnell genug um die Ecke flitzen muß, damit die Gottesanbeterin nicht gewarnt wird, bevor sie zubeißt, und daß sie gleichzeitig den festen Halt auf dem Balken bewahren muß. Unten pirscht sich der Tiger weiterhin an den Käfer heran. Plötzlich fallen zu seiner gesunden Seite zwei fest ineinander verbissene Objekte zu Boden: der Gecko und die Gottesanbeterin. Verschreckt macht Leo einen Riesensatz und flieht. Der Gecko, dem die ebene Erde kein vertrauter Boden ist, kommt sofort zu sich und läuft

* Figur aus Samuel Taylor Coleridges Gedicht *The Rime of the Ancient Mariner*. (Anm. d. Übers.)

geschwind an der Mauer hoch, den grün-weißen Fallschirm dieser harten Landung läßt er achtlos zurück. Leo, der aus sicherer Entfernung zuschaut, ist wieder beruhigt; dennoch nähert er sich selbst dieser kampfunfähigen Beute unter Wahrung aller Vorsichtsmaßnahmen. Vorsichtig pirscht er sich ran; Knack! Knack! Schmatz!

Und unermüdlich trägt ein fleißiges Volk seine Ernte ein. Baumwanzen, geflügelte Ameisen, Kakerlaken, tote und sterbende Käfer, die dem Piraten entgangen sind, werden von emsigen Ameisenarmeen in ihre unterirdischen Schlupfwinkel geschleppt. Sie marschieren auf Banketten von feinem Sand, die Flanken werden von riesenköpfigen Soldaten in Schlachtordnung bewacht. Ein Häufchen verschmähter Flügel liegt genau vor dem Eingang zu ihren Höhlen und bewegt sich leicht im Windhauch wie geisterhafte Wächter des Zugangs zur Unterwelt. Das Geschwirr von Flügeln im Umkreis der Glühbirnen nimmt merklich ab. Im Wassereimer ertränkt, von den Geckos aufgeschnappt und von dem Piraten verschlungen, haben sie durch ihr sinnloses, wirbelndes Umherschwirren den Tod gefunden; die geräuschvolle Verschwendung der Kraft ihrer Flügel, die durch den Ruf des Regens geweckt wurde, reduziert sich schließlich auf ein letztes, einsames Insekt, das über die Glühbirne kriecht. Und dann wird der letzte Leichnam auf unsichtbaren Schultern in unbekannte Speicher eingebracht; ein einzelner Flügel wird dem Haufen am Eingang hinzugefügt, er wird späteren Bauvorhaben dienen.

Ein einziges Objekt – paradoxerweise eine Motte – hat sich dem Fest des Lichtes nicht zugesellt. Fett und staubig hockt sie selbstzufrieden an der Wand, ohne sich zu bewegen, ohne die geringste Notiz von dem Aufruhr um sie herum zu nehmen. Nun schließen sich die Augen des Gekkos, und sein geschwollener Unterleib spreizt sich in seiner Sattheit über den Balken. Die nächtliche Jagd nach dem ersten Regenfall hat ihr Ende gefunden.

37

Mit dem Tageslicht erscheint der Hofnarr mit dem unerschöpflichen Repertoire – die männliche Eidechse. Sein Kopf ist eine überdimensionale Pappmachémaske von grellbuntem Orange. Sein indigofarbenes Kostüm, das bis zum Schwanz reicht, ist ebenfalls mit hellorangen Tupfen versehen. Ohne jeden Ausdruck von Würde geht er auf Jagd – selbst die groteske Majestät des Piraten geht ihm ab; Hals über Kopf rennt er hinter einer Fliege her, schlägt plötzlich einen Haken und bändelt halbherzig mit einem läufigen Weibchen an. Sie lockt und verspottet ihn gleichzeitig mit ihrem erhobenen Schwanz und der Ausdünstung ihrer Körperöffnung, buckelt in einer Mischung aus Erwartung und Abwehr. Er wird sich ihr später wieder zuwenden; im Augenblick ist erst einmal der Schmetterling wichtiger, der meilenweit von seinem Kopf entfernt vorbeifliegt. Er neigt seinen Kopf erst auf die eine, dann die andere Seite und rollt erst das eine, dann das andere Auge, offensichtlich in der Hoffnung auf einen Bissen, der auch nicht entfernt je in seiner Reichweite war.

Sie paaren sich ohne Unterlaß; die Gruft ist Schauplatz orgiastischer Feiern des Geschlechts. Sie könnte auch ein Heiligtum der Eidechsen sein, aber Ambrose stellt ihnen – wenn ihn das Gefühl der Langeweile überwältigt – mit Steinen und Stöcken nach; manchmal erschlägt er drei oder vier Eidechsen an einem einzigen Nachmittag. Ich frage ihn. Nein, er hat nichts gegen Eidechsen. Er schichtet die Körper aufeinander und deutet stolz auf die Strecke.

Feuerkopf zeigt nun seine Parodie auf den Mauergecko. Er krabbelt am Zitronenbusch hoch, wobei er sich eng an einen Zweig preßt – so wie der Gecko –, verdirbt sich dann aber den eigenen Hinterhalt, indem er auf den nächsten Ast springt, um Schritt zu halten mit dem Schmetterling, der sich weiterhin klugerweise außerhalb seiner Reichweite aufhält. Jetzt versteckt er wahrhaftig seinen Kopf unter einem Büschel von Blättern, mit allen Wassern der Tarnung gewaschen. Natürlich fallen das schmutzige Blau seines Schuppenpanzers und das leuchtende Orange seines Schwanzes jetzt um so mehr auf. Der Schmetterling ist längst verschwunden. Feuerkopf, der sich sein Sichtfeld durch eine zu gekonnte Tarnung vollständig verdunkelt hat, wartet weiter.

Schließlich kriecht er wieder herab und tröstet sich mit jungen Salatblättern, an denen er mit einer Art hektischem Vergnügen knabbert. Und dann – sollte er das Orange inmitten des Grüns aus der Entfernung für eine Blume gehalten haben? – läßt sich ein Schmetterling kaum zweieinhalb Zentimeter vor Feuerkopf nieder, er erkennt seinen Irrtum und will sich davonmachen. Zu spät. Die schnellende Antenne klebt am Flügelende, und Feuerkopf verzehrt das Gottesgeschenk, das gewiß nicht die Frucht seines Könnens oder seiner Schläue ist, während sein Kopf sich nervös in alle Richtungen bewegt. Er greift sich ein danebengefallenes Flügelende und macht sich dann wieder über den Salat her.

Es gibt zweifellos in volkstümlichen Überlieferungen Erklärungen dafür, warum die Eidechse ständig mit dem Kopf nickt. Oder die Gottesanbeterin. Welch angestammtes Trauma auch immer die Eidechse heute noch quälen mag, ich hoffe, es wird dereinst bei einem Treffen aller Eidechsen behoben werden können. Der Anblick, den eine Stammesversammlung altersmilder Greise bietet, die ihre Bäuche genußvoll gegen die rauhe Oberfläche der Mauer pressen und ihre Schuppenhaut sonnen, während sie mit ihren Köpfen wackeln, die zerquetschten Kürbissen ähneln und auf den Hälsen hin- und herschwanken wie auf einem Podest in einer ländlichen Prozession, läßt der Eidechse keinen Platz unter den höheren Raubtieren zukommen. Wenn sie sich »verbirgt«, ähnelt sie nur einem Kind, das Verstecken spielt.

Oben auf der Mauer jedoch unterliegt Feuerkopf gewaltigen Veränderungen. Umgewandelt und zurückversetzt in das verborgene voreiszeitliche Reich, reckt ein amphibienhaftes Ungeheuer zwischen scharfen Disteln von zersplittertem Glas, die tiefblau, bernsteinfarben und grün schillern, seinen flachen, metallischen Kopf empor; die höchsten Baumwipfel berührt es, wenn es sich auf die Hinterbeine erhebt, um die sumpfigen Niederungen zu überblicken. Diese konischen Köpfe, die in einem stumpfen Winkel zulaufen, vermischen sich mit der kubistischen Geisterlandschaft, die aus grüngefärbten Abstufungen kaktusartiger spitzwinkliger Gegenstände besteht, mit regenbogenfarben schillernden Auswüchsen, deren gezahnte Spitzen emporragen und eine zerklüftete Silhouette bilden. Plötzlich läuft ein orange und metallisch blau glitzernder Streifen im Zickzack zwischen den dicht nebeneinander stehenden Prismen umher. Aus dieser Silhouette erschallt die geisterhafteste Musik, die im Gewölbe zu vernehmen ist; wenn die Schuppen der Eidechse schnell über die gläserne Tastatur gleiten, ertönt ein orientalisch anmutendes Geklingel von den hohlen Röhren, die lose im Beton verankert sind. Findet ein Zweikampf zwischen den Drachen statt – der stets halb Kampf ist und halb Verfolgungsjagd –, dann tönt die Melodie lange fort, wahrhafte Sphärenmusik; ihre zarten Klänge werden vom Sonnenlicht getragen und fügen sich harmonisch aneinander, wenn die Schuppenpanzer in ihrem elementaren Kampf verschiedene Tasten zugleich berühren.

Die Sonne steht nun genau auf Höhe der Mauer; allmählich versinkt sie aus meinem Gesichtsfeld. Ihre erlöschenden Strahlen stehen in Einklang mit dem Konzert, eine Symphonie der Zwielichtstunde der Riesenechsen, der Dämmerung der ersten Eiszeit.

Mir bietet sich der Anblick des Untergangs der Welt. In einem rötlichen und kupferfarbenen Himmel, dessen Tiefen von blau-grauer Färbung sind, spiegeln verborgene urzeitliche Sümpfe wider. Die Gletscher beginnen sich allmählich auszudehnen; große Eiszapfen sprießen aus der glatten

Wand des Abhangs, ein eisiges Heer konischer Körper, die in alle Richtungen stoßen und erbarmungslos jenes Leben fordern, das unaufhaltsam endgültigem Verstummen anheimfällt. Bernsteinfarbene, blaue, grüne und fahlgelbe Prismen, fangen sie die ersterbende Sonne auf, saugen sie aus und bluten sie aus, indem sie sie tausendfach brechen.

Ein Jäger erscheint, Ambrose, der Anachron, und schleicht an der Mauer entlang. Die Riesenechsen haben sich in den Schutz der Disteln aus Eis zurückgezogen; sie wissen, daß er ihnen dorthin nicht folgen kann. Sie verstehen sein Handeln nicht, und doch fürchten sie bereits den Menschen. Ein sanfter, wehmütiger, leiser Ton erklingt, während sie fliehen, eine Folge sehnsüchtiger Töne, die süßen Orgelpfeifen entströmen. Indem der Mensch sie verfolgt und an der Mauer hochspringt, mit einem Riemen oder einer Keule nach ihnen schlägt, lösen sich Eiszapfen und fallen unter wehmütig stimmendem Geklirr in die Tiefe des Abgrunds. Ambrose ist jetzt wütend. Er rennt vor der Mauer hin und her und jagt die Echsen in beide Richtungen entlang den Gletschergipfeln. Ein zweiter Jäger hetzt sie zurück, wenn sie sich auf die andere Seite flüchten. Eine Tonleiter ertönt, eine Raspel auf dem Trommelfell, das wilde Rennen der Schuppen in den Sonnenuntergang. Ambrose, der die Lücke zwischen den Glasstücken falsch schätzt, schleudert einen Stein. Vor dem Himmel explodiert eine schrille Dissonanz neuer farbiger Impulse; eine chromatische Zersetzung, die blendet und betäubt und breit gestreut zu Boden sinkt in urzeitlichen Splittern des letzten Zapfenstreichs der Sonnenkraft.

Lazarus erhebt sich, betritt das Innere der Gruft und wartet, daß man den Stein vor die Öffnung rolle.

38

An einem bestimmten Punkt müssen die mathematischen Spielereien, mit denen ich mich beschäftigte, zu weit gegangen sein. Ich begab mich auf das Gebiet immer größerer Absurditäten, und schließlich überschritt ich an einem Punkt die Grenze der vernunftgemäßen Grundlagen des Denkens und betrat eindeutig unheilvolle Gebiete. Meine Erinnerungen an diesen Zeitraum sind undeutlicher und etwas beängstigender Natur.

Aus der bloßen Faszination heraus, die die Zeit als Maßeinheit, als Lastträger, als Ursprung und Endpunkt ausübte, begann die Zeit, die Figuren und Symbole meiner algebraischen Übungen mit neuen, phantastischen Bedeutungen zu versehen. Der Ausgangspunkt war – so glaube ich – die Vorstellung, daß die Zeit *integral* zu der ihr ebenbürtigen Einheit in der Unendlichkeit – dem Raum – in Beziehung gesetzt werden müßte; dazu bedurfte es lediglich der Entdeckung des geeigneten mathematischen Prinzips. Daß dies durchaus dem Rahmen menschlicher Fähigkeiten entsprach, war für mich überhaupt keine Frage; seine Entdeckung war lediglich eine Sache der Zeit, und Zeit war etwas, über das ich in großzügiger Weise verfügte. Ich konnte mir zu meinem Bedauern die Formel von Einsteins Relativitätstheorie nicht ins Gedächtnis rufen, tröstete mich aber mit der Erwägung, daß diese sich ohnehin auf einen zu engen Teilbereich der Zeit bezog. Vom Gesichtspunkt des Zeitvertreibs aus war es ein ideales Problem, da es einfach nicht zu lösen war; für einen Geist, der bereits von einem Hang zu ausdauernder, ausschließlicher Konzentration infiziert war, war die Vorstellung, Zeit und Raum mathematisch innerhalb des Begriffs der Unendlichkeit miteinander in Beziehung zu setzen, eine äußerst gefährliche Spielerei.

Ich stand ständig an der Pforte des Durchbruchs. Stunden

des Schlafs wurden geopfert, die ich früher auf gesündere Weise verbracht hatte. Selbst jetzt noch weiß ich nicht genau, wie das Ganze zu einem Ende kam; das fanatische, besessene Gekritzel bei Nacht und die zunehmend nachlässiger werdenden Berechnungen, die ich bei Tage anstellte; die wundersame Weise, in der die Zeit enteilte, die Auflösung der Realität, meiner unmittelbaren und gesamten Umgebung; die Verweigerung jeglicher Nahrung und der Verlust des Bewußtseins von meiner eigenen Person. Dieser gedankliche Hochmut hatte in meinem – einem Düngerhaufen vergleichbaren – Geist tiefe und weitverzweigte Wurzeln gefaßt und brachte giftige Knollen hervor, die in gewissen Abständen aufbrachen und Teile meines Verstandes mit verderblichen Dämpfen umnebelten.

Irgendwie kam das alles zu einem Ende. Und eines Tages – lange Zeit später –, als ich in meinem Versteck herumkramte und nach unauffindbaren Verszeilen suchte, entdeckte ich Unmengen von Toilettenpapier, Zigarettenschachteln und anderen kostbaren Schreibflächen, die mit Gleichungen bedeckt waren, die ich nicht verstehen, mit Symbolen, die ich keiner Vorstellung und keinerlei quantitativem Maßstab zuordnen konnte; ich hatte keine Erinnerung daran, zu welchem Zeitpunkt und unter welchen Umständen sie niedergeschrieben worden waren, in welcher Phase meiner Verirrung, geschweige denn, wann oder weshalb ich sie versteckt hatte. Zutiefst erschrocken vernichtete ich die besonders beunruhigenden Exemplare und begann, sorgsam Wache zu halten über meine Handlungen, Gedanken und Impulse, wobei ich auch die Wärter beobachtete, um festzustellen, ob es ein Anzeichen für eine veränderte Haltung ihrerseits mir gegenüber gebe.

39

Vier Gestalten treten auf. Es sind Mikroben, aber ihnen ist die Gabe des Fragens verliehen. Was wollen sie erfahren?

Mein Geist ist wie ein Bewußtsein aus Watte; er nimmt alles auf, stellt nichts her. In der Abgestorbenheit der Gruft sitze ich bewegungslos in der Sonne und warte.

Die Suchenden sind wieder fort; sie kamen, um zu fragen, zu suchen, zu beharren. Ihr sucht nach dem Vogel, der entflogen ist. Ich brauche nichts. Ich suche nichts. Ich wünsche nichts.

Schreie. Drohungen. Schmeicheleien. Was für hartnäkkige Mikroben. Und irgendein Papier von größter Wichtigkeit flattert in ihren Händen.

Sie wurden immer weniger. Bis zuletzt nur mehr der Große Seher kam. Finden Sie, daß das fair von Ihnen ist? Sie schützen jemanden, aber haben Sie daran gedacht, daß Sie andere dabei ins Verderben stürzen? Sie hatten einen Verbindungsmann. Wir wissen, daß er zu den . . .

Schutzengel mit flammenden Polizeiknüppeln? Selbst die Tore der Hölle sind überschreitbar. Der Vogel ist entflogen; er wird hier nicht verweilen. Könnt ihr etwa Salz auf seinen Schwanz streuen?

Ich bin freundlich zu Ihnen gewesen. Ich habe mich darum bemüht, diesen Ort erträglicher zu machen. Ich habe mich Ihrer Lage erbarmt und Ihnen Privilegien verschafft . . . Privilegien! Endlich war er zu mir durchgedrungen. Heiliger Zorn erfüllt mich, aber ich höre ihm zu. Und ich erkenne ihn. Er ist der anständige Gefängnisleiter, nicht die Große Null, dieses lächelnde Vakuum. Ich höre seinen Worten zu:

»Sie haben mein Vertrauen mit Verrat vergolten. Sie beweisen mir jetzt, daß es falsch von mir war, so menschlich gewesen zu sein. Sie wissen, in was für einem Zustand ich

Sie hier vorgefunden habe. Ich war der Meinung, daß kein menschliches Wesen solchen Bedingungen ausgesetzt sein dürfe. Ich habe Ihre Lage erleichtert, wo ich konnte. Ich habe nichts als Anfragen erhalten. Ich kann Ihnen die Akte zeigen, sie besteht nur aus Anfragen. Ich weiß nicht, was es hier für Spitzel gibt oder wer die Gerüchte verbreitet, welcher Freiheiten Sie sich erfreuen, seit ich die Leitung hier übernommen habe. Der Generalstab hat sogar eine Untersuchungskommission hergeschickt; die waren dahingehend informiert worden, daß ich Ihnen erlauben würde, sich unter die anderen Gefängnisinsassen zu mischen, daß Sie hier Kurse abhielten und umstürzlerisches Gedankengut verbreiten würden. Ich bat sie, sich umzuschauen und einen beliebigen Wärter anzusprechen. Ich forderte sie auf, als erstes ohne Begleitung dahin zu gehen, wo Sie interniert sind, und selbst darüber zu urteilen, wie Ihre Haft beschaffen ist. Sie lehnten es ab. Wegen der Art und Weise, in der ich Sie behandelt habe, hat man mir nachgestellt. In dem letzten Brief, den ich von ihnen erhalten habe, hat man mich strengstens darauf hingewiesen, daß ich mein Pflichtgefühl nicht über meinen menschlichen Regungen vergessen soll. Ich wollte, ich könnte Ihnen den Brief zeigen. Man fordert mich darin auf, Anweisungen, die Sie betreffen, auf den i-Punkt zu befolgen. Aber ich habe mich dadurch nicht davon abhalten lassen, mich so zu verhalten, wie es mir mein Gefühl für Anstand vorschreibt. Sie sind ein menschliches Wesen. Sie sind ein denkender Mensch. Als solcher müssen Sie auch behandelt werden. Deshalb appelliere ich nun an den intelligenten Menschen in Ihnen. Ist es etwa fair mir gegenüber, wenn Sie – indem Sie einen Mann decken, der vorsätzlich seine Dienstvorschriften verletzt hat – meine Karriere zerstören und mich in Schwierigkeiten bringen? Sie behaupten, für die Gerechtigkeit zu kämpfen. Ich frage Sie, ist das gerecht?«

Du Kasuist! Du verdammter spitzfindiger Funktionär. Scher dich fort! Diese Hölle ein Privileg?

Er ging zornerfüllt. Angesichts dieser neuen Situation durchdachte der Gesetzgeber ruhig die Forderungen nach Gerechtigkeit. Ich muß einen neuen Satz von Geboten ausarbeiten; Zeit genug habe ich. Wer glaubt, die Zeit sei ein Tyrann, der muß lernen, sich zu gedulden – so wie ich.

Aber nur zu bald war er wieder zurück. Pluto konnte den Grund nicht erfassen. Er schien hektisch zu sein wie eine aufgeregte Henne. Worin bestand das überwältigende Problem, das er so völlig außer Atem herunterbetete? Mit jedem Besuch wurde er menschlicher; und dies hinterließ einen gewissen Eindruck. Denn das Äußere des Großen Sehers war ebenso fleckenlos rein gewesen wie sein kühner, durchdringender Verstand. Die Knöpfe seiner Uniform waren poliert, seine Rangabzeichen glitzerten, sein Gürtel und seine Mütze schienen von mehreren Dienern gleichzeitig gepflegt worden zu sein, und sein persönliches Ausgehstöckchen war ein Anblick, der das Auge erfreute. Ein frommer, in sich gekehrter Mensch, der den Koran verehrte. Jetzt kam er ohne seine Mütze, die Knöpfe standen offen, sein Anzug schlotterte um ihn herum, und man hatte den Eindruck, daß seine Hosen einen Gürtel oder Hosenträger vertragen könnten. Kein Stöckchen mehr; seine spitzen Schuhe waren staubbedeckt – gewiß vom Hinundherlaufen von Tür zu Tür. Wessen Türen und welche Ämter? Schließlich kam er unrasiert; die Stoppeln in seinem Gesicht waren mindestens zwei Tage alt, und plötzlich war mir klar, weshalb seine Uniform schlotterte – der Große Seher hatte abgenommen!

Ich komme, um Sie zu fragen, ob Sie Ihre Meinung geändert haben. Wollen Sie mir die gewünschte Information geben?

Pluto stieg zur Erde empor, um ein menschliches Wesen zu betrachten. Ein menschliches Wesen, das um seine Rettung jammerte und doch verlangte, daß dafür ein anderes Wesen vernichtet werde. Mit offenem Mund starrte er verwirrt auf dieses Schauspiel; er durchlebte erneut den Schock und den Kitzel des menschlichen Dilemmas. Selbst an diesem Ort der Finsternis – der Identität entblößt, der Bewegungsfreiheit beraubt, verkrüppelt und gefesselt und von jeder menschlichen Tätigkeit ausgeschlossen – war er auserwählt, zwischen zwei Menschenschicksalen zu wählen. Wer wagte es, ihm diese moralische Verantwortung aufzuerlegen? Aufs neue in den Kreislauf der rücksichtslosen Suche des Menschen nach Sicherheit? Verrat. Austausch des Opferlammes. Den Geringeren dem Mächtigeren opfern. Den Ohnmächtigen dem Einflußreichen. Aber wo eine so große und reale Angst gegeben war, konnte man weder ein Urteil treffen noch verurteilen. Mit einem Mal schien es mir, daß dieses Problem geringfügig war, verächtlich unbedeutend, daß seine Lösung nicht mehr als durchschnittliche Vorstellungskraft erforderte. Ich lachte. Es sind doch immer dieselben Leute, die uns Probleme machen; es geht immer um dieselbe, ewige Tyrannei.

Er sagte: »Ich kann Sie nicht verstehen. Aber ich sage Ihnen lieber gleich, daß diese Leute inzwischen davon überzeugt sind, ich hätte diese Schriftstücke für Sie nach draußen geschmuggelt. Zur Zeit versuchen sie verzweifelt an das Original heranzukommen, weil sie feststellen wollen, ob das Papier aus meinem Büro stammt. Ich habe ihnen das ganze Papier gezeigt, das wir bei Ihnen gefunden haben, ich habe ihnen Ihre Flasche mit Soy-ink, oder wie auch immer Sie das Zeug nennen, gezeigt. Aber sie glauben immer noch, ich hätte Sie bei dem Herausschaffen dieser Dinge unterstützt. Sie können sich nicht vorstellen, wie es Ihnen möglich gewesen sein soll, die Sicherheitsvorkehrungen zu durchbrechen. Ich versichere Ihnen, daß es Augenblicke gibt, in denen ich fast glauben möchte, daß sie Recht haben, denn ich kann mir nicht vorstellen, wie Sie es bewerkstelligt haben! Wir durchsuchen doch sogar die Wärter vor Dienstantritt und wenn sie gehen. Wer hat Ihnen geholfen, Mr. Soyinka? Sagen Sie uns nur, wer es war, und ich verspreche Ihnen, daß dem Mann nichts geschehen wird.«

Ein seltsamer Ton hatte sich in das Ganze gemischt – was

war es nur? Ein Klang, den ich lange nicht mehr vernommen hatte, ein Hinweis, der die Möglichkeit zur Wiedergewinnung der menschlichen Identität andeutete.

Mr. Soyinka? Ja, das hatte ich vergessen. Ich bin immer noch der Soyinka, der Mitglied der menschlichen Gesellschaft ist.

»In Ordnung. Ich brauche Zeit, die Sache zu überdenken.«

Er warf die Hände in die Luft. »Was gibt es da zu überlegen? Diese Leute wollen mir ...«

»Bitte! Schließlich hat das jetzt tagelang gedauert. Nun bitte ich mir nur ein paar Stunden aus ...«

»Wie lange brauchen Sie? Wie lange?«

»Zwei Stunden.«

»Gut. Jetzt ist es elf Uhr. Um eins werde ich bei Ihnen sein. Und ich werde die Leute vom Sicherheitsdienst mitbringen, damit sie es mit eigenen Ohren hören können. Ich will es nicht allein anhören, um es denen dann zu berichten. Die sind imstande, hinterher zu behaupten, ich hätte das alles mit Ihnen zusammen ausgeheckt. Ich werde ihnen einfach sagen, Sie hätten darum gebeten, eine Unterredung mit mir um ein Uhr zu haben, um dann alles zu gestehen.«

»Ich habe nichts von einem Geständnis gesagt.«

»Mr. Soyinka, ich möchte Ihnen etwas sagen. Ich hoffe – ja, ich hoffe von ganzem Herzen –, daß, wenn sie mich verhaften, man mir die Zelle neben der Ihren zuweist. Ja, ich werde darum ersuchen. Denn ich möchte, daß Sie gezwungen sind, mich jeden Tag vor Augen zu haben, damit Sie darüber nachdenken können, was Sie angerichtet haben. Ich werde diese Leute bitten, mich um ein Uhr zu Ihnen zu begleiten. Ich kann nur hoffen, daß Ihr Sinn für Gerechtigkeit den Sieg davontragen wird.«

Um das Tor herum, wohin die Aufregung gedrungen war – während solcher Krisensituationen wagte es keine der Wachen, die dort nicht Dienst hatte, die Gruft zu betreten –, unterhielten sich die Anachronen durch die Gitterstäbe hindurch und befanden, die Situation sei eine Strafe des Himmels für die Zerstörung der Ernte durch den Gefängnisdirektor; sie vergaßen dabei – oder waren schlicht außerstande, es so zu begreifen –, daß diese Verwüstung ihres Gartens zusammenhing mit der ersten, leisesten Andeutung einer Lücke in den Gefängnismauern. Ich hörte den kleinen, allzumenschlichen Tonfall der Erwartung, den Kitzel, der verursacht wird durch den Sturz eines Mitmenschen.

Es war soweit. Und, was mehr war, ich empfand – ohne nur den geringsten Zweifel zu hegen – die Wirkung, die meine Botschaften an die Welt der Lebenden gehabt haben mußten. Es war nun an der Zeit, mein Fasten zu beenden. Der Kampf war ausgekämpft, der Kampf um menschenwürdige Haftbedingungen. Ich rief nach meinem Wärter, der unter der schwatzenden Menge am Tor war, und ließ den Koch benachrichtigen.

Alles war lächerlich einfach, nachdem der leidenschaftliche Gefühlsausbruch dieses wohlwollenden Menschen meine lange Gleichgültigkeit durchbrochen hatte, diesen wuchernden Pilzbesatz einer Indifferenz, der die Oberfläche meines Fühlens dermaßen überwuchert hatte, daß er selbst das Wiedererkennen und Begreifen für einen Augenblick erschwert hatte. Der Gesetzgeber begab sich zur Ruhe, und der Fuchs kam hervor; er fragte sich, wie es dieser Meute des Unrechts möglich war, ein Dilemma herzustellen und zu erhärten, ohne daß es eine Notwendigkeit gab. Der gefangene Fuchs erschnüffelte nun die Luft und verließ sein Winterquartier.

Sie erschienen pünktlich um ein Uhr; zwei Sicherheitsbeamte, der Gefängnisdirektor, der oberste Wärter, der Nachwuchsoffizier und ein paar ranghöhere Wärter, die als Zeugen dienen sollten. Der Sicherheitsbeamte strahlte.

»Also, Mr. Soyinka, ich bin ja so froh, daß Sie sich entschlossen haben zu kooperieren. Ich kann Ihnen versichern, daß der Betreffende lediglich eine Verwarnung erhält . . .«

Ich schnitt ihm das Wort ab und sagte: »Eine der Nachtwachen hat die Aufzeichnungen für mich aus dem Gefängnis geschmuggelt.«

Ein hörbarer Seufzer breitete sich – buchstäblich – wie Rippelwellen auf dem Wasser durch die Versammlung aus.

»Können Sie uns seinen Namen nennen?«

»Ich weiß ihn nicht.«

»Wann war es? Können Sie sich erinnern?«

»Nein.«

»Nur ungefähr. Geben Sie uns nur einen Anhaltspunkt; vor drei Wochen? Vier Wochen? Fünf?«

»Man verliert hier jedes Zeitgefühl. Irgendwann kann man kaum noch den Unterschied zwischen einer Woche und einem Monat feststellen.«

Einfaltspinsel! Habt ihr gedacht, daß ich auf so was reinfalle?

»Können Sie ihn beschreiben?«

»Schwierig. Er kam, nachdem die Zellen versperrt wurden; wie hätte ich ihn richtig sehen können?«

»Wie haben Sie ihn kennengelernt?«

»Wir haben miteinander geredet. Er fragte mich immer, wie es mir gehe und so. Wohl am dritten Tag kam ich auf die Idee, daß ich ihn vielleicht benutzen könnte. Er hatte eine freundliche Stimme.«

»War er jung oder alt?«

»Schwer zu sagen. Mittleren Alters, würde ich sagen.«

»Können Sie sein Gesicht beschreiben? Sie müssen doch sein Gesicht oben durch den Rahmen gesehen haben.«

»Oh, wissen Sie, im Gang ist es ziemlich düster. Und er hatte immer seine Mütze auf. Das wirft einen Schatten auf das Gesicht. Wenn Sie zu der Glühbirne hinschauen...«

»Aber Sie müssen ihn doch ziemlich gut kennengelernt haben. Sie hätten doch nicht Ihre Briefe einem Mann einfach anvertrauen können, den Sie nur flüchtig kannten. Sie müssen ganz schön viel miteinander geredet haben. Also wirklich, Mr. Soyinka, Sie können uns doch nicht weismachen, Sie hätten Ihre Aufzeichnungen einem Wildfremden in die Hand gedrückt.«

»Warum nicht? Das, was ich geschrieben hatte, war in

keiner Weise gefährlich. Es entsprang nur dem menschlichen Bedürfnis, mit der Welt außerhalb dieser Mauern Kontakt aufzunehmen. Ich habe es eben riskiert. Er hätte auch ein Spitzel sein können.«

»Aber Sie haben sein Gesicht teilweise erkennen können. Zumindest einen Umriß.«

»O ja, das habe ich.«

»Welchem Stamm gehörte er an?«

»Wir haben uns in gebrochenem Englisch unterhalten.«

»Aber Sie müssen doch ...«

»Ich vertrete nicht die Ideologie des Stammesdenkens. Die Stammeszugehörigkeit eines Menschen interessiert mich nicht.«

Gestapo und Gefängnispersonal zogen sich zu einer kurzen Beratung zurück. Den nächsten Vorschlag hätte sich auch ein drogenumnebelter Vollidiot im voraus denken können.

»Nun, angenommen, wir würden eine Gegenüberstellung machen, meinen Sie, daß Sie ihn erkennen würden?«

»Ohne weiteres ...« Ich zog die Spannung völlig unverhältnismäßig in die Länge, um sie bis ins Letzte auszukosten. Schon lange hatte ich keine Gelegenheit mehr gehabt, der Gestapo eins auszuwischen. Deshalb ließ ich die Aufregung sich erst etwas legen, bevor ich fortfuhr: ... *wenn* Sie es mir zu einem früheren Zeitpunkt ermöglicht hätten, einen Augenarzt aufzusuchen. Seit einem Jahr habe ich darum gebeten, daß meine Augen behandelt werden. Inzwischen könnte ich nicht einmal meinen eigenen Vater erkennen.«

»Mr. Soyinka...!«

»Hören Sie, Sie wollen doch wohl nicht, daß ich auf einen unschuldigen Mann deute. Fragen Sie den Direktor. Er teilt meine Ansichten über die Gerechtigkeit.«

40

Wie soll ich ein weißes, jungfräuliches Blatt Schreibmaschinenpapier beschreiben? Ein leeres Blatt, unberührt, unbeschrieben, ohne jede Falte, ohne jeden Knick? Womit soll ich es vergleichen, um meine Empfindungen adäquat zum Ausdruck zu bringen? Mit dem Frühling? Mit einer Oase, wenn man bereits alle Hoffnung aufgegeben hat und die Zunge am Gaumen klebt? Mit dem Geschmack des Weines? Nein, nicht Wein, nicht einmal der Genuß von Wein nach langen Jahren der Entbehrung kommt dem Geruch der Materie eines Blatt Papiers im Quartformat gleich, das in unberührter Reinheit vor mir liegt. Vergleichbar ist es eher einem um viele Jahre jüngeren Geschwister, das man von ganzem Herzen liebt, das man mit schönen Kleidern und silbernen kleinen Ohrringen herausputzen möchte, einer kleinen Schwester, die für die erste Kommunion eingekleidet ist, zart und verletzlich, heiliger als die Gottesmutter und anbetungswürdiger. Aber ich hatte nicht ein Blatt, sondern Hunderte. Da saß ich nun und sollte sie nacheinander durchnumerieren. ... 50, 51, 52, 53, 54, ... 103, 104, 105, ... 207, 208, 209 ... Es schmerzte mich. Ich schrieb die Ziffern so klitzeklein ich konnte an den äußersten Rand des Blattes. Außerdem war es schwachsinnig. Ich sollte die Blätter durchnumerieren, weil man sichergehen wollte, daß ich keines davon für illegale Botschaften verwenden konnte. Ein Beamter überwachte mich während der Durchführung dieser Strafarbeit, die dem Denken kriminalistischer Philister entsprungen sein mußte. Von der Ziffer 219 ging ich zu 120 über; dieses Versehen wäre durchaus normal erschienen, hätte man es entdeckt. Es wurde nicht entdeckt. Zum Schluß hatte ich die Zahl 375 erreicht. Ich bat ihn, diese Zahl dem Großen Seher zu melden, da das Paket 500 Blatt hätte enthalten sollen. Ich sagte, ich hätte es ihm nicht mitteilen wollen, bevor wir nachgezählt hatten, aber ob ihm nicht auch aufgefallen sei, daß das Einwickelpapier zerrissen gewesen sei? Kaum war er gegangen, da sortierte ich den Stoß aus, der doppelt numeriert war. Ich hätte mich nicht zu beeilen brauchen. Die Zahl wurde akzeptiert.

Aber ich habe immer noch nicht die Schönheit eines unberührten Papiers im Quartformat geschildert. Ist es wie ein langer Küstenstreifen, nachdem man tagelang als einziger Überlebender eines Schiffbruchs auf dem Meer herumgetrieben war? Vielleicht. Allerdings muß dann das Dasein als Treibgut so lange gewährt haben, daß dem Verstand dieses Unglücklichen Zweifel an seiner Zugehörigkeit zur menschlichen Rasse gekommen sind. Er muß bis zu den frühesten amöbenhaften Ursprüngen der Menschheit zurück regrediert sein, muß eins geworden sein mit den vielfältigen Lebensformen des Ozeans, und dann als ein bloßes Ektoplasma an Land gespült worden sein, das seine Identität erst an den eigenen Fußabdrücken im Sand verifizieren kann. Ja, wahrhaftig, ich glaube, daß wir zu einer annähernd zutreffenden Metapher kommen. Aber der *Geruch,* der von diesem jungfräulichen Packen Papiers ausging, war nicht mit den Erfahrungen des Erwachsenseins verbunden. Er gehörte zu den Kindheitseindrücken – so wie der Geruch frischen Brotes in einer Bäckerei, der Duft eines Haufens frisch gemähten Grases nach dem Regen, der Geruch von Blättern des Zitronenbaumes und der, der aus Großmutters Schnupftabaksdose emporstieg. Die Berührung des Papiers war wie der erste Eindruck, den die Lippen des Heranwachsenden empfinden.

Und nicht nur Papier hatte man mir gegeben. Ich besaß Stifte, Federhalter, Kugelschreiber in allen Farben. Einen Ordner, man stelle sich vor, einen richtigen Aktenordner! Und nicht nur einen, gleich zwei. Ich erhielt KOHLEPAPIER! KOHLEPAPIER, um Durchschläge anzufertigen! Halt – wenn man mir Kohlepapier gibt, kann – ich wagte es mir kaum vorzustellen –, kann *das* dann noch lange auf sich warten lassen?

Das haute mich um. EINE SCHREIBMASCHINE! Ich sollte sie demnächst bekommen. Die Genehmigung war erteilt worden, aber meine Frau wollte wissen, welche Ausführung ich wünschte.

Eine Schreibmaschine. Ich hätte nicht mehr sagen können, wie viele Male ich gedacht hatte: wenn ich nur eine Schreibmaschine hätte.

Und die Bücher. Die Zeitschriften. Frischgedruckte Bücher, die wie aus einem Ofen gleich um die Ecke daherspaziert kamen. Bücher! Ich erblickte diese Gegenstände – es waren Bücher! Aber ein Gefangener hat nichts gemein mit einem normalen Menschen. Der Zustand des Gefangenseins bringt keine allmähliche Veränderung mit sich, sondern stellt eine plötzliche Metamorphose dar. Der Gefangene ist kein Mensch mehr, sondern ähnelt – glaube ich – eher einer neuen Erfindung: dem menschlichen Radargerät. Ihm wachsen Augen an Stellen, wo keine sein dürften; seine ganze Körperoberfläche wird wahrlich zu einer Ansammlung von Augen. Während der Große Seher damit beschäftigt war, die Liste der Bücher und Zeitschriften zu überprüfen, welche ich in meine Zelle mitnehmen sollte, legte ich zwei, drei Zeitschriften so ineinander, daß sie wie eine erschienen. Wir verlasen zwar die Namen, aber drei Zeitschriften oder drei Bücher konnten leicht in dem Stoß verschwinden. Polyphem half mich zu beaufsichtigen, daher war es nicht allzu schwierig zu bewerkstelligen. Während die beiden meine Kleider sortierten, steckte ich ein paar Stifte weg.

Meine Frau hatte mit dem Leiter der Abteilung »E« persönlich gesprochen. Es war keine zeitliche Beschränkung für ihren Besuch ausgesprochen worden, noch war die Anzahl der erlaubten Besuche festgelegt worden. Sie würde in Kaduna übernachten und sich über den Zustand meiner Gesundheit sowie über all die anderen, öffentlich gewordenen Beschwerden unterrichten. Ich wollte sie nicht noch einmal sehen. Im Gefängnis ergibt sich der Seelenfrieden aus einem

Zustand der Isoliertheit; dieser erträgt nicht, daß die Welt der Lebenden sich uns zu sehr aufdrängt. Ich bat meine Frau, wieder zu gehen und nicht wiederzukommen. Aber ich hatte nach einem Paar Sandalen verlangt – sie würde es am folgenden Morgen herbringen und beim Direktor abliefern. Wir nahmen Abschied voneinander.

Eine Stunde, nachdem sie gegangen war, kam ein Durchsuchungskommando und nahm jeden Artikel mit, den man mir bewilligt hatte. ALLES! Ich hatte sie erwartet, ohne daß ich hätte sagen können, warum. Es konnte nur daher kommen, daß man sich schon so lange in den Geist dieser Folterknechte versetzt hatte, ihre armseligen Gemeinheiten schon so lange mitplante, daß man selber zu einem gewissen Teil von dem Bösen in ihnen zersetzt und zerfressen worden war – sonst wäre man nicht befähigt, Ereignisse vorauszusehen. Obwohl die Versuchung groß gewesen war, hatte ich nicht einmal das Radio angemacht. Der Wärter war unablässig vor meiner Tür auf und ab gegangen und hatte mir unverblümt Winke zukommen lassen, welches seine Lieblingsprogramme seien, was zu diesem Zeitpunkt von welchem Sender ausgestrahlt würde ... Ich achtete nicht auf den Schwachkopf. Am schwersten aber war es, meine eigenen Begierden zu ignorieren, mich selbst davon abzuhalten, mich auf ein kleines Reich der Musik einzustimmen, nach welchem mein Wesen so lange gedürstet hatte, mit einer Leidenschaftlichkeit, die mich selbst in Erstaunen versetzte. Das Radio war nicht angerührt worden, als sie kamen. Ich hörte die Schritte schon von weitem, und ich wußte, was sie bedeuteten. Ich verbarg noch ein paar Gegenstände, ich nahm sogar die Mittelseiten aus den aufgelisteten Zeitschriften. Ich riß sie heraus. Denn ich wußte auch, daß dies keine gründliche Durchsuchung sein würde, sondern daß sie nur kamen, um Gegenstände wiederzuholen, die gerade erst dem nichtsahnenden Deppen zugeteilt worden waren. Ich schob die Blätter einfach unter die Matratze.

Ich gestattete mir eine bedeutungsvolle Ansprache, in der

ich die Heimtücke denunzierte, und verlangte eine Unterredung mit dem Großen Seher.

Der Große Seher kam brav herbeigeeilt. Ein Blick auf ihn genügte, um mich mit Erbarmen über seine Rolle zu erfüllen. Die Vorschriften. Jener gesichtslose, anonyme Urheber aller feigen Taten – Vorschriften! Aber ich konnte meinen sechsten Sinn nicht leugnen, der mich in seinem Büro mit solchen Vorahnungen gewarnt hatte. Ich fragte ihn, ob er die Anweisungen bereits gekannt habe, während meine Frau da war. Während ich mit ihr zusammen in seinem Büro war?

Er gab es zu.

Ich fragte, ob es Teil der Anweisungen gewesen sei, mir gegenüber diese Täuschungsmanöver auszuführen. Diesen ganzen Mummenschanz zu veranstalten, jeden Artikel in Listen einzutragen – Bücher, Papier, Zeitungen –, war das auch in den Instruktionen des Generalstabs gefordert worden? Daß man mir Hoffnungen machte, um sie dann auf einmal zu zerschmettern und mich in die primitivste Daseinsform zurückzustoßen? War diese Darbietung nur für die Außenwelt gedacht gewesen?

Er wollte etwas entgegnen . . .

Sie haben eine Farce aufgezogen! Sie wollten nur, daß meine Frau in dem Glauben abreist, ich würde unter Ihrer Obhut behandelt wie ein Mensch. Sie haben ein Schauspiel veranstaltet, das fast zwei Stunden gedauert hat. Sie haben es so eingerichtet, daß sie gesehen hat, wie ich mit Büchern und Papier beladen in meine Zelle zurückgekehrt bin. Mit einem Radio. Dann kommen Ihre Handlanger daher und schaffen alles beiseite. Mallam A., ich möchte wissen, ob all das Teil Ihrer Instruktionen gewesen ist.

Der Große Seher überraschte und schockierte mich. Die ganze Vorspiegelung war allein seine Idee gewesen. Zuerst hatte er eine Mitteilung aus der Abteilung »E« und von seinem Vorgesetzten in Lagos erhalten, daß meine Frau mich besuchen und besagte Gegenstände zu meiner Verfügung mitbringen würde. Aber von eben jener Dienststelle war genau am Morgen des betreffenden Tages ein weiterer Brief eingetroffen, der ihn verpflichtete, darauf zu achten, daß meine Haftbedingungen um keinen Deut verändert würden.

Ratlos, was er nun tun sollte, hatte er sich dann entschlossen, im Sinne seiner Vorgesetzten zu handeln. Als pflichtbewußter Beamter war Mallam A. infolge der schlechten Presse, die seine Abteilung wegen meines Falls bekommen hatte, überempfindlich und übervorsichtig geworden. Diese Loyalität seinem Stab gegenüber machte es notwendig, daß er bei meiner Frau unter allen Umständen den Eindruck erwecken mußte, meine Haftbedingungen hätten sich gebessert. Der Befehl, den er vom Generalstab erhalten hatte, besagte tatsächlich, daß *kein* Besuch stattfinden dürfe. Hier sah er sich glücklicherweise mit zwei sich direkt widersprechenden Befehlen konfrontiert. Ich war schließlich ein Untersuchungshäftling, den die Polizei jederzeit nach eigenem Ermessen aufsuchen konnte. Meine Frau kam in Begleitung eines Sicherheitsbeamten; Mallam A. hatte also keine andere Wahl, als mich ihnen vorzuführen. In seinem Inneren hatte er jedoch gleichzeitig stillschweigend den Entschluß gefaßt, alle Gegenstände, die meine Frau mitgebracht hatte, entfernen zu lassen, sobald sie das Gebäude verlassen hätte.

Meine Nachricht wurde meiner Frau zugesteckt, als sie vor den Gefängnistoren aus dem Taxi stieg, um meine Sandalen zu bringen. Diesmal hatten die Folterknechte ihre Karten überreizt. Meine Frau flog nach Lagos zurück und suchte den Leiter der Abteilung »E« auf. Ihm war dies alles unerklärlich. Wieso sollte das die Leitung der Gefängnisse überhaupt etwas angehen? Er versicherte meiner Frau, daß er keinerlei Einwendungen dagegen habe, noch zu irgendeinem Zeitpunkt gehabt hätte, daß ich über Bücher und Schreibmaterial verfügte. Er hatte keine Einwendungen dagegen, daß meine Lage so annehmbar wie möglich gestaltet würde. Er schwor, er sei im Glauben gewesen, daß ich die gleiche Behandlung erfahren hätte wie jeder beliebige andere Untersuchungshäftling. Und schließlich verlieh er seinem Erstaunen darüber Ausdruck, daß man mich die ganze Zeit über in Isolationshaft gehalten hatte.

Ich glaube es, damals wie heute. Es gab viel, wovon Yesufu nichts wußte, sogar in seinem eigenen Stab; am wenigsten wußte er über den Zweig der politischen Gestapo, die von Yisa Adejo geleitet wurde. Yesufu handelte sofort: Er verwies die Gefängnisleitung auf den ihr gebührenden Platz. Und indem ich dies niederschreibe, muß ich unbedingt unterscheiden zwischen den bürokratischen Sadisten, die den Generalstab dieser Abteilung bevölkern und die zweifellos zu jenen gehören, die die Ausführung der unrühmlicheren Aktivitäten der Regierung betreiben, und den überlasteten Gefängnisbeamten, unter denen durchaus viele normale, human denkende und nützliche Menschen zu finden sind. Es ist wichtig, jene gewohnheitsmäßigen Sadisten auszusondern, die für den Großteil der Anweisungen, meine Behandlung im Gefängnis betreffend, verantwortlich sind und die Befehle ausgaben, die den Anweisungen der Abteilung »E« vom August 1969 zuwiderliefen; die schließlich demselben Komitee zur geistigen Verstümmelung angehörten wie Kem Salem, Yisa Adejo und Giwa Osagie. Für *alles,* was mich während meiner Haft betraf, war dieses üble Dreigestirn in nicht geringer Weise verantwortlich.

41

»Machen Sie sich fertig«, sagte Polyphem, »wir gehen ins Krankenhaus.«

Der Konvoi bestand aus acht Automobilen; fünf waren von der Sicherheitspolizei, drei gehörten zum Gefängnis, davon wiederum war einer der Privatwagen des Gefängnisdirektors. Ich hätte die Zahl der Gefängnisbeamten und die Unzahl der Polizisten in Zivil, die unvermittelt aus den Autos quollen, nicht nennen können. Als der erste Wagen auf dem Parkplatz vor der Klinik anhielt – am späten Nachmittag, ein Zeitpunkt, der gewählt worden war, weil sich dann am wenigsten Leute dort befanden –, wurden alle vier Wagentüren aufgerissen, und sie schwärmten aus, um sich über Treppen, Gänge und Korridore des Gebäudes zu ergießen und schließlich durch irgendwelche Schlüssellöcher zu verschwinden. Ich wußte die Darbietung durchaus zu würdigen; seit langem war es das erste Mal, daß man zu meiner Unterhaltung eine elegante Choreographie darbot – und sei es auch nur eine Polizeivorstellung. Freundlich, aber bestimmt verringerte der Augenarzt im Sprechzimmer ihre Anzahl auf eine erträgliche Menge.

Die armen Wärter, die der Große Seher zu diesem großartigen Ausgang, zu diesem erstmaligen Enthüllen der Mumie mitgeschickt hatte, diese armseligen Palastwachen wurden von den Derwischen in Zivilkleidung überstrahlt, überholt und in den Schatten gestellt. Er hatte die erste Debatte außerhalb der Gefängnistore verloren,in der er argumentiert hatte, daß ein solches massives Aufgebot an Geheimpolizei nicht nur überflüssig, sondern peinlich sei. Seine klapprigen Land-Rover konnten sich mit den eleganten Peugeots der Sicherheitsbeamten nicht messen. Selbst sein privater Salonwagen bekam etwas Kümmerliches angesichts der Aura der Macht, die vom Geheimdienst ausging.

Fünf Tage später und nach zwei weiteren Arztbesuchen – die Untersuchungen waren, so scheint es, vom Großen Mann höchst persönlich angeordnet worden – stellte ich fest, daß das Zubehör der Macht um mich herum auf einen kümmerlichen Land-Rover der Haftanstalt und einen einzigen Polizeiwagen geschrumpft war. Ich protestierte gegen diesen Prestigeverlust und drohte, nicht mehr zu kooperieren, sollte man meine Einstufung als gefährliches Subjekt nicht wieder auf adäquate Weise zum Ausdruck bringen. Der Beamte versprach, den Sachverhalt an entsprechender Stelle zu erwähnen.

Beim fünften Arztbesuch – dem letzten – hatte mein Prestige den absoluten Tiefstand erreicht. Die Geheimpolizei schickte überhaupt keinen Wagen und nur einen einzigen Beamten. Er kam zu Fuß. Diesmal sollte ich den Zahnarzt aufsuchen; wir fuhren im stotternden Salonwagen des Großen Sehers, lediglich von dem einen – offensichtlich gelangweilten – Sicherheitsbeamten begleitet. Ich beschwerte mich beim Großen Seher darüber, daß die Leute vom Sicherheitsdienst mich offenbar nicht mehr als Risikofaktor betrachteten. Aber meine Demütigung war noch nicht vollkommen. Als ich im Behandlungsstuhl des Zahnarztes Platz genommen hatte, gingen plötzlich alle Lichter aus. Ich erwartete, daß der Polizist eine fieberhafte Aktivität entfalten, eine Pistole ziehen und mir befehlen würde, mich ruhig zu verhalten, oder sich über mich werfen würde, um einer möglichen Bewegung meinerseits zuvorzukommen. Statt dessen ging er aus dem Sprechzimmer, um draußen, wo es heller war, seine Zeitung weiterzulesen. Er schloß sogar die Tür hinter sich! Es war deprimierend, nicht länger als gefährliches Subjekt betrachtet zu werden.

Die Miene des Großen Sehers blieb finster angesichts der verspäteten Aufmerksamkeit, die meiner Gesundheit gezollt wurde. Empfindlich und gewissenhaft, wenn es um den Ruf seiner Abteilung ging, klagte er fortwährend: »Das hätten wir von Anfang an tun sollen; dann wären wir nicht von der ganzen ausländischen Presse und sogar von eigenen Leuten beschimpft worden.«

Kardiogramme, Blutdruckuntersuchungen, Blutproben, Urinuntersuchungen, Reflexe . . . während meines vorletzten Krankenhausbesuches regnete es. Der Wolkenbruch rief ein seltsames, unwirkliches Erwachen hervor. Ich hatte mir Wind und Wasser gar nicht mehr vorgestellt als Elemente, die einem unbegrenzten Raum zugeordnet waren.

Dies war frisches, klares Quellwasser, das im unendlichen Kosmos erzeugt worden war; nicht jenes kalte Gift, das einem von Eisen eingefaßten Loch im Himmel entfloß. Bis zum jetzigen Zeitpunkt hatte ich mich allen Einwirkungen dieses neuen Raumbegriffes verwehrt, indem ich sie als fremdartig und gefährlich ansah, als etwas, das meinem zukünftigen Leben feindlich war, einer Zukunft, die diesem kurzen Ausflug in eine scheinbare Freiheit folgen würde. Ich versagte es mir sogar, die Gegenwart von Frauen auf den Straßen zur Kenntnis zu nehmen; ich weigerte mich, zu erkennen, daß mein Körper die Gefängnismauern verlassen hatte. Hatten sie sich schließlich dem Druck der Öffentlichkeit in dieser einen Sache beugen müssen, so würden diese gottlosen Menschen gewiß Möglichkeiten finden, sich anderweitig für die Niederlage schadlos zu halten. Somit blieb mein Ausgang weiterhin ein zweideutiges Omen. Ich verbot es mir, Vergnügen daran empfinden, eine Luft zu atmen, die weniger von Zwängen geprägt war.

Bis der Regen die Mauern meiner Absperrung durchbrach. In einem erfrischenden Sturm durchbrach er alle physischen und geistigen Abwehrmechanismen und zerstörte meine Schutzhülle und ergoß den wilden, süßen Duft der Freiheit über mich. Ich überließ mich dem neuen Gefühl und wandelte es gleichzeitig um in die Kraft, unzählige kämpferische Entschlüsse zu fassen, welche mir nun alle wieder präsent waren. Bis auf die Haut durchnäßt, von Wind und Regen gepeitscht, während wir die langen, ungeschützten Laubengänge des Krankenhauses entlangeilten, war ich mit einem Mal wie überwältigt von dem Eindruck dieser wilden, freien und doch beherrschten Bewegungen der Elemente und unserer selbst und dem Kontrast, den dies bot zu jenem ersten Todesmarsch in mein künstliches Grab. Und während die hagere Gestalt Polyphems uns vorauseilte, den Umhang fest um sich gezogen, im doch vergeblichen Kampf gegen den Wind, gewann ich eine Überzeugung, die so tief und fest war wie meine pessimistische Vorahnung am Jahresende es gewesen war, nur daß sie sich diesmal aus einer positiven Eingebung herleitete. Sie betraf den Begriff der Freiheit, hatte jedoch nichts damit zu tun, ob ich sie wiedererlangte oder nicht. Es war eine leidenschaftliche Bekräftigung der Freiheit des Geistes, die Erkenntnis, daß aufgrund dieser tiefen Bejahung und Liebe meine Gegner unterlegen waren. Ich wußte, daß es letztlich nichts bedeutete, wie lange sie meinen Körper hinter Mauern einschlossen; letztlich würden sie eine Niederlage erleiden – die Niederlage, die ihnen all jene bereiten werden, die sich vereint dem uneingeschränkten Prinzip des Lebens verschrieben haben.

Schlußvignette

Während seines Aufenthaltes in Ibadan nach Beendigung des Krieges unternahm Yakubu Gowon eine Besichtigung des Instituts für Agrikultur, dessen Ibadaner Zweig damals von einem meiner Freunde, Bola Ige, geleitet wurde. Gegen Ende der Besichtigung begleitete Bola Ige den Besucher zu seinem Wagen, vor welchem – nach Bolas Bericht – folgende Unterhaltung stattfand.

GOWON: Wie geht es Ihrem Freund?
IGE: Wem?
GOWON: Wole. Wie geht es ihm?
IGE: Ganz gut.
GOWON: Geht es ihm wirklich gut? Ist er zur Ruhe gekommen?
IGE: Soweit ich weiß, ja.
GOWON: Schön. Jetzt möchte ich Sie bitten, ihm diese Worte von mir auszurichten. Ich bitte Sie, ihm den genauen Wortlaut zu wiederholen. Werden Sie das tun?
IGE: Ja, gewiß.
GOWON: Sagen Sie ihm, wir wollen die Vergangenheit ruhen lassen; ja? Sagen Sie ihm diese Worte – wir wollen das Vergangene ruhen lassen.

Leck mich am A . . .!

Anhang

Anhang A
Aus erster Quelle

Bei einem offiziellen Empfang, der während meines ersten Haftjahres in Kaduna stattfand, trat ein guter Freund von mir auf Chief Awolowo zu und erkundigte sich nach meinem Ergehen. »Wir haben gehört, er sei schwerkrank«, sagte er. Zu diesem Zeitpunkt ging bereits das Gerücht, ich sei tot. Nach Aussage meines Freundes erhielt er von Chief Awolowo folgende Antwort: »Wissen Sie, dieses Gerücht ist mir auch zu Ohren gekommen; daraufhin bin ich sofort zu Gowon gegangen. Ich sagte zu ihm, sehen Sie mal, wenn diesem jungen Mann irgend etwas passiert, während er im Gefängnis ist, dann ist nicht abzusehen, was sich daraufhin im Westen abspielen wird. Gowon nahm mich beiseite und zeigte mir einen ärztlichen Untersuchungsbefund. Er hielt ihn mir hin und sagte: ›Lesen Sie das; es ist der Bericht seines eigenen Arztes.‹ Ich habe den Bericht gelesen. Er besagte, daß der junge Mann unheilbar an Syphilis erkrankt ist.«

Ein Kollege, der Schriftsteller und Dichter J. P. Clark, nahm an der PEN-Versammlung in Abidjan während meiner Haft in Kaduna teil. Er hatte bereits – von der Regierung entsprechend instruiert – Pionierarbeit geleistet, indem er Anti-Soyinka-Propaganda von Australien über Ostafrika bis in die Vereinigten Staaten hinein und wieder nach Afrika zurück verbreitet hatte. Bei jedem seiner Aufenthalte hielt Mr. Clark eine Vorlesung über den Bürgerkrieg in Nigeria, die sich zur Hälfte mit dem Thema Wole Soyinka befaßte. Seine Lieblingsthese, wie mir immer wieder von verschiedenen alten Bekannten und auch von Leuten, die ich nach meiner Freilassung kennenlernte, berichtet wurde, war die, daß »Soyinka der ewige Dramatiker ist, der in jedem seiner selbsterdachten Dramen die Hauptrolle spielen muß«. Dies bildete den Kern seiner *öffentlichen* Ansprachen. *Privat* hatte er – während man sich zuprostete – Vertraulicheres kundzutun.

Einer der nicht-literarischen Empfänger von Mr. Clarks ›intimen Enthüllungen‹ war ein alter Schulfreund von mir, der nun ein Institut der Universität von Ibadan leitet. Professor A. hielt sich in Abidjan zur gleichen Zeit auf, als dort die PEN-Konferenz war. Er besuchte eine der Veranstaltungen, auf denen J. P. der Welt die Augen öffnete, aber äußerte dort seine Zweifel an meinem angeblichen Geständnis und anderer offiziellen Behauptungen bezüglich meiner Aktivitäten. Ihm wurde sofort das entgegengehalten, was Mr. Clark offenbar für die endgültige und unwiderlegbare Erwiderung hielt, die mit solchem Skeptizismus aufräumen würde:

»Na und, was macht das schon? Er kostet die Regierung ein Vermögen für seine ärztliche Behandlung. Ihr Freund leidet nämlich an fortgeschrittener Syphilis; wußten Sie das nicht?«

Nach meiner Entlassung fragte ich mich, ob man Dr. Adadevoh wirklich soweit eingeschüchtert hatte, daß er bereit war, einen solchen Bericht zu verfassen. Der Anblick jenes gerade aus Moskau zurückgekommenen Arztes, der sein Leben dadurch zu retten suchte, daß er seinen Namen änderte, verfolgte mich immer noch; deshalb entschloß ich mich endlich, ihn direkt darauf anzusprechen. Tagelang überlegte ich die Wahl meiner Worte; dann, nach fast sechs Monaten Freiheit und nachdem ich im Schoß alter Freundschaften wieder Ruhe und Gelassenheit gefunden hatte, wartete ich, bis wir beide vom Brandy jovial gestimmt waren, und sagte dann eindringlich: »Bitte glaube mir, Koku, wenn ich sage, daß ich sogar dafür Verständnis hätte, daß eine Frau ihren Mann während jener Zeit des Gestapo- und Armee-Terrors verraten hätte. Es gab keinen Grund, weshalb du dich meinetwegen der Gefahr hättest aussetzen sollen, und ich habe es mir nie verziehen, daß ich dich in all das hineingezogen habe. Aber ich muß die Quelle eines bestimmten Berichtes herausfinden, und ich möchte, daß du mir die Wahrheit sagst. Hat man dich gezwungen, einen Bericht zu verfassen, der darauf hindeutete, daß ich an irgendeiner unheilbaren Krankheit litt?«

Er verneinte es mit allem Nachdruck.

»Diesen Bericht gibt es. Und er trägt deine Unterschrift. Ich habe ihn mit eigenen Augen gesehen.« Das war gelogen. Ich hatte nichts gesehen.

»Es ist eine Fälschung«, sagte er. »Das kann ich überall beschwören. Natürlich habe ich eine Aussage gemacht. Ich habe niedergelegt, daß ich dein Hausarzt bin und daß du wegen Beschwerden zu mir gekommen warst. Ich sagte, daß ich dich noch nicht einmal hatte untersuchen können, als die Polizei in meine Klinik eindrang. Mehr nicht. Was steht in dem Bericht?«

»Chronische Syphilis. Das sollst du als Krankheit diagnostiziert haben.«

Koku pfiff leise durch die Zähne. »Sie müssen den richtigen Arzt für ihren Zweck erwischt haben. Eine Krankheit, bei der es völlig natürlich gewesen wäre, daß du relativ schnell einen Zersetzungsprozeß sowohl körperlicher als geistiger Art durchläufst und am Ende stirbst. Die Krankheit war gut gewählt.«

Im Laufe von siebenundzwanzig Monaten der Haft erhielt ich von seiten des Gefängnisses folgende Medikamente:

Beruhigungsmittel
Kopfwehtabletten
Schlaftabletten (nur in Lagos)
Hautcreme

Wenn der medizinische Bericht allein das Werk von Yisa Adejo und denen unter seinem Rang gewesen war, jedoch innerhalb der ganzen Hierarchie Verbreitung gefunden hatte, so war es offensichtlich, daß es an oberster Stelle genug

Persönlichkeiten gab, denen es – sollten sie wirklich dem Bericht Glauben geschenkt haben – ganz gelegen kam, den endgültigen Zusammenbruch abzuwarten; anders ist nicht zu erklären, mit welcher Beflissenheit man während der Zeit meiner Isolation in Kaduna Ärzte von mir fernhielt.

Lügen und Täuschung sind unentbehrliche Requisiten der Kunst, sich die Macht zu erhalten; einstudierte Heuchelei und salbungsvolle Christlichkeit sind zusätzlich Hilfsmittel bei einer Form der Machtausübung, die sich das Gewand der Demut auserkoren hat.

Er hat eine gute Methode, dieser Yakubu Gowon. Sie hat ausgezeichnet funktioniert bei kleinen, unbedeutenden Männern und – das muß gesagt werden – bei intelligenten Menschen von großzügigem Denken. Es bedarf kaum einer Erwähnung, daß es noch eine dritte Gruppe gibt, die das bei weitem größte Kontingent stellt – Besucher aus dem Ausland und ehemalige Kolonialherren, die sich nur zu sehr darin gefallen, einen offensichtlichen Einfaltspinsel zu protegieren, wobei ihnen jedoch sowohl das Arbeiten raffinierter Drahtzieher hinter seinem Rücken wie auch seine ihm eigene Schläue entgeht. Es verschafft ihnen allen samt und sonders einen angenehmen Schauder, von einem so mächtigen Mann ins Vertrauen gezogen zu werden, für würdig erachtet zu werden, einen Augenblick intimsten Gedankenaustauschs mit einem Diktator eines Militärregimes gehabt zu haben. Unter ihnen befinden sich Universitätsprofessoren ebenso wie ausländische Diplomaten, kirchliche Würdenträger, Wirtschaftshaie und selbst die unbedeutendsten Mitglieder der Gesellschaft. Ihnen allen gegenüber hat Gowon es an keiner Anstrengung fehlen lassen, seinen Standpunkt in jeglicher Angelegenheit – inklusive meines Falles – wiederholt zu erläutern. Jedem einzelnen wußte er das Gefühl zu vermitteln, der einzige bevorzugte Adressat eines Staatsgeheimnisses zu sein; gedrängt durch das bekannte Bedürfnis desjenigen, dem die Selbstsicherheit fehlt und der der Rückendeckung durch Bejahung und Unterstützung von seiten jeglicher Schicht – sowohl im Inneren des Landes wie im Ausland – bedarf, pflegte Gowon das Opfer beiseite zu nehmen und ihm zu versichern: »Gott ist mein Zeuge, daß ohne meine persönliche Intervention dieser Mann von meinen Offizieren hingerichtet worden wäre. Ich schwöre es bei meiner Ehre. Du lieber Himmel, wenn Sie wüßten ...«

Die ahnungslose Zuhörerschaft ist beeindruckt von der Demut, der Intimität dieses auserwählten Augenblickes und der Ernsthaftigkeit der Erklärung. Der Zuhörer verläßt ihn als einer, der im Besitz wichtiger Geheimnisse ist. Der ausländische Journalist kommt zu dem Schluß: »Besonders intelligent ist er nicht, aber man muß die Ehrlichkeit dieses Mannes anerkennen.«

Es fällt schwer, diese Leute zu rügen. Ehrlichkeit kann durchaus projiziert werden, wenn man einen Glauben – und zwar einen *festen* Glauben – an das hegt, was man durch Lug und Trug erreichen will. Darüber hinaus sehen sich die Leute – die Nigerianer ebenso wie die Ausländer – im Falle Gowon mit dem spezifischen Typus des Konvertiten konfrontiert, einer seltenen Gattung im fanatischen Klima des Krieges. Gowon gelangte als Führer einer sezessionistischen Bewegung an die Macht. Einer seiner ersten öffentlichen Aussprüche – der später mit Begeisterung von den Biafranern aufgegriffen wurde – lautet denn auch, daß »für eine Einheit Nigerias keine Basis gegeben ist«. Wie sehr diese ursprüngliche Erklärung gegen den Einheitsstaat von den späteren Sezessionisten – den Biafranern – auch ausgebeutet worden sein mag, es bleibt dennoch eine unbestreitbare Tatsache, daß alle Übertünchung der Geschichtsverfälscher im Dienst der Regierung diese Phase in Gowons Entwicklung nicht auszulöschen vermag, ebensowenig wie den Umstand, daß es nur einem Denken, das die Unabhängigkeit des Nordens für eine Selbstverständlichkeit hielt, möglich sein konnte, die Ausschreitungen gegen alle Leute aus dem Osten – gelinde gesagt – zu entschuldigen.

Gowons Bekehrung – für die er seinen britischen und amerikanischen Lehrherren Dank schuldet – zwingt ihn, sowohl sich selbst wie auch seinen geistigen Führern zu beweisen, daß er der fanatischste Nationalist im heutigen Nigeria ist. Vielleicht ist er das wirklich. Aber innerhalb dieser Entwicklung fordert die Aufrechterhaltung dieses Scheins die Vernichtung all jener, die in kompromißloser Weise Teil des sich tagtäglich vollziehenden Prozesses der Feuertaufe Nigerias in den Jahren 1965–1969 waren. Nur jene etablierten Berufsintellektuellen, die Anbiederungsversuchen und Schmeicheleien stets zugänglich und die bereit sind, die Geschichte von einem selektiven Standpunkt aus zu betrachten, wofür ihnen als Entlohnung ein Surrogat der Macht und der Abglanz der Autorität verheißen wird, können in solch einem Umfeld falscher Offenbarungen ein Gefühl der Sicherheit gewinnen. Es sind dies diejenigen, für die es einen Höhepunkt im Leben darstellt, einer neiderfüllten Versammlung gleichgearteter akademischer Nullen verkünden zu können:

»Wissen Sie, erst letzte Woche habe ich mit unserem Staatsoberhaupt gesprochen, und, was glauben Sie, er hat mir wahrhaftig erzählt – natürlich im strengsten Vertrauen . . .«

Anhang B
Die (wahren) Kriegsgewinnler

(I) *Auszüge aus*

EINE(R) GRUSSBOTSCHAFT
AN DIE ADRESSE DES STAATSOBERHAUPTES UND OBERBEFEHLS-HABERS DER NIGERIANISCHEN STREITKRÄFTE
GENERALMAJOR YAKUBU GOWON
ÜBERREICHT DURCH DIE CHIEFS, RÄTE UND BEWOHNER VON IKOM
ANLÄSSLICH DER GELEGENHEIT DES ERSTEN BESUCHES SEINER
EXZELLENZ IN IKOM

datiert vom 20. Februar 1971

Exzellenz, wir entbieten unseren loyalen Gruß!

Wir, die Chiefs, Räte und das Volk von Ikom sind uns der großen Ehre bewußt, heute hier den Besuch unseres Staatsoberhauptes und Oberbefehlshabers der Streitkräfte, des Generalmajors Yakubu Gowon, zu empfangen. Dies ist ein einzigartiges Ereignis, da wir zum erstenmal im Lauf der Geschichte die Gelegenheit haben, ein Staatsoberhaupt in diesem Teil des Landes willkommen zu heißen. Wir schätzen uns glücklich, den Mann persönlich kennenzulernen, der uns aus den Fängen der »Herren« dessen, was einst Ostnigeria war, befreit hat, und haben uns heute hier versammelt, um Ihnen unsere Hochachtung zu zollen. Unsere Freude ist grenzenlos und unsere Verehrung unermeßlich, indem wir Eurer Exzellenz unseren Dank dafür aussprechen, daß dieser Besuch ermöglicht wurde trotz des schlechten Zustandes der Straßen, auf denen Sie mit Ihrem Stab reisen mußten. Dies ist eine Gelegenheit, die wir seit langem herbeigesehnt haben, und wir haben uns hier eingefunden, um Eurer Exzellenz unsere Ehrerbietung zu erweisen.

2. BELÄSTIGUNG DER ZIVILBEVÖLKERUNG DURCH DIE SOLDATEN: Die Bürger von Ikom sind als friedliebend und gesetzestreu bekannt. Darauf sind wir stolz, denn es hat seit den Tagen der Kolonialherrschaft bis zur letzten bürgerlichen Regierung keinerlei Aufstände oder Zustände der Gesetzlosigkeit gegeben. Als im Jahre 1967 der Bürgerkrieg ausbrach, erhoben wir uns wie ein Mann und kämpften Seite an Seite mit der Befreiungsarmee. Der Opfer bewußt, die die Soldaten unseretwegen brachten, haben wir ihnen niemals etwas anderes als Wohlwollen entgegengebracht. Aber die Anmaßung einiger dieser Soldaten hat uns in Verwunderung gesetzt und vielen von uns die Sprache verschlagen. Um nur ein paar Beispiele zu nennen: Dürfen wir Mr. Dennis Okparaku Edim aus Okanga erwähnen, der 1968 in seinem Haus ohne ersichtlichen Grund erschossen wurde, Mr. Ajom Agvor, der 1969 in Nkum ermordet wurde, weil er zu verhindern suchte, daß man seine Pflegetochter vergewaltigte, und Mrs. Aggie Ntue, die erstochen wurde. Erst kürzlich wurde ein Schüler der Realschule in Ikom, der junge Agbor Nohor, während einer Belagerung dieser Schule durch eine Gruppe bewaffneter Soldaten zu Tode geprügelt. Der Anlaß für den Vorfall war die Tatsache, daß die Schulbehörden den Soldaten verweigert hatten, den Platz vor der Realschule als Viehweide zu benutzen. Abgesehen von diesem Zwischenfall wurden die Schüler, ihre Lehrer und sogar deren Ehefrauen auf brutalste Weise mißhandelt, wobei größere Mengen von Büchern und anderem wertvollen Besitz vernichtet wurden. In all den genannten Fällen mit tödlichem Ausgang sind die Schuldigen niemals zur Rechenschaft gezogen worden, um so als abschreckendes Beispiel zu dienen und dem Bürger zu vermitteln, daß das Gesetz seine Freiheit vor menschenunwürdiger Behandlung schützt, wie dies in anderen Teilen des Landes geschieht. Dann gibt es die sich täglich ereignenden Fälle, in denen Männer, Frauen und manchmal sogar Kinder grundlos zusammengeschlagen, verletzt und in den Kerkern der Armee

festgehalten werden, nachdem man sie einer unschönen Kopfrasur, die völlig willkürlich erfolgt, unterzogen hat (beachten Sie bitte die beigelegten Erläuterungen und Photographien einiger der Opfer). Wir bitten darum, daß Eure Exzellenz ihren Einfluß dahingehend geltend macht, daß wir ungehindert und ohne Furcht leben können, damit wir unser Teil zum Errichten dieser Nation beitragen können. Unser Leben wird unerträglich, und dies ist das Ergebnis der Behandlung, die wir tagtäglich durch die Soldaten erfahren. Im ganzen Südoststaat ist Ikom die einzige Stadt, von deren Straßen die Schlagbäume seit dem Ende des Bürgerkriegs nicht entfernt wurden. Allein innerhalb der Stadt gibt es drei Schlagbäume; zwei weitere befinden sich an der Grenze zu Kamerun, und die schlimmsten Übeltaten gegenüber der Zivilbevölkerung haben dort ihren Ursprung. Die dort stationierten Soldaten pflegen bewegliche Habe wie Palmwein und sogar Lebensmittel von den Fußgängern und Radfahrern einzuziehen, die die Schlagbäume passieren. Verschiedentlich haben Soldaten sich geweigert, die Lebensmittel oder Getränke, die sie erworben hatten, zu bezahlen, und nicht selten wurden die Verkäufer zusammengeschlagen, wenn sie auf einer Bezahlung bestanden. Zum Teil wurden Zivilisten an diesen Schlagbäumen gezwungen, ihre Fahrräder auf den Schultern zu tragen und so eine Viertelstunde oder länger im Kreis herumzurennen. Es ist abscheulich!

(II) *Auszüge aus*

EIN(EM) BERICHT ÜBER GEWALTANWENDUNG UND SCHIKANEN IN IKOM IM SÜDOSTSTAAT WÄHREND DES BESUCHES DES STAATSGOUVERNEURS IN DIESEM LANDESTEIL

datiert vom 11. Mai 1971 und an Yakubu Gowon in die Dodan-Kaserne in Lagos zugestellt.

5. Seine Exzellenz eröffnete das Gespräch mit der Frage an Mr. Ogar, ob er sich an der Abfassung der Grußbotschaft beteiligt habe, angesichts der Flüssigkeit, mit welcher er die Botschaft verlesen habe. Mr. Ogar verneinte, an der Erstellung der Grußbotschaft beteiligt gewesen zu sein, worauf ihm erlaubt wurde, sich zurückzuziehen. Seine Exzellenz wendete sich daraufhin an die Chiefs, die er als »dumme und ignorante, analphabetische Chiefs, die sich vom Pöbel verführen ließen«, diffamierte. Die Chiefs leugneten, daß sie in die Irre geführt worden seien, und bestätigten, daß die Grußbotschaft wahrhaftig ihre Gefühle und Wünsche widerspiegele, aus welchem Grund sie diese unterschrieben hätten.

6. Seine Exzellenz wendete sich daraufhin an die Mitglieder des Komitees, welches die Grußbotschaft formuliert hatte; nachdem er sie mit Fragen überschüttet hatte, befahl er seinen Soldaten, die Herren H. E. Eyaba, den Generalsekretär des Bauernverbandes von Ikom, 42 Jahre alt, und Philip Ntui, einen Geschäftsmann, 36 Jahre, auszupeitschen. Diese beiden Männer wurden auf der Stelle entkleidet und vor Seiner Exzellenz zu Boden gelegt. In Gegenwart Seiner Exzellenz, der örtlichen Würdenträger und der Zeitungsreporter erhielt jeder jeweils ungefähr fünfzig Stockhiebe. Beide wurden später auf Befehl Seiner Exzellenz arrestiert. Außerdem verfügte der Gouverneur, daß ein weiteres Mitglied des Komitees, welches die Botschaft verfaßt hatte, ein Mr. Raphael Tatey, der sich zufällig nicht unter den Anwesenden befand, aufgesucht, verhaftet, bestraft und auf die gleiche Weise inhaftiert werden solle wie die beiden anderen. Er ordnete an, daß man unbedingt Mr. Tatey (dem es der Zufall ermöglicht hat, sich nach Lagos zu retten) daran hindern müsse, eine Kopie der Grußbotschaft an die »Ogoja Community League« in Lagos zu senden, da diese – wie er sagte – sie veröffentlichen würde.

7. Die Herren Eyaba und Ntui wurden später von Polizeibeamten in das Krankenhaus von Ikom gebracht, wo die schweren Verletzungen behandelt wurden, die sie während des Auspeitschens erlitten hatten.

REGIEREN DURCH AUSPEITSCHEN

8. Eure Exzellenz, es betrübt uns, feststellen zu müssen, daß es für Ihre gesetzestreuen, ehrlichen Bürger nicht nur demütigend und erniedrigend ist, so in aller Öffentlichkeit ausgepeitscht zu werden, als wären sie Verbrecher, sondern daß es auch im Widerspruch zu den Grundsätzen steht, zu denen Sie sich bekannt haben. Der hier erwähnte Akt des Auspeitschens sowie weitere ähnliche Handlungen bürgern sich rasch ein als der Regierungsstil im Südoststaat. Wir erinnern daran, daß vor nicht allzu langer Zeit ein Mr. Hogan, ein Offizier der Föderierten, der in Calabar stationiert war, in ähnlicher Weise ausgepeitscht und kahlgeschoren wurde, bevor er nach Lagos entkommen konnte.

Telegramme, die von denselben Unterzeichnenden an Esuene und Gowon gesendet wurden*

1. AN OBERST ESUENE, REGIERUNGSGEBÄUDE, CALABAR
GELUNGENER BESUCH BEI DEN OGOJA – WÜNSCHE DES VOLKES ERFÜLLT – BELEIDIGEN DER CHIEFS DURCH KULTURELLE VERTRETER – FOLTERN UNSCHULDIGER JUGENDLICHER GETADELT – ÜBLER REGIERUNGSSTIL WIRD SICH RÄCHEN – UNTERDRÜCKUNG NÜTZT NICHTS – OGOJA-BEVÖLKERUNG PROTESTIERT HEFTIG – KNEBELT NICHT DIE MASSEN – DEMOKRATIE MUSS BLEIBEN – ENTLASST DIE INHAFTIERTEN – FOLGT DEM BEISPIEL DER ANDEREN STAATEN

EKPONG

* Esuene, Udoakaha Jacob, 1936; 1967 Militärgouverneur der Südostregion. (Anm. d. Übers.)

2. AN YAKUBU GOWON, DODAN-KASERNE, LAGOS
HELFT DEN OGOJA-CHIEFS UND -JUGENDLICHEN – ESUENES BESUCH BEI DEN OGOJA LETZTE WOCHE BEGLEITET VON EINSCHÜCHTERUNGEN BELEIDIGUNGEN FOLTERN MASSENINHAFTIERUNGEN VON JUGENDLICHEN UND CHIEFS AUS IKOM – IHR VORGESEHENER BESUCH BEUNRUHIGT OGOJA-BEVÖLKERUNG VON LAGOS – KOMMEN SIE ZU HILFE – GEBIETEN SIE EINHALT DER GEWALT DIE DEMOKRATIE ANGETAN WIRD

EKPONG

3. AN YAKUBU GOWON, DODAN-KASERNE, LAGOS
SOS – OGOJA-BEVÖLKERUNG IN AUFRUHR – GOUVERNEUR ESUENE MISSHANDELT BEVÖLKERUNG VON IKOM WÄHREND ANTRITTSBESUCH AM 25. FEBRUAR – ESUENE BELEIDIGTE CHIEFS LIESS IHRE SEKRETÄRE BRUTAL AUSPEITSCHEN IN GEGENWART VON ABGEORDNETEN UND PRESSE WEGEN GRUSSBOTSCHAFT DIE IHRE LOYALEN BÜRGER ENTBOTEN – AUSGEPEITSCHTE SEKRETÄRE INHAFTIERT – WIR BITTEN DEMÜTIG EURE EXZELLENZ DAGEGEN VORZUGEHEN – IHRE BÜRGER DIE KEIN ANDERES VERBRECHEN BEGINGEN ALS IHR RECHT ZU FORDERN – KOPIE DER BOTSCHAFT FOLGT

EKPONG

(III) *Auszüge aus einem Brief vom 13. 6. 1971 von Mrs. E. B. aus Calabar*

Ich bin hier im Südoststaat finanziell ruiniert. Bald bin ich vielleicht auch ohne Freunde. Die Leute lassen mich fallen, um dem Allmächtigen, der über uns herrscht, zu Willen zu sein. Der Gouverneur wagt es, zu behaupten, ich sei Kommunistin und ins Land gekommen, um seine Regierung zu stürzen. Trotzdem wendet er sich an Rumänien, das den Staat unterstützen soll.

Außerdem habe ich mir meiner Kinder wegen Sorgen gemacht. Zu Hause hatten wir kein Geld für sie und kaum etwas zu essen. In gewisser Hinsicht war dies ein Glück für uns, da es mich zwang, nach Calabar zurückzukehren.

Die Kripo hatte meine Eltern über meinen Aufenthaltsort auszufragen versucht.

Abgesehen davon, daß der Gouverneur mein Leben in diesem Staat unerträglich gemacht hatte, besaß er die Frechheit, sich ein Stück Land anzueignen, das meiner Familie gehörte. Ich schrieb ihm, um ihn zu bitten, das Land uns zu lassen. Er ging nach Eket und schüchterte meine Familie damit ein, daß er mich nur aus Rücksicht auf das hohe Alter meiner Eltern nicht habe inhaftieren lassen. Ich dachte oder empfand, daß dies mehr sei, als ich ertragen könne, und schickte deshalb einen Hilferuf an Kem Salem.

Ich weiß nicht, was eine Untersuchung letztlich bewirken könnte, aber ich bin sicher, daß die Angst davor, eingesperrt oder ausgepeitscht zu werden, wie das hier an der Tagesordnung ist, geringer wäre. Leute werden ausgepeitscht und erniedrigt oder des Landes verwiesen – selbst wenn sie von hier aus dem Südosten stammen; dies geschieht auf Wunsch des Gouverneurs, sobald jemand es wagt, ein Wort über die Vorfälle im Staat zu sagen.

Ich bin hierzulande inzwischen mit dem Kainszeichen versehen; die Leute scheuen mich, als wäre ich vom Aussatz befallen. Die kleinen Gelegenheitsarbeiten, die ich verrichtet habe, um mich und meine Kinder durchzubringen und das Schulgeld zahlen zu können, bringen nichts mehr ein.

*Ich verstehe nicht, wie es kommt, daß das Oberhaupt unseres Staates, der ein so guter Mensch ist, dem Flehen der Leute hier im Südoststaat kein Gehör schenkt.** Der Südosten ist ein Polizei-

* Hervorhebungen von mir. Diese Bemerkung konnte man täglich in allen Winkeln des Landes von Tausenden von Leuten vernehmen; sie bietet den Schlüssel zum Verständnis von Gowons Charakter.

staat, jawohl, das ist er. Überall sitzen Spitzel; warum, weiß kein Mensch. Die Minister unserer berüchtigten ersten Republik waren nicht halb so korrupt wie die Typen in der Regierung des Südostens, wenn man die kurze Dauer unserer neuen Staatsform in Rechnung zieht. Überall hat sich die Korruption eingenistet.

Leute wie Okoi Arikpo* müssen sich aus allem, was mit Politik zu tun hat, raushalten, da sie sonst verleumdet werden. Diese Gegend ist wirklich das Übelste, was ich jemals erlebt habe. Der Wahlspruch lautet: Betrug um des Betruges willen. So war es im Südosten vorher noch nie gewesen, auch nicht während der sogenannten Unterdrückung durch das sogenannte Ibo-Regime.

(IV) DER MANN IST TOT

(Auszüge aus persönlichen Aussagen verschiedener Personen)

»Wir wurden eingeteilt, über einen Empfang, den Chief Oni gab, zu berichten. Wir weigerten uns, dieser Anweisung Folge zu leisten. Wir beriefen uns auf eine vorher erhaltene Information der dem Gouverneur unterstehenden amtlichen Stellen, wonach es Presseleuten und Fernsehreportern verboten war, von Empfängen, an denen der Gouverneur teilnahm, zu berichten. Ein höherer Offizier, der unserem Sender zugeteilt war, versicherte uns daraufhin, daß der Gouverneur aus Anlaß dieses speziellen Empfanges das Verbot aufgehoben habe. Also gingen wir hin.
Auf dem Empfang saßen wir in einer Ecke rum, bis ein gewisser Chief Olusola uns aufforderte, Filmaufnahmen zu machen. Die Party fand in einem großen Wohnzimmer statt. Zum Zeitpunkt unserer Verhaftung hielten wir uns nicht in der Nähe des Gouverneurs auf – lediglich seine

* Arikpo, Okoi, 1916; 1968–1975 Außenminister. (Anm. d. Übers.)

Gattin tanzte mit besagtem Oni. Plötzlich verließ die Frau die Tanzfläche und beschwerte sich beim Gouverneur darüber, daß einer der Leute aus unserem Team sie beleidigt habe. Inzwischen war Chief Oni darüber verärgert, wie man ihn behandelt hatte, das heißt darüber, daß er mitten auf der Tanzfläche stehengelassen worden war.
Als nächstes kam der Adjutant des Gouverneurs und schrie: »Wo sind die Leute vom Fernsehen?« Wir standen auf, und er sagte zu uns: »Macht, daß ihr fortkommt, und zwar auf der Stelle.«

Nun, wir packten unsere Geräte zusammen und schlichen die Treppen hinunter. Als wir am Fuß der Treppe ankamen, stellten wir fest, daß der Gouverneur sich unten hingestellt hatte – er erwartete uns.

Was seine Frau ihm erzählt hat, haben wir nie erfahren können; er war so erregt, daß er über den ganzen Platz hinweg losschrie, wie unverschämt wir seien usw. Dann befahl er, daß man uns unverzüglich zu seinem Haus bringen solle. Wir wurden zu seinem Haus gebracht und warteten dort – man bewachte uns mit angelegtem Gewehr –, bis er ungefähr eine Viertelstunde später erschien.

Als er kam, sagte er: »Bringt sie weg und gebt ihnen eine anständige Tracht Prügel; morgen früh werden sie mir wieder vorgeführt. Sollte irgendeiner von ihnen Sperenzchen machen, wird er abgeknallt.« Zu unserem Glück war der damit beauftragte Offizier ein gläubiger Mann; deshalb ließ er uns nicht in die Kaserne schaffen, sondern brachte uns auf die Polizeiwache von Iyaganku. Wir mußten uns dort entkleiden, woraufhin die Mitglieder des dortigen Einsatzkommandos mit ihren schweren Stiefeln auf uns herumtrampelten. Dazu hieß man uns auf den Betonboden liegen.

Nachdem man uns geprügelt hatte, wurden wir in eine zum

Bersten überfüllte Zelle voller Gewaltverbrecher gesteckt...

... gegen neun Uhr morgens des nächsten Tages brachte man uns wieder zum Gouverneur. Das erste, was er sagte, war: »Na, hat euch eure Strafe gefallen?« Nur einer von uns (der Älteste), unser Fahrer, sagte ja. Der Gouverneur sagte, wir könnten jetzt an unseren Arbeitsplatz zurückgehen, wo uns unser Direktor seine weiteren Entscheidungen mitteilen würde.

Als wir im Büro ankamen, erklärte uns die Geschäftsleitung – ohne sich unsere Version der Geschichte angehört zu haben –, daß wir entlassen seien.

Die Aussagen der übrigen (überlebenden) Opfer bestätigen diesen Bericht Punkt für Punkt. Der folgende Bericht wurde mir von einem Mitglied meines Untersuchungsteams über jenen Betroffenen, der verstorben ist, erstellt:

Die Familie dieses Mannes hat nichts weiter erfahren, als daß er geprügelt worden war, nach England geschickt wurde und inzwischen gestorben ist. *Es ist mir gelungen, durch Kollegen und Freunde des Mannes diesen ziemlich lückenhaften Bericht über die wahre Abfolge der Ereignisse zu erhalten:*

Er gehörte zu den vier Personen aus dem Fernsehteam, die auf Befehl des Gouverneurs zusammengeschlagen wurden. Im Verlauf der Prügelaktion wurde ihm ein Knöchel zerschmettert. Die Fernsehanstalt weigerte sich, die Kosten für seinen Krankenhausaufenthalt und die Behandlung zu übernehmen mit der Begründung, daß sie keinerlei Verantwortung für den »Unfall« trage.
Er wurde zur Behandlung ins Adeoyo-Krankenhaus gebracht. Da es dort nicht gelang, seine Verletzung erfolgreich zu behandeln, verlegte man ihn in die Universitätsklinik.

Von dort kam er in eine Missionsklinik in Ogbomosho. Nachdem er alle Krankenhäuser im westlichen Landesteil absolviert hatte, wurde er nach England geschickt.

Die Gelder für seine Behandlung sollen entweder vom Erziehungsministerium oder vom Ministerium für wirtschaftliche Entwicklung bereitgestellt worden sein. Niemand kann genau angeben, welches Ministerium es wirklich war.

In England begann der Leidensweg, in dessen Folge er amputiert wurde. Zuerst wurde das Bein unterhalb des Knies abgenommen, dann oberhalb des Knies, dann das ganze Bein. Die Wunde war völlig infiziert (Gangräne); schon bald zeigten sich seine Lungen angegriffen. Die Engländer konnten ihm nicht mehr helfen, deshalb schickten sie ihn nach Hause zurück – als unheilbar. Er war erst sechs Wochen lang wieder in Nigeria, als er starb.

Sehr geehrter Mr. Soyinka

Mit großem Interesse habe ich im »Guardian« vor einer Woche den Artikel über Sie und Ihr neues Buch »Der Mann ist tot« gelesen. Von besonderem Interesse war die Erwähnung Segun Sowewimos in diesem Artikel, da viele von uns hier im Lee Abbey Hostel Segun kennen und lieben gelernt haben, als er sich bei uns in England aufhielt.

Ich frage mich, ob Sie wissen, wie es Segun ergangen ist, nachdem er Nigeria verlassen hatte. Seine Geschichte war die lange und tragische Entwicklung einer sich ständig verschlimmernden Krankheit. Segun zog hier vor ungefähr drei Jahren ein, nachdem man im Roehampton Hospital die untere Hälfte seines linken Beines amputiert hatte. Er lernte mit Hilfe seines künstlichen Beines gehen und beteiligte sich ungebrochenen Mutes an den Hochschulkursen. Viele kannten und mochten ihn; für uns alle war es traurig, mitansehen zu müssen, wie sein Leiden sich verschlimmerte. Schließlich wurde er so krank, daß die Ärzte nichts mehr für ihn tun konnten; zu diesem Zeitpunkt bemühte man sich darum, es ihm zu ermöglichen, zu seiner Familie nach Nigeria zurückzukehren. Ich glaube, daß ich zu den Personen gehöre, die ihn in England zuletzt gesehen haben.

Ich blieb mit seinen Verwandten in Verbindung und hörte gelegentlich etwas von seinem Vater und seiner Tante, aber er starb kurz nach seiner Rückkehr nach Nigeria.

Es ist möglich, daß Sie alles über seinen Aufenthalt hier in England wissen und daß nichts von all dem Ihnen neu ist. Dennoch würde ich mich in jedem Fall glücklich schätzen, Sie hier begrüßen zu können und mit Ihnen zu sprechen, sollten Sie es je erwägen, uns hier in Lee Abbey zu besuchen.

Ich übersende Ihnen meine besten Wünsche, insbesondere in Hinsicht auf Ihre Entscheidung, ob Sie nach Nigeria zurückkehren wollen.

Mit freundlichen Grüßen
C. J. Hayward
Rektor

LEE ABBEY INTERNATIONAL STUDENTS' CLUB, COURTFIELD HOUSE
26/27 COURTFIELD GARDENS
LONDON : S.W.5

WARDEN: The Rev. Christopher J. Hayward, M.A.

TELEPHONE: 01-373 7286

Mr. Wole Soyinka,
c/o The Guardian,
192 Gray's Inn Road,
LONDON, W.C.1.

4th December, 1972.

Dear Mr. Soyinka,

I was most interested to read in "The Guardian" a week ago about yourself and your new book "The Man Died". It was particularly interesting to see in the article mention of Segun Sowemimo, since many of us here in this Lee Abbey Hostel, came to know Segun extremely well while he was in England.

I wonder if you knew what happened to Segun after he left Nigeria. It was a long and very tragic story of continual and worsening illness. Segun came to live here about three years ago following the amputation of the lower part of his left leg at Roehampton Hospital. He learnt to walk using his artificial leg and very courageously attended college. He was well known and well liked here and it was sad for us to see how his suffering increased. Eventually he became sick to the point where the doctors could do no more for him and it was then that arrangements were made for him to re-join his family in Nigeria. I suppose that I was one of the last to see him in England.

I kept in touch with his family and heard on occasions from his father and his aunt, but it was not very long after his return to Nigeria that he died.

It may be that you know the complete story of his time here in England and that none of this may be new to you. However, whatever may be the case, I should be most glad to welcome you here and to meet you if you would ever like to come to visit us here at Lee Abbey.

With every good wish to you, particularly as you make your decision whether or not to return to Nigeria.

Yours sincerely,

Chris. Hayward.

C. J. HAYWARD
WARDEN

Anhang C
Zurückgestellt

Eine weitere warnende Veröffentlichung liegt mir vor; es ist dies ein Photoband, der den Titel trägt *Nigeria – A Decade of crises in pictures*. Er dient dazu, uns den eindeutigen und doch allzuleicht verdrängten Umstand ins Gedächtnis zu rufen, daß es noch lange Zeit brauchen wird – vielleicht Generationen –, bis sich die durch den nigerianischen Bürgerkrieg aufgewühlten Emotionen verlieren werden. Obwohl das Erscheinungsdatum des Buches das Jahr 1972 ist, also das dritte Jahr nach der Aussöhnung, und mit Einleitungsworten der führenden Persönlichkeiten des jetzigen Regimes – Militärs und Zivilisten – versehen ist, enthält es dennoch Bilder, die Unterzeilen tragen wie *Die unbestattet gebliebene Leiche eines aufständischen Soldaten, an der sich die Geier gütlich getan haben*. Die Gemütsverfassung des Autors und der Mitarbeiter dieses Buches ist durchaus begreiflich; gleichzeitig ist das Buch jedoch ein heilsamer Wink, der uns daran erinnert, daß man, um einen ungetrübten Blick zu bewahren, selbst den eigenen Hang zu objektiver Erkenntnis beständig überwachen muß.

Aufgrund dieser Mahnung, die nicht zur Unzeit erfolgt ist, habe ich den letzten Teil dieses Buches vorläufig zurückgehalten; er enthielt überprüfte und nachgewiesene detaillierte Aussagen über die Handlungen föderierter Truppen im Mittelwesten nach deren Sieg; ich hebe ihn mir auf für den Fall, daß die auf »Ausgewogenheit« bedachten Geschichtsschreiber der herrschenden Kräfte versuchen sollten, die Tatsachen zu leugnen oder zu beschönigen. Vorerst will ich mich darauf beschränken, lediglich festzuhalten, daß vorsätzlich ein Verbrechen begangen wurde, daß es ein Verbrechen war, das politischen Zielen diente, und daß die Schuld an diesem Verbrechen dem Regime Yakubu Gowons zur Last gelegt werden muß. Es erscheint mir höchst bedeutsam, daß die beiden angeklagten Soldaten *nach* der Einnahme von Benin freigelassen wurden und daß sie in den Mittelwesten geschickt wurden. Die *systematischen* Exekutionen setzten kurze Zeit später ein. Ich bin bereit, einzuräumen, daß vielleicht überhaupt kein Zusammenhang zwischen diesen beiden Ereignissen besteht; desungeachtet kann ich jedoch nicht die an Mordsucht grenzende Hysterie der Regierung übersehen, die die Reaktion war auf meinen Versuch, den Tatbestand dieser Entlassung einem kleinen Kreis von Intellektuellen mitzuteilen, sie in Kenntnis dessen zu setzen, daß zwei erklärtermaßen rassistische Mörder mit Waffen versehen und auf unschuldige Bürger losgelassen worden waren *nach* der Beendigung der Kampfhandlungen. Ich gäbe viel drum, könnte ich die Rolle verfolgen, die diesen beiden Männern in der Massenvernichtung zugekommen sein muß, die dem Sieg der föderierten Truppen folgte.

Es wurde viel Aufhebens gemacht von Gowons »Großherzigkeit« den Unterlegenen gegenüber; manch einer verlieh seinem andächtigen Erstaunen darüber Ausdruck, daß es nach dem Krieg zu keinerlei Verhandlungen gegen Abtrünnige und entsprechenden Exekutionen gekommen ist. Sind diese Leute wirklich alle so naiv, wie sie sich geben? Wissen sie nicht, daß jedes Gerichtsverfahren gegen einen sprachgewandten Biafraner – außer einem geheimen Verfahren – in den belastendsten Gegenanklagen gegen die Ankläger resultieren würde, in Anklagen, denen ein noch größeres Gewicht verliehen würde durch den Umstand, daß sie alle – seit Juli 1966 – einwandfrei und erschöpfend belegbar sind? Es wäre zum klassischen Fall einer Umkehrung der Anklage gekommen; und es wären nicht nur verschiedene hohe Militärs betroffen gewesen, sondern auch Politiker und einige Beamte. Gewiß wäre es trotz allem möglich gewesen, die Angeklagten schuldig zu sprechen und zu verurteilen, aber das Volk unseres Landes hätte eine einzigartige Belehrung erhalten, die dazu hätte führen können, daß jene, die jetzt an der Macht sind, aus bloßem Ekel heraus gestürzt worden wären. Die Führer der Biafraner wurden aus eben den Gründen keinem Gerichtsverfahren unterzogen, aus denen z. B. ich – trotz der aufsehenerregenden »Geständnisse« und meiner wiederholten Eingaben aus dem Gefängnis heraus – niemals angeklagt oder verurteilt wurde.

Und dann gibt es einen weiteren Grund: der Druck, der von vielen Ländern ausgeübt wurde – besonders von solchen, die Gewissensbisse wegen ihres eigenen Verhaltens während des Krieges empfunden haben. Unsere Nation ist trotz allem – ob zum Guten oder zum Schlechten – sehr auf ihren Ruf bedacht. Dies erklärt zum Beispiel, weshalb Beobachter zugelassen wurden, nachdem man seinen Blutdurst in Massenschlächtereien gestillt hatte:

Week Seventy-five
Observers welcome. Cheap
Conducted tours – behold
Our hands are clean
The rains have fallen twice and earth is deep

In der fünfundsiebzigsten Woche
Sind Beobachter erwünscht. Billige
Rundfahrten – seht
Unsre Hände sind rein
Zweimal ist Regen gefallen, und der Boden ist tief.

Der Druck, der vom Ausland ausgeht, kann nur zu leicht überspielt und sogar dazu benutzt werden, das eigene Land positiv zu bewerten; und nur zu oft ist ein solcher vermeintlicher Druck das Ergebnis eines gegenseitigen Einverständnisses und einer vornehmen Art von Erpressung. Großbritannien ist das hervorragende Beispiel dafür.

Ich durfte einige haarsträubende Beispiele des Denkens erleben, welches im Interesse einer »Realpolitik« die Wahrheit unterdrückt. Großbritannien ist weiterhin ein Meister dieser Kunst. Ein typisches Beispiel betraf einen Missionar, der im Aussätzigenwerk von Ossiomo im Mittelwesten arbeitete. Sein Versuch, die Öffentlichkeit über die Massaker zu unterrichten, die an Ibo-stämmigen Mitarbeitern und anderen Bürgern in der Nähe des Werkes verübt worden waren und die er selbst mitangesehen hatte, wurde vom britischen Auswärtigen Amt mit der Begründung sabotiert, daß »die öffentliche Bekanntmachung des Falles nur die Lage der übrigen Ibo verschlimmern würde«. Solche Spitzfindigkeiten bedürfen keines Kommentars. Noch sollte man die gemeinsame Schuld (Mitwisser nach der Tat?) bezüglich jenes anderen Zweiges taktvoller Erpressung unterschätzen, die dazu führt, daß man »freiwillig« unparteiische Beobachter einlädt, und die darin gipfelt, daß man sich »großherzig« verhält, nachdem das Morden vorüber ist. Wie viele Fehler er auch gehabt haben mag, Benjamin Adekunle war dennoch unbestreitbar der erste Kommandeur, der einen Soldaten der Föderierten hinrichten ließ, weil dieser unbewaffnete Zivilisten erschossen hatte. Die Welle vergleichbarer Exekutionen, die diesem umstrittenen Präzedenzfall folgte, und das Erscheinen ausländischer Beobachter sind keiner Erwähnung wert.

Es wäre einfach, aber unehrlich, Yakubu Gowons großzügige Amnestie so weit zu fassen, daß sie auch für ihn selbst und die Hierarchie gilt – mit ihnen zu sagen, »wir wollen das Vergangene ruhen lassen«, und zu vergessen, daß, während man das Volk anhielt, einen Krieg im Rahmen des Begriffes von »einem gesamten Volk« zu führen, eine zynische Politik der Zersplitterung der Nation verfolgt wurde. Wenn ich, beziehungsweise das Volk, dem ich zugehöre, eine solche Definition der Führung einer Nation anerkenne, dann ist es an der Zeit, sich ernsthaft Gedanken darüber zu machen, was den Begriff einer Nation ausmacht und wie sich meine Stellung innerhalb einer solchen definiert. Jenen Pragmatikern, die sich darin gefallen, darauf hinzuweisen – ungerechtfertigterweise, aber lassen wir das –, daß trotz alledem General Gowon den Krieg gewonnen hat, kann man nur eine Antwort entgegenhalten, eine Antwort, die zugleich eine Warnung ist: Auch General Franco gewann den Krieg.

15. Januar 1972